国家出版基金项目
NATIONAL PUBLICATION FOUNDATION
"十四五"国家重点图书
出版规划项目

中国语言资源保护工程

中国濒危语言志　编委会

总主编

曹志耘

主　编

王莉宁

委　员（音序）

沈　明　邢向东　赵日新　庄初升

本书执行编委　邢向东

中国濒危语言志
汉语方言系列

总主编 曹志耘
主编 王莉宁

福建南平官话

陈瑶 钟昆儿 陈泽平 著

创于1897
The Commercial Press
商务印书馆

图书在版编目（CIP）数据

福建南平官话/陈瑶，钟昆儿，陈泽平著. —北京：商务印书馆，2024
（中国濒危语言志）
ISBN 978-7-100-23281-4

Ⅰ.①福… Ⅱ.①陈… ②钟… ③陈… Ⅲ.①官话—研究—南平 Ⅳ.①H177

中国国家版本馆CIP数据核字（2024）第000867号

福建南平官话

陈瑶 钟昆儿 陈泽平 著

出版发行：商务印书馆
地 址：北京王府井大街36号
邮政编码：100710

印 刷：北京雅昌艺术印刷有限公司

开 本：787×1092 1/16 印 张：20¼
版 次：2024年11月第1版 印 次：2024年11月北京第1次印刷
书 号：ISBN 978-7-100-23281-4

定 价：228.00元

南平市西芹镇地形地貌　延平区西芹镇 /2019.8.28/ 游巍斌 摄

南平市西芹镇镇貌　延平区西芹镇 /2019.2.2/ 游巍斌 摄

调查工作现场　南平市延平区西芹镇环宇酒店 /2016.6.18/ 陈瑶 摄

南平宝珠村老房子　南平市延平区茫荡镇宝珠村 /2023.5.28/ 茅龙俊 摄

序

2022年2月16日，智利火地岛上最后一位会说Yagán语的老人，93岁的Cristina Calderón去世了。她的女儿Lidia González Calderón说："随着她的离去，我们民族文化记忆的重要组成部分也消失了。"近几十年来，在全球范围内，语言濒危现象正日趋普遍和严重，语言保护也已成为世界性的课题。

中国是一个语言资源大国，在现代化的进程中，也同样面临少数民族语言和汉语方言逐渐衰亡、传统语言文化快速流失的问题。根据我们对《中国的语言》（孙宏开、胡增益、黄行主编，商务印书馆，2007年）一书的统计，在该书收录的129种语言当中，有64种使用人口在10000人以下，有24种使用人口在1000人以下，有11种使用人口不足百人。而根据"语保工程"的调查，近几年中至少又有3种语言降入使用人口不足百人语言之列。汉语方言尽管使用人数众多，但许多小方言、方言岛也在迅速衰亡。即使是那些还在使用的大方言，其语言结构和表达功能也已大大萎缩，或多或少都变成"残缺"的语言了。

冥冥之中，我们成了见证历史的人。

然而，作为语言学工作者，绝不应该坐观潮起潮落。事实上，联合国教科文组织早在1993年就确定当年为"抢救濒危语言年"，同时启动"世界濒危语言计划"，连续发布"全球濒危语言地图"。联合国则把2019年定为"国际土著语言年"，接着又把2022—2032年确定为"国际土著语言十年"，持续倡导开展语言保护全球行动。三十多年来，国际上先后成立了上百个抢救濒危语言的机构和基金会，各种规模和形式的濒危语言抢救保护项目在世界各地以及网络上展开。我国学者在20世纪90年代已开始关注濒危语言问题，自21世纪初以来，开展了多项濒危语言方言调查研究课题，出版了一系列重要成果，例如孙宏开先生主持的"中国新发现语言研究丛书"、张振兴先生等主持的"汉语濒危方言调查研究丛书"、鲍厚星先生主持的"濒危汉语方言研究丛书（湖南卷）"等。

自2011年以来，党和政府在多个重要文件中先后做出了"科学保护各民族语言文字"、

“保护传承方言文化”、“加强少数民族语言文字和经典文献的保护和传播”、“科学保护方言和少数民族语言文字”等指示。为了全面、及时抢救保存中国语言方言资源，教育部、国家语委于2015年启动了规模宏大的“中国语言资源保护工程”，专门设立了濒危语言方言调查项目，迄今已调查106个濒危语言点和138个濒危汉语方言点。对于濒危语言方言点，除了一般调查点的基本调查内容以外，还要求对该语言或方言进行全面系统的调查，并编写濒危语言志书稿。随着工程的实施，语保工作者奔赴全国各地，帕米尔高原、喜马拉雅山区、藏彝走廊、滇缅边境、黑龙江畔、海南丛林等地都留下了他们的足迹和身影。一批批鲜活的田野调查语料、音视频数据和口头文化资源汇聚到中国语言资源库，一些从未被记录过的语言、方言在即将消亡前留下了它们的声音。

为了更好地利用这些珍贵的语言文化遗产，在教育部语言文字信息管理司的领导下，商务印书馆和中国语言资源保护研究中心组织申报了国家出版基金项目“中国濒危语言志”，并有幸获得批准。该项目计划按统一规格、以EP同步的方式编写出版50卷志书，其中少数民族语言30卷，汉语方言20卷（第一批30卷已于2019年出版，并荣获第五届中国出版政府奖图书奖提名奖）。自项目启动以来，教育部语言文字信息管理司领导高度重视，亲自指导志书的编写出版工作，各位主编、执行编委以及北京语言大学、中国传媒大学的工作人员认真负责，严格把关，付出了大量心血，商务印书馆则配备了精兵强将以确保出版水准。这套丛书可以说是政府、学术界和出版社三方紧密合作的结果。在投入这么多资源、付出这么大努力之后，我们有理由期待一套传世精品的出现。

当然，艰辛和困难一言难尽，不足和遗憾也在所难免。让我们感到欣慰的是，在这些语言方言即将隐入历史深处的时候，我们赶到了它们身边，倾听它们的声音，记录它们的风采。我们已经尽了最大的努力，让时间去检验吧。

曹志耘

2024年3月11日

目录

第一章 导论

第一节

调查点概况

一　地理位置、地形地貌

南平市位于福建省北部。东北与浙江省江山、龙泉、庆元等县（市）相邻，西北与江西省资溪、铅山、广丰等县（区）接壤，东南与福州市闽清县及宁德市古田、屏南、周宁、寿宁等县交界，西南与三明市泰宁、将乐、沙县、尤溪等县毗邻。“介于东经117° 00′至119° 25′，北纬26° 30′至28° 20′之间。东西最大间距约230公里，南北最大间距约230.4公里。最北端为浦城县官路乡际洋，最南端为延平区漳湖镇马林坑，最东端为政和县镇前镇峰岔，最西端为光泽县李坊乡头坑隘。”[①]辖区土地总面积为2.63万平方公里，是福建省往北的咽喉要塞之一。本书的主要调查地点是南平市延平区的西芹镇，该地区是南平官话使用较为集中的地区。

南平市延平区是典型的东南丘陵地貌，“位于武夷山脉、鹫峰山脉、戴云山脉的汇集处，峰峦叠嶂，高、低丘陵蜿蜒伸展，构成主要的地貌形态。境内闽江、建溪、富屯溪及其大小支流纵横交错，造就了两大地貌特点：一为地表破碎、高差大；二为小型河谷盆地沿河、沿江呈串珠状分布。地势表现为南北高、东西低的马鞍状”。[②]境内以丘陵、低山为主，少部分属于中山类型。属中亚热带海洋季风气候。

南平市延平区的西芹镇坐落在南平市西郊，距离市区10公里，土地面积251平方公里，下辖20个行政村，1个居委会和1个管委会。西芹镇自唐五代始建镇，先称西津镇，后改称三芹镇，至民国改称西芹镇，并沿用至今，系闽北千年古镇之一，至今已有1100多年的历史。

① 南平市地理区位摘自南平市人民政府网。

② 延平区地貌地形情况摘自南平市延平区人民政府网。

西芹镇居民以竹木制品制作、机械制造、农副产品深加工等为主要经济来源，建立了万亩毛竹基地、万头生猪基地、万亩果树基地、千头奶牛基地和千亩商品菜基地等农业五大基地。

二　历史沿革

秦代，属闽中郡。汉代，初隶闽越国，后属侯官地。建安元年（196），分侯官北乡置南平县。三国时期南平县为东吴辖地，隶属建安郡。晋太元四年（379）改南平县为延平县。南北朝时期，县境为南朝所辖。南朝宋泰始年间（465—471），废延平县，复名南平县。历经宋、齐、梁、陈，南平县均属建安郡。隋代，南平县仍属建安郡。唐武德三年（620），置延平军，辖南平等县。五代后梁开平三年至同光三年（909—925），改延平军为延平镇。后唐同光四年（926），改延平镇为永平镇。后晋天福八年（943），易永平镇为龙津县。开运二年（945）又将龙津县改为剑浦县，隶属剑州。宋太平兴国四年（979）改剑州为南剑州，以别于蜀之剑州，剑浦县隶属南剑州。元大德六年（1302）改南剑州为延平路，同年改剑浦县为南平县。南平县隶属延平路。明洪武二年（1369）改延平路为延平府。南平县隶属延平府。洪武四年（1371）设置延平卫指挥使司。清代沿袭明制，南平县仍属延平府管辖。

1912年，废府、州、厅，福建省实行省、道、县三级地方政制。南平县属北路道，为道址所在地。1914年，北路道改名建安道，南平县属建安道，道址仍在南平。1925年废道，福建省实行省、县二级地方政制。1927年至1932年，南平县由省府直辖。1934年7月，实行行政督察专员制度，将全省划为十个行政督察区。南平县属第三行政督察区。督察专员公署驻南平。1935年至1949年，全省行政督察区及其管辖县几经变动，但南平县均属第二行政督察区，督察专员公署均驻南平。

1949年5月14日，中国人民解放军第二野战军解放南平城。同年6月5日成立南平县人民民主政府，9月易名人民政府。1949年6月至1950年2月，南平县隶属第二专员公署管辖。1955年10月，县人民政府改称县人民委员会。1956年11月16日，经国务院批准，在原南平县行政辖区内分设南平市（辖区为市区及近郊）和南平县（辖区为郊区乡镇）。市府、县府同设在市区，均属南平专员公署管辖，专署驻地亦在市区。1958年县、市合并，撤销南平县，县行政区划归南平市。1971年，专员公署迁往建阳，南平市属建阳地区行政公署管辖。1988年底，地区行政公署迁回南平，1989年1月1日挂牌办公，复名南平地区行政公署，南平市属南平地区行政公署管辖。1994年9月撤南平地区设地级南平市，1995年1月1日南平市延平区正式成立。[①]2021年末，延平区户籍总人口为49.02万人。

① 以上信息摘自南平市延平区人民政府网。

第二节

南平官话的来源

一 关于南平官话

据《中国语言地图集》(第2版)(2012)，南平市(今南平市延平区)的方言是官话系统的方言岛。“土官话”是外界对这种方言的称呼，本地人称之为“南平话”。关于这种方言，目前所能见到最早的文献是民国九年(1920)重修的《南平县志》，其中卷十一《礼俗志》中记有:“闽省土音，府殊而县不同。南平城内外，独无土音，但语言直朴。上游诸乡，与顺昌、建宁相通。漳湖坂以下，则与省会音近。”这段记载中著述者把周边的闽方言都叫“土音”，而将城内外的方言以“直朴”概括。可见著述者不认为南平话就是官音、正音。

二 南平官话的形成

对于南平官话的形成历史，相关的史籍资料并没有记载。在西芹镇以及其他乡镇的“土官话”社区，我们没有见到在福建其他地方随处可见的宗祠建筑。几位中老年发音人都说从来没有聚族祭祖一类的活动。他们也觉得自己的方言有些特殊，根据其个人经历，有人认为跟广西、贵州的西南官话相似，有人认为与鄂北皖西的方言相似。但没有人关心为什么如此。

现今学界关于南平官话来源问题的讨论，大致可以分为以下两种观点。一种认为南平官话是明正统年间到南平镇压邓茂七农民起义的京军带来的。这一说法最先由朱维干(1986)考证出。据朱维干的研究，明正统十三年(1448)，沙县邓茂七率领农民起义，起义军声势巨大。明政府为镇压起义，派遣宁阳侯陈懋等人率京营军两万人及江浙的漕运军两万七千余人前往南平。第二年镇压起义后，陈懋部的京营军没有回撤，驻扎在南平，形成南平官话方言岛。这一说法被陈章太、李如龙（1991）和李如龙、庄初升、严修鸿（1995）以及潘渭水（2007）采纳。另一种观点认为南平官话的形成是历代北方籍移民累加的结果。这一观点最先由Chen Chungyu（陈重瑜）在"Towards an Affiliation of the Nanping Mandarin Dialect of Fujian"（《福建南平官话来源之探讨》）（1981）一文中提出。他认为南平历代都是闽北府治和驻兵之所，且交通便利，商贾云集，久而久之官话就成了当地的交流语言，南平官话方言岛也就产生了。这一观点后来也得到了诸如苏华（1994）等学者的认同。另外，陈重瑜还根据入声的保留，认为南平官话与江淮官话关系较为密切。

我们认为，南平官话方言岛的形成与明朝的"卫所制度"有关。据《明史·兵二》记载，卫所官兵的来源"有从征，有归附，有谪发。从征者，诸将所部兵，既定其地，因以留戍。归附，则胜国及僭伪诸降卒。谪发，以罪迁隶为兵者。其军皆世籍"。除此之外，还从民户中抽壮丁充军，叫作"垛集"。由于"卫所制度"规定官兵必须异地驻防、家属随行、世袭累替，因此在当时也就形成了规模巨大的移民浪潮。根据现代学者的研究，现今很多方言岛都是在这样的背景下形成的，如贵州屯堡话、崖城军话等（曾晓渝 2013）。

南平官话方言岛也是在这样的背景下形成的。据《明太祖实录》卷六十三记载，洪武四年（1371）闰三月"置延平卫指挥使司"，治所就在今南平市延平区。而根据明代卫所制度，一卫共有士兵5600人，下辖5个千户所。如果按照每个士兵仅一妻一子随军同行计算，那么当时进驻南平的人员应该有16800人。人数虽然不多，不过也足以形成一个规模不小的社区。而且明代军人身份是世袭制，经年累月，人口规模肯定越来越大。

在明嘉靖年间的《延平府志》和明万历年间的《闽书》等文献材料中，查询到明洪武元年（1368）至嘉靖二年（1523）150余年里，延平卫百户以上的历代世袭军官总共有369人。除去调离和无后的14人，实际有355人。在这300多人中，除129人未能查明祖籍地外，其余226人的祖籍地均有详细记录。具体统计如表1-1：

表1-1 明代洪武元年至嘉靖二年延平卫军官籍贯统计

明洪武元年至嘉靖二年延平卫军官籍贯		人数	所占比例
历史籍贯	今属		
南直隶	江苏、安徽	105	46.5%（今江淮官话区82人，占78.1%；今中原官话区9人，占8.6%）
南直隶周边	山东、浙江、河南、湖北	57	25.2%（今中原官话区38人，占67.0%）
北方地区	北京、陕西、河北	9	4.0%
南方地区	四川、福建、江西	55	24.3%（今赣语区27人，占49.1%）

由上表可以看出，明洪武元年（1368）至嘉靖二年（1523）150余年里，延平卫百户以上军官的祖籍近半数是当时的南直隶地区。如果加上南直隶周边的河南、山东、湖北等地，则有160余人，占总人数的70%多。而明代卫所制度规定，一人从军，家属必须随行。据此，我们推测当时驻守延平卫的士兵和家属，近半数祖籍也是明南直隶地区。而在这个规模不小的移民群体中，近半数人所说的南直隶官话是主流语言。

此外，还可以看到，祖籍在南直隶的105名军官中，有82人的祖籍在今江淮官话区内，占全部226名军官的36.3%。如果再加上祖籍是今中原官话区的，人数则有91个之多，占全部226名军官的40.2%。因此，我们认为当时延平卫的官兵及其家属们所说的语言以当时南直隶官话为基础，并或多或少掺杂了周边方言的一些成分。

今南平官话的某些音系特点也能够说明这个方言岛大约形成于明代早期。

第三节

南平官话的使用状况

南平地处闽北富屯溪、沙溪、建溪的交汇处，是闽江干流的起点，闽东、闽北、闽中方言在此交错，境内还有畲族人说的汉语方言。扼守南平城的驻军从苏皖等地带来的官话方言原是南平市区及周边乡镇的优势方言，虽在与闽方言的长期接触中受到闽语的影响，但仍较完整地保持了自身的系统性。在明清两代它曾经作为闽北地区的文教语言，颇有影响。

据我们调查，目前南平官话的使用人数仅有三万左右，且大部分集中在市区周边的西芹、大横、茫荡等乡镇以及水南、四鹤、水东等街道。其中又以西芹镇、大横镇和水南街道为主。这些乡镇、街道会说南平官话的居民以中老年人为主，青少年多半处于“听得懂，说不来”的状态。我们在调查中寻找符合条件的青年男女发音人颇不容易。南平官话的使用域也仅局限于日常生活。

南平官话在乡镇表现出使用人口老龄化、使用度萎缩等趋势。而在城区形势则更为严峻，据我们调查，城区内能说南平官话的只有极少数的五十岁以上的中老年人。由于城区改造，居民搬迁，现在已经找不到比较集中的南平官话社区，也基本不存在以南平官话为家庭内部语言的现象。原本说官话的人除了老街坊碰面偶尔用南平官话交流外，他们的下一代绝大多数都不再以南平官话为第一习得方言，他们的第三代则彻底丢失了南平官话。城市中心地区南平官话基本退出了青少年一代的交际生活。随着使用人口的减少，使用场合的缩小和使用频率的降低，南平官话的社会功能逐步退化，在全族群人口中出现了传承链条的脱节，形成了一定程度的代际断层。

2003年3月，联合国教科文组织发布了由濒危语言问题特别专家组编制的《语言活力与语言濒危》指导文件（联合国教科文组织濒危语言问题特别专家组 2006）。该文件提出了评估语言活力与濒危程度的9项指标。其中，代际传承是第一项指标。根据这项评估标准，乡镇居民所使用的南平官话的濒危程度属于“确有危险”，即“儿童在家庭中不再将该语言作为母语习得，该语言最年轻的使用者为父辈一代。在这一阶段，父母可能仍对孩子使用该语言，但典型情况是，孩子并不使用该语言作应答”。而市区居民所使用的南平官话的濒危程度则属于“很危险”，即“仅有祖父母辈或更老一辈人使用该语言；父母辈人可能还能听懂该语言，但典型的情形是，他们对子女不使用该语言”。使用人数递减、使用域有限、代际传承断层，这些现象都说明了南平官话目前处于极为濒危的状态。

南平官话在闽北地区曾长期占有社会影响力方面的优势。明清时期，闽北读书人将之视作读书的“正音”。造成南平官话由盛转衰、使用活力降低、濒危特征凸显的因素很多，其中一个因素便是南平官话受到其他方言诸如福州话的影响。另外，普通话的推广也是因素之一。

抗日战争期间，日军从海上两次进犯福州，大量福州军民流往闽中、闽北躲避战乱，南平是个理想的避乱之地。南平城内外的居民成分发生了很大变化。20世纪50年代，南平作为交通枢纽和工业建设的重镇，迎来大规模的社会主义建设，外来人口再次大量迁入。20世纪50年代开始大力推广普通话，普通话在方言复杂的闽北地区迅速普及。南平官话本来就是官话方言的一支，南平官话与普通话之间存在比较系统、整齐的语音对应关系，词汇语法差别不大。以南平官话为母语者学说普通话相对比较容易，普通话在南平的普及程度较高。我们接触到的南平官话发音人都能说一口流利的闽北“地方普通话”，而且在交谈中自然地在南平官话和普通话之间穿插变换语码。一般情况下，跟本社区熟悉的中老年人说南平官话，与陌生人、外来者说普通话。也常见本地人的交谈中一方说普通话，另一方说南平官话。

从语言的信息传递和人际互动的社会功能角度来看，母语方言已经不再被优先需要了，南平官话使用域越来越窄。居民对母语方言的认同感不够，缺乏母语方言坚持的自觉性。会说南平官话的中老年人没有将他们的母语方言传承下去的自觉性。而青少年一代也感受不到学习南平官话的必要性和使命感，在他们眼中，南平官话比起普通话显出了“土”的色彩，所以他们情感上排斥使用南平官话。语言族群对母语方言的消极态度导致传承链条的脱节，这无疑加快了南平官话的濒危进程。

本次调查以南平官话最大的片区——西芹镇的发音人为主要调查对象，也注意与市区内零星分布的发音人的口音进行比对。本书提供的资料如未加特别说明，都以西芹镇发音人的口音为准。

第四节

南平官话研究现状

南平官话被当地人称为“正字”，与周边县市方言有别。前文提及，当前所见到的有关南平官话的最早的文献材料，是1920年的福州铅印本《南平县志》。

《福建省汉语方言概况》(1962)(讨论稿)是现今最早对南平官话进行现代语言学描写的文献。其下册第八章“南平城关话”分四小节，对南平城关话做了简要的介绍。由于该书体例、侧重点等原因，相比福建其他汉语方言，该书对福建境内的官话方言着墨较少，内容也比较简单。如“南平城关话的语音特点”“南平城关话词汇的一些特点”等内容中，都只是简单地指出了南平官话与普通话、闽北话、闽中话的相同或不同之处，没有具体地讨论和分析。

Chen Chungyu(陈重瑜)“Towards An Affiliation of the Nanping Mandarin Dialect of Fujian”(1981)一文发表在*JOURNAL OF CHINESE LINGUISTICS*上。该文着重对南平官话的来源进行了分析，通过对嘉靖《延平府志》《南平县志》等历史文献的考证，认为南平地区在历史上有过军队入驻及移民的痕迹，并在此基础上，将南平官话与中古汉语、《中原音韵》以及现代北方官话进行比较，据此提出南平官话方言岛的形成源于历代北方籍移民的进驻。陈文认为南平市地处闽江上游三溪的交汇处，交通便利，各地商贾云集，历来都是闽北的府治和驻兵之所。再加上历代都有北方籍移民和军队进驻南平，久而久之来自北方的官话就成了当地的交际工具。南平官话方言岛就是在这样的情况下形成的。陈文是学术界较早对南平官话的来源进行具体分析的文章。

李如龙的《南平市北方方言岛》(1991)载于《闽语研究》。该文大致可以分为两个部分。第一部分讨论了南平官话方言岛的由来。李文援引朱维干《福建史稿》(下册)(1986)的分析，认为南平官话方言岛源于明正德年间到福建镇压邓茂七农民起义的京营军的留驻。

第二部分描写了南平官话的声韵调系统和主要的音韵特点，同时还列举了一些方言词语。不过，李文所描写的南平官话与《福建省汉语方言概况》（1962）（讨论稿）中的有一些出入，李文所记录的南平官话有17个声母和32个韵母，而《福建省汉语方言概况》（1962）（讨论稿）有14个声母，43个韵母。声母的差异体现在对知组字的处理上，李文认为少数知组字逢[ʅ]韵母读为舌叶音[tʃ $tʃ^h$ ʃ]，而《福建省汉语方言概况》（1962）（讨论稿）都记为[ts ts^h s]，知组字与庄、章组字没有区别。韵母的差异主要体现在有无入声韵上，李文记录的南平官话只有入声调而无入声韵，而《福建省汉语方言概况》（1962）（讨论稿）既有入声调也有入声韵尾[ʔ]。

苏华《福建南平方言同音字汇》发表于《方言》杂志1994年第1期。苏文呈现了南平官话常用字的同音字汇，也捎带讨论了南平官话方言岛的来源问题。苏文的观点可以看作是陈重瑜（1981）和李如龙（1991）两人观点的综合。值得注意的是，苏文对南平官话声韵调的描写与《福建省汉语方言概况》（1962）（讨论稿）和李如龙（1991）的描写都存在差异。南平官话的声母，苏文与李如龙（1991）相同，与《福建省汉语方言概况》（1962）（讨论稿）不同。而韵母系统，苏文认为南平官话有45个韵母，与李如龙（1991）和《福建省汉语方言概况》（1962）（讨论稿）均不相同。

李如龙、庄初升、严修鸿所著的《福建双方言研究》（1995）中收录了《南平官话方言岛的方言特征及语言生活》，该文分析了南平官话方言岛的形成历史，梳理了从二十世纪三四十年代开始近五十年的时间里南平城区语言生活的变迁，并讨论了南平官话方言岛的新、老派语音及词汇差异，最后从语音、词汇角度分析了闽东和闽北方言对南平官话所产生的各种影响。

除了上述文献材料外，《南平市志》（方言篇）（1994）、《福建省志·方言志》（1998）、《闽北方言研究》（2007）等也有对南平官话进行描写的内容，鉴于篇幅等原因，讨论都较为简单。

此外，还有一些介绍官话方言岛或军话的论文或著作偶有涉及南平官话。如徐荣的博士学位论文《汉语方言深度接触研究》（2012），在讨论各大方言的深度接触时，把南平官话作为“基于闽语的深度接触方言”的代表性方言之一。平山久雄《江淮方言祖调值构拟和北方方言祖调值初案》（2005）也涉及了南平官话，用南平官话的今读调值来验证他所构拟的江淮方言祖调值。

第五节

调查说明

一　本课题方言调查大致过程

本课题的正式调查开始于2016年的5月，在郑君龙博士前期了解了南平官话的分布状况及确认西芹镇是南平官话分布最为集中且使用人口最多的地区之后，陈泽平老师带领陈瑶、钟昆儿博士及黄涛博士赴西芹镇遴选发音人。随后调查了西芹镇、延平市区南平官话的音系，初步调查了《中国语言资源调查手册·汉语方言》中"语音""词汇""语法"部分，确定了西芹的官话音系，概括了连读变调规律。

第二次调查是2016年的7月，钟昆儿博士前往西芹进行南平官话语音和词汇的扩大调查。

第三次调查是2016年的8月，陈瑶、钟昆儿博士、黄涛博士、郑君龙博士以及吴春亮博士前往南平摄录，并采录了口头文化以及一些长篇语料。于2016年的12月份，完成了《中国语言资源调查手册·汉语方言》的全部调查、记录、摄录、剪辑、归档等工作，并提交了纸笔记录、音视频材料及其他电子文本。

第四次调查是2017年的5月，陈瑶前往西芹进行同音字汇的核对调查以及语法的扩大调查，并分别在南平市区、西芹镇进行介词、助词等语法专题的调查。

第五次调查是2018年的3月，根据前期整理调查语料的情况，陈瑶前往西芹有针对性地进行了词汇、语法方面的补充调查。

第六次调查是2019年的7月，陈瑶前往西芹核对语法例句，并重点调查核对了重叠式、形容词程度补语等使用情况，且补充调查了部分词语和话语语料。

二　发音人简况

下面是四年来先后协助调查的主要发音人的基本情况。特志于此，以表谢意。

游木津，男，1957年10月生，南平市延平区西芹镇人，驾驶员，初中文化程度。土生土长的西芹人，未长期居住在外地。父母所使用的也是南平官话，配偶为延平区大横人。承担“方言老男”“口头文化”“地方普通话”的调查和摄录任务。同时，承担本志书所需要的老派语音、词汇、语法部分的调查任务。

茅龙俊，男，1990年2月生，南平市延平区西芹镇人，技术员，大专文化程度。除了外出求学外，未长期居住在外地。父母、配偶均为南平市西芹镇人，所使用的均为南平官话。承担“方言青男”的调查和摄录任务。同时，承担本志书所需要的青派语音部分的调查任务。

俞四妹，女，1960年8月生，南平市延平区西芹镇人，小学教师，中师文化程度。未长期居住在外地。父母、配偶均为南平市西芹镇人，所使用的均为南平官话。承担“方言老女”“地方普通话”的调查和摄录任务。同时，承担本志书中部分语法专题的调查任务。

朱小倩，女，1987年6月生，南平市延平区西芹镇人，幼儿教师，大专文化程度。除了外出求学外，未长期居住在外地。父母、配偶均为南平市西芹镇人，所使用的均为南平官话。承担“方言青女”的调查和摄录任务。

游荣凤，女，1964年1月生，南平市延平区西芹镇人，小学教师，大专文化程度。未长期居住在外地。父母、配偶均为南平市西芹镇人，所使用的均为南平官话。承担“口头文化”“地方普通话”的调查和摄录任务。

除此之外，接受我们调查的还有一些人，特别是部分语法专题的调查涉及的发音人很多，在此不能一一列举，谨此一并致谢。

三　本书符号说明

（1）本书国际音标统一使用IpaPanNew字体。

（2）辅音送气符号用右上标“ʰ”表示。

（3）写不出字形的音节，一律用“□”代替。

（4）同音字在字的右上角加“⁼”号表示。

（5）举例时用“～”代替该字。

（6）单字或国际音标单下划线“＿”表白读音，双下划线“‗”表文读音。在第三章“同音字汇”中，为方便读者阅读，有文白异读的情况，一律用小字在字的右下角标出“文”“白”。一字有两读或三读的，一般按使用频率由高到低，在字的右下角标上数字1、2、3。如果是新老异读，一律用小字标出“新”“老”。

第二章 语音

第一节

声韵调

一　声母

南平官话有声母16个，包括零声母。

p步办边捧白	p^h皮怕片盘拍	m麻米妹满木		
t多弟点灯滴	t^h拖梯堂桶铁			l女让男兰力
ts左知抓占桌	ts^h柴草词餐切		s扫削书垂十	
tɕ猪酒转张嚼	$tɕ^h$唱船前枪雀			
k高已金共极	k^h可奇欠劝缺	ŋ我戆	x河海肺粉福	
ø味熬安黄热				

说明：

①声母[ŋ]只用于“我”[ŋo^{24}]和“戆傻”[ŋoŋ^{21}]。

②古精、知、庄、章四组声母已合并。在与细音韵母相拼时，声母一般会腭化为舌面前音，但腭化程度因人而异，并不非常稳定。从音系学角度说，这套声母不涉及古见组细音字，两种部位不具备分化为两组辅音音位的条件。只是为了方便与其他官话方言比较，设立这一套舌面前音声母。其中擦音声母逢细音有一定的腭化倾向，但尖音色彩比塞擦音更为明显，实际发音部位介于[s]和[ɕ]之间，近于[ʃ]。本文一律记为[s]。例如，“是止开三纸禅”“细蟹开四霁心”“婿蟹开四霁心”“豉止开三寘禅”等同读为[si^{35}]。

③[k k^h x]逢细音韵母，发音部位稍前移，[x]拼洪音韵母时部位后移。

④南平官话没有唇齿音声母，古轻唇音字已从重唇中分离出来，与晓匣母合口呼合并。这组声母遇合口呼韵母，例如“富、福、犯、法”等字，双唇偶尔会形成一个较松的收紧

点，音色介于[x]和[f]之间。本文一律记为[x]。

⑤[l]声母包括[n]和[l]两个自由变体。

⑥本书所记声母与《南平市北方方言岛》和《福建省汉语方言概况》的不同之处在于对古舌齿音声母今读的记录，本书记成[ts ts^h s]和[tɕ tɕ^h]两套声母，《南平市北方方言岛》记成[ts ts^h s]和[tʃ tʃ^h ʃ]两套声母，《福建省汉语方言概况》记成[ts ts^h s]一套声母。

二 韵母

南平官话有韵母45个。

ʅ 知字丝次死祠	i 皮米泪屎寄衣	u 步初路苦富五	y 女猪住句雨举
a 家马沙大查下	ia 牙嫁假虾丫霞	ua 挂瓦话抓蛙夸	
e 斜写扯惹奶蛇	ie 爷阶聂椰野夜		ye 越粤
ɵ □折（断）[k^{h}ɵ^{24}]			
ɤ 去儿饵二			
o 破躲座我河棵			
ai 派埋来晒开矮		uai 帅拐块外坏歪	
		ui 媒鬼泪岁位飞	
au 包闹桃早告熬	iau 猫钓鸟笑交腰		
	iu 秋刘手旧休右		
ɵy 豆楼狗瘦呕猴			
aŋ 南暗忙三缸旱	iaŋ 张山铲娘战肠	uaŋ 反扮乱关床王	
	ieŋ 骗田年尖见眼		yeŋ 选永寻串圈转
oŋ 虫公宋梦棚动	ioŋ 浓兄穷供用熊		
	iŋ 品鳞近庆英顶		yŋ 寻军裙云迅孕
eiŋ 恨寸冷本层坑		ueiŋ 衬棍纯拳粉论	
ʅʔ 执质职室蚀饰	iʔ 笔踢立七日汁	uʔ 不谷独竹骨六	yʔ 菊局律蓄育
aʔ 腊杂鸭达八杀	iaʔ 甲押压瞎吓	uaʔ 刷法刮括滑袜	
eʔ 别猎叠灭节血	ieʔ 胁又叶页业热		yeʔ 屑劣掘月阅
ɵʔ 绝决雪又缺			
ɤʔ 色墨得侧客麦			
oʔ 剥合恶凶夺隔缩			yoʔ 虐雀学脚药

说明：

①[o]在鼻音韵尾前面舌位偏高，在非鼻音韵尾前面舌位偏低，本文统一标记为[o]。

②[e]在鼻音韵尾前面舌位偏高，在非鼻音韵尾前面舌位偏低，本文统一标记为[e]。

③[ie]韵母在与舌面前音声母相拼时，介音被声母吸收，若有若无。按声韵拼合规律，一般记为齐齿呼韵母。

④[ɤ]的后元音特征只在读为入声调时比较明显，读为舒声调时可能只是央元音[ə]，本文统一标记为[ɤ]。

⑤[iu]和[ui]的前后两个元音之间都有轻微的过渡音。

⑥[oŋ]韵母中的元音有时有轻微的复化，实际上是[oᵘŋ]。

⑦[eiŋ]的主要元音[e]开口度偏小，而[iŋ]的开头有一个轻微的[ɪ]，非对比的情况下，这两个韵母容易相混。

⑧本书所记韵母与《南平市北方方言岛》最大的区别在于入声韵。本书记有入声韵以及韵尾[-ʔ],《南平市北方方言岛》无入声韵。本书与《福建省汉语方言概况》韵母系统差异较大的地方是多了[ɵ]和[ɵʔ]这两个韵母。

三　声调

南平官话共有单字调5个。

阴平	21	东该灯风通开天春
阳平	31	门龙牛油铜皮糖红
上声	24	懂苦鬼草买老五有
去声	35	冻快路硬洞饭罪后
入声	3	谷塔节刻六叶毒白

说明：

①阴平调在单字调查时大多数情况下读为21，有时读为33。发音人认为是两可的。我们认为这种情况是阴平调的连调规律造成的。二字组连调，阴平字作为前字，都是高平或中平调；作为后字，一律是21调。所以发音人读单字时在两种调值之间摇摆。根据西芹话二字组连读变调“前变后不变”的一般规律，将21定为阴平的单字调。

②阳平调是中降调，在非对比的情况下，容易与阴平相混，调值定为31。

③上声调是个中升调，调值为24，但偶尔可听到发音人强调地读为升降调242。

④去声也是升调，但起点比上声稍高，在非对比的情况下听上去与上声相近，但发音人听感差异明显，我们将调值定为35。

⑤入声调的主要特征是比其他调稍短促，高度并不恒定，取其中间值3。几乎所有的入声字都可以自由变读为中降的舒声调值31，与阳平调相同。但古平声字一般不能变读为短促的入声调。因此我们认为，入声调仍是一个独立的调类，舒促两种调值是入声调位的自由变体。

第二节

单字音表

本节用“南平官话单字音表”来显示南平官话的声韵配合关系。表中同一横行的字声母相同，同一竖行的字韵母和声调相同。表中字形相同但读音不同或影响理解的字用黑体表示，并在表下加注释。有音无字或一时找不到合适的字的用圆圈码表示，在表下注音并加解释。

表2-1 南平官话单字音表之一

韵 调 声	ɿ				i				u				y			
	阴平21	阳平31	上声24	去声35	阴平21	阳平31	上声24	去声35	阴平21	阳平31	上声24	去声35	阴平21	阳平31	上声24	去声35
p					屄	**鼻**	比	闭			补	布				
p^h					批	皮	痞	**鼻**	**铺**	菩	普	**铺**				
m					眯	迷	米	谜		模	母	墓				
t					低		底	弟	都		堵	妒				
t^h					梯	题	体	涕		图	土	兔				
l						离	李	丽		炉	鲁	路		驴	旅	虑
ts	资		指	字					租		组	助				
ts^h	痴	瓷	耻	刺					粗		楚	醋				
s	私		死	四	西	时	洗	细	梳		**数**	**数**	须	薯		絮
tɕ					姊		纸	志					猪		煮	注
$tɕ^h$					妻	齐	齿	翅					蛆	厨	鼠	处
k					鸡		己	计	姑		鼓	故	居		举	句
k^h					溪	奇	起	气	箍		苦	裤	区	渠	①	趣
ŋ																
x					希		喜	戏	肤	壶	虎	户	虚		许	
∅					衣	移	椅	意	乌	吴	五	误	迂	鱼	雨	遇

注释:

鼻 pi^{31} ～子

鼻 p^hi^{35} ～～鼻涕

铺 p^hu^{21} ～床

铺 p^hu^{35} 店～

数 su^{24} 动词

数 su^{35} 名词

① k^hy^{24} 笨

表2-2 南平官话单字音表之二

韵/调/声	a				ia				ua				e			
	阴平21	阳平31	上声24	去声35	阴平21	阳平31	上声24	去声35	阴平21	阳平31	上声24	去声35	阴平21	阳平31	上声24	去声35
p	巴		把	坝											⑧	
p^h	①	爬		怕												
m	妈	麻	马	骂												
t			打	大									爹			
t^h	他															
l	拉	拿	哪	那				④							惹	
ts	渣			榨					抓		爪		遮		姐	借
ts^h	叉	茶									⑦		车		扯	笡
s	沙		傻	②							耍		些	蛇	写	社
tɕ								这								
$tɕ^h$																
k	家				加		贾	嫁	瓜		寡	挂				
k^h	掐		③			⑤		⑥	夸		垮	跨		茄		
ŋ																
x	哈	霞		下	虾	霞			花	划		划				
ø	阿		哑		丫	牙	亚	砑	蛙		瓦					

注释：

划 xua^{31} ～拳

划 xua^{35} 计～

① p^ha^{21} 癫～疯子

② sa^{35} ～痒挠痒痒

③ k^ha^{24} ～～缝隙

④ lia^{35} 眨眼

⑤ k^hia^{31} 迈

⑥ k^hia^{35} 詈辞，义为“贱”

⑦ ts^hua^{24} 害～生麻风病类的传染病

⑧ pe^{24} 裂开

表2–3　南平官话单字音表之三

韵	ie				ye				o				ɤ			
调 声	阴平 21	阳平 31	上声 24	去声 35	阴平 21	阳平 31	上声 24	去声 35	阴平 21	阳平 31	上声 24	去声 35	阴平 21	阳平 31	上声 24	去声 35
p									波		簸					
p^h									坡	婆		破				
m									摸	**磨**		**磨**				
t									多		朵	剁				
t^h									拖	驮	椭					
l		聂							啰	锣	裸	糯				
ts											左	做				
ts^h									搓			锉				
s									蓑		锁					
tɕ																
$tɕ^h$																
k	阶								歌		果	过				③
k^h									颗		可	课	祛			去
ŋ											我					
x									②	河	火	货				
∅	椰	爷	野	夜		①		粤	窝	鹅	耳	饿		儿	饵	二

注释：

磨 mo^{31} 动词

磨 mo^{35} 名词

①ye^{31} 掰，撕

②xo^{21} 打～打呼噜

③$kɤ^{35}$ ～进去划伤

表2–4 南平官话单字音表之四

韵 / 调 / 声	θ				ai				uai				ui			
	阴平 21	阳平 31	上声 24	去声 35	阴平 21	阳平 31	上声 24	去声 35	阴平 21	阳平 31	上声 24	去声 35	阴平 21	阳平 31	上声 24	去声 35
p							摆	拜					杯			贝
pʰ						排		派					胚	赔		配
m						埋	买	卖						梅	每	妹
t					呆			袋					堆			对
tʰ					胎	抬		态					推		腿	退
l						来		奈						雷	蕊	内
ts					灾		宰	在					追		嘴	罪
tsʰ					猜	财	彩	菜					催	槌		脆
s					鳃			赛	摔			帅	虽	随	水	岁
tɕ																
tɕʰ																
k	①				街		改	盖	乖		拐	怪	龟		鬼	桂
kʰ			②		开	③	凯					块	亏	葵		愧
ŋ																
x						鞋	海	害		怀		坏	灰	回	匪	痱
Ø					挨	癌	矮	爱	歪			外	威	围	尾	位

注释：

①kθ^{21} ～手手部残疾　　②kʰθ^{24}折断　　③kʰai^{31}“起来”的合音

表2-5 南平官话单字音表之五

韵 / 调 / 声	au 阴平21	au 阳平31	au 上声24	au 去声35	iau 阴平21	iau 阳平31	iau 上声24	iau 去声35	iu 阴平21	iu 阳平31	iu 上声24	iu 去声35	ɵy 阴平21	ɵy 阳平31	ɵy 上声24	ɵy 去声35
p	包		宝	报	标		表	嫑								
p^h	抛	跑		炮	飘	瓢	漂	漂								
m	猫	毛	卯	帽	猫	苗	秒	庙			①			谋	亩	茂
t	刀		导	到	刁		屌	吊	丢				蔸		抖	豆
t^h	涛	逃	讨	套	挑	条	挑	跳					偷	头	敨	透
l	捞	劳	老	闹	屪	疗	鸟	料	溜	流	柳	②	③	楼	篓	漏
ts	糟		早	造											走	皱
ts^h	操	曹	草	糙										愁		凑
s	骚		嫂	潲	消		小	笑	羞	泅	手	秀	搜		④	瘦
tɕ					椒		缴	照	周		酒	就				
$tɕ^h$					锹	瞧	吵		秋	愁	丑	臭				
k	高		搞	告	浇		饺	叫			九	舅	沟		狗	够
k^h	敲		考	靠		桥	巧	窍	丘	求		臼	抠		口	扣
ŋ																
x	蒿	豪	好	好		淆	晓	孝						猴	⑤	后
ø		熬	咬	傲	妖	摇	舀	耀	忧	油	友	右	欧		藕	怄

注释：

好 xau^{24} ～坏

好 xau^{35} 爱～

漂 p^hiau^{24} ～洗

漂 p^hiau^{35} ～亮

挑 t^hiau^{21} ～担

挑 t^hiau^{24} 选择，挑选

①miu^{24} “没有”的合音

②liu^{35} 用两个手指头拧

③$lɵy^{21}$ 挖，抠

④$sɵy^{24}$ 鸡～半大鸡

⑤$xɵy^{24}$ 害～气喘

表2-6　南平官话单字音表之六

韵／调／声	aŋ				iaŋ				uaŋ				ieŋ			
	阴平21	阳平31	上声24	去声35	阴平21	阳平31	上声24	去声35	阴平21	阳平31	上声24	去声35	阴平21	阳平31	上声24	去声35
p	班		板	办					搬			伴	边		扁	变
p^h	潘	旁		盼						盘		叛	篇	**便**		骗
m		忙	莽	慢						馒	满			棉	免	面
t	单		胆	蛋					端		短	断	癫		典	电
t^h	汤	潭	毯	炭						团			天	甜	舔	
l	①	狼	懒	浪	娘	娘	两	亮		鸾	卵	乱	蔫	帘	脸	链
ts	簪		斩	站					装			撞				
ts^h	参	蚕	惨	灿					窗	床	闯	窜				
s	三		伞	善	山	详	想	象	酸		爽	蒜	仙		藓	线
tɕ					浆		盏	酱					尖		剪	箭
$tɕ^h$					枪	墙	铲	唱					千	前	浅	②
k	柑		感	杠	江		讲	**降**	官		管	罐	肩		减	见
k^h	糠	扛	砍	抗	羌	强			筐	狂	款	矿	牵	钳		欠
ŋ																
x	鼾	寒	喊	汗	香	**降**			欢	环	反	饭		闲	险	县
ø	安	昂		岸	秧	羊	养	样	豌	王	碗	万	淹	盐	眼	厌

注释：

降kiaŋ^{35}下～

降xiaŋ^{31}投～

便p^hieŋ^{31}～宜

①laŋ^{21}涮洗

②$tɕ^h$ieŋ^{35}磨人，一般指孩子纠缠不休

表2-7　南平官话单字音表之七

韵/调/声	yeŋ				oŋ				ioŋ				iŋ			
	阴平21	阳平31	上声24	去声35	阴平21	阳平31	上声24	去声35	阴平21	阳平31	上声24	去声35	阴平21	阳平31	上声24	去声35
p							捧						冰		饼	病
pʰ					蜂	篷	捧	碰					拼	平	品	姘
m					懵	蒙	蠓	梦						民	敏	命
t					冬		懂	动					疔		顶	定
tʰ					通	同	桶	痛					厅	停	挺	趁
l					②	聋	拢	弄		浓				林	领	令
ts					棕		总	粽								
tsʰ					聪	虫	宠	铳								
s	宣	寻	选	眩	嵩	怂	㧐	送					心		醒	姓
tɕ	专		转	转									睛		井	进
tɕʰ	穿	全	喘	串									清	晴	请	
k	捐		卷	卷	工		拱	供	供				今		紧	劲
kʰ	圈	权	犬	劝	空		孔	空		穷		虹	轻	琴		庆
ŋ					戆											
x				①	风	红	讽	风	胸	熊			馨	形		幸
Ø	冤	圆	远	院	翁			蕹	雍	茸	勇	用	音	人	影	印

注释：

转 $tɕyeŋ^{24}$ ～眼

转 $tɕyeŋ^{35}$ ～圈

卷 $kyeŋ^{24}$ ～起

卷 $kyeŋ^{35}$ 考～

捧 $poŋ^{24}$ 双手端着

捧 $p^{h}oŋ^{24}$ 吹～

供 $koŋ^{35}$ 上～

空 $k^{h}oŋ^{21}$ ～虚

空 $k^{h}oŋ^{35}$ 有～

供 $kioŋ^{21}$ 喂养：～猪养猪

趁 $t^{h}iŋ^{35}$ 挣，赚，闽语借词

① $xyeŋ^{35}$ 丢弃

② $loŋ^{21}$ 山上放木头下来的沟

表2-8 南平官话单字音表之八

韵 调 声	yŋ				eiŋ				ueiŋ			
	阴平 21	阳平 31	上声 24	去声 35	阴平 21	阳平 31	上声 24	去声 35	阴平 21	阳平 31	上声 24	去声 35
p					奔		本	笨				
p^h					**喷**	盆		**喷**				
m						门	猛	闷				
t					灯		等	凳	蹲			盾
t^h					吞	藤				豚		
l					扔	能	冷	嫩		轮		论
ts					针		诊	镇	尊		准	
ts^h					撑	沉	逞	秤	村	纯	蠢	寸
s		寻		讯	生	神	笋	胜	孙		损	顺
tɕ												
$tɕ^h$												
k	军		菌	俊	**更**		梗	**更**			滚	棍
k^h		裙			坑		肯		昆	拳	捆	困
ŋ												
x					亨	痕	很	恨	昏	魂	粉	混
ø	晕	云		孕	恩			硬	温	文	稳	问

注释：

喷 p^heiŋ[21] ～水水量很小

喷 p^heiŋ[35] ～水水量大，一般用于灌溉

更 keiŋ[21] 五～

更 keiŋ[35] ～好

表2-9 南平官话单字音表之九

韵 调 声	ɿʔ	iʔ	uʔ	yʔ	aʔ	iaʔ	uaʔ	eʔ	ieʔ	yeʔ	ɵʔ	ɤʔ	oʔ	yoʔ
	入声3	入声3	入声3	入声3	入声3	入声3	入声3	入声3	入声3	入声3	入声3	入声3	入声3	入声3
p		笔	不		八			鳖				百	剥	
pʰ		辟	扑					撇				拍	泼	
m		蜜	木		抹			篾				麦	沫	
t		笛	毒		搭			跌				德	夺	
tʰ		踢	秃		塔			铁				特	脱	
l		立	绿	律	辣	烁		捏		劣		勒	落	弱
ts	织		竹		杂			接				贼	桌	
tsʰ			触		插			切				测		
s	室	惜	叔	蓄	杀		刷	蝎	协	屑	雪	色	索	削
tɕ		汁												嚼
tɕʰ		七		出					蠘					雀
k		急	骨	菊	蛤	甲	刮	结		掘	决	格	鸽	脚
kʰ			哭	曲		掐					缺	客	阔	确
ŋ														
x			福			瞎	发	血				黑	活	学
ø		一	物	育	鸭	押	袜		热	月		额	恶	药

第三节

连读变调及轻声

一　连读变调

南平官话的词语连读时大多要发生变调。连读变调总的规律是连读上字以下字的调类为条件发生调值的变化，连读字组末一音节的调值一般保持不变。具体情况如下：

1.非重叠式二字组连读变调

表2–10　南平官话二字组连调规律表

前字＼后字	阴平21	阳平31	上声24	去声35	入声3
阴平21	**55**+21	**55**+31	**55**+24	**33**+35	**55**+3
阳平31	31+21	31+31	**21**+24	**21**+35	31+3
上声24	**31**+21	**31**+31	**21**+24	**21**+35	**33**+3
去声35	**55**+21	**55**+31	**55**+24	**55**+35	**55**+3
入声3	**55**+21	**55**+31	**55**+24	**33**+35	**55**+3

以上连调规律表显示：除了阳平在阴平、阳平、入声前不变调外，其余组合前字均变调。阴平、阳平、上声、去声四个舒声调的连调规律基本可以分为两类：阴平、去声为一类，阳平、上声为一类。而作为单字调，阴平与阳平相似，都是降调；上声与去声相似，都是中升调。阴平与阳平的变调模式对立，上声与去声变调模式对立。这样形成了一个平衡合理的声调系统。入声调的舒化变体与阳平相同，连调模式与阴平、去声为一类，与阳平是不同的。入声字位于连读字组前字位置时，除了会发生变调外，入声韵尾[-ʔ]变弱甚至

消失，因此本书将位于连读字组前字位置的入声字的韵尾一律删除。不过，后字是轻声音节的，不受这一规则的制约。本书中，凡连读字组后字是轻声音节的，前字一律保持本音不变。

南平官话二字组的25种组合中除3组不变调外，一共形成22组变调组。5个单字调分别用数字1、2、3、4、5代表。组合“1+1”表示“阴平21+阴平21”，“1+2”表示“阴平21+阳平31”，依次类推。25种组合（包括不变调的3组）举例如下：

1+1	21–55	21	春分ts^{h}ueiŋ xueiŋ	山坡siaŋ p^{h}o
			鸡公ki koŋ	金瓜南瓜kiŋ kua
1+2	21–55	31	灰尘xui ts^{h}eiŋ	今年kiŋ lieŋ
			天河t^{h}ieŋ xo	清明tɕ^{h}iŋ miŋ
1+3	21–55	24	风口xoŋ k^{h}ɵy	孙女sueiŋ ly
			身体seiŋ t^{h}i	灰桶xui t^{h}oŋ
1+4	21–33	35	车票ts^{h}e p^{h}iau	边上pieŋ siaŋ
			相信siaŋ siŋ	香菜xiaŋ ts^{h}ai
1+5	21–55	3	钢笔kaŋ piʔ	生日seiŋ iʔ
			工作koŋ tsoʔ	鸡脚ki kyoʔ
2+1	31	21	明朝明天miŋ tɕiau	棉花mieŋ xua
			洋葱iaŋ ts^{h}oŋ	胡椒xu tɕiau
2+2	31	31	油麻芝麻iu ma	回潮xui ts^{h}au
			葫芦xu lu	农民loŋ miŋ
2+3	31–21	24	柴火木头ts^{h}ai xo	牙齿ia tɕ^{h}i
			牛母liu mu	犁手犁把li siu
2+4	31–21	35	芹菜k^{h}iŋ ts^{h}ai	棉被mieŋ pi
			难过laŋ ko	鞋面xai mieŋ
2+5	31	3	排骨p^{h}ai kuʔ	黄粟uaŋ suʔ
			毛笔mau piʔ	颜色ieŋ sɤʔ
3+1	24–31	21	板车paŋ ts^{h}e	尾巴ui pa
			苦瓜k^{h}u kua	点心tieŋ siŋ
3+2	24–31	31	口痰唾沫k^{h}ɵy t^{h}aŋ	水壶sui xu
			狗牙虎牙kɵy ia	嘴皮嘴唇tsui p^{h}i

3+3	24–21	24	水桶 sui t^{h}oŋ	老虎 lau xu
			早米 tsau mi	橄榄 kaŋ laŋ
3+4	24–21	35	韭菜 kiu ts^{h}ai	表弟 piau ti
			海带 xai tai	手艺 siu i
3+5	24–33	3	笋壳 seiŋ k^{h}oʔ	粉笔 xueiŋ piʔ
			眼角 ieŋ koʔ	卷尺 kyeŋ tɕ^{h}iʔ
4+1	35–55	21	菜干 ts^{h}ai kaŋ	树根 sy keiŋ
			地方 ti xuaŋ	唱歌 tɕ^{h}iaŋ ko
4+2	35–55	31	算盘 suaŋ p^{h}uaŋ	蒜泥 suaŋ li
			树苗 sy miau	菜油 ts^{h}ai iu
4+3	35–55	24	丈母岳母 tɕiaŋ mu	戒指 kai tɕi
			糯米 lo mi	背手左手 pui siu
4+4	35–55	35	垫跪蒲团 tieŋ kui	被套 pi t^{h}au
			芥菜 kai ts^{h}ai	饭甑 xuaŋ tseiŋ
4+5	35–55	3	大麦 ta mɤʔ	树叶 sy ieʔ
			裤脚 k^{h}u kyoʔ	大雪 ta syeʔ
5+1	3–55	21	铡刀 tsa tau	辣椒 la tɕiau
			篾青 me tɕ^{h}iŋ	读书 tu sy
5+2	3–55	31	鳖鱼甲鱼 pie y	核桃 xɤ t^{h}au
			骨头 ku t^{h}ɵy	出来 tɕ^{h}y lai
5+3	3–55	24	虱母虱子 sɤ mu	落雨下雨 lo y
			白果 pɤ ko	脚板 kyo paŋ
5+4	3–33	35	特意 t^{h}ɤ i	实在 si tsai
			鸭蛋 a taŋ	雪亮 sye liaŋ
5+5	3–55	3	恶毒 o tuʔ	结实 ke siʔ
			缺德 k^{h}ɵ tɤʔ	笔直 pi tɕiʔ

2. 重叠式连读变调

（1）重叠式二字组连读变调

南平官话中重叠式二字组也会发生变调，且变调的规律同于非重叠式二字组。例如：

1+1	21–55	21	瓜瓜木薯 kua kua	星星 siŋ siŋ

			刀刀 tau tau	枹枹柚子 pʰau pʰau
2+2	31	31	瓢瓢羹匙 pʰiau pʰiau	盘盘盘子 pʰuaŋ pʰuaŋ
			球球 kʰiu kʰiu	钳钳钳子 kʰieŋ kʰieŋ
3+3	24–21	24	果果栗子 ko ko	爪爪爪子 tsua tsua
			奶奶乳汁、乳房 le le	宝宝 pau pau
4+4	35–55	35	把把把儿 pa pa	棍棍棍子 kueiŋ kueiŋ
			屜屜抽屉 tʰi tʰi	盖盖盖子 kai kai
5+5	3–55	3	凿凿凿子 tso tsoʔ	夹夹镊子 ka kaʔ
			核核喉结 xu xuʔ	角角角儿 ko koʔ

（2）其他重叠式字组连读变调

南平官话中，除了二字组重叠式外，还有“ABB”“AABB”“A里AB”重叠式。每一种重叠式字组都体现一定的连读变调规律。

①“ABB”式

轻飘飘 kʰiŋ^{55}pʰiau^{55}pʰiau^{21}　　香喷喷 xiaŋ^{55}pʰeiŋ^{55}pʰeiŋ^{21}

肥嘟嘟胖乎乎 xui^{31}tu^{55}tu^{21}　　圆共⁼共⁼胖乎乎 yeŋ^{31}koŋ^{55}koŋ^{35}

矮丛丛矮矮的样子 ai^{24}tsʰoŋ^{31}tsʰoŋ^{31}　　冷冰冰 leiŋ^{31}piŋ^{55}piŋ^{21}

慢吞吞 maŋ^{55}tʰeiŋ^{21}tʰeiŋ^{21}　　慢悠悠 maŋ^{55}iu^{21}iu^{21}

黑隆隆黑乎乎 xɤ^{55}loŋ^{55}loŋ^{31}　　直共⁼共⁼不灵活的样子 tɕi^{55}koŋ^{55}koŋ^{35}

从以上“ABB”式读音来看，除了最后一个音节不变调外，一般前两个音节发生连读变调，其中第一个音节的变调模式基本与二字组前一音节的连读变调模式相同，中间的音节大多变为高平调。例如：“香喷喷”三个音节的原字调为“21+21+21”，组合发生连读变调后为“55+55+21”；“圆共⁼共⁼”三个音节的原字调为“31+35+35”，组合发生连读变调后为“31+55+35”；“冷冰冰”三个音节的原字调为“24+21+21”，组合发生连读变调后为“31+55+21”；“暗摸摸”三个音节的原字调为“35+21+21”，组合发生连读变调后为“55+55+21”；“黑隆隆”三个音节的原字调为“3+31+31”，组合发生连读变调后为“55+55+31”。但也偶有不符合这种变调规律的，例如“慢吞吞”maŋ^{55}tʰeiŋ^{21}tʰeiŋ^{21}“□湿湿”tsa^{21}si^{55}siʔ^{3}“血淋淋”xe^{55}liŋ^{31}liŋ^{31}等。

②“AABB”式

偷偷摸摸 tʰøy^{55}tʰøy^{55}mo^{55}mo^{21}　　斯斯文文 sɿ^{55}sɿ^{55}ueiŋ^{31}ueiŋ^{31}

含含糊糊 xaŋ^{31}xaŋ^{31}xu^{31}xu^{31}　　长长久久 tɕʰiaŋ^{21}tɕʰiaŋ^{21}kiu^{21}kiu^{24}

整整齐齐 tseiŋ^{31}tseiŋ^{31}tɕʰi^{31}tɕʰi^{31}　　老老实实 lau^{33}lau^{33}si^{55}siʔ^{3}

破破烂烂 pʰo^{55}pʰo^{55}laŋ^{55}laŋ^{35}　　漂漂亮亮 pʰiau^{55}pʰiau^{55}liaŋ^{55}liaŋ^{35}

密密麻麻 mi^{55}mi^{55}ma^{31}ma^{31}　　白白肥肥 pɤ^{55}pɤ^{55}xui^{31}xui^{31}

“AABB”式同二字组一样，最后一个音节不变调，前两个音节一般按照二字组前字变调规律来读，即“AABB”式中的“AA”同调，按照“AB”变调规则取前字调值；“AABB”式中的“BB”也是按照二字组连读变调规律，末音节不变调，第一个“B”按二字组变调规则取前字调值。例如：“孤孤单单”四个字单字调值为“21＋21＋21＋21”，组合后按二字组（“孤单”）“21＋21→55＋21”的变调规则变为“55＋55＋55＋21”；“奇奇怪怪”四个字单字调值为“31＋31＋35＋35”，组合后按二字组（“奇怪”）“31＋35→21＋35”以及（“怪怪”）“35＋35→55＋35”的变调规则变为“21＋21＋55＋35”。

③“A里AB”式

糊里糊涂 xu^{31}li^{55}xu^{31}t^{h}u^{31}　　慌里慌张 xuaŋ^{55}li^{55}xuaŋ^{55}tɕiaŋ^{21}

土里土气 t^{h}u^{21}li^{55}t^{h}u^{21}k^{h}i^{35}　　洋里洋气 iaŋ^{21}li^{55}iaŋ^{21}k^{h}i^{35}

“A里AB”式的连读变调基本是在“AB”式连读基础上扩展而成的。虚化的词缀“里”读音是固定的，即为高平调55。末音节“B”不变调。两个“A”取二字组“AB”连读后的前音节调值。例如“土气”变调规则为“24＋35→21＋35”，“土里土气”组合后的调值为“21＋55＋21＋35”。

二　轻声

除了词法范畴的后缀可能读轻声外，南平官话中基本没有类似普通话中“脑袋”“伙计”“体面”“风筝”等常用的双音词那样的词汇轻声现象。南平官话轻声音节的前一音节一般读本调。南平官话中读轻声的音节大致如下：

1.后缀“子”读轻声。例如：

叶子 ieʔ^{3}tsɿ^{0}　　藤子 t^{h}eiŋ^{31}tsɿ^{0}

柜子 kui^{35}tsɿ^{0}　　橱子 tɕ^{h}y^{31}tsɿ^{0}

个子 ko^{35}tsɿ^{0}　　胡子 xu^{31}tsɿ^{0}

高子高个子 kau^{21}tsɿ^{0}　　肥子胖子 xui^{31}tsɿ^{0}

小子男孩 siau^{24}tsɿ^{0}　　女子女孩；女儿 ly^{24}tsɿ^{0}

领子 liŋ^{24}tsɿ^{0}　　裙子 k^{h}yŋ^{31}tsɿ^{0}

2.表示方位的语素“里”有时候读轻声。例如：

溪里河里 k^{h}i^{21}li^{0}　　城里城内 ts^{h}eiŋ^{31}li^{0}

手里 siu^{24}li^{0}　　心里 siŋ^{21}li^{0}

这里 tɕi^{35}li^{0}　　那里 la^{35}li^{0}

锅里 ko^{21}li^{0}　　田里 t^{h}ieŋ^{31}li^{0}

3.助词“的、得”等读轻声。例如：

我的ŋo^{24}ti^{0}　　家里的（人）kia^{21}li^{24}ti^{0}

真的tseiŋ^{21}ti^{0}　　厚厚的（书）xɵy^{55}xɵy^{35}ti^{0}

快活得（紧）k^{h}uai^{55}xoʔ^{3}tɤ^{0}　　讲得（好）kiaŋ^{24}tɤ^{0}

急得（脸都红起来了）kiʔ^{3}tɤ^{0}　　多得（死）to^{21}tɤ^{0}

4.表示“完成/实现”的动词后的体标记“了”读轻声。例如：

吃了晚饭tɕ^{h}iʔ^{3}lɤ^{0}uaŋ^{21}xuaŋ^{35}　　死了三头猪sɿ^{24}lɤ^{0}saŋ^{55}t^{h}ɵy^{31}tɕy^{21}

旋了一下syeŋ^{31}lɤ^{0}i^{33}xa^{35}　　写了一半se^{24}lɤ^{0}i^{33}puaŋ^{35}

吃了没有tɕ^{h}iʔ^{3}lɤ^{0}mu^{55}iu^{24}　　装上了空调tsuaŋ^{33}siaŋ^{55}lɤ^{0}k^{h}oŋ^{55}t^{h}iau^{31}

5.表示“已然”的句末体标记“了”读轻声。例如：

天晴了t^{h}ieŋ^{55}tɕ^{h}iŋ^{31}lau^{0}　　风吹去了xoŋ^{21}ts^{h}ui^{21}k^{h}ɤ^{35}lau^{0}

走了tsɵy^{24}lau^{0}　　打出血了ta^{33}tɕ^{h}y^{55}xeʔ^{3}lau^{0}

骂哭了ma^{55}k^{h}uʔ^{3}lau^{0}　　很龌龊了xeiŋ^{24}o^{55}ts^{h}oʔ^{3}lau^{0}

6.表示“持续”的动词后的体标记“着”读轻声。例如：

贴着一张地图t^{h}eʔ^{3}tsɿ^{0}i^{55}tɕiaŋ^{21}ti^{55}t^{h}u^{31}　　骑着脚踏车k^{h}i^{31}tsɿ^{0}kyo^{33}ta^{33}ts^{h}e^{21}

陪着我p^{h}ui^{31}tsɿ^{0}ŋo^{24}　　立着一帮人liʔ^{3}tsɿ^{0}i^{33}paŋ^{55}iŋ^{31}

讲着讲着kiaŋ^{24}tsɿ^{0}kiaŋ^{24}tsɿ^{0}　　门开着meiŋ^{31}k^{h}ai^{21}tsɿ^{0}

7.除了部分疑问词外，南平官话大部分语气词读轻声。例如：

差太多了ts^{h}a^{21}t^{h}ai^{55}to^{21}lau^{0}　　蛮牢固的maŋ^{33}lau^{21}ku^{35}ti^{0}

你呢li^{24}le^{0}　　好好做吧xau^{21}xau^{24}tso^{35}pa^{0}

你先去吧li^{24}sieŋ^{33}k^{h}ɤ^{35}pa^{0}　　真香哦tseiŋ^{55}xiaŋ^{21}o^{0}

这个啊tɕi^{35}ko^{0}a^{0}　　还早呢xai^{21}tsau^{24}le^{0}

第四节

异读

南平官话作为一种移民性质的官话，因为以方言岛形式存在，远离北方祖地，又一定程度上受到岛外闽语的影响，其系统内部出现了不同于一般官话的特点。表现在音系上就是南平官话的异读较为丰富。本节拟从文白异读、新老异读、城乡异读等方面分别介绍南平官话的异读情况。

一　文白异读

南平官话文白异读的对应表现在以下几个方面：

1.声母的文白异读

单纯涉及声母而不涉及其他音类的文白异读主要体现在匣母等声母上。例如：

例字	文读	白读
换山合一去换匣	$xuaŋ^{35}$ 交～	$uaŋ^{35}$ ～钱
黄宕合一平唐匣	$xuaŋ^{31}$ 姓～	$uaŋ^{31}$ ～色
狂宕合三平阳群	$k^{h}uaŋ^{31}$ ～犬病	$uaŋ^{31}$ 发～
垂止合三平支禅	$ts^{h}ui^{31}$ ～直	sui^{31} 秤尾～
闰臻合三去稕日	$lueiŋ^{35}$ ～月	$ueiŋ^{35}$ ～三月
捧通合三上肿敷	$p^{h}oŋ^{24}$ 吹～	$poŋ^{24}$ 双手捧着的动作

以上例子显示匣母读为零声母在南平官话中属于白读层次，只发生在合口韵中，匣母读为零声母是[*ɣ]遇合口介音[u]后弱化乃至脱落的结果。在南平官话中，匣母字以读[x]为常，读为零声母的极少。

“狂”白读为零声母，但这种现象不见于其他群母字。

禅母字“垂”白读为擦音，文读为塞擦音。白读层的读音符合官话系统中禅母字的分化规律，即仄声读为擦音，平声分化为塞擦音和擦音。

日母字“闰”文白形式分别是[l]声母和零声母。在南平官话中，古日母分读[l]声母和零声母，一般常用的字大多读为零声母，而不常用的字读[l]声母。“闰”的文白对应形式与古日母在南平官话中的分读形式大致对应。

除此之外，声母系统中还见到一种类似文白异读的较为特殊的异读。例如：

古遇合一上姥见	ku^{24} ～代	kʰu^{24} ～田（福建地名）

作为全清声母见母字的“古”在地名“古田”中读为送气音[kʰ]。南平官话中未见其他用例，可能另有来源。

2.韵母的文白异读

南平官话中单纯涉及韵母的文白异读主要有：

例字	文读	白读
家假开二平麻见	kia^{21} 败～仔	ka^{21} 别～
霞假开二平麻匣	xia^{31} 早～	xa^{31} ～浦（地名）
虾假开二平麻晓	xia^{21} ～仁	xa^{21} ～公
哑假开二上马影	ia^{24} 沙～	a^{24} ～巴子
夹咸开二入洽见	kiaʔ^{3} ～针	kaʔ^{3} ～～（夹子，镊子）
硬梗开二去映疑	iŋ^{35} ～直（坚强）	eiŋ^{35} ～要
弓通合三平东见	koŋ^{21} 弹～	kioŋ^{21} 蒜～（蒜苗）
浓通合三平钟泥	loŋ^{31} ～厚	lioŋ^{31} 汤、粥等稠
扮山开二去裥帮	paŋ^{35} 打～	puaŋ^{35} ～好人
判山合一去换滂	pʰaŋ^{35} 宣～	pʰuaŋ^{35} ～刑
叛山合一去换並	pʰaŋ^{35} ～乱	pʰuaŋ^{35} ～徒
泪止合三去至来	lui^{35} ～水	li^{35} 眼～
寸臻合一去慁清	tsʰueiŋ^{35} 两～	tsʰeiŋ^{35} 分～
衬臻开三去震初	tsʰueiŋ^{35} 陪～	tsʰeiŋ^{35} ～衣
裙臻合三平文群	kʰyŋ^{31} ～子	kʰueiŋ^{31} ～仔（围裙）
群臻合三平文群	kʰyŋ^{31} ～众	kʰueiŋ^{31} 人～
拳山合三平仙群	kʰyŋ^{31} ～头	kʰueiŋ^{31} ～头
运臻合三去问云	yŋ^{35} ～气	ueiŋ^{35} ～气
寻深开三平侵邪	syŋ^{31} ～死	syeŋ^{31} ～人
永梗合三上梗云	ioŋ^{24} ～远	yeŋ^{24} ～久牌

猫效开二平肴明	mau^{21} 熊～	miau^{21} ～仔（猫）
棚梗开二平耕並	p^{h}eiŋ^{31} ～井	p^{h}oŋ^{31} 菜～
隔梗开二入麦见	kɤʔ^{3} ～壁	koʔ^{3} ～开
搁宕开一入铎见	kɤʔ^{3} ～食（积滞）	koʔ^{3} ～仔板（椽子）
阁宕开一入铎见	kɤʔ^{3} 闺～	koʔ^{3} ～楼
设山开三入薛书	sɤʔ^{3} 建～	seʔ^{3} 假～
墨曾开一入德明	moʔ^{3} ～绿	mɤʔ^{3} ～斗
默曾开一入德明	moʔ^{3} 沉～	mɤʔ^{3} ～写
室臻开三入质书	sʅʔ^{3} 教～	siʔ^{3} ～内
住遇合三去遇澄	tsʅ^{35} 对不～ | 记～	tɕy^{35} ～下来

以上韵母的文白异读中最为常见的是古见系开口二等字，分读为开口呼韵母和齐齿呼韵母。部分字如“家、霞、虾、哑、夹、硬”等出现了文白异读，文读为齐齿呼韵母，白读为开口呼韵母，与普通话不同的是见系声母未发生腭化。

以上存在韵母文白异读现象的例字中，部分涉及唇音声母的开合口问题，如“扮、判、叛”等。在南平官话中，这些字白读为合口呼韵母，文读为开口呼。南平官话中，唇音字存在开合口的对立。例如：班山开二平删帮 paŋ^{21} ≠搬山合一平桓帮 puaŋ^{21} ｜旁宕开一平唐並 p^{h}aŋ^{31} ≠盘山合一平桓並 p^{h}uaŋ^{31} ｜忙宕开一平唐明 maŋ^{31} ≠馒山合一平桓明 muaŋ^{31}。“扮、判、叛”等字存在的文白异读与唇音字在南平官话中的对立形式相对应。

少数合口三等字白读为齐齿呼韵母。例如：弓 kioŋ^{21} ｜泪 li^{35}。这些字的文读或读为开口呼韵母，如：弓 koŋ^{21}；或读为合口呼韵母，如：泪 lui^{35}。南平官话中，合口三等见系字读为齐齿呼的还有通、梗摄的几个字，例如：供通合三平钟见。喂养：～猪｜～鸡 kioŋ^{21} ｜穷通合三平东群 k^{h}ioŋ^{31} ｜凶通合三平钟晓 xioŋ^{21} ｜兄梗合三平庚晓 xioŋ^{21} 等字。

3.声调的文白异读

南平官话单纯的声调文白异读较少。主要有：

例字	文读	白读
谜蟹开四去霁明	mi^{31} ～团	mi^{35} 猜～
宜止开三平支疑	i^{31} 适～	i^{35} 便～

4.声母、韵母均存在文白异读对应形式

声母、韵母均存在文白异读对应形式的主要见于古知系字和古日母字。例如：

例字	文读	白读
指止开三上旨章	tsʅ^{24} 中～ | ～挥	tɕi^{24} 手～拇（大拇指）
池止开三平支澄	ts^{h}ʅ^{31} ～塘	tɕ^{h}i^{31} 粪～

至止开三去至章	tsɿ^{35}冬～	tɕi^{35}夏～
找效开二上巧庄	tsau^{24}查～	tɕiau^{24}～钱
抄效开二平肴初	tsʰau^{21}～写	tɕʰiau^{21}手～背后
朝效开三平宵知	tsau^{21}～气	tɕiau^{21}今～
昭效开三平宵章	tsau^{21}～示	tɕiau^{21}～彰（人名）
招效开三平宵章	tsau^{21}～认	tɕiau^{21}～料（配料）
召效开三去笑澄	tsau^{21}号～	tɕiau^{21}～开
沼效开三上小章	tsau^{24}～泽	tɕiau^{24}～气
愁流开三平尤崇	tsʰɵy^{31}发～	tɕʰiu^{31}发～
产山开二上产生	tsʰaŋ^{24}生～	tɕʰiaŋ^{24}～妇
喘山合三上狝昌	tsʰuaŋ^{24}哮～	tɕʰyeŋ^{24}～气
偿宕开三平阳禅	tsʰaŋ^{31}赔～	tɕʰiaŋ^{31}～命
质臻开三入质章	tsɿʔ^{3}性～	tɕiʔ^{3}对～
直曾开三入职澄	tsɿʔ^{3}简～	tɕiʔ^{3}横～
茸通合三平钟日	loŋ^{31}鹿～	ioŋ^{31}毛～～
绒通合三平东日	loŋ^{31}～毛	ioŋ^{31}肉～（肉松）
认臻开三去震日	leiŋ^{35}～真	iŋ^{35}～得着
任深开三去沁日	leiŋ^{35}做一～官	iŋ^{35}～务

从以上例子可知，知系字声母在南平官话中存在[ts tsʰ]和[tɕ tɕʰ]两套形式，读[tɕ tɕʰ]的大多为口语中的常用字；相应地，知系字韵母也存在“开口呼韵母：齐齿呼韵母”或者“合口呼韵母：撮口呼韵母”的对立形式。部分字出现了声母[ts tsʰ]和[tɕ tɕʰ]的文白异读对应形式，与之相配的是韵母也出现了“开口呼韵母：齐齿呼韵母”或者“合口呼韵母：撮口呼韵母”的文白异读对应形式。例如上文所举的“指、池、至、朝、愁、产”等字均属于这种情况。

日母字在南平官话中分读为零声母和[l]声母，口语词以读零声母为常，而非口语词以读[l]声母为常。部分日母字存在[l]声母和零声母的文白异读对应，与之相匹配的是韵母也出现了开口呼韵母和齐齿呼韵母的文白异读对应形式。例如上文所举的“茸、绒、认、任”等。

5.声母与声调均存在文白异读

南平官话中声母与声调均存在文白异读现象的并不多见，常用字中有“松”字等。

例字	文读	白读
松通合三平钟邪	soŋ^{21}～树	tsʰoŋ^{31}～材（松树）

“松”的白读层读音符合平声邪母“疾容切”的“松”。

6.韵母、声调均存在文白异读

南平官话中，韵母、声调均存在文白异读的主要有少数古入声字。例如：

例字	文读	白读
疫梗合三入昔以	i^{35}防～	iʔ^{3}瘟～
越山合三入月云	ye^{35}超～	yeʔ^{3}～剧

以上所列的“疫”“越”属于入声字，白读保留入声韵和入声调，文读则为舒声韵和去声调。

7.声母、韵母、声调均存在文白异读

南平官话中，声母、韵母、声调均存在文白异读的字目前仅见“蹲”字。

例字	文读	白读
蹲臻合一平魂从	tueiŋ^{21}～点	ts^{h}eiŋ^{31}屈两腿如坐、臀部不着地

“蹲”的白读层读音切合《广韵》中平声魂韵从母“徂尊切”的“蹲”，意思也切合《说文解字》中“踞也”的解释。

二 新老异读

南平官话中老年人与年轻人的音系之间存在一些差异，我们以西芹镇的“老男”游木津与“青男”茅龙俊的语音系统为例。

1.声母系统的新老差异

（1）非组声母和晓匣组声母的音值

“老男”与“青男”音系中古轻唇音基本从重唇音中分离出来，且多并入晓匣母。例如“老男”读为[xui^{31}]的字“肥奉、回匣”等，“青男”偶尔读为[fi^{31}]，而有的年轻人则与“老男”一样都读为[x]。不同的发音人并没有对此感觉到有什么区别。而老年发音人没有出现这种情况。想来是年轻一代学习普通话后矫枉过正造成的现象。鉴于年轻人并没有将[f-]与[xu-]系统地有意识地区分开来，统一将声母记成[x]。

（2）精组声母遇细音的音值

根据南平官话与中古音的对应关系，“老男”与“青男”精组声母基本以韵母洪细分读[ts ts^{h} s]和[tɕ tɕ^{h}]两套，但“老男”和“青男”音系中都存在精组声母遇细音变读为[k k^{h} x]的现象。与“老男”相比，“青男”音系中有更多的精组字遇细音后变读为[k k^{h} x]。例如：

例字	老男	青男
取遇合三上麌清	tɕ^{h}y^{24}	k^{h}y^{24}
全山合三平仙从	tɕ^{h}yeŋ^{31}	k^{h}yeŋ^{31}

进臻开三去震精	tɕiŋ^{35}	kiŋ^{35}
井梗开三上静精	tɕiŋ^{24}	kiŋ^{24}
静梗开三上静从	tɕiŋ^{35}	kiŋ^{35}
节山开四入屑精	tseʔ^{3}	kieʔ^{3}
锡梗开四入锡心	siʔ^{3}	xi^{21}

2.韵母系统的新老差异

（1）[eiŋ]韵母和[iŋ]韵母

“老男”音系中[eiŋ]韵母和[iŋ]韵母是对立存在的，而“青男”音系中[eiŋ]韵母已经向[iŋ]韵母合流，故“青男”的音系比“老男”的音系少了[eiŋ]韵母。例如：

例字	老男	青男
盆臻合一平魂並—瓶梗开四平青並	p^{h}eiŋ^{31}—p^{h}iŋ^{31}	p^{h}iŋ^{31}
灯曾开一平登端—钉梗开四平青端	teiŋ^{21}—tiŋ^{21}	tiŋ^{21}
藤曾开一平登定—停梗开四平青定	t^{h}eiŋ^{31}—t^{h}iŋ^{31}	t^{h}iŋ^{31}
能曾开一平登泥—零梗开四平青来	leiŋ^{31}—liŋ^{31}	liŋ^{31}
身臻开三平真书—心深开三平侵心	seiŋ^{21}—siŋ^{21}	siŋ^{21}
根臻开一平痕见—金深开三平侵见	keiŋ^{21}—kiŋ^{21}	kiŋ^{21}
坑梗开二平庚溪—轻梗开三平清溪	k^{h}eiŋ^{21}—k^{h}iŋ^{21}	k^{h}iŋ^{21}

（2）[ie]韵母和[e]韵母

普通话中，除止、通摄等少数韵摄外，精组字逢三、四等韵大多读为[tɕ tɕ^{h}]。而在南平官话中，这类字出现了“青男”读[tɕ tɕ^{h}]而老男读[ts ts^{h}]的新老差异，韵母也相应地出现了诸如“青男”读[ie]而“老男”读[e]的新老差异。这种新老差异还出现在部分知系字中。例如：

例字	老男	青男
姐假开三上马精	tse^{24}	tɕie^{24}
借假开三去祃明	tse^{35}	tɕie^{35}
车假开三平麻昌	ts^{h}e^{21}	tɕ^{h}ie^{21}
蛇假开三平麻船	se^{31}	ɕie^{31}
接咸开三入叶精	tseʔ^{3}	tɕie^{31}
切山开四入屑清	ts^{h}eʔ^{3}	tɕ^{h}ieʔ^{3}

3.声调系统的新老差异

年轻人的口音中，少数古入声字已经舒化，零星地归入阴平、阳平和去声。仔细观察，可以看出这些字的归并走向跟普通话大体相同，应该是晚近普通话影响的结果。具体如：匹[p^{h}i^{31}]、摸[mo^{21}]、益[i^{35}]、肉[iu^{31}]、玉[y^{35}]。

三　城乡异读

前文提及，南平官话的使用人口大概有三万，绝大部分集中在市区周边的西芹、大横、水南、茫荡等乡镇、街道，城区内能说南平官话的一般只有少数五十岁以上的中老年人，而且由于城区改造，居民搬迁，现在已经找不到比较集中的南平官话社区。市区所使用的南平官话与周边的南平官话口音上略有差异，我们以延平市区发音人陈武（1952年出生于南平市迎仙坊）和西芹镇发音人游木津的口音为例来分析城乡异读。

城内口音与西芹的口音差别不算很大，两地音系中声类和调类的数量相同，调值区别甚微。两地口音的差异较为明显地体现在韵母和部分知系声母的今读形式上。

1.声母的主要差异

城乡口音在声母上的差异主要表现在知系声母上。西芹官话系统中，部分知系字在白读层发生腭化，与细音前的精组字合流，文读层依然读为舌尖音[ts tsʰ s]；而城内官话系统中，知系声母腭化的程度不如西芹官话深，但部分西芹官话没有腭化的字在城内官话中却发生了腭化。例如：

例字	城内	西芹
池止开三平支澄	tsʰɿ^{21}	tɕʰi^{31}/tsʰɿ^{31}
纸止开三上纸章	tsɿ^{242}	tɕi^{24}
指止开三上旨章	tsɿ^{242}	tɕi^{24}/tsɿ^{24}
汁深开三入缉章	tsɿʔ^{3}	tɕiʔ^{3}
抄效开二上巧初	tsʰau^{33}	tɕʰiau^{21}/tsʰau^{21}
照效开三去笑章	tsau^{35}	tɕiau^{35}
针深开三平侵章	tɕiŋ^{33}	tseiŋ^{21}
陈臻开三平真澄	tɕʰiŋ^{21}	tsʰeiŋ^{31}
证曾开三去证章	tɕiŋ^{35}	tseiŋ^{35}
整梗开三上静章	tɕiŋ^{242}	tseiŋ^{24}

2.韵母的主要差异

（1）古阳声韵的今读差异

城内官话与西芹官话韵母系统最大的差别在于城内古阳声韵有鼻尾韵和鼻化韵两套。鼻化韵的主元音为[æ]或[o]，舌位较低。其中[iæ̃]中的[æ]的鼻化程度不如单元音韵母[æ̃]的鼻化程度高，近于[iæŋ]，非对比的情况下容易与[ieŋ]相混。例如："扇"[sieŋ^{35}]与"善"[siæ̃^{35}]就很相近。这种以元音为条件的鼻化韵应该是晚近自然音变的结果，可能代表一部分城关人的口音特点。而西芹官话中古阳声韵只有一套鼻尾韵。大致的对应关系是：

城内的[æ̃]韵母对应于西芹的[aŋ]韵母；城内的[iæ̃]韵母对应于西芹的[iaŋ]韵母；西芹的[uaŋ]韵母部分对应于城内的[yæ̃]韵母，部分对应于城内的[uõ]韵母。例如：

例字	城内	西芹
贪咸开一平覃透	t^{h}æ̃^{33}	t^{h}aŋ^{21}
懒山开一上旱来	læ̃^{242}	laŋ^{24}
三咸开一平谈心	sæ̃^{33}	saŋ^{21}
纲宕开一平唐见	kæ̃^{33}	kaŋ^{21}
抢宕开三上养清	tɕ^{h}iæ̃^{242}	tɕ^{h}iaŋ^{24}
帐宕开三去漾知	tɕiæ̃^{35}	tɕiaŋ^{35}
香宕开三平阳晓	xiæ̃^{33}	xiaŋ^{21}
搬山合一平桓帮	puõ^{33}	puaŋ^{21}
算山合一去换心	suõ^{35}	suaŋ^{35}
换山合一去换匣	uõ^{35}	uaŋ^{35}
装宕开三平阳庄	tɕyæ̃^{33}	tsuaŋ^{21}
弯山合二平删影	yæ̃^{33}	uaŋ^{21}
反山合三上阮非	xyæ̃^{242}	xuaŋ^{24}

（2）城内语音系统中的舌尖化

城乡官话韵母系统差别比较明显的还有城内口音的舌尖化程度较高，部分西芹读为[i]或者[iʔ]韵母的城内读为[ɿ]或者[ɿʔ]韵母。城内官话与西芹官话相比舌尖化程度较高的主要发生在擦音声母后面。例如：

例字	城内	西芹
西蟹开四平齐心	sɿ^{33}	si^{21}
洗蟹开四上荠心	sɿ^{242}	si^{24}
习深开三入缉邪	sɿʔ^{3}	siʔ^{3}
吸深开三入缉晓	sɿʔ^{3}	siʔ^{3}
息曾开三入职心	sɿʔ^{3}	siʔ^{3}
惜梗开三入昔心	sɿʔ^{3}	siʔ^{3}

四　其他异读

除了以上三种性质的异读外，南平官话中还存在一些其他性质的异读现象，这些异读现象大致包括以下两种情况。

1. 又读

南平官话中存在一些不以词汇为条件的又读现象。绝大多数又读现象涉及精、见组细音字。按照南平官话语音古今对应规律，精组遇细音读[tɕ tɕ^{h} s]，见组不随韵母的洪细发生分化，只有[k k^{h} x]一套，所以精、见组字在南平官话中应该是不混的。但部分精、见组字今读不符合这样的规律，遇细音出现了[tɕ tɕ^{h} s]和[k k^{h} x]的又读形式，导致精、见组字出现相混现象（如“妻又。蟹开四平齐清 = 溪蟹开四平齐溪k^{h}i^{21}”“尽又。臻开三上轸从 = 劲臻开三去欣见kiŋ^{35}”）。例如：

例字	又读	又读
妻蟹开四平齐清	tɕ^{h}i^{21}	k^{h}i^{21}
徐遇合三平鱼邪	sy^{24}	xy^{24}
践山开三上狝从	tɕieŋ^{35}	kieŋ^{35}
尽臻开三上轸从	tɕiŋ^{35}	kiŋ^{35}
晋臻开三去震精	tɕiŋ^{35}	kiŋ^{35}
脊梗开三入昔精	tɕiʔ^{3}	kiʔ^{3}
熙止开三平之晓	xi^{21}	si^{21}
许遇合三上语晓	xy^{24}	sy^{24}
缴效开四上篠见	kiau^{24}	tɕiau^{24}
强宕开三平阳群	k^{h}iaŋ^{31}	tɕ^{h}iaŋ^{31}
钦深开三平侵溪倾梗合三平清溪	k^{h}iŋ^{21}	tɕ^{h}iŋ^{21}
弦山开四平先匣	xieŋ^{31}	syeŋ^{31}
协咸开四入帖匣胁咸开三入业晓	xeʔ^{3}	sieʔ^{3}

以上所举的这些精、见组字的又读形式中的前一种读音是符合语音对应规律的，后一种读音中部分大概是转读普通话时发生的错误对应。

除了以上这些精、见组字出现又读外，还有一些字存在性质不明的又读现象。例如：

例字	又读	又读
耳止开三上止日	ɤ^{24}	o^{24}
眉止开三平脂明	mieŋ^{31}	miŋ^{31}
僻梗开三入昔滂	p^{h}iʔ^{3}	piʔ^{3}
踏咸开一入合透	t^{h}aʔ^{3}	taʔ^{3}
雪山合三入薛心	sɵʔ^{3}	syeʔ^{3}
弱宕开三入药日	lyoʔ^{3}	loʔ^{3}

2. 因借词而出现的异读

南平官话受岛外闽东、闽北方言的影响，出现了因借词造成的异读现象。所借闽语以福州话为例。例如：

例字	南平官话固有的读音	南平官话借词中的读音	福州话中的读音
蜂通合三平钟敷	$xo\eta^{21}$ ～窝煤	$p^{h}o\eta^{21}$ ～子	$p^{h}u\eta^{55}$ ～囝（蜜蜂）
趁臻开三去震彻	$ts^{h}ei\eta^{35}$ ～机	$t^{h}i\eta^{35}$赚，挣	$t^{h}ei\eta^{21}$ ～钱
深深开三平侵书	$sei\eta^{21}$ ～蓝	$tɕ^{h}i\eta^{21}$水～	$ts^{h}i\eta^{55}$水～
择梗开二入陌澄	$tsɤʔ^{3}$选～	$toʔ^{3}$ ～菜｜～日子	$taʔ^{5}$ ～亲｜～日子
雾遇合三去遇微	u^{35}大～	mu^{35}起～	muo^{52}起～
面山开三去线明	$mie\eta^{35}$脸～	$mei\eta^{35}$对～	$mei\eta^{21}$对～

以上所举例字中的“蜂”和“雾”是古非组字。在南平官话中，古非、敷、奉母字绝大多数混入晓、匣母，读为[x]；在福州话和建瓯话中，古非、敷、奉母字部分混入晓、匣母，读为[x]声母，部分读如重唇音[p p^{h}]，例如“富、妇”等白读为[p]，“浮”等白读为[p^{h}]。南平官话中非组仅有少数几个字有重唇音声母的今读形式，除了上面所举的“蜂”和“雾”，还有“麸”[$p^{h}u^{21}$]、“缝”[$p^{h}o\eta^{35}$]、“甫辅～导员”[$p^{h}u^{24}$]、“浮”[$p^{h}u^{31}$]、“伏孵”[pu^{35}]等几个字。作为一种官话，南平官话存在这种现象大概是从岛外闽东、闽北话中借用而造成的零散的语音形式趋同。“趁”是古知组字，在南平官话中，除了“趁”，知组字没有读为塞音的。闽语中至今还保留着“古无舌上音”的特点，古知组字大多保持“舌头音”的读法。南平官话中“趁”在“趁钱赚钱”[$t^{h}i\eta^{55}tɕ^{h}ie\eta^{31}$]中借用的是闽语的读音。在南平官话中，“深”属于古书母字，而包括古书母在内的心、邪、禅母等古擦音声母，在今天的南平官话中大部分读为擦音，仅有少数字如“鼠、深、碎打～”与闽语一样读成塞擦音。

第五节

合音现象

南平官话的合音现象主要出现在疑问代词、否定副词、否定动词、趋向动词上。大致有以下这些：

没有 [mo^{55}iu^{24}]/[mu^{55}iu^{24}]→［没有］[miu^{24}]

不会 [pu^{33}xui^{35}]→⿱不会 [pui^{35}]

不晓得 [pu^{55}xiau^{21}tɤʔ^{3}]→表=得 [piau^{33}tɤʔ^{3}]

这样 [tɕi^{55}iaŋ^{35}]→酱=[tɕiaŋ^{35}]

那样 [la^{55}iaŋ^{35}]→亮=[liaŋ^{35}]

这么样 [tɕia^{55}mo^{31}iaŋ^{35}]→这慢= [tɕia^{55}maŋ^{35}]

那么样 [la^{55}mo^{31}iaŋ^{35}]→亮=慢= [liaŋ^{55}maŋ^{35}]

怎么样 [tseiŋ^{31}mo^{31}iaŋ^{35}]→怎慢= [tseiŋ^{21}maŋ^{35}]

起来 [k^{h}i^{31}lai^{31}]→［起来］[k^{h}ai^{31}]

例如：

［没有］意思 miu^{33}i^{55}sɿ^{35}

［没有］法无可奈何 miu^{21}xuaʔ^{3}

［没有］胆害羞 miu^{21}taŋ^{24}

［没有］算盘没计划 miu^{21}suaŋ^{55}p^{h}uaŋ^{31}

［没有］用 miu^{21}ioŋ^{35}

［没有］空 miu^{21}k^{h}oŋ^{35}

⿱不会新鲜腻住 pui^{55}siŋ^{55}sieŋ^{21}

⿱不会烂 pui^{55}laŋ^{35}

⿱不会转弯死板 pui^{55}tɕyeŋ^{31}uaŋ^{21}

⿱不会亮=好不怎么样 pui^{35}liaŋ^{55}xau^{24}

表=得好丑不识好歹 piau^{33}tɤ^{55}xau^{21}tɕ^{h}iu^{24}

表=得够不够 piau^{33}tɤ^{55}kɵy^{55}pu^{21}kɵy^{55}

酱=漂亮这么漂亮 tɕiaŋ^{35}p^{h}iau^{55}liaŋ^{35}

酱=子 tɕiaŋ^{35}tsɿ^{0}

亮=高那么高 liaŋ^{55}kau^{21}

亮=子 liaŋ^{35}tsɿ^{0}

这慢$^{=}$高这么高 tɕia^{55}maŋ^{35}kau^{21}　　亮$^{=}$慢$^{=}$做 liaŋ^{55}maŋ^{35}tso^{35}

怎慢$^{=}$怎么办 tseiŋ^{21}maŋ^{55}paŋ^{35}　　怎慢$^{=}$讲怎么说 tseiŋ^{31}maŋ^{35}kiaŋ^{24}

红［起来］xoŋ^{33}k^{h}ai^{31}　　嘴嘟［起来］tsui^{24}tu^{33}k^{h}ai^{31}

从以上所列的合音词来看，合音的规律类似于“反切”规则，即取前字声母，取后字韵母以及声调。

第六节

古今语音比较

以下分声母、韵母、声调三方面将南平官话音系与《广韵》音系进行比较，以求梳理出南平官话音系与中古音系的大略对应关系。

表2-11　南平官话与中古声母比较表

		清				全浊		
		全清		次清		平		仄
帮组		帮	包pau^{21}	滂	抛pʰau^{21}	並	袍pʰau^{31}	抱pau^{35}
非组		非	分xueiŋ^{21} 甫pʰu^{24}	敷	芬xueiŋ^{21} 蜂pʰoŋ^{21}	奉	坟xueiŋ^{31} 浮pʰu^{35}	份xueiŋ^{35} 缝pʰoŋ^{35} 伏孵pu^{35}
端泥组		端	刀tau^{21}	透	讨tʰau^{24}	定	逃tʰau^{31}	盗tau^{35} 掉2 tʰiau^{35}
精组	今洪	精	紫tsɿ^{24}	清	刺tsʰɿ^{35}	从	瓷tsʰɿ^{31}	自又tsɿ^{35}
	今细		箭tɕieŋ^{35} 脊又kiʔ^{3}		浅tɕʰieŋ^{24} 妻又kʰi^{21}		钱tɕʰieŋ^{31} 樵kʰiau^{31}	贱tɕieŋ^{35} 自又tsi^{35} 尽又kiŋ^{35}
知组		知	知tsɿ^{21} 张tɕiaŋ^{21}	彻	痴tsʰɿ^{21} 畅tɕʰiaŋ^{35} 趁~钱tʰiŋ^{35}	澄	池tɕʰi^{31} tsʰɿ^{31}	住tɕy^{35} tsɿ^{35} 择~菜toʔ^{3}
庄组		庄	庄tsuaŋ^{21} 盏tɕiaŋ^{24}	初	疮tsʰuaŋ^{21} 铲tɕʰiaŋ^{24}	崇	床tsʰuaŋ^{31} 馋tɕʰiaŋ^{31}	状tsuaŋ^{35} 栈tɕiaŋ^{35} 事sɿ^{35}
章组		章	蒸tseiŋ^{21} 章tɕiaŋ^{21}	昌	撑tsʰeiŋ^{21} 昌tɕʰiaŋ^{21}	船	乘tsʰeiŋ^{31} 船tɕʰyeŋ^{31} 蛇se^{31}	剩seiŋ^{35}
日母								
见晓组	今洪	见	归kui^{21}	溪	亏kʰui^{21}	群	葵kʰui^{31}	跪kui^{35}
	今细		基ki^{21} 缴又tɕiau^{24}		欺kʰi^{21} 钦又tɕʰiŋ^{21}		旗kʰi^{31} 强又tɕʰiaŋ^{31}	技ki^{35}
影组		影	安aŋ^{21} 烟ieŋ^{21} 弯uaŋ^{21} 冤yeŋ^{21}					

续表

次浊		清	全浊·平	全浊·仄		
明 帽mau^{35}					帮组	
微 文ueiŋ^{31} 雾mu^{35}					非组	
泥 脑lau^{24}	来 老lau^{24}				端泥组	
		心 丝sɿ^{21} 碎ɪtsʰui^{35}	邪 随sui^{31} 松tsʰoŋ^{31}	寺sɿ^{35}	今洪	精组
		线sieŋ^{35} 膝tɕʰiʔ^{3}	详siaŋ^{31} 徐又xy^{24} 囚kʰiu^{31}	羡sieŋ^{35}	今细	
					知组	
		生 霜suaŋ^{21} 产tɕʰiaŋ^{24} tsʰaŋ^{24}			庄组	
		书 升seiŋ^{21} 鼠tɕʰy^{24} 春tsʰoŋ^{21}	禅 承tsʰeiŋ^{31} 时si^{31}	受siu^{35} 植tsɿʔ^{3}	章组	
日 耳又o^{24} 闰ueiŋ^{35} 软luaŋ^{24}					日母	
疑 鹅o^{31} 孽leʔ^{3} 我ŋo^{24}		晓 黑xɤʔ^{3} 熏kʰueiŋ^{21}	匣 回xui^{31} 黄uaŋ^{31}	夏xa^{35} 换uaŋ^{35} 械kai^{35}	今洪	见晓组
鱼y^{31} 牛liu^{31}		兴xiŋ^{35} 训syŋ^{35}	弦syeŋ^{31} 丸yeŋ^{31}	巷siaŋ^{35}	今细	
云 有iu^{24} 王uaŋ^{31} 雨y^{24} 雄xioŋ^{31}	以 油iu^{31} 维ui^{31} 余y^{31} 融loŋ^{31}				影组	

表2-12 南平官话与中古韵母比较表之一

	一等			二等			
	帮系	端系	见系	帮系	泥组	知庄组	见系
果开		萝 lo^{31} 菠～ lau^{31} ～卜 大 ta^{35}	歌 ko^{21} 阿 a^{21}				
果合	婆 p^{h}o^{31}	坐 tso^{35}	锅 ko^{21}				
假开				爬 p^{h}a^{31}	拿 la^{31}	沙 sa^{21}	家 ka^{21} kia^{21}
假合						傻 sa^{24} 耍 sua^{24}	瓜 kua^{21}
遇合	布 pu^{35}	途 t^{h}u^{31} 做 tso^{35}	苦 k^{h}u^{24} 恶 oʔ^{3} 蜈 y^{31}				
蟹开	贝 pui^{35}	带 tai^{35}	该 kai^{21}	拜 pai^{35}	奶 le^{24}	柴 ts^{h}ai^{31}	街 kai^{21} 佳 kia^{21} 阶 kie^{21}
蟹合	杯 pui^{21}	对 tui^{35}	回 xui^{31} 块 k^{h}uai^{35}				怪 kuai^{35} 挂 kua^{35}
止开							
止合							
效开	保 pau^{24}	刀 tau^{21}	高 kau^{21}	包 pau^{21} 猫 miau^{21}	闹 lau^{35}	巢 ts^{h}au^{31} 爪 tsua^{24} 抄 tɕ^{h}iau^{21}	交 kiau^{21} 咬 au^{24}
流开	亩 məy^{24} 贸又 mau^{35} 母 mu^{24}	头 t^{h}əy^{31}	钩 kəy^{21}				
咸舒开		耽 taŋ^{21} 惨又 tɕ^{h}iaŋ^{24}	含 xaŋ^{31}			站 tsaŋ^{35} 衫 siaŋ^{21} 赚 tsuaŋ^{35}	咸 xaŋ^{31} 减 kieŋ^{24}
咸舒合							
深舒开							

续表

三四等								
帮系	端组	泥组	精组	庄组	知章组	日母	见系	
							茄 k^{h}e^{31}	果开
								果合
			借 tse^{35}		车 ts^{h}e^{21}	惹 le^{24}	爷 ie^{31}	假开
								假合
肤 xu^{21}		女 ly^{24} 炉 lu^{31}	蛆 tɕ^{h}y^{21}	初 ts^{h}u^{21} 锄 tɕ^{h}y^{31} 所 so^{24}	猪 tɕy^{21} 舒 su^{21} 住 tsɿ^{35}	如 lu^{31}	句 ky^{35} 去 k^{h}ɤ^{35}	遇合
闭 pi^{35}	低 ti^{21}	礼 li^{24}	西 si^{21}		世 si^{35} 又 sɿ^{35} 又		鸡 ki^{21}	蟹开
废 xui^{35}			脆 ts^{h}ui^{35}		税 sui^{35}		桂 kui^{35}	蟹合
皮 p^{h}i^{31} 碑 pui^{21}	地 ti^{35}	离 li^{31}	字 tsɿ^{35} 玺 si^{24}	师 sɿ^{21}	指 tɕi^{24} tsɿ^{24}	耳 ɤ^{24} 又 o^{24} 又	机 ki^{21}	止开
飞 xui^{21}		泪 li^{35} lui^{35}	嘴 tsui^{24}	衰 suai^{21}	锤 ts^{h}ui^{31}	蕊 lui^{24}	龟 kui^{21} 季 ki^{35}	止合
表 piau^{24}	条 t^{h}iau^{31}	尿 liau^{35}	笑 siau^{35}		招 tɕiau^{21} tsau^{21}	绕 lau^{35}	浇 kiau^{21}	效开
富 xu^{35} 谋 məy^{31} 彪 piau^{21}	丢 tiu^{21}	流 liu^{31}	酒 tɕiu^{24}	愁 tɕ^{h}iu^{31} ts^{h}əy^{31}	抽 tɕ^{h}iu^{21} 昼 tsəy^{35}	柔 ləy^{31}	油 iu^{31}	流开
贬 pieŋ^{24}	店 tieŋ^{35}	镰 lieŋ^{31}	尖 tɕieŋ^{21}		占 tsaŋ^{35}	染 laŋ^{24}	剑 kieŋ^{35}	咸舒开
犯 xuaŋ^{35}								咸舒合
品 p^{h}iŋ^{24}		林 liŋ^{31}	心 siŋ^{21} 寻 syeŋ^{31} syŋ^{31}	森 seiŋ^{21}	针 tseiŋ^{21} 深 tɕ^{h}iŋ^{21}	任 iŋ^{35} leiŋ^{35}	金 kiŋ^{21}	深舒开

表2–13　南平官话与中古韵母比较表之二

	一等			二等			
	帮系	端系	见系	帮系	泥组	知庄组	见系
山舒开		炭 t^{h}aŋ^{35}	肝 kaŋ^{21}	扮 puaŋ^{35} paŋ^{35}		产 tɕ^{h}iaŋ^{24} ts^{h}aŋ^{24}	苋 xaŋ^{35} 艰 kieŋ^{21}
山舒合	叛 p^{h}uaŋ^{35} p^{h}aŋ^{35}	团 t^{h}uaŋ^{31}	官 kuaŋ^{21} 丸 yeŋ^{31}			栓 suaŋ^{21}	关 kuaŋ^{21}
臻舒开		吞 t^{h}eiŋ^{21}	跟 keiŋ^{21}				
臻舒合	本 peiŋ^{24}	寸 ts^{h}eiŋ^{35} ts^{h}ueiŋ^{35}	棍 kueiŋ^{35}				
宕舒开	帮 paŋ^{21}	汤 t^{h}aŋ^{21}	糠 k^{h}aŋ^{21}				
宕舒合			光 kuaŋ^{21}				
江舒开				棒 paŋ^{35}		桩 tsuaŋ^{21}	港 kaŋ^{24} 江 kiaŋ^{21}
曾舒开	崩 peiŋ^{21}	灯 teiŋ^{21}	恒 xeiŋ^{31}				
曾舒合			弘 xoŋ^{31}				
梗舒开				棚 p^{h}oŋ^{31} p^{h}eiŋ^{31} 盲 maŋ^{31}	冷 leiŋ^{24}	甥 seiŋ^{21}	耕 keiŋ^{21} 幸 xiŋ^{35}
梗舒合							矿 k^{h}uaŋ^{35} 横 xeiŋ^{31} 轰 xoŋ^{21}
通舒合	蒙 moŋ^{31}	东 toŋ^{21}	公 koŋ^{21}				

续表

三四等								
帮系	端组	泥组	精组	庄组	知章组	日母	见系	
变 pieŋ^{35} 鞭 $_{2}$piŋ^{21}	典 tieŋ^{24}	连 lieŋ^{31}	仙 sieŋ^{21}		缠 tɕʰieŋ^{31} 展 tɕiaŋ^{24} 善 saŋ^{35}	燃 laŋ^{31}	见 kieŋ^{35}	山舒开
翻 xuaŋ^{21}		恋 lieŋ^{35}	选 syeŋ^{24}		砖 tɕyeŋ^{21}	软 luaŋ^{24}	劝 kʰyeŋ^{35} 拳 kʰueiŋ^{31} kʰyŋ^{31} 县 xieŋ^{35}	山舒合
宾 piŋ^{21}		鳞 liŋ^{31}	信 siŋ^{35}	衬 tsʰeiŋ^{35} tsʰueiŋ^{35}	珍 tseiŋ^{21}	人 iŋ^{31} 忍 leiŋ^{24}	斤 kiŋ^{21}	臻舒开
问 ueiŋ^{35}		轮 lueiŋ^{31}	笋 seiŋ^{24} 旬 syeŋ^{31} syŋ^{31}		准 tsueiŋ^{24}	闰 ueiŋ^{35}	裙 kʰueiŋ^{31} kʰyŋ^{31}	臻舒合
		粮 liaŋ^{31}	浆 tɕiaŋ^{21}	装 tsuaŋ^{21}	偿 tɕʰiaŋ^{31} tsʰaŋ^{31}	让 laŋ^{35}	姜 kiaŋ^{21}	宕舒开
网 uaŋ^{24} 房 $_{1}$xaŋ^{31}							筐 kʰuaŋ^{21}	宕舒合
								江舒开
冰 piŋ^{21}		凌 liŋ^{31}	甑 tseiŋ^{35}		蒸 tseiŋ^{21}	仍 leiŋ^{21}	鹰 iŋ^{21} 孕 yŋ^{35}	曾舒开
								曾舒合
兵 piŋ^{21}	顶 tiŋ^{24}	领 liŋ^{24}	青 tɕʰiŋ^{21}		整 tseiŋ^{24}		劲 kiŋ^{35}	梗舒开
							营 iŋ^{31} 永 yeŋ^{24} ioŋ^{24}	梗舒合
梦 moŋ^{35}		浓 lioŋ^{31} loŋ^{31}	纵 tsoŋ^{35}	崇 tsʰoŋ^{31}	忠 tsoŋ^{21}	绒 ioŋ^{31} loŋ^{31}	弓 kioŋ^{21} koŋ^{21}	通舒合

表2-14　南平官话与中古韵母比较表之三

	一等			二等			
	帮系	端系	见系	帮系	泥组	知庄组	见系
咸入开		搭 taʔ^{3} 拉 la^{21}	鸽 koʔ^{3} 蛤 kaʔ^{3}			插 tsʰaʔ^{3} 炸 tsa^{35}	鸭 aʔ^{3} 掐 kʰiaʔ^{3}
咸入合							
深入开							
山入开		擦 tsʰaʔ^{3} 捺 la^{35}	割 koʔ^{3}	八 paʔ^{3}		杀 saʔ^{3}	瞎 xiaʔ^{3}
山入合	钵 poʔ^{3} 抹 maʔ^{3}	脱 tʰoʔ^{3}	阔 kʰoʔ^{3} 括 kuaʔ^{3}			刷 suaʔ^{3}	刮 kuaʔ^{3} 挖 ua^{21}
臻入开							
臻入合	脖 poʔ^{3} 不 puʔ^{3}	突 tʰuʔ^{3}	骨 kuʔ^{3}				
宕入开	膜 moʔ^{3} 泊 pɤʔ^{3} 摸 mo^{21}	托 tʰoʔ^{3}	搁 koʔ^{3} kɤʔ^{3} 鹤 xo^{35}				
宕入合			扩 kʰoʔ^{3} 霍 xo^{35}				
江入开				剥 poʔ^{3} 朴 pʰuʔ^{3} 雹 pau^{35}		桌 tsoʔ^{3}	角 koʔ^{3} 四～ kyoʔ^{3} ～尺 觉 kəʔ^{3} 知～
曾入开	墨 mɤʔ^{3} moʔ^{3}	德 tɤʔ^{3}	刻 kʰɤʔ^{3}				
曾入合			国 koʔ^{3} 或 xo^{35}				
梗入开				百 pɤʔ^{3} 陌 moʔ^{3}		责 tsɤʔ^{3} 择 $_{1}$toʔ^{3}	隔 koʔ^{3} kɤʔ^{3} 轭 aʔ^{3} 吓 xiaʔ^{3}
梗入合							划 xua^{35} 计～
通入合	扑 pʰuʔ^{3} 沐 mu^{35}	毒 tuʔ^{3}	谷 kuʔ^{3} 屋 u^{21}				

三四等								
帮系	端组	泥组	精组	庄组	知章组	日母	见系	
	跌teʔ^{3} 聂lie^{31}	猎leʔ^{3}	接tseʔ^{3}		折tseʔ^{3} 涉sɤʔ^{3}		劫keʔ^{3} 业ieʔ^{3}	咸入开
法xuaʔ^{3}								咸入合
		立liʔ^{3} 笠li^{35}	习siʔ^{3}	涩sɤʔ^{3}	汁tɕiʔ^{3} 执tsʅʔ^{3}	入luʔ^{3}	急kiʔ^{3}	深入开
灭meʔ^{3}	铁tʰeʔ^{3}	烈leʔ^{3}	节tseʔ^{3} 屑syeʔ^{3}		浙tseʔ^{3} 撤tsʰɤʔ^{3}	热ieʔ^{3}	结keʔ^{3}	山入开
发xuaʔ^{3}		劣lyeʔ^{3}	雪syeʔ^{3}又 səʔ^{3}又		说soʔ^{3}		决kəʔ^{3} 血xeʔ^{3} 越yeʔ^{3} ye^{35}	山入合
笔piʔ^{3} 匹pʰi^{21}		栗li^{35}	七tɕʰiʔ^{3}	虱sɤʔ^{3}	质tɕiʔ^{3} tsʅʔ^{3}	日iʔ^{3}	吉kiʔ^{3} 逸i^{35}	臻入开
佛xoʔ^{3} 物uʔ^{3}		律lyʔ^{3}	戌suʔ^{3}		出tɕʰyʔ^{3} 术suʔ^{3}		掘kyeʔ^{3} 橘 $_{1}$kiʔ^{3} 屈tɕʰy^{21}	臻入合
			嚼tɕyoʔ^{3}		着tɕyoʔ^{3}	弱loʔ^{3}又 lyoʔ^{3}又	脚kyoʔ^{3} 跃iau^{35}	宕入开
								宕入合
								江入开
逼piʔ^{3}		力li^{35}	熄siʔ^{3}	色sɤʔ^{3}	直tɕiʔ^{3} tsʅʔ^{3}		极kiʔ^{3} 亿i^{35}	曾入开
							域y^{35}	曾入合
璧piʔ^{3} 碧pi^{35}	滴tiʔ^{3} 剔tʰi^{35}	历liʔ^{3} 腻li^{35}	席siʔ^{3}		尺tɕʰiʔ^{3} 赤tɕʰi^{35}		益iʔ^{3} 剧ky^{35} 易i^{35}	梗入开
							疫iʔ^{3} i^{35}	梗入合
服xuʔ^{3} 牧mu^{35}		六luʔ^{3}	足tsuʔ^{3}	缩soʔ^{3}	熟suʔ^{3} 淑su^{21}	肉iu^{31} 辱luʔ^{3}	菊kyʔ^{3} 玉y^{35}	通入合

表2-15　南平官话与中古声调比较表

<table>
<tr><td colspan="3" rowspan="2">今音 / 古音</td><td>阴平</td><td>阳平</td><td>上声</td><td>去声</td><td>入声</td></tr>
<tr><td>21</td><td>31</td><td>24</td><td>35</td><td>3</td></tr>
<tr><td rowspan="2">平声</td><td colspan="2">清</td><td>巴猪深轻</td><td></td><td></td><td></td><td></td></tr>
<tr><td colspan="2">浊</td><td></td><td>梅迟琴油</td><td></td><td></td><td></td></tr>
<tr><td rowspan="3">上声</td><td colspan="2">清</td><td></td><td></td><td>腿姐展讲</td><td></td><td></td></tr>
<tr><td rowspan="2">浊</td><td>次浊</td><td></td><td></td><td>马里染痒</td><td></td><td></td></tr>
<tr><td>全浊</td><td></td><td></td><td></td><td>部跪淡丈</td><td></td></tr>
<tr><td rowspan="2">去声</td><td colspan="2">清</td><td></td><td></td><td></td><td>带辈进唱</td><td></td></tr>
<tr><td colspan="2">浊</td><td></td><td></td><td></td><td>地忘胃共</td><td></td></tr>
<tr><td rowspan="2">入声</td><td colspan="2">清</td><td></td><td></td><td></td><td></td><td>笔搭黑出</td></tr>
<tr><td colspan="2">浊</td><td></td><td></td><td></td><td></td><td>局夺蜜业</td></tr>
</table>

第七节

音韵特点

本节主要讨论南平官话古今语音的对应关系和音韵特点。随着使用人口的减少，使用范围的缩小和使用频率的降低，南平官话正在走向濒危。在社会功能逐步退化的同时，受岛外闽东、闽北方言的影响，南平官话的结构系统也发生了很多不符合官话系统的变异。语音上，南平官话出现了与包围它的闽语的趋同现象，这种趋同大致表现在三个方面：一是音类分合规律的趋同；二是语音形式的趋同，这种语音形式趋同不是指相同的词语发音趋同，而是脱离词汇层面的音系趋同，例如声调系统中调值调型的接近、部分来源于不同历史音类的声母韵母语音形式特征的趋同；三是借词造成的非系统性的趋同。我们在分析音韵特点时也将这些趋同现象予以指出。

一　声母特点

1.南平官话的古全浊声母已经全部清化为同部位的清音。清化的规律同于普通话，即塞音、塞擦音声母逢平声读为送气清音，逢仄声读为不送气清音。例如：

菩並p^{h}u^{31}　题定t^{h}i^{31}　瓷从ts^{h}ɿ^{31}　肠澄tɕ^{h}iaŋ^{31}　锄崇tɕ^{h}y^{31}　钳群tɕ^{h}ieŋ^{31}　船船tɕ^{h}yeŋ^{31}

步並pu^{35}　第定ti^{35}　自从tsɿ^{35}　仗澄tɕiaŋ^{35}　助崇tsu^{35}　杰群keʔ^{3}　植禅tsɿʔ^{3}

但也有少数全浊声母字的今读形式不符合平声送气、仄声不送气的规律，其中大部分例外同于普通话，例如：佩並p^{h}ui^{35}｜叛並p^{h}uaŋ^{35}｜挺定t^{h}iŋ^{24}｜特定t^{h}ɤʔ^{3}｜鼻1並。~子pi^{31}等。除此之外，还有一些例外不见于普通话，例如：蝶定t^{h}eʔ^{3}｜掉2定t^{h}iau^{35}｜捕並p^{h}u^{35}｜鼻2並。~~（鼻涕）p^{h}i^{35}。

这里需要特别说明的是"鼻"的今读形式，"鼻"在"鼻子"这个词里读不送气、阳平调，在"鼻鼻鼻涕"这个词里读的是送气、去声调。这两种读音均与古全浊声母字在南平官话中的对应规律不合。南平官话中，就塞音和塞擦音声母字而言，今读为阳平调的一般配的是送气音，今读为去声调的一般配的是不送气音。

2. 南平官话古非、敷、奉母字多混于晓、匣母字，读为舌根擦音[x]。南平官话中没有唇齿音声母[f]。例如：飞非＝挥晓xui^{21} ｜发非＝滑匣xuaʔ^{3} ｜翻敷＝欢晓xuaŋ^{21} ｜芬敷＝婚晓xueiŋ^{21} ｜冯奉＝红匣xoŋ^{31} ｜肥奉＝回匣xui^{31}。

少数非组字出现了例外，其中部分例外同于普通话。例如：捧敷p^{h}oŋ^{24} ｜芒微maŋ^{31}。部分例外不见于普通话。例如：雾微。~水（露水）mu^{35} ｜缝奉。~~（缝隙）p^{h}oŋ^{35} ｜蜂1敷p^{h}oŋ^{21} ｜甫辅奉p^{h}u^{24} ｜伏奉。孵pu^{35} ｜浮奉p^{h}u^{31} ｜麸敷p^{h}u^{21}。非组字读成重唇音的现象在包围南平官话的闽东、闽北方言中是极为常见的，而作为官话的南平话中存在这种现象，应该是南平官话向岛外闽东、闽北话借用而造成的零散的语音形式趋同。

3. 古泥、来母基本不分。例如：奴泥＝炉来lu^{31} ｜耐泥＝赖来lai^{35} ｜内泥＝泪来lui^{35} ｜脑泥＝老来lau^{24} ｜男泥＝蓝来laŋ^{31} ｜娘泥＝粮来liaŋ^{31} ｜年泥＝连来lieŋ^{31} ｜捏泥。用指甲掐＝猎来leʔ^{3}。

4. 古精、知、庄、章组合流，分读[ts ts^{h} s]和[tɕ tɕ^{h}]两组。古知组二等、庄组字大多读为[ts ts^{h} s]，与古精组字中今读为洪音的字合流。例如：豺崇＝才从ts^{h}ai^{31} ｜赚撞澄二＝壮庄＝钻精。动词tsuaŋ^{35} ｜桌知二＝捉庄＝作精tsoʔ^{3} ｜窄庄＝贼从tsɤʔ^{3}。古知组二等、庄组字少数读为[tɕ tɕ^{h}]。这样的例字有：笊庄tɕiau^{35} ｜找庄tɕiau^{24} ｜炒初tɕ^{h}iau^{24} ｜锄崇tɕ^{h}y^{31} ｜邹庄tɕiu^{21} ｜愁崇tɕ^{h}iu^{31} ｜盏庄tɕiaŋ^{24} ｜铲初产生tɕ^{h}iaŋ^{24} ｜馋谗崇tɕ^{h}iaŋ^{31} ｜绽澄二栈崇tɕiaŋ^{35}。古知组三等、章组字大部分读[tɕ tɕ^{h} s]，大致与精组细音字合流。例如：迟澄三＝齐从tɕ^{h}i^{31} ｜纸章＝挤精tɕi^{24} ｜朝知三。今~招章＝蕉精tɕiau^{21} ｜抽彻三＝秋清tɕ^{h}iu^{21} ｜传澄三船船＝全从tɕ^{h}yeŋ^{31} ｜张知三章章＝将精tɕiaŋ^{21} ｜蛰澄三汁章＝疾从tɕiʔ^{3} ｜兽书＝秀心siu^{35}。古知组三等、章组小部分读[ts ts^{h} s]，大多数与古精组字中今读为洪音的字合流。例如：昼知三＝奏精tsøy^{35} ｜赵澄三＝皂从tsau^{35} ｜知知三支章＝资精tsɿ^{21}。

南平官话古知、庄、章组中有部分字存在腭化和非腭化的文白异读对应现象，例如：找庄tɕiau^{24} ~钱/tsau^{24}查~ ｜招章tɕiau^{21} ~料（配料）tsau^{21} ~认 ｜产生tɕ^{h}iaŋ^{24} ~妇/ts^{h}aŋ^{24}生~ ｜直澄三tɕiʔ^{3}横~ /tsɿʔ^{3}简~。

就系统性而言，南平官话古精、知、庄、章组分读为[ts ts^{h} s]和[tɕ tɕ^{h}]。这两组声母是不对称的。普通话[ts ts^{h} s]声母与[tɕ tɕ^{h} ɕ]声母呈互补分布格局：[ts ts^{h} s]声母拼开口、合口呼韵母，[tɕ tɕ^{h} ɕ]声母拼齐齿、撮口呼韵母。而南平官话中[ts ts^{h} s]声母与齐齿、撮口两呼韵母相拼时发生腭化，但腭化程度因人而异，其中腭化程度高的已经接近舌面前音，但也有人仍然读为舌尖音，特别是擦音声母舌尖色彩依然较重。以上这些特点与闽语特别是福州话相类，Jerry Norman（1978）把闽东方言的塞擦音分为互补分布的舌尖、舌面两套，后者只出现在齐齿韵和撮口韵前，但没有和擦音[s]相配的舌面音。这说明塞擦音和擦音由于发音方法的不同可以形成发音部位上的差异。本书因此设置了[ts ts^{h} s]和[tɕ tɕ^{h}]这样两组看上去并不符合系统性但符合语言事实的声母音位。

5. 古日母在南平官话中分读为零声母和[l]声母。除了止摄的日母字都读为零声母以外，其余日母字中常用的大多也读为零声母，与疑、影、喻母字相混。例如：肉日＝油以iu^{31} ｜

饶日＝摇以iau³¹｜人日＝银疑淫以iŋ³¹｜认日＝印影iŋ³⁵｜闰日＝运云ueiŋ³⁵｜热日＝叶以业疑ieʔ³。而不太常用的日母字大多读为[l]声母，从而混于泥、来母字。例如：如日＝奴泥卢来lu³¹｜蕊日lui²⁴—累来lui³⁵｜柔日＝楼来løy³¹｜然日＝男泥篮来laŋ³¹｜忍日＝冷来leiŋ²⁴｜辱日＝六来luʔ³。

少数日母字存在[l]和零声母文白异读对应现象。例如：任iŋ³⁵～务/leiŋ³⁵做一～官｜闰ueiŋ³⁵～三月/lueiŋ³⁵～月。

6. 古疑母字在今天的南平官话中绝大多数读为零声母，少数读为[l]声母。读零声母的，例如：牙ia³¹｜五u²⁴｜蚁i²⁴｜熬au³¹｜岸aŋ³⁵｜硬eiŋ³⁵｜业ieʔ³｜月yeʔ³；读[l]声母的，例如：牛liu³¹｜孽leʔ³｜阮luaŋ²⁴｜虐lyoʔ³｜逆li³⁵。

南平官话中，古疑母字仅有"我"ŋo²⁴、"戆"ŋoŋ²¹读为舌根鼻音声母[ŋ]。而疑母字在岛外方言闽语如福州话中一般读为舌根鼻音声母[ŋ]，例如"我"读为ŋuai³³。南平官话"我""戆"读成舌根鼻音声母[ŋ]，可能是借用闽语后造成的语音形式趋同。这种借词层面的语音形式趋同现象未能引起疑母字的整体音变。

7. 古见组字一般仍读舌根音，逢细音韵母发音部位稍前移，尤其是晓、匣母。但与古精组保持有效的区别。例如：娇见kiau²¹≠椒精tɕiau²¹｜己见ki²⁴≠挤精tɕi²⁴｜丘溪kʰiu²¹≠秋清tɕʰiu²¹｜轻溪kʰiŋ²¹≠清清tɕʰiŋ²¹｜权群kʰyeŋ³¹≠全从tɕʰyeŋ³¹｜兴晓。高～xiŋ³⁵≠姓心siŋ³⁵｜孝晓xiau³⁵≠笑心siau³⁵｜系匣xi³⁵≠细心si³⁵｜学匣xyoʔ³≠削心syoʔ³。

但有少数见组细音字读为塞擦音或擦音[tɕ tɕʰ s]，例如：向晓siaŋ³⁵｜吸晓siʔ³｜许又。晓sy²⁴｜强又。群tɕʰiaŋ³¹，这应该是受普通话影响较深的表现。同时，也有个别精组字读为塞音，例如：积精kiʔ³｜趣清kʰy³⁵｜囚邪kʰiu³¹｜绝从køʔ³，这大概是一种矫枉过正的例外。

8. 南平官话中古心、邪、书、禅等擦音声母大部分今读为擦音[s]，但有少数字在普通话中读为擦音而在南平官话中今读为塞擦音。例如：鼠黍书tɕʰy²⁴｜深书tɕʰiŋ²¹｜碎打～粹心tsʰui³⁵｜松邪。～材（松树）tsʰoŋ³¹｜膝心tɕʰiʔ³。在包围南平官话的闽东、闽北方言，例如福州、建瓯话中，古擦音声母字均有部分今读为塞擦音，比如福州话中的鼠书tsʰy³³｜深书tsʰiŋ⁵⁵｜碎心tsʰoy²¹｜笑心tsʰiu²¹³。南平官话中几个古擦音声母字今读为塞擦音应该是闽语特别是福州话影响的结果。

二　韵母特点

本小节从等、呼、韵类分合三方面来梳理南平官话与中古韵母系统的对应关系，归纳的韵母演变特点如下：

（一）韵母的等

参照沈明、周建芳（2017：160—177），将中古16摄大体分成两类：甲类有一二三（四）等，包括果假、宕江（合起来看作有一二三等）、蟹、效、咸、山、梗；乙类有一三等，包括遇、流、臻、曾、通5摄（止、深两摄只有三等，这里不做讨论）。下面列表比较甲、乙两类韵母的音值。

1. 南平官话甲类韵母等的分别

表2-16　南平官话甲类韵母的等（开口韵）

	一等			二等				三四等	
	帮系	端系	见系	帮系	泥组	知庄	见系	知章组	非知章组
果假		萝o au 大a	歌o 阿a	爬a	拿a	沙a	家a ia	车e	借e 爷ie
蟹	贝ui	带ai	该ai	拜ai	奶e	柴ai	街ai 佳ia 阶ie	世i又 ʅ又	低i
效	保au	刀au	高au	包au 猫iau	闹au	巢au 爪ua 抄iau	交iau 咬au	招iau au	浇iau
咸舒		耽aŋ 惨又iaŋ	含aŋ			站aŋ 衫iaŋ 赚uaŋ	咸aŋ 减ieŋ	占aŋ	店ieŋ 染aŋ
咸入		搭aʔ 拉a	鸽oʔ 蛤aʔ			插aʔ 炸a	鸭aʔ 掐iaʔ	折eʔ 涉ɤʔ	接eʔ 业ieʔ 聂ie
山舒		炭aŋ	肝aŋ	扮uaŋ aŋ		产iaŋ aŋ	苋aŋ 艰ieŋ	缠ieŋ 展iaŋ 善aŋ	见ieŋ 燃aŋ 鞭$_2$iŋ
山入		擦aʔ 捺a	割oʔ	八aʔ		杀aʔ	瞎iaʔ	浙eʔ 撤ɤʔ	结eʔ 热ieʔ 屑yeʔ
宕江舒	帮aŋ	汤aŋ	糠aŋ	棒aŋ		桩uaŋ	港aŋ 江iaŋ	偿iaŋ aŋ 装uaŋ	姜iaŋ 让aŋ
宕江入	膜oʔ 泊ɤʔ 摸o	托oʔ	搁oʔ ɤʔ 鹤o	剥oʔ 朴uʔ 雹au		桌oʔ	角$_1$oʔ 角$_2$yoʔ 觉ɵʔ	着yoʔ	脚yoʔ 弱又oʔ 跃iau
梗舒				棚oŋ eiŋ 盲aŋ	冷eiŋ	甥eiŋ	耕eiŋ 幸iŋ	整eiŋ	劲iŋ
梗入				百ɤʔ 陌oʔ		责ɤʔ 择$_1$oʔ	隔oʔ ɤʔ 吓iaʔ 轭aʔ	尺iʔ 赤i	壁iʔ 易i 剧y

表2-17 南平官话甲类韵母的等（合口韵）

	一等			二等				三四等	
	帮系	端系	见系	帮系	泥组	知庄	见系	知章组	非知章组
果假	婆 o	坐 o	锅 o			傻 a 耍 ua	瓜 ua		
蟹	杯 ui	对 ui	回 ui 块 uai				怪 uai 挂 ua	税 ui	桂 ui
咸舒									犯 uaŋ
咸入									法 uaʔ
山舒	叛 uaŋ aŋ	团 uaŋ	官 uaŋ 丸 yeŋ			栓 uaŋ	关 uaŋ	砖 yeŋ	选 yeŋ 拳 ueiŋ yŋ 翻 uaŋ 县 ieŋ
山入	钵 oʔ 抹 aʔ	脱 oʔ	阔 oʔ 括 uaʔ			刷 uaʔ	刮 uaʔ 挖 ua	说 oʔ	决 ɵʔ 血 eʔ 越 yeʔ ye 发 uaʔ
宕江舒			光 uaŋ						筐 uaŋ 房 ɪaŋ
宕江入			扩 oʔ 霍 o						
梗舒							横 eiŋ 轰 oŋ 矿 uaŋ		永 yeŋ ioŋ 营 iŋ
梗入							划 ua		疫 iʔ i

从以上表格所列韵母可以看到，南平官话的甲类韵母除了果假摄外基本可以细分为两小类：一二等为一类，三四等为一类。这种分类趋势在开口韵中最为明显的是蟹、效摄以及宕江摄的入声韵，除二等见系字外，一二等字大致混同。例如：猜蟹开一＝差蟹开二。出～ ts^hai^{21} | 该蟹开一＝街蟹开二 kai^{21} | 宝效开一＝饱效开二 pau^{24} | 袄效开一＝咬效开二 au^{24} | 博宕开一＝剥江开二 $poʔ^{3}$ | 凿宕开一＝捉江开二 $tsoʔ^{3}$。在合口韵中最为明显的是山摄舒声韵，一二等总体趋

同。例如：酸山合一＝闩山合二＝suaŋ^{21}｜官山合一＝关山合二kuaŋ^{21}。一二等在部分韵摄，例如果假摄、山摄的入声合口韵以及蟹摄合口一二等韵表现出分立趋势。例如：搓果开一tsʰo^{21} ≠ 叉假开二tsʰa^{31}｜歌果开一ko^{21} ≠ 家假开二ka^{21}/kia^{21}｜锅果合一ko^{21} ≠ 瓜假合二kua^{21}；活山合一xoʔ^{3} ≠ 滑山合二xuaʔ^{3}。蟹摄合口一等字除了“块会~计kʰuai^{35}”“外uai^{35}”外，其余字与合口三、四等字同读为[ui]。例如：杯蟹合一pui^{21}｜会蟹合一。开~＝废蟹合三惠蟹合四xui^{35}｜碎I蟹合一＝脆蟹合三tsʰui^{35}。蟹摄合口二等字今读为[uai]或[ua]，例如：乖皆kuai^{21}｜挂佳kua^{35}，与合口一等字基本不混。

另外，从以上表格所列韵母可以看到，南平官话甲类韵母同等字今读出现了分化。相比较而言，一等韵母一致性比较高，较少出现因声母影响发生韵母分化的现象。而二、三等则较为复杂，尤其是开口韵，与两类声母组合的韵字今读表现较为特殊，一是知庄章组字，一是见系字。

①知庄章组开口字总的来看存在开口呼韵母和齐齿呼韵母两类今读形式。其中读齐齿呼韵母的，例如：笊庄tɕiau^{35}｜炒初tɕʰiau^{24}｜锄崇tɕʰy^{31}｜迟澄三tɕʰi^{31}｜纸章tɕi^{24}｜抽彻三tɕʰiu^{21}｜蛰澄三汁章tɕiʔ^{3}｜兽书siu^{35}；读开口呼韵母的，例如：沙生sa^{21}｜柴崇tsʰai^{31}｜赵澄三tsau^{35}｜障章tsaŋ^{35}｜整章tseiŋ^{24}｜拆彻tsʰɤʔ^{3}。部分知庄章组字还出现“开口呼韵母：齐齿呼韵母”文白异读对应形式，例如：招章tɕiau^{21}/tsau^{21}｜产生tɕʰiaŋ^{24}/tsʰaŋ^{24}｜直澄三tɕiʔ^{3}/tsʅʔ^{3}。相比较而言，知三章组字读齐齿呼韵母的现象比知二庄组字读齐齿呼韵母的现象更为常见。

②见系开口二等字出现分读开口呼韵母和齐齿呼韵母的现象。读开口呼韵母的，例如：蛤开二匣。~蟆xa^{31}｜下开二匣xa^{35}｜解开二见kai^{24}｜咬开二疑au^{24}｜咸开二匣xaŋ^{31}｜苋开二匣xaŋ^{35}；读齐齿呼韵母的，例如：假开二见。真~kia^{24}｜阶开二见kie^{21}｜交开二见kiau^{21}｜减开二见kieŋ^{24}｜眼开二疑ieŋ^{24}｜江开二见kiaŋ^{21}。部分见系二等字还出现“齐齿呼韵母：开口呼韵母”文白异读对应形式，例如：家开二见ka^{21}/kia^{21}｜虾开二晓xa^{21}/xia^{21}｜哑开二影a^{24}/ia^{24}｜硬开二疑eiŋ^{35}/iŋ^{35}。

见系开口三四等字以读齐齿呼韵母为常，但偶尔也见到读为开口呼韵母的现象，不过仅限于主元音是[e]的情况。例如：茄开三群kʰe^{31}｜劫开三见结开四见keʔ^{3}｜蝎开三晓seʔ^{3}。

2.南平官话乙类韵母等的分别

乙类韵母包括遇、流、臻、曾、通5个摄，有一三等。按照等的不同罗列乙类韵母的今读形式，如表2–18所示：

表2-18 南平官话乙类韵母的等

	一等			三等					
	帮系	端系	见系	帮系	端系	庄组	知章组	日母	见系
遇	布u	途u 做o	苦u 恶oʔ 蜈y	肤u	女y 炉u	初u 锄y 所o	猪y 舒u 住ʅ	如u	句y 去ɤ
流	亩əy 母u 贸又au	头əy	钩əy	谋əy 富u 彪iau	酒iu	愁iu əy	抽iu 昼əy	柔əy	油iu
臻开舒		吞eiŋ	跟eiŋ	宾iŋ	信iŋ	衬eiŋ ueiŋ	珍eiŋ	人iŋ 忍eiŋ	斤iŋ
臻开入				笔iʔ 匹i	七iʔ 栗i	虱ɤʔ	质iʔ ʅʔ	日iʔ	吉iʔ 逸i
臻合舒	本eiŋ	寸eiŋ ueiŋ	棍ueiŋ	问ueiŋ	笋eiŋ 轮ueiŋ 旬yeŋ yŋ		准ueiŋ	闰ueiŋ	裙ueiŋ yŋ
臻合入	脖oʔ 不uʔ	突uʔ	骨uʔ	佛oʔ 物uʔ	律yʔ 戌uʔ		出yʔ 术uʔ		掘yeʔ 橘$_1$iʔ 橘$_2$yʔ 屈y
曾开舒	崩eiŋ	灯eiŋ	恒eiŋ	冰iŋ	凌iŋ 甑eiŋ		蒸eiŋ	仍eiŋ	鹰iŋ 孕yŋ
曾开入	墨ɤʔ oʔ	德ɤʔ	刻ɤʔ	逼iʔ	熄iʔ 力i	色ɤʔ	直iʔ ʅʔ		极iʔ 亿i
通合舒	蒙oŋ	东oŋ	公oŋ	梦oŋ	浓ioŋ oŋ	崇oŋ	忠oŋ	绒ioŋ oŋ	弓ioŋ oŋ
通合入	扑uʔ 沐u	毒uʔ	谷uʔ 屋u	服uʔ 牧u	足uʔ	缩oʔ	熟uʔ 淑u	辱uʔ 肉iu	菊yʔ 玉y

从以上表格所列韵母可以看到，与甲类韵母相类似，南平官话的乙类韵母遇古知庄章组声母偶尔读同一等精组字。例如：瘦开三生＝嗽开一心səy^{35} ｜初合三初＝粗合一清ts^{h}u^{21} ｜唇合三船＝存合一从ts^{h}eiŋ^{31} ｜蒸开三章＝增开一精tseiŋ^{21} ｜色开三生＝塞开一心sɤʔ^{3} ｜竹合三知＝族合一从tsuʔ^{3}。除了古知庄章组字外，一、三等逢其他声类混读程度较高的是臻摄合口字和通摄字。例如：仑合一来＝轮合三来lueiŋ^{31} ｜尊合一精＝遵合三精tsueiŋ^{21} ｜婚合一晓＝分合三非xueiŋ^{21} ｜昆

合一见＝熏合三晓k^{h}ueiŋ^{21}｜公合一见＝宫合三见koŋ^{21}｜红合一匣＝冯合三奉xoŋ^{31}｜聋合一来＝龙合三来loŋ^{31}｜鹿合一来＝六合三来luʔ^{3}。除此之外，一、三等逢古知庄章组以外其他声类混读的还有遇、流摄的少数字。例如：呼合一晓＝肤合三非xu^{21}｜炉合一来＝庐合三来lu^{31}｜亩开一明məy^{24}—谋开三明məy^{31}｜楼开一来＝柔开三日ləy^{31}｜钩开一见＝阄开三见kəy^{21}。除了古知庄章组字偶尔读同一等精组字外，一、三等保持有效区别的是曾摄字。例如：朋开一並p^{h}eiŋ^{31}≠凭开三並p^{h}iŋ^{31}｜能开一泥leiŋ^{31}≠菱开三来liŋ^{31}｜贼开一从tsɤʔ^{3}≠鲫开三精kiʔ^{3}。

总的来看，合口一、三等韵字混读现象比开口一、三等韵字混读现象更为常见。

（二）古开合口今读音

《方言调查字表》中古开口韵和合口韵基本相配的韵摄有果、假、蟹、止、咸三等、山、臻、宕8个。南平官话中，果摄一等不分开合口以读[o]为常。例如：舵果开一＝剁果合一to^{35}｜罗果开一＝骡果合一lo^{31}｜搓果开一ts^{h}o^{21}—锁果合一so^{24}｜歌果开一＝锅果合一ko^{21}｜可果开一k^{h}o^{24}—课果合一k^{h}o^{35}｜饿果开一＝卧果合一o^{35}｜贺果开一＝货果合一xo^{35}。其他摄也偶见古开合口今读不分的现象。例如：洒假开二＝傻假合二sa^{24}｜贝蟹开一＝辈蟹合一pui^{35}｜沛蟹开一＝配蟹合一p^{h}ui^{35}｜利止开三＝泪止合三li^{35}｜喝山开一＝活山合一xoʔ^{3}｜吞臻开一t^{h}eiŋ^{21}—墩臻合一。给牲畜、家禽等去势teiŋ^{21}｜身臻开三seiŋ^{21}—笋臻合三seiŋ^{24}｜各宕开一＝郭宕合一koʔ^{3}。除以上所举的韵摄外，南平官话古开合口今读基本不混。

（三）韵类分合关系

南平官话的韵母分合关系与普通话大同小异。

1.韵摄分合关系同于普通话的

①遇摄少数几个字与果摄字同读。例如：做遇合一tso^{35}—左果开一tso^{24}｜错遇合一ts^{h}o^{35}—搓果开一ts^{h}o^{21}｜所遇合三＝锁果合一so^{24}。遇摄其他字读音比较一致，一等大多读为[u]。三等大致以声母为条件发生分化：非组、庄组、日母绝大多数字与一等模韵字混读为[u]，例如：普遇合一＝辅遇合三p^{h}u^{24}｜苏遇合一＝梳遇合三su^{21}｜五遇合一＝舞遇合三u^{24}；其余声类字包括端系、知三章组、见系字大多读为[y]。

②假摄和蟹摄的见系二等字偶有相混的。例如：加假开二＝佳蟹开二kia^{21}｜化假合二＝画蟹合二xua^{35}｜寡假合二kua^{24}—挂蟹合二kua^{35}。

③除了止摄开口三等日母字读[ɤ]外，止摄其他字和蟹摄三四等基本合流，古开口字大多按声母的不同分读为[i]和[ɿ]；古合口字大多读为[ui]。例如：备止开三＝闭蟹开四pi^{35}｜利止开三＝例蟹开三li^{35}｜基止开三＝鸡蟹开四ki^{21}｜智止开三＝制蟹开三tsɿ^{35}｜废止合三＝费蟹合三xui^{35}｜粹止合三＝脆蟹合三ts^{h}ui^{35}｜贵止合三＝桂蟹合四kui^{35}。

④流摄帮系部分字与遇摄帮系字今读混同。例如：母拇流开一mu^{24}—模遇合一。~子mu^{31}｜浮流开三＝菩遇合三p^{h}u^{31}｜富流开三＝附遇合三xu^{35}。流摄除了部分帮系字表现特殊外，一、三等

字今读在南平官话中基本以等第为条件分为两类：一等多读为[ɵy]，三等多读为[iu]。一、三等基本形成开、齐相对的格局，但主元音并不对等。

2.韵摄分合关系与普通话不完全相同的

总的来看，咸山合流，宕江合流，深臻合流，曾梗合流，是南平官话和普通话相同的地方。而与普通话不同的是，南平官话异摄合流程度更深，咸山和宕江四摄之间出现不完全合流的现象，深臻和曾梗四摄也出现部分合流现象。具体来看：

①咸山摄完全合流，咸山摄阳声韵字今读洪音的与宕江摄今读洪音的合流，分读[aŋ]和[uaŋ]。例如：班山开二＝帮宕开一邦江开二paŋ^{21}｜潭咸开一坛山开一＝糖宕开一tʰaŋ^{31}｜男咸开一兰山开一然山开三＝狼宕开一瓤宕开三laŋ^{31}｜暂咸开一站咸开二赞山开一＝葬宕开一障宕开三tsaŋ^{35}｜柑咸开一肝山开一＝缸宕开一kaŋ^{21}｜含咸开一咸咸开二寒山开一＝杭宕开一房宕合三。～间xaŋ^{31}｜犯咸合三饭山合三＝放宕合三xuaŋ^{35}｜钻山合一＝壮宕开三撞江开二tsuaŋ^{35}｜官山合一关山合二＝光宕合一kuaŋ^{21}｜完山合一顽山合二＝黄宕合三uaŋ^{31}。

咸山摄部分知系阳声韵字读成[iaŋ]，与宕江摄今读细音的字相混。例如：盏山开二＝掌宕开三tɕiaŋ^{24}｜衫咸开二山山开二＝箱宕开三siaŋ^{21}。咸山摄还有部分字读[ieŋ]，主要是开口三四等帮组、端系、见系字以及少数知系字。这是与宕江摄不相混的今读形式。例如：骗山开三遍山开四pʰieŋ^{35}｜点咸开四典山开四tieŋ^{24}｜扇山开三。～子线山开三sieŋ^{35}｜剑咸开三件山开三见山开四kieŋ^{35}。

南平官话中，咸山摄和宕江摄的入声韵也存在不完全合流的现象。咸山宕江四摄入声韵相同的韵母主要是[oʔ]。[oʔ]韵母是宕江摄入声韵的今读主体形式，主要分布在宕摄开口一等和江摄开口二等。除此以外，宕摄合口一等见组部分字和开口三等的日母字也有读[oʔ]的。咸山摄今读为[oʔ]的主要是这两摄的开口一等见系字以及山摄合口一等字。例如：拨山合一＝博宕开一剥江开二poʔ^{3}｜脱山合一＝托宕开一tʰoʔ^{3}｜凿宕开一捉江开二tsoʔ^{3}｜鸽咸开一割山开一＝搁宕开一角1江开二koʔ^{3}｜磕咸开一阔山合一＝扩宕合一壳江开二kʰoʔ^{3}｜恶宕开一＝握江开二oʔ^{3}。

[oʔ]韵母主要来源于咸山宕江摄字，也见于臻梗通摄的个别字。例如：佛臻合三xoʔ^{3}｜隔梗开二koʔ^{3}｜缩通合三soʔ^{3}。

除了[oʔ]韵母，咸山宕江四摄入声韵字中也有少数同读为[ɤʔ]韵母的。这是深臻曾梗摄入声韵字相混的一种今读形式。例见下文。

除此之外，南平官话中咸山摄与宕江摄入声韵母也有不同的地方。除了上面提及的[oʔ]和[ɤʔ]韵母，咸山二摄都有分布的韵母是[aʔ]、[iaʔ]、[uaʔ]、[eʔ]、[ieʔ]。除了咸山摄合口三等非组字读[uaʔ]外，这五种今读形式基本以等第为条件分为主元音相同的两类：一、二等主要读为[aʔ]、[iaʔ]、[uaʔ]；三、四等主要读为[eʔ]、[ieʔ]。仅分布在山摄而不见于咸摄的韵母有[yeʔ]、[ɵʔ]。[yeʔ]、[ɵʔ]韵母主要来源于山摄合口三、四等非组以外的字，也有少数来自开口字。宕江二摄除了与咸山摄共有的[oʔ]韵母和[ɤʔ]韵母外，还有一个[yoʔ]韵母，这也是宕江摄主体层的今读形式，主要来源于宕摄开口三等的精组、见系字以及江摄开口二等的见系字。

②深臻曾梗四摄基本合流，阳声韵中除了少数几个帮组字如“棚梗开二”以及梗摄合口见系字“宏、轰、兄、荣、永”等与通摄同读为[oŋ]或[ioŋ]韵外，四摄开口韵字基本相混，分读为[eiŋ]韵和[iŋ]韵。四摄字同读[eiŋ]韵的如：吞臻开一t^{h}eiŋ^{21}｜凳曾开一teiŋ^{35}｜根臻开一＝耕梗开二keiŋ^{21}｜痕臻开一＝恒曾开一衡梗开二xeiŋ^{31}｜忍臻开三＝冷梗开二leiŋ^{24}｜针深开三真臻开三＝蒸曾开三争梗开二tseiŋ^{21}｜森深开三身臻开三＝升曾开三声梗开三seiŋ^{21}。四摄字同读[iŋ]韵的如：贫臻开三＝凭曾开三平梗开三瓶梗开四p^{h}iŋ^{31}｜林深开三邻臻开三＝菱曾开三灵梗开四liŋ^{31}｜侵深开三亲臻开三＝清梗开三tɕ^{h}iŋ^{21}｜禁深开三近臻开三＝敬梗开三kiŋ^{35}｜壬深开三人臻开三＝凝曾开三迎梗开三iŋ^{31}。

南平官话中，深臻曾梗四摄的入声韵与阳声韵一样基本合流，今读形式主要有[iʔ]、[ɤʔ]、[ʅʔ]三种。

南平官话中的[ɤʔ]韵母主要来源于曾摄开口一等字和梗摄开口二等字。除此之外，也有少数深臻曾咸山等摄三等知系字和宕摄开口一等几个字读[ɤʔ]韵母。例如：北曾开一百梗开二＝泊宕开一。梁山～pɤʔ^{3}｜墨曾开一麦梗开二mɤʔ^{3}｜贼曾开一责窄梗开二＝哲山开三tsɤʔ^{3}｜色曾开三＝涩深开三虱臻开三＝涉咸开三sɤʔ^{3}｜刻曾开一客梗开二k^{h}ɤʔ^{3}。

南平官话中的[iʔ]韵母主要来源于深臻曾梗四摄的开口三、四等字。例如：笔臻开三＝逼曾开三壁梗开四piʔ^{3}｜粒深开三＝历梗开四liʔ^{3}｜汁深开三疾臻开三＝直曾开三寂梗开四tɕiʔ^{3}｜习深开三实臻开三＝熄曾开三石梗开三siʔ^{3}｜急深开三＝极曾开三击梗开四kiʔ^{3}｜日臻开三＝抑曾开三iʔ^{3}。

南平官话中读[ʅʔ]韵母的字较少，主要见于深臻曾这几摄的少数知系字且主要是文读层的读音。例如：执深开三质臻开三＝直曾开三tsʅʔ^{3}｜室臻开三＝蚀曾开三sʅʔ^{3}。

从上文可知，深臻曾梗四摄的知系字分读[iʔ]和[ʅʔ]。相对而言，读[ʅʔ]的多为非常用字，其中“直、室”等还形成[ʅʔ]和[iʔ]的文白异读对应关系。

与阳声韵略微不同的是，臻摄的合口入声韵字还与通摄入声韵字合流，读为[uʔ]、[yʔ]。例如：鹿通合一六通合三luʔ^{3}｜卒臻合一＝族通合一竹通合三tsuʔ^{3}｜术臻合三＝速通合一叔通合三suʔ^{3}｜骨臻合一＝谷通合一kuʔ^{3}｜核臻合一。～～（喉结）＝福通合三xuʔ^{3}｜出臻合三tɕ^{h}yʔ^{3}—曲通合三k^{h}yʔ^{3}。

三　声调特点

南平官话中共有5个调类，除了古入声外，平、上、去三声的古今对应关系与普通话相同，大致是：古平声分阴阳；古清上字和次浊上声字今仍读上声，而古全浊上声归入去声；古去声不分阴阳。古入声不分阴阳，几乎所有的入声字都可以自由变读为中降的舒声调值，与系统中的阳平调相同，但入声韵的连读变调规律却与阳平字不同。鉴于此，本书将入声调单立为一调。但部分古入声字特别是口语中不常用的入声字会按照普通话的读音转读入南平官话系统中相对应的声调。例如：匹臻入劈梗入pʰi^{21}｜屋通入u^{21}｜碧梗入pi^{35}｜赤梗入tɕʰi^{35}｜捺山入la^{35}｜鹤宕入xo^{35}｜跃宕入iau^{35}｜剧梗入ky^{35}｜玉通入y^{35}。相比较而言，读入去声的比读入其他调类的要多。

除古入声和古全浊上声外，其他调类的字与古调类系统对应较为整齐。具体来看；

阴平[21]来源于古清平。例如：波po^{21}｜推tʰui^{21}｜猜tsʰai^{21}｜修siu^{21}｜衣i^{21}｜装tsuaŋ^{21}｜耕keiŋ^{21}｜兄xioŋ^{21}。

阳平[31]来源于古浊平。例如：爬pʰa^{31}｜桃tʰau^{31}｜楼lɵy^{31}｜儿ɤ^{31}｜情tɕʰiŋ^{31}｜神seiŋ^{31}｜银iŋ^{31}｜红xoŋ^{31}。

上声[24]来源于古清上和次浊上。例如：饼piŋ^{24}｜打ta^{24}｜剪tɕieŋ^{24}｜帚tɕiu^{24}｜掌tɕiaŋ^{24}｜水sui^{24}｜解kai^{24}｜肯kʰeiŋ^{24}｜马ma^{24}｜女ly^{24}｜老lau^{24}｜眼ieŋ^{24}｜碗uaŋ^{24}｜忍leiŋ^{24}｜往uaŋ^{24}｜勇ioŋ^{24}。

去声[35]主要来源于古去声，包括古清去和古浊去。例如：报pau^{35}｜大ta^{35}｜利li^{35}｜凑tsʰɵy^{35}｜见kieŋ^{35}｜镇tseiŋ^{35}｜让laŋ^{35}｜棍kueiŋ^{35}。还有一部分去声来源于古全浊上。例如：坐tso^{35}｜柱tɕy^{35}｜在tsai^{35}｜弟ti^{35}｜是si^{35}｜旱xaŋ^{35}｜辫pieŋ^{35}｜近kiŋ^{35}。

入声[3]来源于古入声，包括古清入和古浊入。例如：织tsʅʔ^{3}｜笔piʔ^{3}｜擦tsʰaʔ^{3}｜独tuʔ^{3}｜结keʔ^{3}｜桌tsoʔ^{3}｜客kʰɤʔ^{3}｜决kɵʔ^{3}｜律lyʔ^{3}｜热ieʔ^{3}｜贼tsɤʔ^{3}｜白pɤʔ^{3}｜学xyoʔ^{3}｜篾meʔ^{3}｜发xuaʔ^{3}｜毒tuʔ^{3}。

第三章　同音字汇

说明：

1.本字汇收入南平官话常用字4000个左右，包括以下几个来源：

①《方言调查字表》(修订本，商务印书馆2015年版）里南平官话口语用到的字。

②南平官话口语常用,《方言调查字表》未收但见于《广韵》《集韵》等韵书的字。

2.本字汇按韵母次序排列，同一韵母内的字又按声母次序排列，声韵相同的字按声调排列。声韵调的排列次序参照第二章。

3.一字有两读或三读的，一般按使用频率由高到低，在字的右下角标上数字1、2、3。区别意义的异读一般只加注例词，不标数码。如果属于文白异读，一律用小字标出“文”“白”；如果是新老异读，一律用小字标出“新”“老”。

4.一个字如果有多个义项，不同义项之间用“。”隔开。

ɿ

ts [21]知蜘支枝文。~条肢栀资姿咨脂滋之芝 [24]指文。中~｜~挥紫只~有子梓滓止趾址旨□绺，量词 [35]滞制智自致稚至文。冬~痔字置治住文。对不~

ts^h [21]差参~痴嗤 [31]池文。~塘持驰雌瓷糍慈磁鹚辞词祠茨□mu^{31}~（荸荠） [24]此侈奢~耻 [35]刺赐次斥伺~侯秩

s [21]斯厮撕私司丝思施师狮尸诗 [24]死使史驶 [35]世又势誓逝氏四肆示视似祀巳士仕柿市恃寺饲事试侍~侯

i

p [21]屄女阴 [31]鼻1~子 [24]彼比秕 [35]蔽敝弊币毙陛闭箅饭甑~臂婢老~被~窝避庇痹备篦蓖~麻碧□~~（口哨）

p^h [21]批披丕匹劈□专门吃菜的蚜虫 [31]皮疲脾琵~琶枇~杷 [24]痞疕痂：结~。锅巴：~~ [35]譬屁鼻2~~（鼻涕）

m [21]眯 [31]迷弥泌谜文。~团秘 [24]米 [35]谜白。猜~

t [21]低 [24]抵底 [35]弟帝第递地□~~（一点点）

t^h [21]梯 [31]堤题提蹄啼 [24]体 [35]替涕剃屉剔

l [31]泥尼犁黎离篱璃梨厘狸 [24]礼李里公~里~面理鲤你拟 [35]泪白。眼~例厉励丽隶荔腻利痢吏栗逆力笠□黄蜂~（马蜂）□~~（小疙瘩。器物较小的、突出的部位。水果的蒂）

s [21]西犀樨木~花（桂花，较早的说法）牺嬉~皮笑脸熙又 [31]时匙 [24]洗徙屎玺玉~（较少说） [35]是细婿豉豆~世又

tç [21]姊阿~（姐姐）｜表~（表姐）枝白。荔~ [24]纸指白。手~拇（大拇指）挤 [35]妓志痣至白。夏~这1~多（这些）□脚~头（膝盖）□~~（赤子阴）

$tç^h$ [21]妻又 [31]齐脐迟池白。粪~鳍又 [24]齿 [35]翅砌赤□打□ai^{55}~（打喷嚏）

k [21]鸡稽饥肌基机讥箕 [24]几茶~几~个己杞枸~子 [35]祭际荠济剂计继技寄记忌既季纪系1红~索（红绳子）

k^h [21]妻又溪欺 [31]奇骑歧祁鳍又棋期旗其祈蜞湖~（水蛭） [24]启企起 [35]契~娘（奶妈）器弃气汽

x [21]熙又希稀 [24]喜 [35]系联~系2~红领巾戏

ø [21]伊医衣依 [31]宜文。适~仪移疑遗姨夷胰~皂（肥皂，较早的说法）谊 [24]蚁倚椅已以□白~~（苍白，一般指脸色） [35]宜白。便~艺缢义议肄易意异毅逸忆亿亦翼疫文。防~

u

p [24]补 [35]部簿布怖步埠蚌~伏孵讣

p^h [21]铺~床麸麦~（麦皮） [31]匍趴蒲菩脯浮 [24]谱普浦辅~导员甫 [35]铺店~捕

m [31]摹~仿模~子模~范□~茨（荸荠） [24]母拇姆 [35]暮慕墓幕募沐~浴露牧雾又。~水（露水）

t [21]都~城都~是 [24]堵赌肚鱼~ [35]杜肚~子妒度渡镀□~鸪（布谷鸟）

t^h [31]徒屠途涂图 [24]土吐~出来（使物从口中出来） [35]吐呕~兔

l [31]奴卢炉芦庐如儒鸬鲈 [24]努鲁橹

房卤乳 [35]怒路赂露鹭□凸

ts [21]租 [24]祖组阻嘱 [35]助著□亲嘴，吮吸

ts^h [21]粗初 [24]楚础 [35]醋处文。老～女□鸡～～（瘊子）

s [21]梳疏蔬淑苏酥舒 [24]数动词 [35]素诉塑竖数名词漱恕

k [21]姑孤鸪菇 [24]古1～代估牯股鼓□～炭（木炭） [35]故固雇顾

k^h [21]箍枯 [24]苦古2～田（福建地名） [35]库裤酷

x [21]夫肤呼乎 [31]湖蝴狐壶葫胡糊符扶芙俘 [24]虎浒府腑俯斧釜抚腐～败 [35]户沪互护瓠～子（胡瓜）父腐豆～付赋傅赴附妇负阜富副幅

ø [21]乌污巫诬屋 [31]吴梧无 [24]五伍午坞武舞侮鹉 [35]误悟务戊雾又□～钻（锥子）

y

l [31]驴 [24]吕旅汝名字缕屡铝女 [35]虑滤

s [21]书须需输[31]薯 [24]暑1～假徐又许又 [35]树序叙绪絮唠叨

tɕ [21]猪诸诛蛛株朱珠 [24]煮主 [35]拄柱驻注住白。～下来苎蛀铸箸豆皮～（腐竹）

$tɕ^h$ [21]蛆趋屈 [31]除储锄厨橱 [24]鼠黍取娶杵暑2大～ [35]处白。～所处相～

k [21]居车～马炮拘 [24]举矩 [35]巨拒距炬据锯聚句具俱惧剧～烈剧戏～

k^h [21]区驱 [31]渠□～包（孬种。脓包） [24]□笨 [35]趣

x [21]墟虚嘘 [24]徐又许又

ø [21]淤迂 [31]鱼渔余愚虞娱蜈于榆逾愉俞姓～□蜷 [24]语与雨宇禹羽 [35]御誉预愈豫遇寓芋喻裕郁玉狱欲浴域

a

p [21]巴芭疤 [24]把～握 [35]把器物上便于握持的部分：锄头～（锄头柄）霸坝爸罢□～～糖（糖块）□～子（借助畜力的耙子，用以耙草，主要是用来使土变得松碎、平整）□～～（八哥）

p^h [21]□癫～（疯子） [31]爬琶杷钯扒耙□下～（下巴） [35]怕帕□脚腿～（腿肚子）

m [21]妈 [31]麻蟆 [24]蚂马码□筋～（筋） [35]骂

t [24]打 [35]大

t^h [21]他

l [21]拉邋 [31]拿 [24]哪□舔 [35]捺一～那

ts [21]查姓～楂山～渣 [35]诈榨炸～弹炸用油～

ts^h [21]叉～～（叉子）杈差不同。低，次钗岔□～刺（杉针） [31]茶搽茬查调～

s [21]砂沙纱 [24]洒撒傻 [35]□～痒（挠痒痒）□～～（靠人力松土用的钉耙）

k [21]家白。别～（别人）□□$ts^haŋ^{21}$～（光线强烈而晃眼）

k^h [21]搭捕，捉 [24]□～～（缝隙）

x [21]哈笑～～虾白。～公□～～（喉咙有沙哑的感觉） [31]霞白。～浦（地名）蛤～蟆 [35]下夏姓夏春～厦

ø [21]阿挜强行使人接受 [24]哑白。～巴子（哑巴）

ia

l [35]□贬

tɕ [35]这2 ～□maŋ[35]做（这样做）｜～□maŋ[35]高（这么高）

k [21]枷家文。败～仔加痂嘉佳 [24]假真～贾姓 [35]嫁架假放～驾稼价

kʰ [31]□迈 [35]□詈辞，义为“贱”□马力～（蜘蛛）

x [21]虾文。～仁 [31]霞文。早～瑕

ø [21]丫桠 [31]牙芽衙涯崖 [24]哑文。沙 雅亚 [35]砑

ua

ts [21]抓 [24]爪

tsʰ [24]□害～（得麻风病之类的传染病）

s [24]耍

k [21]瓜 [24]寡剐 [35]挂卦

kʰ [21]夸 [24]垮□树～（树梢，树枝） [35]跨□把衣服随意搭在衣架上的动作

x [21]花 [31]华中～划～拳 [35]化华～山｜姓～桦画话划计～

ø [21]蛙洼挖□胃里因缺少油水不舒服的感觉 [24]瓦

e

p [24]□裂开

t [21]爹

l [24]奶惹□吃多后腻味的感觉

ts [21]鹧遮胝手～（手茧子） [24]者姐～夫 [35]借蔗

tsʰ [21]车汽～ [24]扯且 [35]笪陡

s [21]些赊佘姓□哪～（哪里） [31]邪斜蛇 [24]写舍～弃 [35]社泻卸谢射麝舍宿～

kʰ [31]茄

ie

l [31]聂姓

k [21]阶皆

ø [21]椰耶 [31]爷 [24]也野 [35]夜

ye

ø [31]□掰，撕 [35]越文。超～粤

o

p [21]波菠玻□～头（抬头） [24]簸跛

pʰ [21]颇坡 [31]婆 [35]破瀑音讹

m [21]莫姓～摸□～利光（月亮） [31]魔磨动词：～刀摩馍 [35]磨名词：石～

t [21]多 [24]朵躲 [35]惰垛剁舵尾～（船后面的舵）

tʰ [21]拖 [31]驼驮砣□～人生（私生子） [24]妥椭

l [21]啰 [31]罗萝1菠～锣箩骡螺脶 [24]裸 [35]糯

ts [24]左佐 [35]坐座做

tsʰ [21]搓 [35]锉措错

s [21]蓑梭嗦 [24]锁琐所

k [21]歌哥锅 [24]果裹粿 [35]个过

kʰ [21]棵颗科窠山～（山窝） [24]可 [35]课

ŋ [24]我

x [21]□打～（打呼噜） [31]河何荷～花荷薄～和～气禾□擘～□ieŋ[35]（打哈欠） [24]火伙 [35]贺祸货鹤霍藿或惑

ø [21]屙～屎（拉屎）｜～尿（撒尿）倭窝蜗龌～龊□～菜（春菜） [31]蛾鹅俄讹 [24]耳又 [35]饿卧

ɤ

k [35]□～进去（划伤）

kʰ [21]祛 [35]去

ø [31]儿而□撇去浮在液体表面的东西 [24]饵耳又。不常说尔□打～（打嗝）□干啰 [35]二

贰□～进去（划伤）

ɵ

k [21]□～手（手部残疾）

k^h [24]□折断

ai

p [24]摆 [35]拜败

p^h [31]牌排簰 [35]派稗～子

m [31]埋 [24]买 [35]卖迈

t [21]呆 [35]待怠戴贷代袋带大～夫

t^h [21]胎 [31]台～湾｜～阶苔抬 [35]态太泰

l [31]来 [35]耐奈赖癞

ts [21]灾栽斋 [24]仔宰载年 [35]在再载～重载满～债寨

ts^h [21]猜差出～ [31]才材财裁豺柴 [24]彩采睬踩 [35]菜蔡

s [21]鳃腮筛 [35]赛晒

k [21]该街 [24]改解～放 [35]概溉盖丐介界芥疥届戒械

k^h [21]开揩 [31]□“起来”的合音 [24]凯楷

x [31]孩鞋还～要 [24]海蟹 [35]亥害骇

∅ [21]哀～棍（哭丧棒）埃挨 [31]癌 [24]矮蔼 [35]碍爱艾隘□～吐（恶心要呕吐）□打～□$tɕ^hi^{35}$（打喷嚏）

uai

s [21]摔 [35]帅

k [21]乖 [24]拐 [35]怪

k^h [35]块会～计快筷刽桧

x [31]怀槐淮 [35]坏

∅ [21]歪□～我（冤枉我） [35]外

ui

p [21]杯碑卑悲 [35]贝倍辈背～脊背～诵被～打嘦“不会”的合音

p^h [21]胚坯 [31]培陪赔裴 [35]配佩沛

m [31]梅枚媒煤楣霉 [24]每美 [35]妹媚

t [21]堆 [35]对碓队兑

t^h [21]推 [24]腿 [35]退蜕～壳（豆子、花生类去皮，蛇蜕皮要说“脱壳”）

l [31]雷 [24]蕊累积～垒磊傀提傀～（皮影戏）□用竹篾制成的放在酒坛子里过滤酒的器具 [35]内累极困累连～锐瑞类泪文。～水

ts [21]追锥椎 [24]嘴 [35]罪最缀赘醉坠耳～

ts^h [21]催崔姓吹炊 [31]槌锤捶垂文。～直缒蛤蟆～（蝌蚪） [35]碎1打～脆翠粹

s [21]虽 [31]髓随谁垂白。秤尾～下来 [24]水 [35]岁税睡遂隧穗碎2米～

k [21]圭闺规龟归傀提～儡（皮影戏） [24]诡轨鬼 [35]鲑鳜桂跪柜贵□～子（发髻，较老的说法）

k^h [21]盔亏窥□□$k^haŋ^{35}$～（蜻蜓） [31]逵葵癸当地人都错读为“葵”魁馗钟～奎 [35]溃愧

x [21]恢灰非飞妃挥辉徽 [31]回茴肥 [24]悔毁匪翡 [35]汇～款晦会开～会～不～贿绘废肺惠慧痱费讳秽

∅ [21]煨微威 [31]危围为作～维惟唯违桅 [24]委尾伟纬苇伪 [35]卫为～什么位未味魏畏慰胃谓喂叹词猬渭

au

p [21]包胞褒 [24]保堡宝饱 [35]抱报暴鲍姓～｜～鱼豹爆雹龅

p^h [21]泡～～袖抛枹～～（柚子） [31]袍跑刨狍 [35]炮泡灯～

m [21]猫文。熊～瘼疙瘩，包括虫子叮咬后形成的疙

瘩和长出来的脓包 [31]毛锚矛茅丝～（芦苇）|～司（厕所） [24]卯 [35]冒帽貌茂又贸又

t [21]刀叨 [24]祷岛导倒打～捣 [35]道稻到倒～水盗

t^h [21]滔掏涛 [31]桃逃淘陶萄 [24]讨 [35]套

l [21]捞唠 [31]劳牢痨挠萝2～卜 [24]脑恼老佬扰绕围～ [35]闹涝绕～线□～秤（大秤）

ts [21]遭糟朝文。～气昭文。～示招文。～认召文。号～ [24]找文。查～沼文。～泽早枣蚤澡 [35]皂造躁灶赵兆

ts^h [21]操超抄文。～写 [31]曹槽巢朝～代潮 [24]草钞 [35]糙～米

s [21]骚 [24]扫～地扫～帚嫂□～午（中午） [35]潲邵韶臊

k [21]高膏篙羔糕 [24]稿搞 [35]告珓信～（占卜之具）□下□p^ha^{31}～（下巴）

k^h [21]敲～鼓|～门 [24]考烤拷～打□～水（排水） [35]靠铐犒□柴皮～（刨花）□灯盏～（状如灯盏的油饼）

x [21]蒿 [31]豪壕毫嚎 [24]好～坏 [35]浩好喜～耗号～码

Ø [31]熬□小块地咬一口的动作 [24]袄咬 [35]傲奥懊～悔

iau

p [21]膘标彪 [24]表～面|手～婊□“不晓”的合音：～得 [35]嫑

p^h [21]飘漂浮嘌～呤 [31]嫖瓢 [24]漂～洗 [35]票漂～亮

m [21]猫白。～仔（猫） [31]苗描 [24]秒渺淼人名杪藐 [35]庙妙谬

t [21]刁貂雕 [24]屌屎坑～（叫声尖利、形体稍小的一种喜鹊） [35]钓吊掉1吃～调音～调～动

t^h [21]挑 [31]条调～和跳～僮（跳神） [24]挑选择，挑选 [35]跳～索（跳绳）掉2做得～（做得完）

l [21]屪～子（阴茎） [31]燎镣疗聊辽撩拨拉 [24]鸟了□招惹，撩拨 [35]尿料廖姓

s [21]消宵霄硝销烧嚣萧箫肖姓～削刀～面稍梢捎 [24]小少多～ [35]少～年笑鞘刀～绍

tɕ [21]椒蕉朝白。今～昭白。～彰（人名）招白。～料（配料）召白。～开 [24]找白。～钱沼白。～气缴又剿又 [35]窖照诏笊～篱罩□～□$maŋ^{31}$（螳螂）

$tɕ^h$ [21]锹缲～边悄抄白。手～背后 [31]瞧很少说 [24]吵炒

k [21]交郊胶教～书焦骄娇浇 [24]绞狡矫缴又剿又饺侥搅～动 [35]教～育较觉睡～轿叫

k^h [31]乔荞侨桥樵 [24]巧 [35]窍

x [31]淆 [24]晓 [35]孝效校学～校上～酵

Ø [21]妖邀腰要～求幺吆 [31]摇谣窑姚瑶饶 [24]舀 [35]要想～耀跃～进（南平西芹地名）鹞纸～（风筝，较早的说法）

iu

m [24]□“没有”的合音

t [21]丢

l [21]溜 [31]牛馏流留刘榴硫琉 [24]纽扭柳 [35]□用两个手指头拧

s [21]修羞收休退～ [31]泅～水（游泳） [24]手首守朽 [35]受秀绣宿星～锈袖兽

寿授售

tç [21]揪邹周舟州洲鸠纠 [24]酒帚灸 [35]就咒□鸡~~（鸡冠）

tçʰ [21]秋抽鳅□篦篦~（辫子）□□tçiaŋ24~（粉刺） [31]愁白。发~绸稠筹仇酬 [24]丑天干丑~陋 [35]臭

k [24]九久韭 [35]舅咎救究旧

kʰ [21]丘邱姓~ [31]囚求球仇姓 [35]臼舂~（臼）

ø [21]忧优悠幽 [31]尤邮由油游犹鱿肉 [24]有友酉 [35]又右佑柚幼诱

øy

m [31]谋 [24]某亩牡 [35]茂又贸又

t [21]兜蔸 [24]斗粪~（畚箕）抖陡 [35]斗~争。拼凑豆逗痘

tʰ [21]偷 [31]头投 [24]敨抖开 [35]透

l [21]□挖，抠：~鼻鼻屎（抠鼻屎）□~进去（饥饿难耐） [31]楼柔揉 [24]篓搂 [35]漏陋

ts [24]走 [35]奏昼宙皱骤

tsʰ [31]愁文。发~ [35]凑

s [21]搜馊飕 [24]□鸡~（半大鸡） [35]嗽瘦

k [21]勾钩沟阄拣~（抓阄） [24]狗枸苟 [35]够构购垢

kʰ [21]抠 [24]口 [35]叩扣寇

x [31]侯喉猴 [24]□害~（气喘）□~田（除水田里的草） [35]后皇~后~来厚候

ø [21]欧瓯建~（福建地名）殴□凹 [24]藕呕偶 [35]沤浸泡怄□阴雨连绵的感觉

aŋ

p [21]班斑般扳~倒｜~手颁帮邦浜 [24]板版榜绑 [35]扮文。打~瓣办谤棒蚌~□laŋ35（河蚌）磅又。~秤

pʰ [21]攀潘滂冇方言俗字。空虚不实：~炭（不经烧的炭）｜~谷子（秕子） [31]旁螃傍1~晚爿这一~（这会儿） [35]盼叛文。~乱判文。宣~胖

m [31]蛮~去（迁就，凑合）忙芒茫氓虻盲□□tçiau55~（螳螂） [24]莽蟒 [35]漫慢□"么样"的合音

t [21]耽担~任丹单裆当~时｜应~ [24]胆疸党档挡 [35]但弹子~蛋淡担挑~诞旦当~作｜典~荡

tʰ [21]贪坍滩摊瘫汤 [31]潭谭谈痰檀坛弹~簧堂棠螳唐糖塘 [24]毯坦躺 [35]探炭叹烫趟

l [21]□涮洗 [31]南男难困~郎蓝篮兰拦栏然燃廊狼螂瓤红橘~（橘络）｜篾~（篾黄）□□tʰieŋ31~（鲇鱼）□~□moŋ35（傻子，蠢的人） [24]览揽榄缆染冉懒朗壤 [35]难灾~滥烂浪让□蚌~（蚌）

ts [21]簪沾瞻赃脏 [24]斩 [35]占暂站立站车~蘸赞錾~子（小凿）葬藏西~脏心~障

tsʰ [21]参~加餐搀仓苍□~□ka21（光线强烈而晃眼） [31]蚕惭残蝉禅~宗藏躲~偿文。赔~□围~（围嘴） [24]惨又产文。生~ [35]灿

s [21]三珊桑丧~事 [24]陕闪散鞋带~了伞嗓 [35]散分~善膳单姓禅~让丧~气

k [21]甘柑泔尴肝竿干~湿杆冈岗刚纲钢缸间1最中~ [24]感敢橄秆赶港 [35]干~部杠双~

kʰ [21]堪看~守刊康糠 [31]园藏扛 [24]坎~层（台阶）砍慷 [35]看~见抗□~□kʰui21（蜻蜓）

x [21]鼾憨痴酣 [31]含函咸寒韩行~列｜银~航杭□白~（白鹤）房1~间（一间房子）

[24]喊罕　[35]憾旱汉汗焊苋撼翰

∅　[21]庵安鞍鹌氨~粉（氨肥）　[31]昂岩白。溪~（河边的岩石）　[35]暗揞捂岸按案

iaŋ

l　[31]梁凉量丈~粮酿娘良粱　[24]□人工的用以灌溉的水沟两~个｜几钱几~　[35]亮谅辆晾量数~□“那样”的合音

s　[21]衫山删相互~箱厢湘商伤镶襄　[31]祥详尝裳衣~□牙~（牙垢）　[24]想赏晌享　[35]项象像橡~木上~山上~面相~貌尚向巷

tɕ　[21]将~来浆张章樟毡□~□iaŋ^{31}饼（烧饼）　[24]盏展蒋奖桨长~大涨掌饗味道淡□~□$tɕ^hiu^{21}$（粉刺）　[35]绽栈丈仗杖酱将大~匠帐账胀战瘴□“这样”的合音

$tɕ^h$　[21]枪昌菖腔　[31]馋谗墙长~短肠场常偿白。~命强文。~大强勉~　[24]铲抢厂产白。~妇惨文　[35]畅唱倡呛

k　[21]疆僵姜缰江　[24]讲　[35]绛降下~

k^h　[21]羌　[31]强文。~大

x　[21]香乡　[31]降投~

∅　[21]央秧殃　[31]羊洋烊融化：雪~掉。熔化：锡~掉杨阳扬疡檐文。~老鼠（蝙蝠）□□tɕiaŋ^{55}~饼（烧饼）□~□xo^{33}□xoʔ^{3}（萤火虫）　[24]仰养痒　[35]样漾

uaŋ

p　[21]搬　[35]扮白。~好人伴拌半绊傍2~边（旁边，附近）

p^h　[31]盘□楼~（楼板）　[35]叛白。~徒判白。~刑磅文。~秤

m　[31]瞒馒鳗　[24]满

t　[21]端　[24]短□朵：一~花　[35]断~绝断决~锻段缎

t^h　[31]团

l　[31]峦鸾　[24]暖卵软阮　[35]乱僆鸡~（未成年的小母鸡）

ts　[21]庄装桩　[35]赚钻动词：~进去。名词：木用工具壮状撞

ts^h　[21]窗疮氽　[31]床传文。~说　[24]闯喘文。哮~　[35]窜创

s　[21]酸闩拴栓霜双　[24]爽　[35]算蒜涮□表示不高兴、不满意的努嘴动作

k　[21]官棺观参~关冠~军光　[24]管馆广　[35]贯罐观道~冠~军惯逛

k^h　[21]宽匡筐眶　[31]狂文。~犬病　[24]款　[35]况矿旷

x　[21]欢翻番荒慌方芳　[31]凡帆还~原环烦矾繁肪妨簧皇蝗房2~子（一栋）防黄文。姓~横大~（南平市延平区一个乡镇）楻大木桶，但一般不单说：桶~堆（打谷场）　[24]缓反谎晃访纺仿~效仿~佛　[35]换文。交~范泛犯唤焕幻患宦贩饭放痪

∅　[21]豌弯湾汪　[31]完顽黄白。~色亡王狂白。发~□~□tsaʔ^{3}（蟑螂）　[24]碗腕皖晚挽网枉往　[35]换白。~钱万忘妄望旺

ieŋ

p　[21]鞭1~子编边蝙　[24]贬扁匾　[35]辨辩辫变便方~

p^h　[21]篇偏　[31]便~宜　[35]骗遍一~｜~地片

m　[31]棉绵眉文，~毛　[24]免勉娩缅　[35]面1脸~面~粉

t　[21]掂颠癫　[24]典碘~盐点　[35]店电殿奠垫佃

t^h　[21]添天　[31]甜田填□～□laŋ^{31}（鲇鱼）　[24]舔掭～笔（用笔调蘸墨汁）

l　[21]黏蔫花叶枯萎　[31]廉镰帘鲇连联年怜莲鲢　[24]碾敛捻脸　[35]念恋练炼链殓纫

s　[21]仙鲜新～扇动词先掀　[24]鲜朝～藓苔～　[35]线羡扇1名词：～子蟮蛛～（蚯蚓）

tɕ　[21]尖煎　[24]剪茧　[35]践又溅贱荐稿～（稻草编织成的褥子）箭

$tɕ^h$　[21]歼签谦迁千铅　[31]潜又钱缠乾虔前　[24]浅潜又遣　[35]□磨人，一般指孩子纠缠不休

k　[21]监～视｜～牢兼搛～菜艰间2房～奸肩坚　[24]减检俭简裥柬～埔寨拣　[35]鉴渐剑间～谍谏涧件键建健见践又舰腱毽

k^h　[21]牵　[31]钳　[35]欠歉嵌□～起来（皱眉头的动作）□肉末。馅

x　[31]衔舷廊～（走廊）悬又嫌闲贤弦又　[24]险显　[35]陷馅～饼限宪献现县

ø　[21]淹阉腌烟鄢姓～焉心不在～咽～喉炎燕姓　[31]颜炎盐阎檐瓦～｜又。～老鼠（蝙蝠）严延言研沿岩文。西～（南平地名）　[24]掩眼演　[35]验厌艳焰雁谚堰砚燕～子咽～气宴□打□xo^{21}～（打哈欠）

yeŋ

s　[21]轩宣喧　[31]玄悬又弦又寻白。～人旬白。做六～（做七）　[24]选癣　[35]炫眩旋头发旋儿。转圈儿扇2量词：一～门

tɕ　[21]专砖　[24]转～眼　[35]篆转～圈

$tɕ^h$　[21]川穿　[31]全泉传白。～家宝船鹑　[24]喘白。～气　[35]串羊肉～

k　[21]捐娟鹃　[24]卷～起　[35]圈～养传白蛇～眷卷考～绢手～倦券优惠～

k^h　[21]圈圆～　[31]权　[24]犬　[35]劝

x　[35]□丢弃

ø　[21]渊冤　[31]圆丸员缘元袁辕园援原源　[24]远永白。～久牌　[35]院愿怨

oŋ

p　[24]捧白。双手捧着的动作

p^h　[21]蜂1闽语借词：～糖（蜂蜜）　[31]篷蓬棚白。菜～　[24]捧文。吹～　[35]碰缝一条～

m　[21]懵□同～粉（凉粉，凝冻状的）　[31]蒙□藏～～（捉迷藏）□～瓜（丝瓜）　[24]蠓～子（蚊子）　[35]梦□□laŋ^{31}～（傻子，蠢的人）

t　[21]东冬咚□孔，眼：鼻子～（鼻孔）｜耳朵～（耳朵眼）　[24]董懂　[35]动冻栋洞

t^h　[21]通　[31]同铜桐筒童僮跳～（跳神）瞳　[24]桶捅统熥火～（手炉）　[35]痛

l　[21]□山上放木头下来的沟□伸：～手｜～腰　[31]笼聋农脓隆融浓文。～厚龙砻脱稻谷外皮的木制的农具蓉熔茸文。鹿～绒文。～毛戎　[24]拢陇垅山～（山峰，本地多为山名）　[35]弄

ts　[21]棕鬃宗中当～忠终踪钟盅　[24]总种～类肿　[35]粽中～奖仲众重轻～纵种～树

ts^h　[21]聪匆葱囱充冲春　[31]虫丛崇从～容｜跟～重～复松白。～材（松树）　[24]宠　[35]铳

s　[21]松～紧松文。～树嵩　[31]怂　[24]掀推　[35]送宋诵颂讼

k　[21]公蚣工功攻弓文。弹～躬宫恭　[24]拱巩　[35]贡供文。～养｜～销社供上～共

k^h　[21]空～虚　[24]孔恐　[35]控空有～

ŋ　[21]戆傻

x　[21]轰烘风枫疯丰封峰锋蜂2～窝煤

[31]弘宏红洪鸿虹文。彩～冯逢缝裁～店 [24]哄骗讽 [35]哄起～凤奉

Ø [21]翁□丢弃。投掷 [35]蕹～菜（空心菜）瓮西芹乡下人对坛子的称说

ioŋ

l [31]浓白。汤、粥等的稠

k [21]供白。喂养：～猪｜～鸡弓白。蒜～（蒜苗）

kʰ [31]穷琼 [35]虹白。出～

x [21]兄胸凶吉～ [31]熊雄

Ø [21]雍庸壅～肥（将草木灰、垃圾等烧制成肥料） [31]茸白。毛～～绒白。肉～（肉松）荣容 [24]咏泳拥甬勇涌永文。～远 [35]用佣

iŋ

p [21]彬宾槟殡冰兵鞭2～炮 [24]禀丙饼秉 [35]柄病并合～并～肩鬓

pʰ [21]拼 [31]贫频凭平坪评瓶屏萍 [24]品 [35]姘聘

m [31]眉又闽民鸣明名铭眠 [24]悯敏抿皿 [35]命

t [21]丁盯钉铁～町疔 [24]顶鼎 [35]锭订～书机定钉动词，以钉钉物

tʰ [21]听厅汀长～（地名） [31]亭停廷庭蜓婷人名 [24]艇挺□在～（打瞌睡） [35]趁2赚，挣，闽语借词

l [31]林淋临邻鳞磷陵菱凌宁安～灵零铃伶 [24]领岭 [35]赁令宁～可｜姓～另

s [21]心辛新薪星腥欣芯 [24]醒省反～ [35]性姓信杏

tɕ [21]津精晶睛 [24]井 [35]尽又，～力净浸进晋又静靖

tɕʰ [21]侵清青蜻深1从水面到水底的距离大，跟"浅"相对，闽语借词亲～人｜～家钦又卿人名倾又 [31]秦又情晴 [24]寝请顷

k [21]今金襟巾筋京荆惊鲸经斤茎 [24]锦紧仅谨景警颈 [35]晋又尽又，～力禁近劲有～劲～敌敬竟境镜竞径

kʰ [21]钦又倾又轻～重｜年～ [31]琴禽擒勤芹秦又 [35]庆□鸭雄～（菜鸭中的公鸭）□鸡～（鸡肫）

x [21]兴～旺馨 [31]行～不～｜品～形型刑 [35]兴高～幸□蒸，一般蒸的是冷的饭菜□老鼠～（黄鼠狼）

Ø [21]音阴荫因姻殷姓～鹰莺鹦樱婴缨蝇英 [31]淫壬吟人仁银寅凝～固迎盈赢营萤 [24]饮引隐影颖 [35]硬文。～直（坚强）认白。～得着印应～当应～对｜响～映任姓～任白。～务

yŋ

s [31]寻文。～死旬文。上～巡循 [35]迅讯殉训

k [21]均钧君军 [24]菌 [35]俊人名郡人名

kʰ [31]群文。～众裙文。～子拳文。～头

Ø [21]晕 [31]匀云允 [35]运文。～气熨韵孕

eiŋ

p [21]奔锛～头崩绷 [24]本 [35]笨蹦

pʰ [21]喷～水（水量很小）烹 [31]盆朋彭膨□～骨（颧骨）棚文。～井（多出现在年轻人口中） [35]喷～水（水量大，一般用于灌溉）

m [31]门萌 [24]猛 [35]闷焖面2读音借自闽语：对～

t [21]登灯驐给牲畜、家禽等去势：～猪（阉猪） [24]等戥 [35]炖吨顿白。隔～饭（现饭）凳

邓钝

t^h　[21]吞□蛏子　[31]腾藤疼

l　[21]仍扔　[31]能　[24]忍冷　[35]嫩刃认文。～真任文。做一～官□踮：～手～脚（蹑手蹑脚）

ts　[21]针珍榛臻真曾姓增征～求蒸争筝睁贞侦正$_1$～月征　[24]诊疹震拯整枕　[35]镇阵振～奋赠证症郑正～好正$_2$～月政甑饭～憎

ts^h　[21]称～呼撑　[31]沉蹲白。屈两腿如坐、臀部不着地陈尘辰晨臣存唇曾～经层澄～清事实惩橙乘承丞呈程成城诚　[24]逞　[35]趁1～机蹭秤寸白。分～衬白。～衣

s　[21]深2～蓝森参人～身僧升生牲笙甥声伸申孙白。姓～　[31]神盛～满了　[24]沈审婶笋榫～头省～长省节～　[35]甚渗肾慎剩胜圣盛兴～

k　[21]跟根更～换｜五～庚羹耕　[24]哽埂梗茎耿　[35]更～加

k^h　[21]坑　[24]恳垦啃肯

x　[21]亨　[31]痕恒衡横～直桁～条（架在屋架或山墙上用以支承椽子或屋面板的横木）　[24]很狠　[35]恨横蛮～

Ø　[21]恩　[35]硬白。～要

ueiŋ

t　[21]蹲文。～点敦墩　[35]钝馄～（本地人一般说"扁食"）沌盾遁顿文。打一～

t^h　[31]囤屯豚臀

l　[31]仑伦沦轮　[35]论议～润闰文。～月

ts　[21]尊遵　[24]准

ts^h　[21]村春　[31]纯莼醇　[24]蠢　[35]寸文。两～衬文。陪～

s　[21]孙文。～子　[24]损　[35]顺舜

k　[24]滚　[35]棍

k^h　[21]昆～明｜～仑坤熏　[31]拳白。～头群白。人～裙白。～仔（围裙）　[24]捆　[35]困

x　[21]昏婚分芬纷荤浑水的浑浊　[31]魂馄浑全，整个焚坟　[24]粉　[35]混愤氛粪奋份

Ø　[21]温瘟　[31]文纹闻　[24]稳吻刎　[35]问闰白。～三月运白。～气

ʅʔ

ts　[3]执质文。性～直文。简～值职殖植织侄

s　[3]室文。教～蚀饰实文。诚～

iʔ

p　[3]逼笔毕必弼璧壁僻又

p^h　[3]僻又辟

m　[3]密蜜汐～水（潜水）

t　[3]的目～滴笛敌狄

t^h　[3]踢

l　[3]立粒历

s　[3]习袭湿十拾实白。老～识席夕适释室白。～内析失石吸悉息熄媳食惜昔锡□做风～（雷阵雨）

tɕ　[3]脊又汁疾质白。对～直白。横～寂蛰惊～

$tɕ^h$　[3]七漆膝乞尺戚吃

k　[3]集辑急级及吉橘$_1$即鲫极积迹脊又籍藉狼～绩击激

Ø　[3]日乙一益译抑疫白。瘟～役

uʔ

p　[3]不

p^h　[3]葡朴～素扑

m　[3]木目

t　[3]独读督毒丟触动。刺戳。兵、卒吃对方子

t^h [3]突秃

l [3]入鹿禄六陆绿辱□水窟～（水坑儿）

ts [3]卒族竹筑轴车～祝粥足烛

ts^h [3]促触簇一～毛

s [3]术白～术美～述戌速肃宿～舍叔熟粟黄～俗赎续手～束属

k [3]骨谷～子

k^h [3]窟哭

x [3]忽福蝠复反～复～原腹覆服伏核1～～（喉结）

ø [3]物

yʔ

l [3]律率

s [3]畜～牧蓄储～

$tɕ^h$ [3]出

k [3]菊局橘$_2$

k^h [3]曲歌～

ø [3]育抈折叠

aʔ

p [3]八拔

m [3]抹～桌布

t [3]答搭嗒嘀～达踏又

t^h [3]沓塔遢塌獭水～踏又

l [3]纳腊蜡辣□熏烤□大拇指与食指张开的长度

ts [3]杂炸热水煮过，备炒扎用针～闸铡□□uaŋ³¹～（蟑螂）□浇～湿（淋湿）

ts^h [3]插擦察

s [3]萨杀杉～柴（杉树）

k [3]蛤夹～衣夹白。～～（夹子）

ø [3]鸭轭牛～

iaʔ

l [3]烁打闪电：～霍显

tɕ [3]□溅

k [3]甲夹文。～针

k^h [3]掐

x [3]瞎辖峡吓口语中常说“惊”

ø [3]押压

uaʔ

s [3]刷□用软鞭子、竹条、皮带等抽打。快速地打：～巴掌

k [3]刮括

x [3]法方～猾滑发头～发～现伐筏罚

ø [3]袜

eʔ

p [3]别区～别离～鳖憋□女阴

p^h [3]撇

m [3]灭篾蔑污～

t [3]跌叠碟牒谍

t^h [3]帖贴蝶铁□量词：一～纸（一摞纸）

l [3]孽捏用指甲掐猎蹑列烈裂

ts [3]接折～断褶节洁浙□酒～（用来装酒或酿酒的坛子）□谷子～（筐子，即用篾片做的囤粮食的器具）□做事～（做事情）

ts^h [3]切

s [3]折～本设白。假～舌蝎

k [3]劫杰截结荚豆～（豇豆）□不高兴□嘴～（禽鸟类尖尖的嘴）

x [3]协又。～商胁又歇血穴

ieʔ

s [3]协又。～商胁又

$tɕ^h$ [3]蠘海蟹

ø [3]叶页业热

yeʔ

l [3]劣

s [3]雪又屑锯~（木屑）

k [3]掘

Ø [3]越白。~剧月悦阅

ɵʔ

s [3]雪又

k [3]绝决诀觉2知~

kʰ [3]缺

ɤʔ

p [3]北百柏伯白泊梁山~

pʰ [3]迫拍魄

m [3]麦脉墨白。~斗默白。~写□闭：~嘴

t [3]得德

tʰ [3]特

l [3]勒

ts [3]责哲则贼泽择2选~窄

tsʰ [3]彻撤侧测拆策册

s [3]涩设文。建~虱塞~~（塞子）色摄涉

k [3]格革隔文。~壁阁文。闺~搁文。~食（积滞）

kʰ [3]刻时~｜用刀~克客咳

x [3]核2~桃｜~对黑

Ø [3]额

oʔ

p [3]钵火~（火盆）拨勃博薄剥驳

pʰ [3]泼

m [3]膜末沫默文。沉~墨文。~绿陌

t [3]夺择1~菜（摘菜）｜~日子（择喜期）

tʰ [3]脱托□两臂平伸两手伸直的长度

l [3]落骆洛络烙电~铁乐快~若弱又□攞

ts [3]作凿昨桌卓啄捉镯□~~（奔儿头，指前额生得向前突）

tsʰ [3]戳

s [3]说小~索绳子缩嗍吸□落~（垃圾）

k [3]鸽割葛各隔白。~开阁白。~楼搁白。~仔板（椽子）胳~落下（胳肢窝）郭角1牛~□傻，反应不灵活国

kʰ [3]磕瞌阔扩壳

x [3]合~起来喝吃吃~~盒活佛□□iaŋ³¹~~（萤火虫）

Ø [3]恶凶握~手

yoʔ

l [3]弱又虐~待

s [3]削剥~

tɕ [3]嚼着睡~

tɕʰ [3]雀鹊

k [3]角2~尺（曲尺）脚觉1自~

kʰ [3]却确

x [3]学

Ø [3]约药岳五~｜~父乐音~

第四章 词汇特点

南平官话属于官话方言岛，远离祖地，经历了三百多年的历史，至今还没有被磨灭。虽强弱悬殊，但因与岛外方言差异甚大，岛外方言对其渗透力度不深。再加上周围的闽北方言是离心型的小方言，也有学习共同语的要求，南平官话曾经一度被闽北人作为读书识字时的标准音来学习。这些都使得南平官话得以保持其官话的性质。但随着使用人口的减少，使用范围的缩小和使用频率的降低，南平官话的社会功能逐步退化。与此同时，受岛外闽东、闽北方言的影响，南平官话的结构系统也发生了若干不符合北方官话系统的变异。这种变异在词汇、语音、语法等层面都有不同程度的表现。其中，词汇是方言接触中最敏感也是最容易变异的部分。本章主要从词汇角度分析南平官话与源地方言、周边方言的共性与差异。

第一节

方言特别词

南平官话既保留了一些官话词汇，也吸纳了周边闽语的若干特有词汇，还偶有既不见于官话也不见于周边闽语的一些词。下面主要从区别于北方官话而同于周边闽语（主要是福州话）的词语特点和既区别于北方官话也不同于周边闽语的特色词两个方面来分析。

一　区别于北方官话而同于周边闽语的词语特点

我们主要从构词方式来分析，周边闽语以福州话为例，北方官话以普通话为例。

受闽语影响，南平官话部分词语通过语素对应的义译法构成。这些相对应的语素既有词根语素，也有词缀语素。部分词语直接借自闽语。

（一）词缀语素的对应

1.南平官话小称后缀“仔”[tsai^{24}]与福州话“囝”[kiaŋ^{33}]的对应

“囝”，《集韵》九件切，“闽人呼子”。这是闽方言区大面积通行且可以广泛类推的一个名词后缀。本义为“儿子”，后来派生出一系列虚实不等的用法。南平官话中与闽语“囝”相对应的是“仔”，亦可写作“崽”。崽，扬雄《方言》第十：“崽者，子也。湘沅之会，凡言是子者谓之崽，若东齐言子矣。”庄初升（2020：72）提出：“汉语方言中的名词后缀，很多都来自表‘儿子’的实语素，如闽方言的‘囝’、粤方言的‘仔’（实为‘子’）、湘赣方言的‘崽’以及官话的儿化等等。”他认为“‘崽’也可以视为通语词‘子’的方言分化”（庄初升 2020：74），前者是古楚地方言词的遗留。南平官话的“仔”与福州话的“囝”对应很整齐。例如：

	普通话	南平官话	福州话
表示年幼者	女孩	女子仔 ly^{24}tsɿ^{0}tsai^{24}/婆娘仔 p^{h}o^{33}liaŋ^{33}tsai^{24}	诸侬囝

	童养媳	媳妇仔 si^{33}xu^{55}tsai^{24}	新妇囝
表示动物的幼崽	羊羔	羊仔 iaŋ^{21}tsai^{24}	羊囝
	小猪	猪仔 tɕy^{55}tsai^{24}	猪囝
	小鸡	鸡仔 ki^{55}tsai^{24}	鸡囝
	小公鸡	鸡公仔 ki^{55}koŋ^{55}tsai^{24}	鸡角囝
	小鸭子	鸭仔 a^{55}tsai^{24}	鸭囝
	小虾	虾公仔 xa^{55}koŋ^{55}tsai^{24}	虾囝
表示同类具体事物中较小者	小雨点	雨仔 y^{21}tsai^{24}	雨囝
	小凳子	凳仔 teiŋ^{55}tsai^{24}	椅囝
	小碗	碗仔 uaŋ^{21}tsai^{24}	碗囝
	小刀子	刀刀仔 tau^{55}tau^{55}tsai^{24}	刀囝
	小石子	石头仔 si^{55}t^{h}øy^{31}tsai^{24}	石头囝
表示对某类人物的蔑称	败家子	败家仔 pai^{55}kia^{33}tsai^{24}	败囝/败尾囝

以上所列南平官话附加式词语中较为特殊的有两个。一个是“女子仔”，这个词语中“子”是一个虚化程度较高的词缀，这是南平官话保留官话性质的反映；而“仔”作为小称后缀，与闽语的“囝”一样还保留着一定的实义，因为比“子”能产性更高，所以用来对应闽语的“囝”。南平官话中还有一个特殊的词“刀刀仔”，兼用重叠法和附加法来构词。

2. 南平官话亲属称谓词前缀“阿”[a^{21}]与福州话“依”[i^{55}]的对应

南平官话中，“阿”可以附着在单音节亲属称谓词的前面，也可以附着在人名前，一般取名字中的后字，常表亲昵的语气和亲近、熟悉的关系。南平官话亲属称谓词中的前缀“阿”与福州话中的“依”基本对应。例如：

普通话	南平官话	福州话
爷爷	阿公呼称 a^{55}koŋ^{21}/叙称 a^{21}koŋ^{21}	依公
奶奶	阿妈呼称 a^{55}ma^{21}/叙称 a^{21}ma^{21}	依妈
爸爸	阿爸呼称 a^{21}pa^{35}	依爹
妈妈	阿［巫$^{=}$媪］呼称 a^{55}uau^{24}/阿娘叙称 a^{21}liaŋ^{31}	依奶
伯父	阿伯呼称 a^{21}pɤʔ^{3}	依伯
伯母	阿姆呼称 a^{21}mu^{24}	依姆
叔叔	阿叔呼称 a^{21}suʔ^{3}	依叔
婶婶	阿婶呼称 a^{21}seiŋ^{24}	依婶
姑姑	阿姑呼称，统称 a^{21}ku^{21}	依姑

阿姨	阿娘呼称，统称a^{55}liaŋ^{31}	依姨
哥哥	阿哥呼称a^{21}ko^{21}	依哥
嫂子	阿嫂呼称a^{21}sau^{24}	依嫂
姐姐	阿姊呼称a^{21}tɕi^{21}	依姐
妹妹	阿妹叙称a^{21}mui^{35}	依妹

从以上所列的内容可以看到，南平官话亲属称谓词中的前缀“阿”与福州话中的“依”基本对应。有意思的是，一般福州话中不用前缀“依”的亲属称谓在南平官话中也不用“阿”。这大概可以看作南平官话对福州话的一种仿拟，特别是其中对祖母的称呼，福州话说“依妈”，南平官话说“阿妈”。这种特殊的称谓更能说明问题。

（二）词根语素的对应以及词语构造方式的仿拟

南平官话中一部分词语的部分构成成分来自闽语，部分来自其自身的词汇系统，这就使得这部分词语既区别于其他北方官话又区别于周边方言。例如：

普通话	南平官话	福州话
下馆子	吃馆店tɕ^{h}i^{55}kuaŋ^{21}tieŋ^{35}	食馆店
秕子	冇谷子p^{h}aŋ^{55}kuʔ^{3}tsɿ^{0}	冇粟
鸡眼脚病	脚疔kyo^{55}tiŋ^{21}	骹疔
腮腺炎	猪头腮tɕy^{55}t^{h}ɵy^{31}sai^{21}	猪头瘴
打胎	拍仔p^{h}ai^{55}tsai^{24}	拍胎
挨说挨批评	挨人讲ai^{55}iŋ^{31}kiaŋ^{24}	乞人讲
温水	和和水xo^{31}xo^{31}sui^{24}	和和汤
失火	火烧房xo^{24}siau^{55}xuaŋ^{31}	火烧厝
后来	到尾巴tau^{35}ui^{31}pa^{21}	遘尾
一辈子	一世人i^{33}si^{55}iŋ^{31}	蜀世侬
邻居	隔壁家kɤ^{33}pi^{33}kia^{21}	隔壁厝
小腹	肚尾tu^{55}ui^{24}	腹老$^{=}$尾“腹老$^{=}$”指“肚子”
方凳	凳头teiŋ^{55}t^{h}ɵy^{31}	椅头

以上所举的词语中，南平官话与福州话有共同的组成成分，也有不同的成分。南平官话与福州话相同的成分应该是借自闽语，而相区别的部分基本是各自词汇系统中的核心词根语素。例如“下馆子”，南平官话说“吃馆店”，而福州话说“食馆店”。“馆店”义为“饭店、餐馆”，这应该是南平官话从闽语中借用的说法（南平官话外围的福州话“饭店、餐馆”说“馆店”；闽北建瓯话“下馆子”说“炒馆店”），而南平官话和福州话表示“吃”的核心语素不同，包括福州话在内的闽语大多用“食”，南平官话用“吃”。南平官话“吃馆店”

是对福州话“食馆店”的对译和仿拟，即南平官话依照所借方言的构造部分使用自身的语素来构成词语。与此类似的还有“秕子”。在福州话中“稻谷”是用“粟”来表示的，而南平官话用“谷子”来表示。表示“空虚不实”义福州话说的是“冇”[pʰaŋ^{213}]（本字不明），建瓯话用的是“冇”[pʰɔŋ^{33}]。南平官话借用了闽语的“冇”[pʰaŋ^{21}]（例如南平官话有“冇炭明火烧制的木炭”[pʰaŋ^{21}tʰaŋ^{35}]的说法，这一说法也见于福州话和建瓯话），南平官话“冇谷子”是对福州话“冇粟”的对译和仿拟。“鸡眼脚病”南平官话说“脚疔”，福州话说“骹疔”。“骹脚”是闽语内部较为一致的特征词，南平官话借用了福州话“疔”的说法，和本词汇系统的核心词根“脚”一起组成偏正式词语“脚疔”。除此之外，较为特殊的是“打胎”一词，南平官话说“拍仔”，福州话说“拍胎”。“拍打”也是闽语内部较为一致的特征词，南平官话中表示“敲击、殴打”动作基本用“打”，但“打胎”却借用了福州话的“拍”，可是“孩子”义还是保留本系统的“仔”。

除了以上这种半借用半对译构成的词语，南平官话中还有一些与闽语语素完全不相同而采用对译方式构成的词语。例如：

普通话	南平官话	福州话
吃早饭	吃早起 tɕʰi^{55}tsau^{21}kʰi^{24}	食早
吃午饭	吃扫⁼午 tɕʰi^{55}sau^{21}u^{24}	食昼
吃晚饭	吃晚间 tɕʰi^{55}uaŋ^{31}kieŋ^{21}	食暝

以上普通话中的三个动宾词语的宾语“早饭”“午饭”“晚饭”都是动词“吃”的真正的受事宾语，而福州话中“早早上”“昼中午”“暝晚上”都是借用时间来表示“早饭”“午饭”“晚饭”的意义。南平官话借用了福州话的构造方式而采用了本方言的词语“早起早上”[tsau^{21}kʰi^{24}]、“扫⁼午中午”[sau^{21}u^{24}]、“晚间晚上”[uaŋ^{31}kieŋ^{21}]来构成新的词语。

（三）直接借用闽语词语

南平官话与北方官话有不少差异，这些差异很多都可以在闽方言中找到根据（当然与闽语相同的说法不一定全借自闽语）。下面列出南平官话中与福州话、建瓯话相同而与普通话不同的词语（对于福州话和建瓯话中的说法只列其中与南平官话一致的）：

普通话	南平官话	福州话	建瓯话
打雷	雷公响 lui^{31}kuŋ^{21}xiaŋ^{24}	雷公响	响雷公
掉点儿	落雨仔 lo^{55}y^{24}tsai^{24}		落雨仔
化	烊 iaŋ^{31}	烊	烊
平原	平洋 pʰiŋ^{31}iaŋ^{31}	洋	洋
河	溪 kʰi^{21}	溪	溪
年底	年尾 lieŋ^{31}ui^{24}/年底 lieŋ^{31}ti^{24}	年尾	年尾/年底

今天	今朝 kiŋ^{55}tɕiau^{21}		今朝
明天	明朝 miŋ^{31}tɕiau^{21}		明朝
早晨	早起头 tsau^{33}k^{h}i^{33}t^{h}øy^{31}/早起 tsau^{21}k^{h}i^{24}	［早起］头	早头
种	栽 tsai^{21}	栽	栽
扇车	风栰 xoŋ^{55}sieŋ^{21}	风栰	
芝麻	油麻 iu^{31}ma^{31}	油麻	
南瓜	金瓜 kiŋ^{55}kua^{21}	金瓜	金瓜
香蕉	芭蕉 pa^{55}tɕiau^{21}	芭蕉果	芭蕉果
柚子	枹枹 p^{h}au^{55}p^{h}au^{21}	枹	枹
龙眼	宝圆 pau^{31}yeŋ^{31}	宝圆	
牲口	头牲 t^{h}øy^{31}seiŋ^{21}	头牲	头牲
野兽	野头牲 ie^{31}t^{h}øy^{31}seiŋ^{21}/野兽 ie^{21}siu^{35}	野头牲/野兽	
阉割	骟 teiŋ^{55}	骟	骟
乌鸦	老［乌鸦］lau^{31}ua^{21}	老［乌鸦］	老鸦
蚕蛹	花生仁 xua^{55}seiŋ^{55}iŋ^{31}	花生仁	
虱子	虱母 sɤ^{55}mu^{24}	虱母	虱母
厨房	灶前 tsau^{55}tɕ^{h}ieŋ^{31}	灶前	
锯末	锯糠 ky^{55}k^{h}aŋ^{21}/锯屑 ky^{55}syeʔ^{3}	锯糠	锯屑
放大镜	大头镜 ta^{55}t^{h}øy^{31}kiŋ^{35}	大头镜	大头镜
老头子	老货头 lau^{33}xo^{55}t^{h}øy^{31}/老货 lau^{21}xo^{35}	老货	
单身汉	单身哥 taŋ^{55}seiŋ^{55}ko^{21}/光棍 kuaŋ^{33}kueiŋ^{35}	单身哥	光棍
老板娘	老板嫂 lau^{33}paŋ^{33}sau^{24}	老板嫂	老板嫂
厨师	厨官 tɕ^{h}y^{31}kuaŋ^{21}	厨师傅	厨官师傅
外祖母叙称	外妈 uai^{55}ma^{21}	外妈	
妯娌	两姆婶 liaŋ^{21}mu^{21}seiŋ^{24}	姆婶	
虎牙	狗牙 køy^{31}ia^{31}		狗牙
肩膀	肩膀头 kieŋ^{33}paŋ^{55}t^{h}øy^{31}		肩膀头
胳肢窝	胳落下 ko^{33}lo^{33}xa^{35}	胳落下	
心口	心间头 siŋ^{55}kaŋ^{55}t^{h}øy^{31}	心间头	
号脉/诊脉	摸脉 mo^{55}mɤʔ^{3}	摸脉	摸脉
死裆裤	密斗裤 mi^{55}tøy^{31}k^{h}u^{35}	密斗裤	密斗裤
面粉	面灰 mieŋ^{55}xui^{21}/面粉 mieŋ^{55}xueiŋ^{24}	面粉	面灰

油条	油炸馃 iu^{33}tsa^{55}kui^{24}	油炸馃	油炸馃
肉松	肉绒 iu^{55}ioŋ^{31}	肉绒	肉绒
素菜	斋菜 tsai^{33}ts^{h}ai^{35}/素菜 su^{55}ts^{h}ai^{35}	斋菜/素菜	斋菜
粉丝	山东粉 siaŋ^{55}toŋ^{55}xueiŋ^{24}	山东粉	山东粉
芡粉	清粉 tɕ^{h}iŋ^{55}xueiŋ^{24}		清粉
酱油	豉油 si^{55}iu^{31}/酱油 tɕiaŋ^{55}iu^{31}	豉油	酱油
过生日	做生日 tso^{55}seiŋ^{21}iʔ^{3}	做生日	
老天爷	天老爷 t^{h}ieŋ^{55}lau^{31}ie^{31}/天官老爷 t^{h}ieŋ^{55}kuaŋ^{55}lau^{31}ie^{31}	天老爷	天老爷/天官老爷
灶王爷/灶神	灶公 tsau^{55}koŋ^{21}	灶公	灶神公
生火	起火头 k^{h}i^{24}xo^{31}t^{h}øy^{31}/烧火 siau^{55}xo^{24}	起火	起火头/烧火
煮~带壳的鸡蛋	炸 tsaʔ^{3}		炸
乘凉	歇凉 xe^{55}liaŋ^{31}	歇凉	歇凉
赚钱	趁钱 t^{h}iŋ^{55}tɕ^{h}ieŋ^{31}	趁钱	趁钱
选日子	择日子 to^{55}iʔ^{3}tsɿ^{0}	择日子	
路费	盘钱 p^{h}uaŋ^{31}tɕ^{h}ieŋ^{31}	盘钱	
零钱	碎钱 sui^{35}tɕ^{h}ieŋ^{31}/零钱 liŋ^{31}tɕ^{h}ieŋ^{31}	碎钱	碎钱/零钱
铅笔刀	铅笔车 tɕ^{h}ieŋ^{33}pi^{55}ts^{h}e^{21}	铅笔车	铅笔车
考试	考书 k^{h}au^{31}sy^{21}	考书	考书
辶	走马道 tsøy^{33}ma^{33}tau^{35}	走马道	
风筝	纸鹞 tɕi^{31}iau^{35}	纸鹞	鹞
游泳	泅水 siu^{21}sui^{24}	泅水	泅水
仰泳	倒泅 tau^{55}siu^{31}	倒泅	倒水
潜水	沕水 mi^{55}sui^{24}	沕水	沕水
害怕/怕你别~	惊 kiŋ^{21}	惊	
宠爱	容 ioŋ^{31}	容	容
下面	下底 xa^{35}ti^{24}	下底	下底
快刀锋利	利 li^{35}	利	
年轻	后生 xøy^{55}seiŋ^{21}	后生	
淡不咸：菜~	饗 tɕiaŋ^{24}	饗	白饗
馊饭~	臭酸 tɕ^{h}iu^{55}suaŋ^{21}/臭馊 tɕ^{h}iu^{55}søy^{21}	馊	臭馊/酸
腥鱼~	臭腥 tɕ^{h}iu^{55}siŋ^{21}		臭腥

稀稀饭～	清 tɕʰiŋ^{21}	清	
细绳子～	嫩 neiŋ^{35}		嫩
方	四角 sɿ^{55}koʔ^{3}	四角	
勤快	勤谨 kʰiŋ^{21}kiŋ^{24}	勤谨	
经常我～去	稠稠 søy^{31}søy^{31}	稠稠	□sɛ^{55}
照～这样做就好	按 aŋ^{35}/凭 pʰiŋ^{31}/照 tɕiau^{35}	按/凭/照	照
棵一～树	蔸 tøy^{21}	蔸	

一般来说，词义上反映基本生活生产用具的名词以及动词、形容词等核心词不容易受影响而发生改变。但从以上所举的例子可见，南平官话中一些反映基本生活生产用具、食物的名词也有借自闽语的，例如“面灰面粉、油麻芝麻、金瓜南瓜、油炸馃油条、铅笔车铅笔刀、豉油酱油”等。一些原来少见的事物，例如“芭蕉香蕉、宝圆龙眼、枹枹柚子”等，比较容易借用本地现成的说法。除了名词，南平官话中一些很常用的形容词，例如“嫩（绳子）细、四角方、利锋利、饕淡、后生年轻、勤谨勤快”等借用了闽语的说法；还有“趁钱赚钱”“炸连壳煮（鸡蛋）、惊害怕、做生日过生日”等一些口语中常用的动词也借用了闽语的说法。这里需要特别说明的是“趁钱”和“做生日”两个词。“趁钱赚钱”[tʰiŋ^{55}tɕʰieŋ^{31}]，是一个从读音到词形都借自闽语的词。闽语至今还保留着“古无舌上音”的特点，古知组字大多保持“舌头音”的读法（福州话中的“趁钱”读为[tʰiŋ^{55}nzieŋ^{53}]，建瓯话说[tʰeiŋ^{33}tsiŋ^{33}]）。而古知组字在南平官话中绝大多数读同古精组字，仅有“趁钱”中的“趁”[tʰiŋ^{35}]和“择菜”“择日子”中的“择”[toʔ^{3}]与闽语一样读成[t]或[tʰ]声母。“做生日过生日”，是一个借自福州话的词语。“做”在福州话中是一个搭配面很广的高频词，其中一个用法就是可以表示“庆祝或进行某种纪念性的活动”，例如“做五月节”“做清明”“做满月”等。南平官话中的“做”多同于普通话，而“做”表示“庆祝或进行某种纪念性的活动”这一用法显然借自闽语。从以上借词来看，南平官话的核心词根也有借自闽语的，可见南平官话受闽语影响程度之深。

二　与北方官话和闽语均不同的词语

南平官话中有部分“子”尾词既不见于北方官话，也不见于闽语。例如：

普通话	南平官话	福州话	建瓯话
芋头	芋子 y^{35}tsɿ^{0}	芋	芋
蜜蜂	蜂子 pʰoŋ^{21}tsɿ^{0}	蜜蜂	糖蜂/蜂
篾片	篾子 meʔ^{3}tsɿ^{0}	竹篾	篾
颈，脖子	颈子 kiŋ^{24}tsɿ^{0}	脰骨	脰/仲仲
哑巴	哑巴子 a^{31}pa^{21}tsɿ^{0}/ia^{31}pa^{21}tsɿ^{0}	病哑	哑仔

狗	狗子kəy^{24}tsɿ^{0}	犬	狗仔

“子”尾词是普通话中常见的一种以附加法构造而成的词，然而，“子”在普通话中的构词却不能类推，如“鸭”后可以附加“子”构成“鸭子”，但“鸡、鹅”不能；“本”后可以附加“子”构成“本子”，但“书、笔”不能；“鼻”后可以附加“子”构成“鼻子”，但“眼、嘴”不能。南平官话作为官话的一支，也使用“子”尾构词，但在构词能力上与普通话不完全相同。“子”尾广泛分布在江淮官话、湘语、赣语、北部吴语中，这些地方很多是南平军屯的主要来源地，南平官话“子”尾的用法也可能源自其他官话区，所以与普通话的用法并不一一对应。

除此，还有相当一部分词的构成语素与北方官话和闽语都不同。例如：

普通话	南平官话	福州话	建瓯话
月亮	□利光mo^{55}li^{55}kuaŋ^{21}	月	月/月二奶
天亮	开火口k^{h}ai^{33}xo^{21}k^{h}əy^{24}	天光	天光
闪电	烁霍显较早的说法lia^{55}xo^{31}xieŋ^{24}	□□niaŋ^{55}niaŋ^{21}	焰刀
淹被水～了	浸tsiŋ^{35}	汨	
地震	地龙翻身ti^{55}loŋ^{31}xuaŋ^{55}seiŋ^{21}	地牛转肩	地牛转肩
河岸	溪边舷k^{h}i^{55}pieŋ^{55}xieŋ^{31}/岸边aŋ^{55}pieŋ^{21}	岸	溪墈
去年	旧年kiu^{35}lieŋ^{31}	去年暝	去年
傍晚	挨黑边ai^{33}xɤ^{55}pieŋ^{21}/晚边uaŋ^{31}pieŋ^{21}	半晡	暗边仔/暗暝边
白天	日间头i^{33}kieŋ^{55}t^{h}əy^{31}	日中	日时
中午	扫⁼午sau^{21}u^{24}/对扫⁼午tui^{55}sau^{21}u^{24}	中昼	当昼/正当昼
夜晚	晚间头uaŋ^{33}kieŋ^{55}t^{h}əy^{31}/晚间uaŋ^{24}kieŋ^{21}	暝晡	暝/暗暝
插秧	栽禾tsai^{55}xo^{31}	播田/播莼	莳塍
薅草	铲草tɕ^{h}iaŋ^{21}ts^{h}au^{24}/□田xəy^{24}t^{h}ieŋ^{31}	薅草	挲草
稻穗	谷子kuʔ^{3}tsɿ^{0}/谷子杀⁼掉落田间的少量稻穗kuʔ^{3}tsɿ^{0}saʔ^{3}	粙穗	早仔头
割稻	割禾ko^{55}xo^{31}	割粙	截早仔
积肥	壅肥ioŋ^{55}xui^{31}/沤肥料əy^{55}xui^{31}liau^{35}	宿肥	沤肥堆
打水	掂水tieŋ^{55}sui^{24}	绱水	拔水
蚕豆	弹豆t^{h}aŋ^{21}təy^{35}	蚕豆	福州豆
蒜苗	蒜弓suaŋ^{55}kioŋ^{21}	蒜苗	蒜苗
喂～猪	供kioŋ^{21}	讨	饲
壁虎	壁公蛇pi^{33}koŋ^{55}se^{31}	蛉	壁哩蜥

台阶	坎层 kʰaŋ^{31}tsʰeiŋ^{31}	阶座	崎仔/石墈
乞丐	告化 kau^{55}xua^{35}	乞食	化馌/倒墿头
奶妈	契娘 kʰi^{55}liaŋ^{31}	奶妈	领奶/引奶
侄子	家甥 kia^{55}seiŋ^{21}	孙	孙仔
侄女	家甥女 kia^{55}seiŋ^{55}ly^{24}	侄女	阿娘孙
刘海儿	披发 pʰi^{55}xuaʔ^{3}	齐眉	头发仔
帽檐儿	帽舷 mau^{55}xieŋ^{31}	帽页	遮影/帽影
围裙	裙仔 kʰueiŋ^{21}tsai^{24}	围身裙	围身裙
烧饼	□□饼 tɕiaŋ^{55}iaŋ^{31}piŋ^{24}	光饼/征东饼	光饼/烧饼
元宵食品	团团 tʰuaŋ^{31}tʰuaŋ^{31}	元宵丸	元宵
酵子	母 mu^{24}	酤	酤
豆腐乳	豆霉 tɵy^{55}mui^{31}	豆主	豆乳
精盐	嫩盐 leiŋ^{55}ieŋ^{31}	盐精/幼盐	精盐
嫁闺女	卖女子 mai^{55}ly^{24}tsɿ^{0}	嫁诸娘囝	嫁阿娘囝
生孩子	放下 xuaŋ^{55}xa^{35}/生鬼仔 seiŋ^{55}kui^{21}tsai^{24}	养囝	洗囝
接生	捡仔 kieŋ^{21}tsai^{24}/接生 tse^{55}seiŋ^{21}	拾囝	拾囝
胎盘	胎衣 tʰai^{55}i^{21}	囝衣	胞衣
奔丧	吃大块 tɕʰi^{33}ta^{55}kʰuai^{35}	奔丧	奔丧
做七	做六旬 tso^{55}lu^{55}syeŋ^{31}	做七	做七
出殡	出材 tɕʰy^{55}tsʰai^{31}	出丧	出葬/迎白龙讳称
哭丧棒	哀棍 ai^{55}kueiŋ^{35}	孩儿杖/孝杖	哭丧棒
盛~饭	装 tsuaŋ^{21}/舀 iau^{24}	贮	贮
木偶戏	木猴戏 mu^{55}xɵy^{31}xi^{35}	傀儡戏/穿头戏	抽傀儡
提起	掂 tieŋ^{21}	掼	挈/提
行应答语	用得 ioŋ^{35}tɤʔ^{3}	会使	使得/会使得
不行应答语	用不得 ioŋ^{55}puʔ^{3}tɤʔ^{3}	𬢴使	怀让

以上所举的南平官话中既不同于闽语也不同于普通话的词可以分为这样几类：一是指称自然现象、时间概念、农事活动等的基本名词，例如“□[mo^{21}]利光月亮、地龙翻身地震、烁霍显闪电”“日间头白天、挨黑边/晚边傍晚”“栽禾插秧、铲草/□[xɵy^{24}]田锄草”等，这一类词所反映的是人们对自然世界、客观对象等的认识，这类词是本方言早就有了的，所以不易借用；二是反映婚丧嫁娶的民俗文化的词，例如“卖女子嫁闺女、吃大块奔丧、哀棍哭丧棒”等，一个言语社团内部有一定的风俗、饮食习惯，也有一定的文化心理积淀，这些通常在

语言中有所反映，所以这一类词也不容易借用；还有一些表示肯定、否定的词，例如“用得行、用不得不行”等，这类词也属于方言中较稳定的词。可见，借词与词语的义类、常用度、稳固性等有关。

第二节

方言古语词

南平官话中保留了部分古语词，有些词在普通话中已被淘汰，成了生僻词，而在一些古代书籍，例如《说文解字》（下文简称《说文》）《尔雅》《广韵》《集韵》等中还留有这些词的痕迹。这些词部分见于闽语。

疕 p^hi^{24} ①痂：结～｜结～～结痂；②锅巴：～～锅巴。

《广韵》上声纸韵匹婢切：“疮上甲，亦头疡。又卑履切。”《博雅》：“疕，痂也。”《字汇补》：“疮上甲。痘疮湿烂不结痂疕者，干扑之良。”南平官话“疕”的其中一个义项对应于共同语的“痂”，正是“疮上甲”的意思。另一个义项“锅巴”应该是“疮上甲”的引申。

窠 k^ho^{21} 凹陷低洼的地方：山～山谷。

《广韵》平声戈韵苦禾切：“窠窟，又巢。”《说文》：“空也，穴中曰窠，树上曰巢。”南平官话中表示（动物的）巢穴及栖居地用的是“窝”[o^{21}]，例如“鸟窝”[$liau^{31}o^{21}$]、“鸡窝”[$ki^{55}o^{21}$]、“狗窝”[$kɵy^{31}o^{21}$]。而“窠”一般只用来表示凹陷低洼的地方，这个义项也见于古代文献。《朱子语类》卷二：“河东、河北诸州，如太原、晋阳等处，皆在山之两边窠中。”宋·赵汝砺《北苑别录·御园》：“九窠十二陇……”原注：“即土之凹凸处，凹为窠，凸为陇。”

荐 $tɕieŋ^{35}$ 褥子：稿～稻草编织成的褥子。

《广韵》去声霰韵作甸切。《说文·艸部》：“荐，荐席也。”明·唐顺之《牌》：“令于房檐或门楼下，各得草荐一条，或稻草乱草上卧下，盖以免寒冻。”南平官话中“荐”表示褥子仅见于“稿荐”一词，其中“稿”指禾秆。这一说法借自闽语，福州话中就有“麦稿麦秆”“籼稿稻秆”“秴稿高粱秆”等词语，而南平官话自身系统中表示“禾类秸秆”义多用“秆”或“管”，如“麦子秆”“麻秆”“高粱管”，但“用稻草编织成的褥子”借“稿”来做定语，构成“稿荐”。

砻loŋ³¹①脱稻谷外皮：～谷子。②脱稻谷外皮的木制农具。

《广韵》平声东韵卢红切：“磨也。”《玉篇》：“磨谷为砻。”北魏·贾思勰《齐民要术·种胡荽》：“多种者，以砖瓦蹉之亦得，以木砻砻之亦得。”明·宋应星《天工开物·攻稻》：“凡稻去壳用砻，去膜用舂、用碾。”明·徐光启《农政全书》卷二三：“砻，礧谷器，所以去谷壳也。淮人谓之砻，江浙之间亦谓砻。”南平官话中的“砻”既有“去谷壳”这样表示动作的义项，也有表示“去谷壳”之器具这样的名词用法。

豮teiŋ²¹阉割：～鸡｜～猪。

《广韵》平声魂韵都昆切：“去畜势。出《字林》。”宋·梅尧臣《重送袁世弼》诗：“豮鸡肥脆聊供膳，笃酒甘浓可荐杯。”

䜺tɕiaŋ²⁴淡：味道～。

“䜺”或写作“𩚵”。《广韵》上声琰韵子冉切：“食味薄也。”南平官话的“䜺”是“咸”的反义词。这也是闽语里的一个特征词。

桁xeiŋ³¹架在屋架或山墙上用以支承椽子或屋面板的横木：～条。

《广韵》平声庚韵户庚切：“屋桁。”《集韵》平声庚韵何庚切：“屋横木。”《文选·景福殿赋》：“桁梧复叠，势合形离。”李善注：“桁，梁上所施也。桁与衡同。”

南平官话中“桁条”其实就是“檩子”，是顺着左右方向架在木结构屋架中的横木，而木结构屋架中顺着前后方向架在柱子上的长木南平官话叫“梁”[liaŋ³¹]。

囥kʰaŋ³¹藏：～床下。所藏的对象为物。

《集韵》去声宕韵口浪切：“藏也。”

笡tsʰe³⁵陡：山路～，要小心。

《广韵》去声祃韵迁谢切：“斜逆也。”唐·元稹《胡旋女》诗：“潜鲸暗嗡笡海波，回风乱舞当空霰。”福州话的“笡”是“斜”的意思，南平官话中则只有“陡”的意思，“陡”应该是“斜”的引申义。

汨miʔ³潜入：～水。

《集韵》入声质韵莫笔切：“潜藏也。一曰尘浊谓之汨。”西汉·贾谊《吊屈原赋》：“袭九渊之神龙兮，汨深潜以自珍。”李善注引张晏曰：“汨，潜藏也。”

烊iaŋ³¹①融化：雪～掉。②熔化：锡～掉。

《广韵》平声阳韵与章切：“焇烊，出陆善经《字林》。”

舷xieŋ³¹边沿：帽～。

《广韵》平声先韵胡田切：“船舷。”《集韵》平声先韵胡千切：“船边也。”本义是船两侧的边沿。南平官话中“舷”的“边沿”义由“船两侧的边沿”义引申而来，属于词义范围的扩大。据陈泽平（2021），福州方言中的“舷”也有“边沿”义。

屪 liau^{21} 阴茎：～子。

《字汇》：“力宵切，音聊，男阴。”《正字通》：“屌屪并俗字。”

搛 kieŋ^{21} 夹：用筷子～。

《集韵》平声盐韵坚嫌切：“夹持也。”《红楼梦》（第四十一回）：“凤姐笑道：‘姥姥要吃什么，说出名儿来，我搛了喂你。’”

蹲 ts^{h}eiŋ^{31} 屈膝下蹲，即屈两腿如坐，臀部不着地。

《广韵》平声魂韵徂尊切：“坐也。《说文》：‘踞也。’”

泅 siu^{31} 游：～水。

《广韵》平声尤韵似由切：“人浮水上。”《列子·说符》：“人有滨河而居者，习于水，勇于泅，操舟鬻渡，利供百口。”据陈泽平（2021），福州方言中“游”义也说“泅”，例如“泅水游泳”“徛泅踩水”。

第三节

民俗文化词

一　婚丧习俗

卖女子 mai^{55}ly^{24}tsɿ^{0} ①（女子）出嫁。②嫁闺女。

开草单 kʰai^{55}tsʰau^{31}taŋ^{21} 媒人上女方家提亲通过后，第一次带男方及男方一个长辈来女方家，由女方开出彩礼单交由男方及长辈带回家中商议。若男方对彩礼单有不同的意见还需要两家协商，所以这份彩礼单叫“草单”。

开正单 kʰai^{33}tseiŋ^{55}taŋ^{21} 彩礼的“草单”经双方协商修改认可后，男方和其父亲或母亲以及男方代表在媒人的带领下到女方家里开出一份正式的彩礼单。双方商议之后男方会留下部分礼金。

择日子 to^{55}iʔ^{3}tsɿ^{0} 挑选结婚的吉日。

红系索 xoŋ^{31}ki^{55}soʔ^{3} 女子出嫁那天用来绑陪嫁物品的红绳子。

谢恩布 se^{55}eiŋ^{33}pu^{35} 男方送给女方父母做衣服的布料，用以感谢女方父母对女方的养育之恩，一般要求12尺。不过，现今会以红包形式代替谢恩布。

开小顿饭 kʰai^{55}siau^{31}teiŋ^{55}xuaŋ^{35} 女方家在女儿出嫁前一至三天请亲朋好友以及左邻右舍来家中吃便饭。

养老装 iaŋ^{33}lau^{31}tsuaŋ^{21} 女方父母为将出嫁的女儿定制的一套白色的内衫裤。女子出嫁这一天一般会将这套内衫裤穿在里面（如若天气热，就放进皮箱），到男方家后换下来藏入皮箱，直至女方直系亲属过世时才会再穿这套内衫裤。

包被窝 pau^{33}pi^{55}o^{21} 婚礼前一天，男女双方家族里有男丁且父母双全、夫妻恩爱的长辈为新人套喜被（一般要求包被窝的人夫妻双方均在场），以求新人多子多福。被子的四个角一般会放一块银圆或人民币。新人父母一般会给包被窝的人包红包以示谢意。男方又把“包被窝”叫作“开床铺”k^{h}ai^{55}ts^{h}uaŋ^{31}p^{h}u^{35}。

牵新娘k^{h}ieŋ^{55}siŋ^{55}liaŋ^{31}女子出嫁前由所谓命好的人即父母双全、夫妻恩爱、多子多福的妇女在新娘出嫁时扶着新娘出门。这个角色一般由替新娘包被窝的妇女兼任。男方需要给牵新娘的妇女包红包以示谢意。

三脚礼saŋ^{55}kyo^{55}li^{24}女方回门时带给父母、舅舅、爷爷奶奶、外公外婆的礼品，里面主要有猪脚、墨鱼干、冰糖、糕点等。

图1　三脚礼　南平市延平区西芹镇 /2019.10.1/ 游巍斌 摄

六色担lu^{33}sɤ^{33}taŋ^{35}彩礼单上必备的彩礼。一般包括猪肉、鸭肉、墨鱼干、线面、蛋、橘子。蛋、橘子一般要求外表鲜亮、品相良好。“六色担”有大、中、小三档：“大担”要求猪肉、鸭肉、墨鱼干、线面各36斤，蛋和橘子各360个；“中担”要求猪肉、鸭肉、墨鱼干、线面各24斤，蛋和橘子各240个；“小担”要求猪肉、鸭肉、墨鱼干、线面各12斤，蛋和橘子各120个。六色担由男方长辈在接亲当日挑至女方家中。

图2　六色担　南平市延平区西芹镇 /2019.10.1/ 游巍斌 摄

吃大块 $tɕ^hi^{33}ta^{55}k^huai^{35}$ 奔丧。

哀棍 $ai^{55}kueiŋ^{35}$ 哭丧棒。

大夜 $ta^{55}ie^{35}$ 出殡前一夜。这夜请道长做法事。

做尾 $tso^{55}ui^{24}$ 丧葬礼仪之一。人死后每隔七天要做法事来“超度”亡者，第一个七叫头七，第二个七叫二七，以此类推，一直到第七个七即尾七为止。在尾七这一天，要举行做尾仪式，一般都是焚香、祭酒、烧船。传说这一天亡魂在阴曹地府要过河，烧船以备亡魂过河。船上装有纸屋、金银纸锞子等冥资，还有亡者生前衣物等。这个仪式现在有所简化，一般是出殡当天举行烧船仪式。

二 岁时习俗

扫尘 $sau^{31}ts^heiŋ^{31}$ 即年末大扫除。每年春节来临前，每家每户都要洒扫庭院屋里，清洗各种器具，拆洗被褥窗帘，掸拂尘垢蛛网等。寓意是扫除旧年阴霾厄运，辞旧迎新。

打重阳关 $ta^{24}ts^hoŋ^{33}iaŋ^{31}kuaŋ^{21}$ 每年的阴历九月初八，临水宫里道士给16岁以下的孩子举行的祈福仪式。仪式的内容主要有：把孩子的衣服拿去庙里，九月初八晚上请道士做道场，诵经为之祈福，保佑孩子一年四季平安。打完重阳关就在小孩的衣服上盖印。庙里另给盖印的毛巾一条给小孩洗脸用，给佛纸一张，放在孩子睡觉的枕头下。

图3 打重阳关 南平市延平区西芹镇 /2021.10.14/ 游巍斌 摄

过节ko⁵⁵tseʔ³此地特指过端午节。过节仪式一般包括包粽子、煮洗澡水、挂蛋袋端午节习俗之一，胸前挂蛋兜、挂大艾菖蒲、熏小艾、划龙舟（本地叫“扒龙船”）等。

请灶公tɕʰiŋ²¹tsau⁵⁵koŋ²¹过春节前的一个祭祀仪式。传说腊月二十四这一天，灶神上天，报告人间功过，定人祸福，因此民间腊月二十三晚上要举行祭灶神仪式。一般摆放三斋（三样素菜）、三果（苹果、橘子、甘蔗）、三牲（墨鱼干、猪肉、鸡肉），焚香敬酒，恭请灶神下来吃饭，以期灶神保一家老小来年平安。

图4 请灶公 南平市延平区西芹镇/2020.1.26/游蕾晓 摄

三 节庆饮食

斋菜tsai³³tsʰai³⁵素菜，以清淡为主。除宗教活动需要外，传统的习俗为每逢农历大年初一，家家户户必吃“斋”。一般斋菜原料主要是绿叶蔬菜、菌菇、胡萝卜、豆制品、木耳、紫菜等。用植物油炒菜，不要用生葱蒜做调料。

图5 斋菜 南平市延平区西芹镇/2022.6.19/游巍斌 摄

团团tʰuaŋ³¹tʰuaŋ³¹即元宵、汤圆。外面是糯米和大米按一定比例揉和成的粉团，里面的馅料可以是甜的也可以是咸的。甜的团团里面主要包白糖、芝麻、香油；咸的团团里面主要包鲜瘦肉。

□□饼tɕiaŋ⁵⁵iaŋ³¹piŋ²⁴也叫光饼、烧饼，是一种烧烤的小面饼，约巴掌大小，圆形，中间有一个小孔。西芹传统的吃法是沿饼的边沿剪开后里面夹白肉食用。

图6　团团　南平市延平区西芹镇/2022.6.16/游蕾晓　摄

图7　□□饼　南平市延平区西芹镇/2020.7.26/茅龙俊　摄

荷叶包xo³¹ieʔ³pau²¹端午节特色传统小吃，制作过程基本同于馒头，上下两层对折，成品约巴掌大小，吃的时候中间可以夹肉块和笋干。

笋燕seiŋ²¹ieŋ³⁵是南平市延平区最具特色的地方菜肴。主要的食材有冬笋、粉丝、猪肉、香菇。具体做法：先将所有食材切丝备用，笋丝焯水后滤干，泡软的粉丝也焯水煮透滤干，热锅冷油快速滑炒肉丝香菇丝，加适量水烧开后先下笋丝，快速打散煮透，保持水沸腾，在笋丝汤中做窝下粉丝同煮，水再开后打匀，下胡椒粉、盐、味精调味均匀后用水淀粉勾芡。

图8　荷叶包　南平市延平区西芹镇/2022.6.16/游蕾晓　摄

图9　笋燕　南平市延平区西芹镇/2020.7.26/游蕾晓　摄

四　农工百艺

篷秆 pʰoŋ^{21}kaŋ^{24} 竹条编制的圆形菜罩。罩底到罩顶越来越小，呈金字塔造型。

图 10　篷秆　南平市延平区西芹镇兴华村 /2016.7.5/ 钟昆儿 摄

燕子宫 ieŋ^{35}tsɿ^{0}koŋ^{21} 屋子大门上方专门给家燕进出留的小洞。

图 11　燕子宫　南平市延平区西芹镇兴华村 /2016.7.5/ 钟昆儿 摄

牛角凳 liu^{33}kyo^{55}teiŋ^{35} 打铁时垫铁块用的砧子，铁制的。

图 12　牛角凳　南平市延平区西芹镇兴华村 /2016.7.5/ 钟昆儿 摄

风杭 xoŋ^{55}sieŋ^{21} 扇车，使米粒跟谷壳分离的农具。

图 13　风杭　南平市延平区西芹镇 /2020.7.26/ 游木津 摄

打禾堆 ta^{55}xo^{31}tui^{21} 打稻谷的组合农具，由桶、篾席、短木梯（禾架仔）三部件组成。桶面呈羽毛球形，主要作用是摔打稻谷时不让谷粒飞出桶外；木梯挂在桶沿尖形的一端，伸向桶里。稻捆往梯面摔打，谷粒便掉进桶里。

图 14　打禾堆　南平市延平区西芹镇兴华村 /2016.7.5/ 钟昆儿 摄

禾架仔 xo^{33}kia^{55}tsai^{24} 给禾去谷粒的短木梯，挂在打禾桶的桶沿尖形的一端，伸向桶里。

棕衣 tsoŋ^{55}i^{21} 也叫蓑衣，指用棕榈皮编成的遮雨的雨具。

图 15　棕衣　南平市延平区西芹镇 /2022.7.1/ 游木津 摄

第五章 分类词表

说明：

1.本章收录南平市西芹镇官话的词汇，共计4000余条。

2.第一节收录《中国语言资源调查手册·汉语方言》中的词汇条目，根据南平官话的实际情况有所删减。共14类1123条（不含同义词），均附视频。视频目录与《中国语言资源调查手册·汉语方言》词汇条目一致。（本方言不说的除外；同义词共用一个视频条目）

3.第二节收词以《汉语方言词语调查条目表》（《方言》2003年第1期）为基础，根据南平官话的实际情况有所增删。增补的词条如与词表中某些词条意义有紧密联系，则插在该词条之后，否则按意义附在各大类或各次类之后。共29类，不附视频。

4.每个词条先写汉字，后标读音，最后释义。有歧义的词条，即同一语音形式和文字形式的词条，分别列为不同的条目并注释；不同义项加"①②"等表示。有些条目本字不详，写的是同音字。

5.同义词或近义词排在一起，按使用频率呈降序排列，第一条顶格排列，其他各条缩一格另行排列。

6.凡第四章已收的词语，前加"*"，只写词条和音标，不做说明或解释。

7.凡较早的说法用小字注明"早"，现在的说法不加标记。

第一节

《中国语言资源调查手册·汉语方言》

一　天文地理	六　服饰饮食	十一　动作行为
二　时间方位	七　身体医疗	十二　性质状态
三　植物	八　婚丧信仰	十三　数量
四　动物	九　人品称谓	十四　代副介连词
五　房舍器具	十　农工商文	

一　天文地理

日头 i^{55}tʰøy^{31} 太阳

*□利光早 mo^{55}li^{55}kuaŋ^{21}

　月亮 ye^{33}liaŋ^{35}

天星 tʰieŋ^{55}siŋ^{21} 星星

　星星 siŋ^{55}siŋ^{21}

云 yŋ^{31}

风 xoŋ^{21}

台风 tʰai^{31}xoŋ^{21}

*烁霍显早 lia^{55}xo^{31}xieŋ^{24}

　闪电 saŋ^{21}tieŋ^{35}

雷公 lui^{31}koŋ^{21} 雷

　雷 lui^{31}

雨 y^{24}

落雨 lo^{55}y^{24} 下雨

浇 kiau^{21} ①以水灌溉。②淋

晒 sai^{35}

雪 syeʔ^{3} ～ søʔ^{3}

冰 piŋ^{21}

冰雹 piŋ^{33}pau^{35}

霜 suaŋ^{21}

雾 mu^{35} ～ u^{35}

雾水 mu^{55}sui^{24} 露水

　露水 lu^{55}sui^{24}

虹 kʰioŋ^{35}

天狗吃日头 tʰieŋ^{55}køy^{24}tɕʰiʔ^{3}i^{55}tʰøy^{31} 日食

　天狗吃日 tʰieŋ^{55}køy^{24}tɕʰiʔ^{3}iʔ^{3}

　日食 i^{55}siʔ^{3}

天狗吃月亮 tʰieŋ^{55}kɵy^{24}tɕʰiʔ^{3}ye^{33}liaŋ^{35} 月食

月食 ye^{55}siʔ^{3}

天气 tʰieŋ^{33}kʰi^{35}

好天气 xau^{31}tʰieŋ^{33}kʰi^{35} 晴天

天晴 tʰieŋ^{55}tɕʰiŋ^{31}

阴天 iŋ^{55}tʰieŋ^{31}

暗黑天 aŋ^{55}xɤʔ^{3}tʰieŋ^{21}

旱 xaŋ^{35} 天～

涨大水 tɕiaŋ^{21}ta^{55}sui^{24} 涝

天亮 tʰieŋ^{33}liaŋ^{35}

*开火口 kʰai^{33}xo^{21}kʰɵy^{24}

水田 sui^{31}tʰieŋ^{31}

旱地 xaŋ^{55}ti^{35}

田坎 tʰieŋ^{21}kʰaŋ^{24} 田埂

路 lu^{35}

山 siaŋ^{21}

*窠 kʰo^{21}

江 kiaŋ^{21} 大的河

溪 kʰi^{21} ①溪。②河

沟 kɵy^{21} ①天然形成的沟渠。②排水沟

湖 xu^{31}

鱼塘 y^{31}tʰaŋ^{31} ①水塘。②池塘

水窟□ sui^{33}kʰu^{55}luʔ^{3} 水坑儿

大水 ta^{55}sui^{24} 洪水

*浸较多说 tɕiŋ^{35}

淹较少说 ieŋ^{21}

*溪边舷 kʰi^{55}pieŋ^{55}xieŋ^{31}

*岸边 aŋ^{55}pieŋ^{21}

坝 pa^{35} 河中拦水的建筑物

堤坝 tʰi^{21}pa^{35}

地震 ti^{55}tseiŋ^{24}

*地龙翻身早 ti^{55}loŋ^{31}xuaŋ^{55}seiŋ^{21}

窟窿 kʰu^{55}loŋ^{33}

缝缝 pʰoŋ^{55}pʰoŋ^{35} 缝儿，统称

缝 pʰoŋ^{35}

石头 si^{55}tʰɵy^{31} 石块，统称

泥 li^{31} ①土，统称。②泥巴

烂泥 laŋ^{55}li^{31} 湿泥土

洋灰早 iaŋ^{31}xui^{21} 水泥

沙 sa^{21} 沙子

砖 tɕyeŋ^{21} 整块的砖

瓦 ua^{24} 整块的瓦

瓦片 ua^{21}pʰieŋ^{35}

煤 mui^{31}

洋油 iaŋ^{31}iu^{31} 煤油

炭 tʰaŋ^{35}

古$^{=}$炭 ku^{21}tʰaŋ^{35} 硬木在窑中烧制的木炭

冇炭 pʰaŋ^{21}tʰaŋ^{35} 明火烧制的木炭

灰 xui^{21} ①烧成的灰。②灰尘

灰尘 xui^{55}tsʰeiŋ^{31}

火 xo^{24}

烟 ieŋ^{21} 烧火形成的烟

着火 tɕyo^{55}xo^{24} 失火

火烧山 xo^{24}siau^{55}siaŋ^{21} 山林失火

*火烧房 xo^{24}siau^{55}xuaŋ^{31}

水 sui^{24}

冷水 leiŋ^{21}sui^{24} 凉水

热水 ie^{55}sui^{24} 不是喝的

开水 kʰai^{55}sui^{24} 喝的开水

磁铁 tsʰɿ^{31}tʰeʔ^{3}

吸铁 si^{55}tʰeʔ^{3}

二　时间方位

时候 si^{21}xɵy^{35}

时间 si^{31}kieŋ^{21}

什么时候 sɿ^{21}mo^{33}si^{21}xɵy^{35}

什么时间 sɿ^{21}mo^{33}si^{31}kieŋ^{21}

才之 tsʰai^{31}tsɿ^{21} 现在

以前 i^{31}tɕʰieŋ^{31}

前 tɕʰieŋ^{31}

以后 i^{21}xɵy^{35}

后 xɵy^{35}

一辈子 i^{33}pui^{35}tsɿ^{0}

*一世人 i^{33}si^{55}iŋ^{31}

今年 kiŋ^{55}lieŋ^{31}

明年 miŋ^{31}lieŋ^{31}

后年 xɵy^{35}lieŋ^{31}

*旧年 kiu^{35}lieŋ^{31}

前年 tɕʰieŋ^{31}lieŋ^{31}

往年 uaŋ^{24}lieŋ^{31}

年初 lieŋ^{31}tsʰu^{21}

年头 lieŋ^{31}tʰɵy^{31}

*年底 lieŋ^{31}ti^{24}

*年尾 lieŋ^{31}ui^{24}

*今朝 kiŋ^{55}tɕiau^{21}

*明朝 miŋ^{31}tɕiau^{21}

后日 xɵy^{35}iʔ^{3} 后天

大后日 ta^{55}xɵy^{35}iʔ^{3} 大后天

昨日 tso^{55}iʔ^{3} 昨天

前日 tɕʰieŋ^{31}iʔ^{3} 前天

大前日 ta^{55}tɕʰieŋ^{31}iʔ^{3} 大前天

整天 tseiŋ^{31}tʰieŋ^{21}

天天 tʰieŋ^{55}tʰieŋ^{21}

每天 mui^{31}tʰieŋ^{21}

早起头 tsau^{21}kʰi^{24}tʰɵy^{31} ①清晨。②早晨

早起 tsau^{21}kʰi^{24} ①清晨。②早晨。③上午

午前 u^{31}tɕʰieŋ^{31} ①上午。②午前

扫$^{=}$午 sau^{21}u^{24} 中午

午后 u^{21}xɵy^{35} ①下午。②午后

*挨黑边 ai^{33}xɤ^{55}pieŋ^{21} 傍晚

晚边 uaŋ^{31}pieŋ^{21} ①傍晚。②黄昏

*日间头 i^{33}kieŋ^{55}tʰɵy^{31}

白天 pɤ^{55}tʰieŋ^{21}

*晚间头 uaŋ^{33}kieŋ^{55}tʰɵy^{31}

*晚间 uaŋ^{24}kieŋ^{21}

半夜 puaŋ^{55}ie^{35}

半夜三更 puaŋ^{55}ie^{35}saŋ^{55}keiŋ^{21}

正月 tseiŋ^{35}yeʔ^{3}

正月头 tseiŋ^{55}yeʔ^{3}tʰɵy^{31}

大年初一 ta^{35}lieŋ^{21}tsʰu^{55}iʔ^{3}

正月十五 tseiŋ^{21}yeʔ^{3}si^{55}u^{24} 元宵节

元宵节 yeŋ^{21}siau^{55}tseʔ^{3}

清明 tɕʰiŋ^{55}miŋ^{31}

端午节 tuaŋ^{55}u^{31}tseʔ^{3}

七月半 tɕʰi^{55}ye^{33}puaŋ^{35}

中秋节 tsoŋ^{55}tɕʰiu^{21}tseʔ^{3}

中秋 tsoŋ^{55}tɕʰiu^{21}

冬节 toŋ^{55}tseʔ^{3} 冬至

十二月 si^{21}ɤ^{35}yeʔ^{3} 农历十二月

三十年夜 saŋ^{55}siʔ^{3}lieŋ^{21}ie^{35} 除夕

年夜 lieŋ^{21}ie^{35}

黄历 xuaŋ^{31}liʔ^{3}

老历 lau^{33}liʔ^{3} 农历

农历 loŋ^{31}liʔ^{3}

阴历 iŋ^{55}liʔ^{3}

新历 siŋ^{55}liʔ^{3} 阳历

公历 koŋ^{55}liʔ^{3}

阳历 iaŋ^{31}liʔ^{3}

礼拜天 li33pai55tʰieŋ21 星期天

地方 ti55xuaŋ21

什么地方 sɿ21mo33ti55xuaŋ21

家里 kia21li0

　家里头 kia21li31tʰɵy31

城里 tsʰeiŋ31li0

乡里 xiaŋ21li0 ①村庄。②乡村。③偏僻山村

上底 siaŋ35ti24 上面

　上边 siaŋ35pieŋ21

　上头 siaŋ35tʰɵy31

* 下底 xa35ti24

　下边 xa35pieŋ21

　下头 xa35tʰɵy31

左边 tso24pieŋ21

右边 iu35pieŋ21

中间 tsoŋ55kaŋ21 ～ tsoŋ55kieŋ21 当中，中间

　中间心 tsoŋ55kaŋ55siŋ21

前头 tɕʰieŋ31tʰɵy31 前面

后头 xɵy35tʰɵy31 后面

　背后 pui55xɵy35 ①后面。②背地

尾巴 ui31pa21 ①末尾：排队排在～。②动物躯干末端突出的部分

　尾尾 ui21ui24 末尾

对面 tui55meiŋ35

面前 mieŋ55tɕʰieŋ31

里头 li24tʰɵy31

外底 uai55ti24 外面

　外头 uai55tʰɵy31

傍边 puaŋ55pieŋ21 ①旁边。②附近

　旁边 pʰaŋ31pieŋ21

上 siaŋ35 上面：碗在桌子～

下 xa35 下面：凳子在桌子～

　下底 xa55ti24

边边 pieŋ55pieŋ21 边儿：桌子的～

　边 pieŋ21

角 koʔ3

　角角 ko55koʔ3

上去 siaŋ55kʰɤ35

下来 xa55lai31

进去 tɕiŋ55kʰɤ35

出来 tɕʰy55lai31

出去 tɕʰy33kʰɤ35

回来 xui31lai31

起来 kʰi31lai31

三　植物

树 sy35

　柴 tsʰai31

柴火 tsʰai21xo24 木头

松柴 tsʰoŋ31tsʰai31 松树

柏树 pɤ33sy35

杉柴 sa55tsʰai31 杉树

柳树 liu21sy35

竹子 tsuʔ3tsɿ0

笋 seiŋ24

叶子 ieʔ3tsɿ0

花 xua21

花蕾 xua55lui24 花骨朵

梅花 mui31xua21

牡丹花 mɵy33taŋ55xua21

莲花 lieŋ31xua21

　荷花 xo31xua21

草 tsʰau24

藤子 tʰeiŋ31tsɿ0 藤

刺tsʰɿ^{35}名词

水果sui^{21}ko^{24}

苹果pʰiŋ^{21}ko^{24}

桃子tʰau^{31}tsɿ^{0}

梨子li^{31}tsɿ^{0}

李子li^{24}tsɿ^{0}

杏siŋ^{35}

红橘xoŋ^{31}kiʔ^{3}橘子

橘子kiʔ^{3}tsɿ^{0} ～ kyʔ^{3}tsɿ^{0}

*枹枹pʰau^{55}pʰau^{21}

柿子sɿ^{35}tsɿ^{0}

石榴si^{55}liu^{31}

红枣xoŋ^{21}tsau^{24}晒干的枣子

果果ko^{21}ko^{24}栗子

榛子tseiŋ^{21}tsɿ^{0}

核桃xɤ^{55}tʰau^{31}

白果pɤ^{55}ko^{24}银杏

甘蔗kaŋ^{33}tse^{35}

木耳mu^{55}ɤ^{24}

蘑菇mo^{31}ku^{21}野生的

香菇xiaŋ^{55}ku^{21}①香菇。②冬菇

禾xo^{31}①庄稼，统称。②稻子的植株

谷子kuʔ^{3}tsɿ^{0}①粮食，统称。②稻谷的籽实

大草ta^{55}tsʰau^{24}脱粒后的稻草

稻草tau^{55}tsʰau^{24}

大麦ta^{55}mɤʔ^{3}本地人无法区分大麦和小麦

小麦siau^{33}mɤʔ^{3}

麦子秆mɤʔ^{3}tsɿ^{0}kaŋ^{24}脱粒后的麦秸

黄粟uaŋ^{31}suʔ^{3}①小米。②籽实为小米的植株

高粱kau^{55}liaŋ^{31}

菠萝豆早po^{21}lo^{31}tɵy^{35}玉米

玉米y^{55}mi^{24}

棉花mieŋ^{31}xua^{21}

油菜iu^{21}tsʰai^{35}

*油麻iu^{31}ma^{31}

日头花i^{55}tʰɵy^{31}xua^{21}向日葵

葵花kʰui^{31}xua^{21}

向日葵siaŋ^{55}i^{33}kʰui^{31}

*弹豆tʰaŋ^{21}tɵy^{35}

青豆tɕʰiŋ^{33}tɵy^{35}豌豆

花生xua^{55}seiŋ^{21}

黄豆uaŋ^{21}tɵy^{35}

绿豆lu^{33}tɵy^{35}

豆荚tɵy^{55}keʔ^{3}豇豆

大白菜ta^{55}pɤ^{31}tsʰai^{35}

白菜pɤ^{33}tsʰai^{35}

包心菜pau^{21}siŋ^{21}tsʰai^{35}

红头菜xoŋ^{21}tʰɵy^{21}tsʰai^{35}菠菜

芹菜kʰiŋ^{21}tsʰai^{35}

莴笋o^{55}seiŋ^{24}

韭菜kiu^{21}tsʰai^{35}

香菜xiaŋ^{33}tsʰai^{35}

葱tsʰoŋ^{21}①葱，统称。②葱叶

洋葱iaŋ^{31}tsʰoŋ^{21}①葱，旧称。②洋葱

蒜suaŋ^{35}①总称蒜这种植物。②嫩的蒜梗和蒜叶

蒜头suaŋ^{55}tʰɵy^{31}蒜瓣

老姜lau^{31}kiaŋ^{21}隔年的姜，可以留着做种

子姜tsɿ^{31}kiaŋ^{21}当年生当年可食用的姜

辣椒la^{55}tɕiau^{21}

茄子kʰe^{31}tsɿ^{0}

西番柿早si^{21}xuaŋ^{21}sɿ^{35}西红柿

番茄xuaŋ^{55}kʰe^{31}

萝卜lau^{21}pu^{35}

红萝卜 xoŋ^{21}lau^{21}pu^{35} 胡萝卜

菜瓜 ts^{h}ai^{55}kua^{21} ①黄瓜。②菜瓜

□瓜 moŋ^{31}kua^{21} 无棱的丝瓜

　□瓜篓 moŋ^{31}kua^{55}ləy^{21}

*金瓜 kiŋ^{55}kua^{21}

□茨 mu^{31}ts^{h}ɿ^{31} 荸荠

番芋 xuaŋ^{33}y^{35} 包括红薯和白薯，统称

马铃薯 ma^{33}liŋ^{31}sy^{31}

芋头 y^{55}t^{h}əy^{31} 芋块茎的总称

　*芋子 y^{35}tsɿ^{0}

金薯 kiŋ^{55}sy^{31} 山药

藕 əy^{24}

四　动物

老虎 lau^{21}xu^{24}

猴子 xəy^{31}tsɿ^{0}

蛇 se^{31}

　老蛇 lau^{31}se^{31}

老鼠 lau^{21}tɕ^{h}y^{24}

檐老鼠 ieŋ^{31}lau^{33}tɕ^{h}y^{24} ～ iaŋ^{31}lau^{33}tɕ^{h}y^{24} 蝙蝠

麻雀 ma^{31}tɕ^{h}yoʔ^{3} 较小的鸟，统称

黄吡哩 uaŋ^{21}pi^{55}li^{35} 麻雀

喜鹊 si^{21}tɕ^{h}yoʔ^{3} 形体大只、尾长、喳喳叫的一种喜鹊

　屎坑屌 si^{33}k^{h}aŋ^{55}tiau^{24} 叫声尖利、形体稍小的一种喜鹊

*老［乌鸦］lau^{31}ua^{21}

鸽子 koʔ^{3}tsɿ^{0}

翅膀 tɕ^{h}i^{55}paŋ^{24}

爪 tsua^{24} 鸟类的爪子

　脚 kyoʔ^{3}

尾巴 ui^{31}pa^{21}

窝 o^{21} 鸟窝

虫 ts^{h}oŋ^{31} 虫子，统称

蝴蝶蝶 xu^{33}t^{h}e^{55}t^{h}eʔ^{3} 蝴蝶

　蝴蝶 xu^{31}t^{h}eʔ^{3}

□□ k^{h}aŋ^{55}k^{h}ui^{21} 蜻蜓

*蜂子 p^{h}oŋ^{21}tsɿ^{0}

蜂糖 p^{h}oŋ^{55}t^{h}aŋ^{31} 蜂蜜

喜贵蚜 si^{21}kui^{55}ia^{31} 知了

蚂蚁 ma^{31}i^{24}

蛛蟮 tɕy^{33}sieŋ^{35} 蚯蚓

蚕 ts^{h}aŋ^{31}

马力□ ma^{21}li^{55}k^{h}ia^{35} 蜘蛛

蠓子 moŋ^{24}tsɿ^{0} 蚊子

金宝宝 kiŋ^{55}pau^{21}pau^{24} 绿头苍蝇

　苍蝇 ts^{h}aŋ^{21}iŋ^{21}

跳蚤 t^{h}iau^{55}tsau^{24}

*虱母 sɤ^{55}mu^{24}

鱼 y^{31}

鲤鱼 li^{31}y^{31}

红鲢 xoŋ^{31}lieŋ^{31} 鳙鱼

鲫鱼 ki^{55}y^{31}

　鲫鱼婆 ki^{55}y^{33}p^{h}o^{31} 小的鲫鱼

鳖鱼 pe^{55}y^{31} 甲鱼

　圆鱼 yeŋ^{31}y^{31}

鱼鳞 y^{31}liŋ^{31}

　鳞 liŋ^{31}

虾公 xa^{55}koŋ^{21} 虾，统称

螃蟹 p^{h}aŋ^{21}xai^{24} 一般指山沟里的小螃蟹

蛤蟆跳 xa^{31}ma^{21}t^{h}iau^{35} 青蛙，统称

癞蛤蟆 lai^{55}xa^{31}ma^{31} 蟾蜍

　蛤蟆 xa^{31}ma^{31}

马 ma^{24}

驴 ly^{31}

骡 lo^{31}

牛 liu^{31}

牛公 liu^{31}koŋ^{21} 公牛

牛母 liu^{21}mu^{24} 母牛

看牛 k^{h}aŋ^{55}liu^{31} 放牛

　放牛 xuaŋ^{55}liu^{31}

羊 iaŋ^{31}

猪 tɕy^{21}

猪郎 tɕy^{55}laŋ^{31} 种猪，即配种的公猪

　猪公 tɕy^{55}koŋ^{21}

菜猪 ts^{h}ai^{55}tɕy^{21} 已阉的成年的猪

　公猪 koŋ^{55}tɕy^{21} 已阉的成年的公猪

猪婆 tɕy^{55}p^{h}o^{31} 成年的、未阉的母猪

*猪仔（崽）tɕy^{55}tsai^{24}

猪厨 tɕy^{55}tɕ^{h}y^{31} 猪圈

　猪栏 tɕy^{55}laŋ^{31}

供猪 kioŋ^{55}tɕy^{21} 养猪

　养猪 iaŋ^{31}tɕy^{21}

猫仔 miau^{21}tɕi^{35} 猫

　猫 miau^{21}

猫仔公 miau^{33}tɕi^{55}koŋ^{21} 公猫

猫仔母 miau^{33}tɕi^{55}mu^{24} 母猫

　猫仔婆 miau^{33}tɕi^{55}p^{h}o^{31}

*狗子 kɵy^{24}tsɿ^{0}

狗公 kɵy^{31}koŋ^{21} 公狗

狗母 kɵy^{21}mu^{24} 母狗

叫 kiau^{35} ①叫：狗～。②打鸣：公鸡～

兔子 t^{h}u^{35}tsɿ^{0}

鸡 ki^{21}

鸡公 ki^{55}koŋ^{21} 成年的公鸡，包括已阉和未阉的

鸡婆 ki^{55}p^{h}o^{31} 已下过蛋的母鸡

生 seiŋ^{21} ①生育：～鬼仔。②下：～蛋

伏 pu^{35} 孵

鸭子 aʔ^{3}tsɿ^{0}

鹅 o^{31}

*骟 teiŋ^{21}

喂 ui^{35}

杀猪 sa^{55}tɕy^{21}

杀 saʔ^{3} ～鱼

五　房舍器具

弄弄 loŋ^{55}loŋ^{35} 胡同

街路 kai^{33}lu^{35} 街道

起房子 k^{h}i^{31}xuaŋ^{31}tsɿ^{0} 造房子

　盖房子 kai^{55}xuaŋ^{31}tsɿ^{0}

房子 xuaŋ^{31}tsɿ^{0} ①住宅。②整座房子，不包括院子

房间 xaŋ^{31}kieŋ^{21}

茅厂 mau^{21}tɕ^{h}iaŋ^{24} 草房，茅屋

*灶前 tsau^{55}tɕ^{h}ieŋ^{31}

灶 tsau^{35}

　锅灶 ko^{33}tsau^{35}

锅头 ko^{55}t^{h}ɵy^{31} 锅，包括饭锅、菜锅

　锅 ko^{21}

茅司 mau^{31}sɿ^{21} 厕所

*桁条 xeiŋ^{31}t^{h}iau^{31}

屋柱 u^{33}tɕy^{35} 柱子

　柱子 tɕy^{35}tsɿ^{0}

大门 ta^{55}meiŋ^{31} ①大门。②正门

门槛 meiŋ^{21}k^{h}aŋ^{24}

窗户 ts^{h}uaŋ^{33}xu^{35} 窗子

楼梯 lɵy^{31}t^{h}i^{21} ①楼梯。②可移动的梯子

扫把 sau^{21}pa^{24}

扫帚 sau^{21}tɕiu^{24}

扫地下 sau^{21}ti^{55}xa^{35} 扫地

落□ lo^{55}soʔ^{3} 垃圾

垃圾 la^{55}ki^{21}

家具 kia^{33}ky^{35}

东西 toŋ^{55}si^{21} ①物体。②方向

床铺 ts^{h}uaŋ^{31}p^{h}u^{21} 床

枕头 tseiŋ^{31}t^{h}øy^{31}

被窝 pi^{55}o^{21} ①被子。②被窝

棉被 mieŋ^{21}pi^{35} 棉花胎，棉絮

垫单 tieŋ^{55}taŋ^{21} 床单

床单 ts^{h}uaŋ^{31}taŋ^{21}

*稿荐 kau^{21}tɕieŋ^{35}

垫被 tieŋ^{55}pi^{35}

草席 ts^{h}au^{31}siʔ^{3}

席子 siʔ^{3}tsɿ^{0}

蠓帐 moŋ^{21}tɕiaŋ^{35} 蚊帐

桌子 tsoʔ^{3}tsɿ^{0}

柜子 kui^{35}tsɿ^{0}

橱子 tɕ^{h}y^{31}tsɿ^{0}

屉屉 t^{h}i^{55}t^{h}i^{35} 抽屉

桌屉 tso^{33}t^{h}i^{35}

案桌 aŋ^{55}tsoʔ^{3} 长条形的条案、案子，一般用来摆放蜡烛、供品等

祖先桌 tsu^{21}sieŋ^{55}tsoʔ^{3}

椅子 i^{24}tsɿ^{0}

凳子 teiŋ^{35}tsɿ^{0} 包括凳子和椅子

马桶 ma^{21}t^{h}oŋ^{24}

菜刀 ts^{h}ai^{55}tau^{21}

瓢瓢 p^{h}iau^{31}p^{h}iau^{31} ①水瓢。②羹匙

葫芦瓢 xu^{33}lu^{31}p^{h}iau^{31} 葫芦做的舀水瓢

水瓢 sui^{31}p^{h}iau^{31} 塑料的舀水瓢

缸 kaŋ^{21}

酒节$^{=}$ tɕiu^{33}tseʔ^{3} 酒坛子，可以用来装酒或酿酒，也包括一般的坛子

瓶子 p^{h}iŋ^{31}tsɿ^{0}

罐罐 kuaŋ^{55}kuaŋ^{35}

盖盖 kai^{55}kai^{35} 盖子

盖子 kai^{35}tsɿ^{0}

碗 uaŋ^{24}

筷子 k^{h}uai^{35}tsɿ^{0}

瓢羹 p^{h}iau^{31}keiŋ^{21} 羹匙

柴火 ts^{h}ai^{21}xo^{24} ①柴火。②柴草

洋火早 iaŋ^{21}xo^{24} 火柴

自来火 tsɿ^{55}lai^{31}xo^{24}

锁 so^{24}

锁匙 so^{31}si^{31}

汽壶早 k^{h}i^{55}xu^{31} 暖水瓶

开水壶 k^{h}ai^{55}sui^{31}xu^{31}

洗脸盆 si^{33}lieŋ^{33}p^{h}eiŋ^{31}

洗脸水 si^{33}lieŋ^{33}sui^{24}

脸巾早 lieŋ^{31}kiŋ^{21}

毛巾 mau^{31}kiŋ^{21}

手巾 siu^{31}kiŋ^{21} 手绢

手帕 siu^{21}p^{h}a^{35}

胰皂早 i^{21}tsau^{35} 包括肥皂和香皂

肥皂 xui^{21}tsau^{35}

头梳 t^{h}øy^{31}su^{21} 梳子

针 tseiŋ^{21} 包括缝衣针、针剂等

剪刀 tɕieŋ^{31}tau^{21}

蜡烛 la^{55}tsuʔ^{3}

手电 siu^{21}tieŋ^{35} 手电筒

雨伞 y^{21}saŋ^{24}

踏脚车 ta^{33}kyo^{33}ts^{h}e^{21} 自行车

　脚踏车 kyo^{33}ta^{33}ts^{h}e^{21}

六　服饰饮食

衣裳 i^{55}siaŋ^{31} 衣服，统称

穿 tɕ^{h}yeŋ^{21}

脱 t^{h}oʔ^{3}

合 xoʔ^{3} 系：～鞋带

　系 xi^{35}

衬衣 ts^{h}eiŋ^{55}i^{21}

　衬衫 ts^{h}eiŋ^{55}siaŋ^{21}

背褡 pui^{55}taʔ^{3} ①汗背心。②带两条杠的内衣

　背心 pui^{55}siŋ^{21}

毛衣 mau^{31}i^{21}

棉袄 mieŋ^{21}au^{24}

　棉衣 mieŋ^{31}i^{21}

袖袖 siu^{55}siu^{35} 袖子

帕帕 p^{h}a^{21}p^{h}a^{35} 口袋

裤子 k^{h}u^{35}tsɿ^{0}

短裤 tuaŋ^{21}k^{h}u^{35}

裤脚 k^{h}u^{55}kyoʔ^{3} 裤腿

帽子 mau^{35}tsɿ^{0}

鞋子 xai^{31}tsɿ^{0}

袜子 uaʔ^{3}tsɿ^{0}

围巾 ui^{31}kiŋ^{21}

*裙仔 k^{h}ueiŋ^{21}tsai^{24}

尿布 liau^{55}pu^{35}

扣子 k^{h}əy^{35}tsɿ^{0}

扣 k^{h}əy^{35} 系：～扣子

戒指 kai^{55}tɕi^{24}

手镯 siu^{21}tsoʔ^{3}

　镯子 tsoʔ^{3}tsɿ^{0}

剃头 t^{h}i^{55}t^{h}əy^{31}

梳头 su^{55}t^{h}əy^{31}

饭 xuaŋ^{35} 米饭

粥 tsuʔ^{3}

*面灰 mieŋ^{55}xui^{21}

　*面粉 mieŋ^{55}xueiŋ^{24}

面 mieŋ^{35} 面条，统称

粉 xueiŋ^{24} 面儿：玉米～

馒头 muaŋ^{31}t^{h}əy^{31}

包子 pau^{21}tsɿ^{0}

水饺 sui^{21}kiau^{24}

　饺子 kiau^{24}tsɿ^{0}

扁食 pieŋ^{31}siʔ^{3} 馄饨

□ k^{h}ieŋ^{35} 馅儿

*油炸馃 iu^{33}tsa^{55}kui^{24}

豆浆 təy^{55}tɕiaŋ^{21}

豆腐脑 təy^{55}xu^{55}lau^{24}

*团团 t^{h}uaŋ^{31}t^{h}uaŋ^{31}

粽子 tsoŋ^{35}tsɿ^{0}

年糕 lieŋ^{31}kau^{21} 有红糖和白糖年糕两种。主要原料有糯米、早米和糖。糯米和早米的比例大概是6：4

点心 tieŋ^{31}siŋ^{21} ①糕饼之类食品，统称。②夜宵

菜 ts^{h}ai^{35}

菜干 ts^{h}ai^{55}kaŋ^{21} 干菜

　干菜 kaŋ^{33}ts^{h}ai^{35}

豆腐 təy^{55}xu^{35}

猪血 tɕy^{55}xeʔ^{3}

猪蹄 tɕy^{55}t^{h}i^{31} 当菜的

　猪脚蹄 tɕy^{33}kyo^{55}t^{h}i^{31}

猪舌头 tɕy^{33}se^{55}t^{h}əy^{31} 当菜的

猪肝 tɕy^{55}kaŋ^{21}

下水 xa^{55}sui^{24}

鸡蛋 ki^{33}taŋ^{35}

皮蛋 p^{h}i^{21}taŋ^{35}

猪油 tɕy^{55}iu^{31} ①荤油，统称。②猪油

香油 xiaŋ^{55}iu^{31} 芝麻油

麻油 ma^{31}iu^{31}

*豉油早 si^{55}iu^{31}

*酱油 tɕiaŋ^{55}iu^{31}

盐 ieŋ^{31}

醋 ts^{h}u^{35}

洋烟早 iaŋ^{31}ieŋ^{21} 香烟

烟 ieŋ^{21}

卷烟说得较少 kyeŋ^{31}ieŋ^{21}

旱烟 xaŋ^{55}ieŋ^{21} 旱烟，黄烟

白酒 pɤ^{55}tɕiu^{24}

红酒 xoŋ^{21}tɕiu^{24} 料酒，用米制成的，颜色黄中带红的

黄酒 uaŋ^{21}tɕiu^{24}

酒酿 tɕiu^{31}liaŋ^{31}

茶叶 ts^{h}a^{31}ieʔ^{3}

泡 p^{h}au^{35} 沏：～茶

冰棒 piŋ^{33}paŋ^{35} 冰棍儿

做饭 tso^{55}xuaŋ^{35}

炒菜 tɕ^{h}iau^{21}ts^{h}ai^{35} 做菜，统称

煮菜 tɕy^{21}ts^{h}ai^{35}

*炸 tsaʔ^{3}

煎 tɕieŋ^{21}

炸 tsa^{35} 用油炸：～油条

蒸 tseiŋ^{21}

搓 ts^{h}o^{21} 揉搓：～面

擀 kaŋ^{24} ～面｜～皮

*吃早起 tɕ^{h}i^{55}tsau^{21}k^{h}i^{24}

*吃扫⁼午 tɕ^{h}i^{55}sau^{21}u^{24}

*吃晚间 tɕ^{h}i^{55}uaŋ^{31}kieŋ^{21}

吃晚饭 tɕ^{h}i^{55}uaŋ^{21}xuaŋ^{35}

吃 tɕ^{h}iʔ^{3} ①吃：～饭。②喝：～茶、酒。③抽：～烟

*装 tsuaŋ^{21}

*舀 iau^{24}

*搛 kieŋ^{21}

倒 tau^{35} 斟：～酒

干 kaŋ^{21} 口渴

饥 ki^{21} 饿：肚子～

哽 keiŋ^{24} 噎：吃饭～着了

塞 sɤʔ^{3}

七　身体医疗

头壳 t^{h}øy^{31}k^{h}oʔ^{3} 人的头

头 t^{h}øy^{31}

头发 t^{h}øy^{31}xuaʔ^{3}

篦篦□ pi^{21}pi^{55}tɕ^{h}iu^{21} 辫子

辫子 pieŋ^{35}tsɿ^{0}

旋 syeŋ^{35} ①旋。②头发旋

额头 ɤ^{55}t^{h}øy^{31}

貌相 mau^{55}siaŋ^{35} 人的相貌

相貌 siaŋ^{55}mau^{35}

脸 lieŋ^{24}

眼睛 ieŋ^{31}tɕiŋ^{21}

眼珠 ieŋ^{31}tɕy^{21}

眼泪 ieŋ^{21}li^{35}

眉毛 miŋ^{31}mau^{31} ～ mieŋ^{31}mau^{31}

耳朵 o^{21}to^{24}

鼻子 pi^{31}tsɿ^{0}

鼻鼻 p^{h}i^{21}p^{h}i^{35} 鼻涕

　鼻涕 pi^{21}tʰi^{35}

擤 xiŋ^{24} ～鼻鼻擤鼻涕

嘴巴 tsui^{31}pa^{21}

　嘴 tsui^{24}

嘴皮 tsui^{31}pʰi^{31} 嘴唇

口水 kʰəy^{21}sui^{24}

舌头 se^{55}tʰəy^{31}

牙齿 ia^{21}tɕʰi^{24}

下□ xa^{55}pʰa^{31} 下巴

　下□□ xa^{55}pʰa^{31}kau^{35}

胡须 xu^{31}sy^{21}

　胡子 xu^{31}tsɿ^{0}

*颈子 kiŋ^{24}tsɿ^{0}

喉咙管 xəy^{33}loŋ^{33}kuaŋ^{24} 喉咙

肩膀 kieŋ^{55}paŋ^{24}

手管 siu^{21}kuaŋ^{24} 胳膊

手 siu^{24} ①泛指手臂。②特指手臂以下部分

背手 pui^{55}siu^{24} 左手

　左手 tso^{21}siu^{24}

正手 tseiŋ^{55}siu^{24} 右手

　右手 iu^{55}siu^{21}

拳头 kʰueiŋ^{31}tʰəy^{31} ～ kʰyŋ^{31}tʰəy^{31}

手指 siu^{21}tsɿ^{24}

手指母 siu^{33}tɕi^{55}mu^{24} 大拇指

食指 sɿ^{55}tsɿ^{24}

中指 tsoŋ^{55}tsɿ^{24}

无名指 u^{33}miŋ^{33}tsɿ^{24}

手指仔 siu^{33}tɕi^{55}tsai^{24} 小拇指

指甲 tɕi^{33}kiaʔ^{3}

腿 tʰui^{24}

脚 kyoʔ^{3} ①包括小腿和大腿。②特指足

脚□头 kyo^{31}tɕi^{55}tʰəy^{31} 膝盖

背脊 pui^{55}tɕiʔ^{3} 背

肚子 tu^{35}tsɿ^{0}

肚脐 tu^{55}tɕʰi^{31}

奶奶 le^{21}le^{24} ①女性的乳房。②乳汁

　奶奶帕 le^{21}le^{55}pʰa^{35} 下垂的乳房

屁股 pʰi^{55}ku^{24}

屁股门 pʰi^{55}ku^{31}meiŋ^{31} 肛门

㞗子 liau^{21}tsɿ^{0} 阴茎

屄 pi^{21} 女阴

　□ peʔ^{3}

弄 loŋ^{35} 肏

　干 kaŋ^{35}

㞗子脓 liau^{21}tsɿ^{0}loŋ^{31} 精液

　脓 loŋ^{31}

来红水 lai^{31}xoŋ^{21}sui^{24} 来月经

　来月经 lai^{31}ye^{55}kiŋ^{21}

屙屎 o^{55}si^{24} 拉屎

屙尿 o^{33}liau^{35} 撒尿

放屁 xuaŋ^{55}pʰi^{35}

不好过 pu^{55}xau^{31}ko^{35} 病了

　生病 seiŋ^{33}piŋ^{35}

　害病 xai^{55}piŋ^{35}

冷着 leiŋ^{24}tɕyoʔ^{3} 着凉

　受凉 siu^{55}liaŋ^{31}

咳嗽 kʰɤ^{33}səy^{35}

发烧 xua^{55}siau^{21}

发抖 xua^{55}təy^{24}

肚疼 tu^{35}tʰeiŋ^{31} 肚子疼

　肚子疼 tu^{35}tsɿ^{0}tʰeiŋ^{31}

屙倒 o^{21}tau^{0} 拉肚子

打摆子 ta^{21}pai^{24}tsɿ^{0} 患疟疾

　打冷病 ta^{33}leiŋ^{21}piŋ^{35}

痧爬［起来］sa^{21}p^{h}a^{31}k^{h}ai^{31} 中暑

　发痧 xua^{55}sa^{21}

肿 tsoŋ^{24}

化脓 xua^{55}loŋ^{31}

　灌脓 kuaŋ^{55}loŋ^{31}

疤疤 pa^{55}pa^{21}

　疤 pa^{21}

癣 syeŋ^{24}

痣 tɕi^{35}

瘼瘼 mau^{55}mau^{21} 疙瘩，包括虫子叮咬后形成的疙瘩和长出来的脓包

　瘼 mau^{21}

　包 pau^{21}

狐臭 xu^{21}tɕ^{h}iu^{35}

　臭骚 tɕ^{h}iu^{55}sau^{21}

看病 k^{h}aŋ^{55}piŋ^{35}

*摸脉 mo^{55}mɤʔ^{3}

针灸 tseiŋ^{55}tɕiu^{24}

打针 ta^{31}tseiŋ^{21}

挂瓶 kua^{55}p^{h}iŋ^{31} 打吊针

吃药 tɕ^{h}i^{55}yoʔ^{3}

中药 tsoŋ^{55}yoʔ^{3} ①中药。②汤药

见好了 kieŋ^{55}xau^{24}lau^{0} 病轻了

　更好了 keiŋ^{35}xau^{24}lau^{0}

八　婚丧信仰

讲亲 kiaŋ^{31}tɕ^{h}iŋ^{21} 做媒，说媒

媒人 mui^{31}iŋ^{31}

　媒公媒婆 mui^{31}koŋ^{55}mui^{31}p^{h}o^{31}

相亲 siaŋ^{55}tɕ^{h}iŋ^{21}

定亲 tiŋ^{55}tɕ^{h}iŋ^{21}

　订婚 tiŋ^{55}xueiŋ^{21}

嫁妆 kia^{55}tsuaŋ^{21}

结婚 ke^{55}xueiŋ^{21}

讨老婆 t^{h}au^{33}lau^{33}p^{h}o^{31} 男子娶亲

　讨亲 t^{h}au^{31}tɕ^{h}iŋ^{21}

*卖女子 mai^{55}ly^{24}tsɿ^{0}

　出嫁 tɕ^{h}y^{33}kia^{35}

拜堂 pai^{55}t^{h}aŋ^{31}

新郎 siŋ^{55}laŋ^{31}

新娘 siŋ^{55}liaŋ^{31}

大肚婆 ta^{35}tu^{55}p^{h}o^{31} 孕妇

　大肚子 ta^{55}tu^{35}tsɿ^{0}

有好事 iu^{31}xau^{21}sɿ^{35} 怀孕

　有鬼仔 iu^{31}kui^{21}tsai^{24}

害喜 xai^{55}si^{24} 妊娠反应

*放下早 xuaŋ^{55}xa^{35}

　*生鬼仔 seiŋ^{55}kui^{21}tsai^{24}

掉掉 tiau^{35}tiau^{0} 流产

　掉仔 tiau^{55}tsai^{24}

双胞胎 suaŋ^{55}pau^{55}t^{h}ai^{21}

坐月 tso^{55}yeʔ^{3} 坐月子

　坐月子 tso^{55}yeʔ^{3}tsɿ^{0}

吃奶奶 tɕ^{h}i^{55}le^{21}le^{24} 吃奶

断奶奶 tuaŋ^{35}le^{21}le^{24} 断奶

　抹奶奶 ma^{33}le^{21}le^{24}

满月 muaŋ^{33}yeʔ^{3}

生日 seiŋ^{55}iʔ^{3}

做寿 tso^{55}siu^{35} 以办酒席、送贺礼、添置新衣物等形式为老人贺逢十的生日

死 sɿ^{24}

过世 ko^{55}si^{35} 指老人死，婉称

　过身 ko^{55}seiŋ^{21}

　百年 pɤ^{55}lieŋ^{31}

百岁 pɤ^{33}sui^{35}

老掉了 lau^{21}tiau^{35}lau^{0}

自杀 tsɿ^{55}saʔ^{3}

断气 tuaŋ^{55}kʰi^{35} 咽气

进棺 tɕiŋ^{55}kuaŋ^{21} 入殓

棺材 kuaŋ^{55}tsʰai^{31}

老寿 lau^{21}siu^{35} ①棺材。②寿材，即为活着的老人准备的棺材

*出材 tɕʰy^{33}tsʰai^{31}

出葬 tɕʰy^{33}tsaŋ^{35}

灵位 liŋ^{21}ui^{35}

坟墓 xueiŋ^{21}mu^{35}

坟 xueiŋ^{31}

上坟 siaŋ^{55}xueiŋ^{31}

扫墓 sau^{21}mu^{35}

纸钱 tɕi^{31}tɕʰieŋ^{31}

老天爷 lau^{33}tʰieŋ^{55}ie^{31}

*天老爷 tʰieŋ^{55}lau^{31}ie^{31}

*天官老爷 tʰieŋ^{55}kuaŋ^{55}lau^{31}ie^{31}

菩萨 pʰu^{31}saʔ^{3}

观音 kuaŋ^{55}iŋ^{21}

*灶公 tsau^{55}koŋ^{21}

寺庙 sɿ^{55}miau^{35} 包括寺和庙

寺 sɿ^{35} 多指佛教的

庙 miau^{35} 多指道教的

祠堂 tsʰɿ^{31}tʰaŋ^{31}

和尚 xo^{21}siaŋ^{35}

尼姑 li^{31}ku^{21}

道士 tau^{55}sɿ^{35} 道教徒，包括出家的和火居的

算命 suaŋ^{55}miŋ^{35}

运气 yŋ^{55}kʰi^{35}

保佑 pau^{21}iu^{35}

九　人品称谓

人 iŋ^{31}

男人 laŋ^{31}iŋ^{31}

婆娘 pʰo^{31}liaŋ^{31} 一般指三四十岁已婚的女人

女人 ly^{24}iŋ^{31}

*单身哥 taŋ^{55}seiŋ^{55}ko^{21}

*光棍 kuaŋ^{33}kueiŋ^{35}

老处女 lau^{31}tsʰu^{55}ly^{24} 老姑娘

阿仔哥 a^{55}tsai^{31}ko^{21} 孩子，包括婴儿和小孩

鬼仔 kui^{21}tsai^{24}

阿妹 a^{21}mui^{35} 不分性别用来指称孩子

小子 siau^{24}tsɿ^{0} 男孩

阿路 a^{21}lu^{35} 家里人对小孩的爱称

女子 ly^{24}tsɿ^{0} 女孩

*女子仔 ly^{24}tsɿ^{0}tsai^{24}

*婆娘仔 pʰo^{33}liaŋ^{33}tsai^{24}

老货 lau^{21}xo^{35} ①老人，包括老头儿和老太婆。②老头子，带贬意

老人家 lau^{55}iŋ^{31}kia^{21} 老人，统称

亲戚 tɕʰiŋ^{55}tɕʰiʔ^{3}

朋友 pʰeiŋ^{21}iu^{24}

邻舍 liŋ^{21}se^{35}

*隔壁家 kɤ^{33}pi^{33}kia^{21}

邻居 liŋ^{31}ky^{21}

人客 iŋ^{31}kʰɤʔ^{3} 客人

客人 kʰɤ^{55}iŋ^{31}

农民 loŋ^{31}miŋ^{31}

做生意的 tso^{55}seiŋ^{33}i^{35}ti^{0} 做买卖的

做手艺的 tso^{55}siu^{21}i^{35}ti^{0} 手艺人

做泥水的 tso^{55}li^{21}sui^{24}ti^{0} ①泥水匠。②瓦匠

水泥工 sui^{31}li^{21}koŋ^{21}

木匠 mu^{33}tɕiaŋ^{35}

　木工 mu^{55}koŋ^{21}

裁缝师傅 tsʰai^{31}xoŋ^{31}sɿ^{33}xu^{35}

　裁缝 tsʰai^{31}xoŋ^{31}

　做衣裳的 tso^{55}i^{33}siaŋ^{31}ti^{0}

剃头师傅 tʰi^{55}tʰɵy^{31}sɿ^{33}xu^{35} 理发师

*厨官 tɕʰy^{31}kuaŋ^{21}

　厨师 tɕʰy^{31}sɿ^{21}

师傅 sɿ^{33}xu^{35}

徒弟 tʰu^{21}ti^{35}

*告化 kau^{55}xua^{35}

婊子 piau^{24}tsɿ^{0} 妓女

二流子 ɤ^{55}liu^{31}tsɿ^{0}

　流氓 liu^{31}maŋ^{31}

贼 tsɤʔ^{3}

瞎子 xiaʔ^{3}tsɿ^{0}

聋子 loŋ^{31}tsɿ^{0}

*哑巴子 a^{31}pa^{21}tsɿ^{0} ～ ia^{31}pa^{21}tsɿ^{0}

　哑巴 a^{31}pa^{21} ～ ia^{31}pa^{21}

驼子 tʰo^{31}tsɿ^{0} 罗锅

拐子 kuai^{24}tsɿ^{0} 瘸子

癫子 tieŋ^{21}tsɿ^{0}

　癫□ tieŋ^{55}pʰa^{21}

　疯子 xoŋ^{21}tsɿ^{0}

傻瓜 sa^{31}kua^{21} 傻子

　□□ laŋ^{21}moŋ^{35} ①傻子。②蠢的人

笨蛋 peiŋ^{55}taŋ^{35} 蠢的人

*阿公 a^{55}koŋ^{21}

*阿妈 a^{55}ma^{21}

外公 uai^{55}koŋ^{21} 外祖父，叙称

*外妈 uai^{55}ma^{21}

　外婆 uai^{55}pʰo^{31}

阿娘老子 a^{21}liaŋ^{55}lau^{24}tsɿ^{0} 父母，合称

老子 lau^{24}tsɿ^{0} 父亲，叙称

*阿娘 a^{21}liaŋ^{31}

*阿爸 a^{21}pa^{35}

*阿［巫=媪］a^{55}uau^{24}

后爷老 xɵy^{55}ie^{31}lau^{24} 继父，叙称

后娘 xɵy^{55}liaŋ^{31} 继母，叙称

丈人 tɕiaŋ^{55}iŋ^{31} 岳父，叙称

丈母 tɕiaŋ^{55}mu^{24} 岳母，叙称

*阿公 a^{21}koŋ^{21}

*阿妈 a^{21}ma^{21}

阿伯 a^{21}pɤʔ^{3} ①伯父，呼称。②大伯子，即夫之兄

*阿姆 a^{21}mu^{24}

阿叔 a^{21}suʔ^{3} ①叔叔，呼称。②小叔子，即夫之弟

*阿婶 a^{21}seiŋ^{24}

阿姑 a^{21}ku^{21} ①姑姑，呼称。②大姑子，夫之姐妹

姑丈 ku^{33}tɕiaŋ^{35} 姑父，呼称

阿舅 a^{21}kiu^{35} ①舅舅，呼称。②内兄弟，即妻之兄弟

舅婆娘 kiu^{55}pʰo^{31}liaŋ^{31} 舅妈，呼称

*阿娘 a^{55}liaŋ^{31}

　阿姨娘 a^{21}i^{55}liaŋ^{31} 姨妈，呼称

姨夫 i^{31}xu^{21} 姨父，呼称

　姨丈 i^{21}tɕiaŋ^{35}

兄弟 xioŋ^{33}ti^{35} ①弟兄，合称。②弟弟，叙称

姐妹 tse^{21}mui^{35} 姊妹，合称

*阿哥 a^{21}ko^{21}

*阿嫂 a^{21}sau^{24}

弟媳妇 ti^{55}si^{31}xu^{35} 弟媳，叙称

*阿姊 a^{21}tɕi^{21}

姐夫 tse^{31}xu^{21} 呼称

*阿妹 a^{21}mui^{35}

妹夫 mui^{55}xu^{21} 叙称

堂兄弟 tʰaŋ^{33}xioŋ^{33}ti^{35} 叙称

　叔伯兄弟 su^{55}pɤʔ^{3}xioŋ^{33}ti^{35}

表兄弟 piau^{31}xioŋ^{33}ti^{35} 叙称

*两姆婶 liaŋ^{33}mu^{33}seiŋ^{24}

　两婶姆 liaŋ^{33}seiŋ^{33}mu^{24}

两姨夫 liaŋ^{21}i^{31}xu^{21} 连襟，姊妹丈夫之间的关系，合称

　同门 tʰoŋ^{31}meiŋ^{31}

儿子 ɤ^{31}tsɿ^{0} 叙称

媳妇 si^{55}xu^{35} 儿媳妇，叙称

女子 ly^{24}tsɿ^{0} 女儿，叙称

女婿 ly^{21}si^{35} 叙称

孙子 sueiŋ^{21}tsɿ^{0}

陈孙 tsʰeiŋ^{31}sueiŋ^{21} 儿子之孙

　重孙 tsʰoŋ^{31}sueiŋ^{21}

侄儿 tsɿ^{55}ɤ^{31} 侄子，弟兄之子

　*家甥 kia^{55}seiŋ^{21}

外甥 uai^{55}seiŋ^{21} 姐妹之子

外孙 uai^{55}sueiŋ^{21} 女儿之子

两公婆 liaŋ^{33}koŋ^{55}pʰo^{31} 夫妻，合称

老公 lau^{31}koŋ^{21} 丈夫，叙称

老婆 lau^{31}pʰo^{31} 妻子，叙称

名字 miŋ^{21}tsɿ^{35}

外号 uai^{55}xau^{35} 绰号

十　农工商文

做事节 $^{=}$tso^{55}sɿ^{55}tseʔ^{3} ①干活儿。②打工

　打工 ta^{31}koŋ^{21}

事节 $^{=}$sɿ^{55}tseʔ^{3} 事情

*栽禾 tsai^{55}xo^{31}

*割禾 ko^{55}xo^{31}

栽菜 tsai^{33}tsʰai^{35} 种菜

犁 li^{31}

锄头 tɕʰy^{31}tʰəy^{31}

镰刀 lieŋ^{31}tau^{21}

把把 pa^{55}pa^{35} 把儿

扁担 pieŋ^{21}taŋ^{35}

　扁挑 pieŋ^{31}tʰiau^{21}

箩筐 lo^{31}kʰuaŋ^{21}

筛子 sai^{21}tsɿ^{0} 筛粉末状细物用的器具，统称

粪箕 xueiŋ^{55}ki^{21} 有梁的簸箕，一般用来挑土

簸箕 po^{31}ki^{21} 圆形的可以簸米也可以用来晒东西的器具

轮子 lueiŋ^{31}tsɿ^{0}

车碓 tsʰe^{33}tui^{35} 用以舂米的碓

舂臼 tsʰoŋ^{33}kʰiu^{35} 舂米的主要工具。整个舂米的工具由臼和舂棰构成，臼一般是石制的，舂棰则一般是木制的

石磨 si^{33}mo^{35}

年成 lieŋ^{31}tsʰeiŋ^{31}

走江湖 tsəy^{21}kiaŋ^{55}xu^{31}

斧头 xu^{31}tʰəy^{31} 斧子

钳钳 kʰieŋ^{31}kʰieŋ^{31} ①钳子。②镊子

螺丝铰早 lo^{33}sɿ^{55}kiau^{24} 螺丝刀，包括“一”字型的和“十”字型的

　螺丝刀 lo^{33}sɿ^{55}tau^{21}

锤子 tsʰui^{31}tsɿ^{0} 钉锤

　锤锤 tsʰui^{31}tsʰui^{31}

铁钉 tʰe^{55}tiŋ^{21} 钉子

索子 soʔ^{3}tsɿ^{0} 绳子

棍子 kueiŋ^{35}tsɿ^{0}
　棍棍 kueiŋ^{55}kueiŋ^{35}
做生意 tso^{55}seiŋ^{33}i^{35} 做买卖
店 tieŋ^{35}
馆店 kuaŋ^{21}tieŋ^{35} 饭店
　饭店 xuaŋ^{55}tieŋ^{35}
　饭馆 xuaŋ^{55}kuaŋ^{24}
旅社 ly^{21}se^{35}
　旅馆 ly^{21}kuaŋ^{24}
贵 kui^{35}
便宜 p^{h}ieŋ^{21}i^{35}
合算 xo^{33}suaŋ^{35} 值得
　划得来 xua^{31}tɤ^{0}lai^{31}
折扣 tse^{33}k^{h}ɵy^{35}
折本 se^{55}peiŋ^{24}
　亏本 k^{h}ui^{55}peiŋ^{24}
　贴本 t^{h}e^{55}peiŋ^{24}
钱 tɕ^{h}ieŋ^{31}
*碎钱 sui^{35}tɕ^{h}ieŋ^{31}
　*零钱 liŋ^{31}tɕ^{h}ieŋ^{31}
花边仔 xua^{55}pieŋ^{55}tsai^{24} 硬币
　硬币 iŋ^{55}pi^{35}
本钱 peiŋ^{31}tɕ^{h}ieŋ^{31}
工钱 koŋ^{55}tɕ^{h}ieŋ^{31}
路费 lu^{55}xui^{35}
　*盘钱 p^{h}uaŋ^{31}tɕ^{h}ieŋ^{31}
花 xua^{21} 用：～钱
趁 t^{h}iŋ^{35} ①赚。②挣
　赚 tsuaŋ^{35}
欠 k^{h}ieŋ^{35} 借而未还或应给而未给
算盘 suaŋ^{55}p^{h}uaŋ^{31}
秤 ts^{h}eiŋ^{35}
称 ts^{h}eiŋ^{21} 测物之轻重

赶墟 kaŋ^{31}xy^{21} 赶集
庙会 miau^{55}xui^{35}
学堂 xyo^{55}t^{h}aŋ^{31}
　学校 xyo^{55}xiau^{35}
教室 kiau^{55}sɿʔ^{3}
去学堂 k^{h}ɤ^{55}xyo^{31}t^{h}aŋ^{31} ①开始上小学。②到学校学习
　上学 siaŋ^{55}xyoʔ^{3}
放学 xuaŋ^{55}xyoʔ^{3}
*考书 k^{h}au^{31}sy^{21}
　考试 k^{h}au^{21}sɿ^{35}
书包 sy^{55}pau^{21}
簿子 pu^{35}tsɿ^{0} 本子
洋笔 iaŋ^{31}piʔ^{3} 铅笔
　铅笔 tɕ^{h}ieŋ^{21}piʔ^{3}
钢笔 kaŋ^{55}piʔ^{3}
原子笔 yeŋ^{31}tsɿ^{0}piʔ^{3} 圆珠笔
毛笔 mau^{31}piʔ^{3}
墨 mɤʔ^{3}
砚瓦 ieŋ^{55}ua^{24} 砚台
　砚台 ieŋ^{55}t^{h}ai^{31}
信 siŋ^{35}
小人书 siau^{31}iŋ^{21}sy^{21} 连环画
藏蒙蒙 tɕ^{h}iaŋ^{21}moŋ^{55}moŋ^{21} 捉迷藏
　藏藏蒙 tɕ^{h}iaŋ^{21}tɕ^{h}iaŋ^{31}moŋ^{21}
　躲蒙蒙 to^{21}moŋ^{55}moŋ^{21}
跳索 t^{h}iau^{55}soʔ^{3} 跳绳
燕子 ieŋ^{35}tsɿ^{0} ①燕子。②毽子
*纸鹞早 tɕi^{31}iau^{35}
　风筝 xoŋ^{55}tseiŋ^{21}
舞狮 u^{31}sɿ^{21}
炮仗 p^{h}au^{55}tɕiaŋ^{35}

鞭炮 piŋ^{33}pʰau^{35}

唱歌 tɕʰiaŋ^{55}ko^{21}

做戏 tso^{55}xi^{35} ①演戏。②比喻做出虚假姿态

演戏 ieŋ^{21}xi^{35}

锣鼓 lo^{21}ku^{24}

二胡 ɤ^{55}xu^{31}

箫 siau^{21} 笛子

猜拳 tsʰai^{55}kʰueiŋ^{31} ～ tsʰai^{55}kʰyŋ^{31} 划拳

走棋 tsəy^{31}kʰi^{31}

下棋 xa^{55}kʰi^{31}

打白 = 克 ta^{33}pɤ^{55}kʰɤʔ^{3}

打麻雀 ta^{33}ma^{31}tɕʰyoʔ^{3} 打麻将

打麻将 ta^{33}ma^{21}tɕiaŋ^{35}

变魔术 pieŋ^{55}mau^{31}suʔ^{3} ～ pieŋ^{55}mo^{31}suʔ^{3}

变把戏 pieŋ^{55}pa^{21}xi^{35}

讲故事 kiaŋ^{21}ku^{55}si^{0}

猜谜语 tsʰai^{55}mi^{55}y^{24}

耍 sua^{24} 玩儿

走亲戚 tsəy^{31}tɕʰiŋ^{55}tɕʰiʔ^{3}

去亲戚家耍 kʰɤ^{35}tɕʰiŋ^{55}tɕʰiʔ^{3}kia^{55}sua^{24}

十一　动作行为

看 kʰaŋ^{35}

听 tʰiŋ^{21}

闻 ueiŋ^{31} 嗅

吸 siʔ^{3}

打开 ta^{31}kʰai^{21} 睁：～眼

眯 mi^{21} 闭：～眼

□ lia^{35} 眨：～眼

擘开 pa^{55}kʰai^{21} 张：～嘴

□ mɤʔ^{3} 闭：～嘴

咬 au^{24}

嚼 tɕyoʔ^{3}

吞 tʰeiŋ^{21} 咽

□ la^{24} 舔

含 xaŋ^{31}

亲嘴 tɕʰiŋ^{55}tsui^{24}

□ tsu^{35} ①亲嘴。②吮吸

嗍 soʔ^{3} 吮吸

吐 tʰu^{24} 吐出：把核～出来

吐 tʰu^{35} 呕吐：吃酒吃～掉

打□□ ta^{21}ai^{55}tɕʰi^{35} 打喷嚏

拿 la^{31} ①拿：用手把苹果～过来。②给：他～我一个苹果

摸 mo^{21}

□ loŋ^{21} 伸：手～出去

□ sa^{35} 挠：～痒

捏 leʔ^{3} 掐

旋 syeŋ^{35} ①拧：～螺丝

扭 liu^{24} ①掐着皮旋转的动作。②拧：～毛巾

搓 tsʰo^{21} 用拇指和食指来回捻

□ ye^{31} ①掰：～橘子。②撕：～纸

撕 sɿ^{21}

剥 poʔ^{3}

□ kʰə^{24} 折：～树枝

扯 tsʰe^{24} 拔：～萝卜

讨 tʰau^{24} 摘：～花

立 liʔ^{3} 站

靠 kʰau^{35}

* 蹲 tsʰeiŋ^{31}

坐 tso^{35}

跳 tʰiau^{35}

□ kʰia^{31} 迈

踩 tsʰai^{24}

架 kia^{35} ~ ka^{35} 翘：~腿

弯 uaŋ^{21}

挺 tʰiŋ^{24} ~胸

匍 pʰu^{31} 趴：~着睡

爬 pʰa^{31}

走 tsəy^{24}

跑 pʰau^{31} 奔跑

偷跑 tʰəy^{55}pʰau^{31} 逃跑

追 tsui^{21} 追赶

抓 tsua^{21}

抱 pau^{35}

背 pui^{21} ~鬼仔背孩子

牵 kʰieŋ^{21} ①牵。②搀扶

扨 soŋ^{24} 推

跌 teʔ^{3} 摔

碰 pʰoŋ^{35} 撞

挡 taŋ^{24}

躲 to^{24}

*园 kʰaŋ^{31}

放 xuaŋ^{35} 放置

叠 teʔ^{3} 摞

埋 mai^{31} ~在地下

盖 kai^{35} 覆盖

压 iaʔ^{3}

按 aŋ^{35} 摁

戼 tuʔ^{3} ①触动：用棍子~鸟窝。②刺戳。③兵、卒吃对方的子

通 tʰoŋ^{21} 触动：用棍子~鸟窝

戳 tsʰoʔ^{3} 刺戳

插 tsʰaʔ^{3}

砍 kʰaŋ^{24}

剁 to^{35}

卷 kyeŋ^{24} 削：~苹果

削 siau^{21}

裂 leʔ^{3} 裂开

□ pe^{24}

皱 tsəy^{35} 皮~起来

烂 laŋ^{35} ①腐烂。②软烂：肉煮得~

霉 mui^{31} 软烂

揩 kʰai^{21} 擦拭

擦 tsʰaʔ^{3}

倒 tau^{35} 倾倒

□ oŋ^{21} ①丢弃。②投掷

□ xyeŋ^{35} 丢弃

掉 tiau^{35} ①丢失。②遗落。③掉落，坠落

滴 tiʔ^{3} 滴落

寻 syeŋ^{31} 寻找，寻访

捡 kieŋ^{24} ①收拾，整理。②拾

*掂 tieŋ^{21}

挑 tʰiau^{21} ~担

驮 tʰo^{31} ①扛：~锄头。②举：~红旗。③撑：~伞

撑 tsʰeiŋ^{21} ~伞

举 ky^{24} 一般所举之物较轻：~手

抬 tʰai^{31} ~轿

撬 kʰiau^{35} 把门~开

挑 tʰiau^{24} 选择，挑选

折 tseʔ^{3} 挽：~袖子

卷 kyeŋ^{24}

□ laŋ^{21} ①涮洗：~杯子。②用清水漂洗

洗 si^{24}

捞 lau^{21} ~鱼

合 xoʔ^{3} ①拴：~牛。②捆：~起来

系 xi^{35} 拴

　绑paŋ^{24}捆
解kai^{24}～索子
移i^{31}挪：～桌子
端tuaŋ^{21}～碗
打ta^{24}①摔：碗～碎了。②击打
掺tɕʰiaŋ^{21}～水
烧siau^{21}
拆tsʰɤʔ^{3}
旋syeŋ^{31}转：～圈
捶tsʰui^{31}
打架ta^{21}kia^{35}
歇息xe^{55}siʔ^{3}休息
擘□□pa^{33}xo^{33}ieŋ^{35}打哈欠
　打□□ta^{21}xo^{33}ieŋ^{35}
打哈ta^{31}xa^{21}
在□tsai^{55}tʰiŋ^{24}
　打□ta^{21}tʰiŋ^{24}
　打瞌睡ta^{21}kʰo^{55}sui^{35}
睡sui^{35}
打呼噜ta^{21}xu^{55}lu^{24}
　打□ta^{31}xo^{21}
发梦癫xua^{33}moŋ^{55}tieŋ^{21}做梦
　做梦tso^{55}moŋ^{35}
爬起pʰa^{21}kʰi^{24}起床
　起床kʰi^{31}tsʰuaŋ^{31}
刷牙sua^{55}ia^{31}
洗澡si^{21}tsau^{24}
想siaŋ^{24}①思索。②想念
打算ta^{21}suaŋ^{35}
记得ki^{35}tɤ^{0}
忘记uaŋ^{55}ki^{35}
*惊kiŋ^{21}
　怕pʰa^{35}
相信siaŋ^{33}siŋ^{35}
发愁xua^{55}tsʰɵy^{31}～xua^{55}tɕʰiu^{31}
小心siau^{31}siŋ^{21}
喜欢xi^{31}xuaŋ^{21}
　爱ai^{35}
讨厌tʰau^{21}ieŋ^{35}
　嫌xieŋ^{31}①嫌弃。②讨厌
舒服su^{55}xuʔ^{3}
难过laŋ^{21}ko^{35}难受，可指生理上也可指心理上
快活kʰuai^{55}xoʔ^{3}
　高兴kau^{33}xiŋ^{35}
生气seiŋ^{33}kʰi^{35}
　气嫌kʰi^{55}xieŋ^{31}
责怪tsɤ^{33}kuai^{35}
　怪kuai^{35}
后悔xɵy^{55}xui^{24}
眼睛红ieŋ^{31}tɕiŋ^{55}xoŋ^{31}眼红，嫉妒
　妒忌tu^{55}ki^{35}
　忌妒ki^{55}tu^{35}
害羞xai^{55}siu^{21}腼腆
　［没有］胆miu^{21}taŋ^{24}
丢脸tiu^{55}lieŋ^{24}
欺负kʰi^{33}xu^{35}
装tsuaŋ^{21}～病
疼tʰeiŋ^{31}对人的疼爱
要iau^{35}索求
有iu^{24}
没有mu^{55}iu^{24}～mo^{55}iu^{24}
　［没有］miu^{24}
是si^{35}
不是pu^{33}si^{35}
在tsai^{35}
不在pu^{33}tsai^{35}

晓得 xiau^{24}tɤʔ^{3} ①知道。②懂：～英语。③会：～开车

会 xui^{35} ①懂：～英语。②会：～开车

表⁼得 piau^{33}tɤʔ^{3} 不知道

不会 pu^{33}xui^{35} ①不懂。②不会

覅 pui^{35}

认得着 iŋ^{35}tɤ^{0}tɕyoʔ^{3} 认识

认不着 iŋ^{55}pu^{33}tɕyoʔ^{3} 不认识

*用得 ioŋ^{35}tɤʔ^{3}

*用不得 ioŋ^{55}puʔ^{3}tɤʔ^{3}

肯 k^{h}eiŋ^{24} ①许可。②愿意

会肯 xui^{55}k^{h}eiŋ^{24}

应该 iŋ^{55}kai^{21}

可以 k^{h}o^{24}i^{0} ①行，应答语。②可能，能够。③许可

讲 kiaŋ^{24} 说

话 xua^{35}

谈天 t^{h}aŋ^{31}t^{h}ieŋ^{21} 聊天

聊天 liau^{31}t^{h}ieŋ^{21}

喊 xaŋ^{24} ①叫。②吆喝

叫 kiau^{35}

哭 k^{h}uʔ^{3}

骂 ma^{35}

吵架 tɕ^{h}iau^{21}kia^{35}

骗 p^{h}ieŋ^{35} ①骗。②哄：～鬼仔哄小孩。③撒谎

吹牛屄 ts^{h}ui^{21}liu^{31}pi^{21} 吹牛

拍马屁 p^{h}ɤ^{55}ma^{21}p^{h}i^{35}

巴结 pa^{55}keʔ^{3}

开玩笑 k^{h}ai^{55}uaŋ^{21}siau^{35}

讲……听 kiaŋ^{24}...t^{h}iŋ^{21} 告诉……

同……讲 t^{h}oŋ^{31}...kiaŋ^{24}

告诉 kau^{55}su^{35}

多谢 to^{33}se^{35}

感谢 kaŋ^{21}se^{35}

对不起 tui^{55}pu^{33}k^{h}i^{24}

对不住 tui^{55}pu^{33}tsɿ^{35}

再见 tsai^{55}kieŋ^{35} 告辞时客套语

十二　性质状态

大 ta^{35} ①大：苹果～。②粗：索子～

大根 ta^{55}keiŋ^{21} 粗，多指绳子

粗 ts^{h}u^{21} 绳子～

小 siau^{24} ①小：苹果～。②细：索子～

小根 siau^{31}keiŋ^{21} 细，多指绳子

*嫩 neiŋ^{35}

长 tɕ^{h}iaŋ^{31} ①长度长：线～。②时间久

久 kiu^{24}

短 tuaŋ^{24} ①长度短：线～。②时间短

阔 k^{h}oʔ^{3} ①宽：路～。②宽敞：房子～

窄 tsɤʔ^{3}

高 kau^{21} ①高度高：飞机飞得～。②个子高

矮 ai^{24} ①高度低：鸟飞得～。②个子矮：他比我～

低 ti^{21} 鸟飞得～

远 yeŋ^{24}

近 kiŋ^{35}

深 tɕ^{h}iŋ^{21}

浅 tɕ^{h}ieŋ^{24}

清 tɕ^{h}iŋ^{21} ①水明澈。②稀饭、汤羹等稀，水分多

浑 xueiŋ^{21} 水浑浊

圆 yeŋ^{31}

扁 pieŋ^{24}

*四角 sɿ^{55}koʔ^{3}

四方 sɿ^{55}xuaŋ^{21}

尖 tɕieŋ^{21}

平 p^{h}iŋ^{31}

肥 xui^{31} ①形容猪等动物肥。②形容人胖。③含脂肪多：～肉

瘦 sөy^{35} ①形容猪等动物瘦。②形容人瘦。③含脂肪少：～肉

黑 xɤʔ^{3}

白 pɤʔ^{3}

红 xoŋ^{31}

黄 uaŋ^{31}

蓝 laŋ^{31} ①蓝。②青，包括藏青、蟹青、鸭蛋青等

绿 luʔ^{3}

紫 tsɿ^{24}

灰 xui^{21}

多 to^{21}

少 siau^{24}

重 tsoŋ^{35} 担子～

轻 k^{h}iŋ^{21}

直 tɕiʔ^{3}

*笡 ts^{h}e^{35}

陡 tөy^{24}

弯 uaŋ^{21}

歪 uai^{21}

厚 xөy^{35}

薄 poʔ^{3}

浓 lioŋ^{31} ①稀饭、汤羹等稠。②颜色深

密 miʔ^{3}

稀 xi^{21} 疏，不密：菜种得～

亮 liaŋ^{35}

黑 xɤʔ^{3} ①黑色。②晚：天～

热 ieʔ^{3}

暖 luaŋ^{24} 暖和

凉 liaŋ^{31}

冷 leiŋ^{24}

干 kaŋ^{21} 干燥

湿 siʔ^{3} 潮湿

干净 kaŋ^{33}tɕiŋ^{35}

龌龊 o^{55}ts^{h}oʔ^{3} 脏

*利 li^{35}

钝 teiŋ^{35} 刀～

快 k^{h}uai^{35} 速度～

慢 maŋ^{35} 速度～

早 tsau^{24} 来得～

迟 tɕ^{h}i^{31} 晚：来～了

松 soŋ^{21}

紧 kiŋ^{24}

容易 ioŋ^{21}i^{35}

简单 kieŋ^{31}taŋ^{21}

好做 xau^{21}tso^{35}

难 laŋ^{31}

不好做 pu^{55}xau^{21}tso^{35}

新 siŋ^{21}

旧 kiu^{35}

老 lau^{24} ①年老。②蔬菜过了采摘期

过 ko^{35} 蔬菜过了采摘期

*后生 xөy^{55}seiŋ^{21}

年轻 lieŋ^{31}k^{h}iŋ^{21}

软 luaŋ^{24}

弄$^{=}$loŋ^{35}

硬 eiŋ^{35}

煳 xu^{31} 饭～掉了

牢固 lau^{21}ku^{35} ①结实，一般指家具。②坚固

破 p^ho^{35}

富 xu^{35}

穷 $k^hio\eta^{31}$

忙 $ma\eta^{31}$

［没有］空 $miu^{21}k^ho\eta^{35}$

空闲 $k^ho\eta^{55}xie\eta^{31}$ 闲

累 lui^{35}

疼 $t^hei\eta^{31}$

痒 $ia\eta^{24}$

闹热 $lau^{55}ie ʔ^{3}$ 热闹

熟悉 $su^{55}siʔ^{3}$

熟 $suʔ^{3}$

生分 $sei\eta^{33}xuei\eta^{35}$ 陌生

味道 $ui^{55}tau^{35}$ ①吃的滋味。②闻的气味

气味 $k^hi^{55}ui^{35}$ 闻的气味

咸 $xa\eta^{31}$

*饗 $tɕia\eta^{24}$

酸 $sua\eta^{21}$

甜 $t^hie\eta^{31}$

苦 k^hu^{24}

辣 $laʔ^{3}$

有味道 $iu^{21}ui^{55}tau^{35}$ ①味道鲜美。②有异味

香 $xia\eta^{21}$

臭 $tɕ^hiu^{35}$

*臭酸 $tɕ^hiu^{55}sua\eta^{21}$

*臭馊 $tɕ^hiu^{55}səy^{21}$

*臭腥 $tɕ^hiu^{55}si\eta^{21}$

好 xau^{24} 人～

坏 $xuai^{35}$ 人～

差 ts^ha^{21} 次，质量不好

不好 $pu^{55}xau^{24}$

对 tui^{35} 账算～了

错 ts^ho^{35} 账算～了

漂亮 $p^hiau^{55}lia\eta^{35}$ 美，可指女性和男性

难看 $la\eta^{21}k^ha\eta^{35}$ 丑

*勤谨 $k^hi\eta^{21}ki\eta^{24}$

肯做 $k^hei\eta^{21}tso^{35}$

懒 $la\eta^{24}$

乖 $kuai^{21}$

调皮 $t^hiau^{31}p^hi^{31}$

老实 $lau^{33}siʔ^{3}$

戆 $\eta o\eta^{21}$ 傻

□ $koʔ^{3}$

傻 sa^{24}

□ k^hy^{24} 蠢，笨

□□ $la\eta^{31}mo\eta^{35}$ 人笨

笨 $pei\eta^{35}$

大方 $ta^{55}xua\eta^{21}$

小气 $siau^{21}k^hi^{35}$

干脆 $ka\eta^{33}ts^hui^{35}$ ①直爽。②直截了当。③果断

直 $tɕiʔ^{3}$

蛮 $ma\eta^{31}$ 犟

十三　数量

一 $iʔ^{3}$

二 $ɤ^{35}$

三 $sa\eta^{21}$

四 $sɿ^{35}$

五 u^{24}

六 $luʔ^{3}$

七 $tɕ^hiʔ^{3}$

八 $paʔ^{3}$

九 kiu^{24}

十 $siʔ^{3}$

二十ɤ^{55}siʔ^{3}

三十saŋ^{55}siʔ^{3}

一百i^{55}pɤʔ^{3}

一千i^{55}tɕ^{h}ieŋ^{21}

一万i^{33}uaŋ^{35}

一百零五i^{55}pɤ^{55}liŋ^{21}u^{24}

一百五i^{55}pɤ^{55}u^{24}一百五十

第一ti^{55}iʔ^{3}

二两ɤ^{55}liaŋ^{24}

几多个ki^{31}to^{33}ko^{35}几个

两个liaŋ^{21}ko^{35}俩

三个saŋ^{33}ko^{35}仨

个把ko^{55}pa^{24}一到两个

个ko^{35}①只：一～手｜一～鸡｜一～狗｜一～蠓子。②个：一～人｜一～地方｜一～萝卜｜一～院子｜一～门｜一～客人。③座：一～桥。④张：一～嘴

匹p^{h}i^{21}一～马

条t^{h}iau^{31}①条：一～河｜一～路｜一～手巾一条毛巾｜一～鱼｜一～蛇｜一～狗。②头：一～猪｜一～牛。③只：一～鸡。④道：一～河

头t^{h}əy^{31}①头：一～牛。②匹：一～马。③只：一～鸡

颗k^{h}o^{21}①颗：一～珠子。②粒：一～米。③只：一～蠓子一只蚊子

张tɕiaŋ^{21}①张：一～椅子｜一～桌子｜一～嘴。②页。一～书。③幅：一～画

床ts^{h}uaŋ^{31}①床：一～被子。②领：一～席子。③笼：一～包子

领liŋ^{24}一～席子

双suaŋ^{21}一～鞋

把pa^{24}①把：一～椅子｜一～刀｜一～锁。②杆：一～枪。③面：一～红旗。④子儿：一～香。⑤管：一～笔｜一～毛笔

根keiŋ^{21}一～头发｜一～索子一根绳子

副xu^{35}一～眼镜

面mieŋ^{35}一～镜子｜一～旗

块k^{h}uai^{35}①枚：一～奖章。②锭：一～墨。③块：一～砖｜一～香皂｜一～肉。④元：一～钱

架kia^{35}①架：一～车｜一～飞机。②列：一～火车

栋toŋ^{35}一～房子

*蔸təy^{21}

□tuaŋ^{24}朵，枝：一～花

餐ts^{h}aŋ^{21}顿：一～饭｜吃一～

帖t^{h}eʔ^{3}①服：一～药。②帖：一～药

股ku^{24}一～香味

行xaŋ^{31}一～字

角koʔ^{3}毛：一～钱

件kieŋ^{35}一～事｜一～衣裳

样iaŋ^{35}一～事

点tieŋ^{24}点儿，些：一～面粉｜一～东西｜一～肉

□□ti^{21}ti^{35}点儿：一～东西

下xa^{35}打一～

下仔xa^{55}tsai^{24}会儿：坐了一～｜讲了一～

顿tueiŋ^{35}打一～

阵tseiŋ^{35}①阵：落一～雨。②场：闹一～

趟t^{h}aŋ^{35}①回：去了一～。②列：一～火车

十四　代副介连词

我ŋo^{24}

你 li^{24}

他 t^{h}a^{21}

我们 ŋo^{24}meiŋ^{31} ①咱们，包括听话人。②我们，不包括听话人

你们 li^{24}meiŋ^{31}

他们 t^{h}a^{21}meiŋ^{31}

大家 ta^{55}kia^{21} ①大家。②人们

自己 tsi^{55}ki^{24} ～ tsɿ^{55}ki^{24} ①自己。②一个人

一个人 i^{33}ko^{55}iŋ^{31}

别家 pe^{31}ka^{21} ①别人。②外人

别人 pe^{31}iŋ^{31}

我阿爸 ŋo^{21}a^{33}pa^{35} 我爸

我大 ŋo^{21}ta^{35}

你阿爸 li^{21}a^{33}pa^{35} 你爸

你老子 li^{21}lau^{24}tsɿ^{0}

他阿爸 t^{h}a^{55}a^{33}pa^{35} 他爸

他老子 t^{h}a^{55}lau^{24}tsɿ^{0}

这个 tɕi^{35}ko^{0}

那个 la^{35}ko^{0}

哪个 la^{21}ko^{35} ①谁。②哪个

哪一个 la^{21}i^{33}ko^{35}

这里 tɕi^{35}li^{0}

那里 la^{35}li^{0}

哪些$^{=}$ la^{55}se^{21} 哪里

酱$^{=}$子 tɕiaŋ^{35}tsɿ^{0} 这样

亮$^{=}$子 liaŋ^{35}tsɿ^{0} 那样

怎么样 tseiŋ^{21}mo^{33}iaŋ^{35} 怎样

什么样 sɿ^{21}mo^{33}iaŋ^{35}

这慢$^{=}$ tɕia^{55}maŋ^{35} 这么：～做｜～高

怎么 tseiŋ^{31}mo^{21}

什么 sɿ^{33}mo^{21} 这个是～字｜你寻～

为什么 ui^{55}sɿ^{33}mo^{21}

做什么 tso^{35}sɿ^{33}mo^{21} 干什么

做么事 tso^{55}mo^{21}sɿ^{35}

干什么 kaŋ^{35}sɿ^{33}mo^{21}

几多 ki^{31}to^{21} ①多少：～钱。②多：～长｜～高｜～大｜～厚｜～重

很 xeiŋ^{24}

非常 xui^{55}tɕ^{h}iaŋ^{31}

更 keiŋ^{35}

太 t^{h}ai^{35} ～贵

过 ko^{35}

最 tsui^{35}

都 tu^{21}

一共 i^{33}koŋ^{35}

一起 i^{55}k^{h}i^{24} 一块儿

只 tsɿ^{24} 仅仅

刚 kaŋ^{21} ①才：我～来，还认不着他。②正好，恰好

才 ts^{h}ai^{31} 你怎么～来啊？

就 tɕiu^{35}

经常 kiŋ^{55}tɕ^{h}iaŋ^{31}

*稠稠 søy^{31}søy^{31}

又 iu^{35}

还 xai^{31}

再 tsai^{35}

也 ie^{24}

反正 xuaŋ^{21}tseiŋ^{35}

没有 mu^{55}iu^{24} ～ mo^{55}iu^{24}

[没有] miu^{24}

不 puʔ^{3}

不要 pu^{33}iau^{35} 不要，别，甭

嫑 piau^{35}

快kʰuai^{35}天～亮了

差一点tsʰa^{21}i^{33}tieŋ^{24}

宁愿liŋ^{21}yeŋ^{35}宁可

甘愿kaŋ^{33}yeŋ^{35}

故意ku^{55}i^{35}

特意tʰɤ^{33}i^{35}

随便sui^{21}pieŋ^{35}

白pɤʔ^{3} ～跑一趟

肯定kʰeiŋ^{21}tiŋ^{35} ～是他干的

可能kʰo^{31}leiŋ^{31} ～是他干的

一边i^{55}pieŋ^{21} ～走，～讲

边pieŋ^{21}

导伙tau^{21}xo^{24}①和，连词，表并列：我～他都姓王。②和，介词，表伴随：我昨日～他去城里了。③和，介词，介引比较的对象：这个～那个一样。④向，问，介词：～他借一本书。⑤副词，一块，一起。⑥副词，结伴：走山路要～去

同tʰoŋ^{31}①介词，表示伴随、协同。②介词，指示动作的对象。③介词，表示与某事物有联系。④介词，引进用来比较的对象。⑤介词，引进受益者等。⑥和，连词

导tau^{24}

对tui^{35}你～他好，他就～你好

往uaŋ^{24} ～东去

向siaŋ^{35}

按aŋ^{35} ～这样做就好｜～我看不算错｜～他的要求做

照tɕiau^{35}

凭pʰiŋ^{31}

替[①]tʰiŋ^{35} ～ tʰi^{35}①替：你～我写封信。②给：～大家做事

帮paŋ^{21}

如果lu^{21}ko^{24} ～忙你就覅来了

不管pu^{55}kuaŋ^{24} ～讲什么他都不会听

---

① 南平官话中，“替”做介词时可以读为[tʰi^{35}]，也可以读为[tʰiŋ^{35}]。南平官话中阴声韵字读成鼻音韵的仅有这一个字，所以，读[tʰiŋ^{35}]的可能另有本字。但因两种读音声母、声调完全相同，用法也完全相同，本书统以“替”来记录。

第二节

《汉语方言词语调查条目表》

一　天文	十一　身体	二十一　文体活动
二　地理	十二　疾病医疗	二十二　动作
三　时令时间	十三　衣服穿戴	二十三　位置
四　农业	十四　饮食	二十四　代词等
五　植物	十五　红白大事	二十五　形容词
六　动物	十六　日常生活	二十六　副词介词等
七　房舍	十七　讼事	二十七　量词
八　器具用品	十八　交际	二十八　附加成分等
九　称谓	十九　商业交通	二十九　数字等
十　亲属	二十　文化教育	

一　天文

日头下 i^{55}t^{h}ɵy^{31}xa^{35} 向阳的地方

［没有］日头的地方 miu^{31}i^{55}t^{h}ɵy^{31}ti^{0}ti^{55}xuaŋ^{21} 背阴处

对照 tui^{33}tɕiau^{35} 直晒

日头影 i^{55}t^{h}ɵy^{31}iŋ^{24} 微弱的太阳光，一般指天阴多时后刚出的太阳的光

日头大 i^{55}t^{h}ɵy^{31}ta^{35} 阳光强烈

日头辣 i^{55}t^{h}ɵy^{31}laʔ^{3}

有□利光的地方 iu^{31}mo^{55}li^{55}kuaŋ^{21}ti^{0}ti^{55}xuaŋ^{21} 月亮照到的地方

北斗星 pɤʔ^{3}tɵy^{31}siŋ^{21}

黎明星 li^{31}miŋ^{31}siŋ^{21} 启明星

启明星 k^{h}i^{31}miŋ^{31}siŋ^{21}

天河 t^{h}ieŋ^{55}xo^{31} 银河

银河 iŋ^{31}xo^{31}

流星 liu^{31}siŋ^{21}

扫把星 sau^{55}pa^{21}siŋ^{21} 彗星

大风 ta^{55}xoŋ^{21}

小风 siau^{31}xoŋ^{21}

微微的风 ui^{55}ui^{21}ti^{0}xoŋ^{21}

螺旋风 lo^{31}syeŋ^{31}xoŋ^{21} 旋风

旋风 syeŋ^{55}xoŋ^{21}

对着风 tui^{35}tsɿ^{0}xoŋ^{21} 朝着风

顺风 sueiŋ^{55}xoŋ^{21}

风口 xoŋ^{55}k^{h}ɵy^{24}

起风 k^{h}i^{31}xoŋ^{21}

刮风 kua^{55}xoŋ^{21}

刮台风 kua^{55}t^{h}ai^{31}xoŋ^{21}

风停了 xoŋ^{21}t^{h}iŋ^{31}lau^{0}

［没有］风了 miu^{24}xoŋ^{21}lau^{0}

黑云 xɤ^{55}yŋ^{31} 乌云

白云 pɤ^{55}yŋ^{31}

霞 xia^{31} ～ xa^{31}

早霞 tsau^{31}xia^{31}

晚霞 uaŋ^{31}xia^{31}

*雷公响 lui^{31}kuŋ^{21}xiaŋ^{24}

打雷 ta^{31}lui^{31}

雷劈了 lui^{31}p^{h}i^{21}lau^{0} 被雷打了

雷歼了 lui^{31}tɕieŋ^{21}lau^{0}

掉雨仔 tiau^{55}y^{21}tsai^{24} 掉雨点

*落雨仔 lo^{55}y^{21}tsai^{24}

小雨 siau^{21}y^{24}

*雨仔 y^{21}tsai^{24}

嫩雨 leiŋ^{55}y^{24} 比较细密的小雨

毛毛雨 mau^{31}mau^{31}y^{24}

大雨 ta^{55}y^{24} ①大雨。②暴雨

沤 ɵy^{35} 连阴雨

杨梅天 iaŋ^{31}mui^{31}t^{h}ieŋ^{21} 梅雨天

做风□ tso^{55}xoŋ^{33}siʔ^{3} 雷阵雨，多指春夏季节的阵雨

分龙雨 xueiŋ^{55}loŋ^{31}y^{24}

雷阵雨 lui^{21}tseiŋ^{55}y^{24}

雨停了 y^{24}t^{h}iŋ^{31}lau^{0}

冰柱 piŋ^{33}tɕy^{35} 冰锥，多指挂在屋檐下的

结冰 ke^{55}piŋ^{21}

落雪 lo^{55}syeʔ^{3} 下雪

棉花雪 mieŋ^{31}xua^{55}syeʔ^{3} 鹅毛雪

毛毛雪 mau^{31}mau^{31}syeʔ^{3} 很小的雪

米碎雪 mi^{21}sui^{35}syeʔ^{3} 雪珠子，即霰

雨夹雪 y^{21}kia^{55}syeʔ^{3}

雪烊掉 syeʔ^{3}iaŋ^{31}tiau^{35} 化雪

落雾水 lo^{33}mu^{55}sui^{24} 下露水

落霜 lo^{55}suaŋ^{21} 下霜

起雾 k^{h}i^{21}mu^{35} 下雾

三伏天 saŋ^{55}xu^{31}t^{h}ieŋ^{21}

头伏 t^{h}ɵy^{31}xu^{31} 初伏

二伏 ɤ^{55}xu^{31} 中伏

三伏 saŋ^{55}xu^{31} 末伏

回潮 xui^{31}ts^{h}au^{31} 返潮

二　地理

平洋地 p^{h}iŋ^{31}iaŋ^{31}ti^{35} 平原

*平洋 p^{h}iŋ^{31}iaŋ^{31}

菜园 ts^{h}ai^{55}yeŋ^{31}

菜地 ts^{h}ai^{55}ti^{35}

连厢 lieŋ^{31}siaŋ^{21} 菜畦

荒地 xuaŋ^{33}ti^{35}

沙包地 sa^{55}pau^{55}ti^{35} 可以种庄稼的沙土地

沙地 sa^{33}ti^{35} 不能种庄稼的沙土地

山边地 siaŋ^{55}pieŋ^{21}ti^{35} 坡地

山地 siaŋ^{33}ti^{35} 山上的耕地

半山腰 puaŋ^{55}siaŋ^{21}iau^{21} 山腰

山脚 siaŋ^{55}kyoʔ^{3}

山窝窝 siaŋ^{33}o^{55}o^{21} 山间的平地

垅 loŋ^{24} 山峰

坑 k^{h}eiŋ^{21} 山涧

山坡 siaŋ^{55}p^{h}o^{21}

山头 siaŋ^{55}t^{h}əy^{31}

山顶 siaŋ^{55}tiŋ^{24}

石岸 si^{55}aŋ^{31} 山崖

溪里 k^{h}i^{21}li^{0} 河里

□ liaŋ^{24} 人工沟渠

坑 k^{h}eiŋ^{21} 深的、天然的潭

池塘 ts^{h}ɿ^{31}t^{h}aŋ^{31} ①老房子里天井下砌的池子。②庙里的放生池

大海 ta^{55}xai^{24}

海 xai^{24}

防洪堤 xuaŋ^{33}xoŋ^{31}t^{h}i^{31} 沿河或沿海防水的建筑物

洲 tɕiu^{21} 水中陆地

沙坝 sa^{33}pa^{35} 河滩

清水 tɕ^{h}iŋ^{55}sui^{24}

浑水 xueiŋ^{21}sui^{24}

雨水 y^{21}sui^{24}

山水 siaŋ^{33}sui^{24} 山上流下来的泉水

井水 tɕiŋ^{21}sui^{24} 平地冒出来的泉水

滚水 kueiŋ^{21}sui^{24} 沸水，一般不能喝

*和和水 xo^{31}xo^{31}sui^{24} 温水

大石头 ta^{55}si^{33}t^{h}əy^{31}

小石头 siau^{33}si^{55}t^{h}əy^{31}

*石头仔 si^{55}t^{h}əy^{31}tsai^{24}

乱毛石 luaŋ^{55}mau^{31}siʔ^{3} 大大小小形状很不规则的石头

石板 si^{55}paŋ^{24}

鹅卵石 o^{55}luaŋ^{33}siʔ^{3}

烂泥浆 laŋ^{55}li^{33}tɕiaŋ^{21}

沙包土 sa^{55}pau^{55}t^{h}u^{24} 含沙很多的土

泥坯 li^{31}p^{h}ui^{21} 土坯

砖坯 tɕyeŋ^{55}p^{h}ui^{21}

碎瓦片 ts^{h}ui^{35}ua^{21}p^{h}ieŋ^{35} 碎瓦

金 kiŋ^{21}

银 iŋ^{31}

铜 t^{h}oŋ^{31}

铁 t^{h}eʔ^{3}

锡 siʔ^{3}

汽油 k^{h}i^{55}iu^{31}

石灰 si^{55}xui^{21}

白灰 pɤ^{55}xui^{21}

玉 y^{35}

城市 ts^{h}eiŋ^{21}sɿ^{35}

战壕 tɕiaŋ^{55}xau^{31}

城外 ts^{h}eiŋ^{21}uai^{35}

城门 ts^{h}eiŋ^{31}meiŋ^{31}

老家 lau^{31}kia^{21} ①家乡。②祖籍

大路 ta^{55}lu^{35}

小路 siau^{21}lu^{35}

路口 lu^{55}k^{h}əy^{24}

三　时令时间

春天 ts^{h}ueiŋ^{21}t^{h}ieŋ^{21}

六月天 lu^{55}ye^{55}t^{h}ieŋ^{21} 夏天

夏天 xa^{55}t^{h}ieŋ^{21}

秋天 tɕ^{h}iu^{21}t^{h}ieŋ^{21}

冬天 toŋ^{21}t^{h}ieŋ^{21}

起春 k^{h}i^{31}ts^{h}ueiŋ^{21} 立春

立春 li^{55}ts^{h}ueŋ^{21}

交春早kiau^{55}ts^{h}ueŋ^{21}

雨水y^{21}sui^{24}

惊蛰kiŋ^{55}tɕiʔ^{3}

春分ts^{h}ueiŋ^{55}xueiŋ^{21}

清明tɕ^{h}iŋ^{55}miŋ^{31}

谷雨ku^{55}y^{24}

立夏li^{33}xa^{35}

小满siau^{21}muaŋ^{24}

芒种maŋ^{21}tsoŋ^{35}

夏至xa^{55}tɕi^{35}

小暑siau^{21}tɕ^{h}y^{24}

大暑ta^{55}tɕ^{h}y^{24}

立秋li^{55}tɕ^{h}iu^{21}

交秋早kiau^{55}tɕ^{h}iu^{21}

处暑ts^{h}u^{55}tɕ^{h}y^{24}

白露pɤ^{33}lu^{35}

秋分tɕ^{h}iu^{55}xueiŋ^{21}

寒露xaŋ^{21}lu^{35}

霜降suaŋ^{33}kiaŋ^{35}

立冬li^{55}toŋ^{21}

交冬早kiau^{55}toŋ^{21}

小雪siau^{33}syeʔ^{3}

大雪ta^{55}syeʔ^{3}

冬至toŋ^{33}tsɿ^{35}

小寒siau^{31}xaŋ^{31}

大寒ta^{55}xaŋ^{31}

新年siŋ^{55}lieŋ^{31}

元旦yeŋ^{21}taŋ^{35}

拜年pai^{55}lieŋ^{31}

*过节ko^{55}tseʔ^{3}

挂蛋袋kua^{35}taŋ^{55}tai^{35}端午节习俗之一，胸前挂蛋兜

扒龙船p^{h}a^{31}loŋ^{31}tɕ^{h}yeŋ^{31}划龙舟

七月七tɕ^{h}i^{55}ye^{55}tɕ^{h}iʔ^{3}七夕

牛郎织女节liu^{31}laŋ^{31}tsɿ^{55}ly^{21}tseʔ^{3}

重阳节早ts^{h}oŋ^{31}iaŋ^{31}tseʔ^{3}

老人节lau^{31}iŋ^{31}tseʔ^{3}

*打重阳关ta^{24}ts^{h}oŋ^{33}iaŋ^{31}kuaŋ^{21}

*请灶公tɕ^{h}iŋ^{21}tsau^{55}koŋ^{21}

*扫尘sau^{31}ts^{h}eiŋ^{31}

大前年ta^{55}tɕ^{h}ieŋ^{31}lieŋ^{31}

大后年ta^{55}xɵy^{35}lieŋ^{31}

每年mui^{31}lieŋ^{31}

年年lieŋ^{31}lieŋ^{31}

年中lieŋ^{31}tsoŋ^{21}

上半年siaŋ^{35}puaŋ^{55}lieŋ^{31}

下半年xa^{35}puaŋ^{55}lieŋ^{31}

一整年i^{55}tseiŋ^{33}lieŋ^{31}

整年tseiŋ^{31}lieŋ^{31}

一年到头i^{55}lieŋ^{31}tau^{55}t^{h}ɵy^{31}

年头到年尾lieŋ^{31}t^{h}ɵy^{31}tau^{55}lieŋ^{31}ui^{24}

年夜边lieŋ^{21}ie^{55}pieŋ^{21}临近春节的一段时间

闰月lueiŋ^{55}yeʔ^{3}

月初ye^{55}ts^{h}u^{21}

月头ye^{55}t^{h}ɵy^{31}

十五si^{55}u^{24}

月尾ye^{55}ui^{24}月底

月底ye^{55}ti^{24}

一个月i^{55}ko^{55}yeʔ^{3}

前个月tɕ^{h}ieŋ^{31}ko^{35}yeʔ^{3}前一个月

前头个月tɕ^{h}ieŋ^{31}t^{h}ɵy^{31}ko^{55}yeʔ^{3}前一个月

上个月siaŋ^{35}ko^{55}yeʔ^{3}

这个月tɕi^{35}ko^{55}yeʔ^{3}

下个月xa^{35}ko^{55}yeʔ^{3}

每个月 mui^{21}ko^{55}yeʔ^{3}

　每月 mui^{33}yeʔ^{3}

上旬 siaŋ^{55}syŋ^{31}

　月头 ye^{55}tʰɵy^{31}

中旬 tsoŋ^{55}syŋ^{31}

下旬 xa^{55}syŋ^{31}

　月尾 ye^{55}ui^{24}

大月 ta^{55}yeʔ^{3} 大建，即农历三十天的月份

小月 siau^{31}yeʔ^{3} 小建，即农历二十九天的月份

第二天 ti^{55}ɤ^{55}tʰieŋ^{21} 次日

前几天 tɕʰieŋ^{33}ki^{31}tʰieŋ^{21}

一个礼拜 i^{31}ko^{55}li^{21}pai^{35}

十多天 si^{33}to^{55}tʰieŋ^{21} 十几天

半天 puaŋ^{55}tʰieŋ^{21}

大半天 ta^{55}puaŋ^{55}tʰieŋ^{21}

天亮边 tʰieŋ^{21}liaŋ^{55}pieŋ^{21} 凌晨

* 对扫⁼午 tui^{55}sau^{21}u^{24}

上半夜 siaŋ^{35}puaŋ^{55}ie^{35}

下半夜 xa^{35}puaŋ^{55}ie^{35}

整夜 tseiŋ^{21}ie^{35}

　一整夜 i^{55}tseiŋ^{21}ie^{35}

　一夜到天亮 i^{33}ie^{35}tau^{55}tʰieŋ^{33}liaŋ^{35}

每天晚间 mui^{31}tʰieŋ^{21}uaŋ^{31}kieŋ^{21} 每天晚上

　每个晚间 mui^{31}ko^{55}uaŋ^{31}kieŋ^{21}

年份 lieŋ^{21}xueiŋ^{35}

月份 ye^{33}xueiŋ^{35}

日子 iʔ^{3}tsɿ^{0} ①生活。②喜期

头前 tʰɵy^{31}tɕʰieŋ^{31} 先前

　以早 i^{21}tsau^{24} ①以前。②从前

后来 xɵy^{35}lai^{31}

　* 到尾巴 tau^{35}ui^{31}pa^{21}

钟头 tsoŋ^{55}tʰɵy^{31} 小时

一个多钟头 i^{33}ko^{35}to^{55}tsoŋ^{55}tʰɵy^{31} 一个多小时

四　农业

春耕 tsʰueiŋ^{55}keiŋ^{21}

夏收 xa^{55}siu^{21}

秋收 tɕʰiu^{55}siu^{21}

早秋 tsau^{31}tɕʰiu^{21}

　秋头 tɕʰiu^{55}tʰɵy^{31}

晚秋 uaŋ^{31}tɕʰiu^{21}

秋尾 tɕʰiu^{55}ui^{24}

整地下 tseiŋ^{21}ti^{55}xa^{35} 整地

栽 tsai^{21} 多指下花生、豆子等的种子

撒 sa^{24} 多指下蔬菜、谷子等的种子

撒秧 sa^{31}iaŋ^{21} 多指下稻谷的种子

撒菜籽 sa^{24}tsʰai^{55}tsɿ^{24} 下蔬菜种子

　撒菜秧 sa^{24}tsʰai^{55}iaŋ^{21}

铲草 tɕʰiaŋ^{21}tsʰau^{24} 薅草，多指薅旱地的草

□田 xɵy^{24}tʰieŋ^{31} 薅草，多指薅水田里的草

* 谷子杀⁼kuʔ^{3}tsɿ^{0}saʔ^{3}

割麦子 ko^{55}mɤʔ^{3}tsɿ^{0} 割麦

打谷子 ta^{24}kuʔ^{3}tsɿ^{0} 打场

桶楻 tʰoŋ^{31}xuaŋ^{31} 稻田里打谷子时用来盛放谷粒的圆木桶

桶楻堆 tʰoŋ^{31}xuaŋ^{21}tui^{21} 稻田里打谷子的场地

谷子坪 kuʔ^{3}tsɿ^{0}pʰiŋ^{31} 场院

　晒谷坪 sai^{55}ku^{55}pʰiŋ^{31}

谷子耙 kuʔ^{3}tsɿ^{0}pʰa^{31} 晒稻谷、花生等谷物时，用来翻转或推匀的木制的农具

谷子□ kuʔ^{3}tsɿ^{0}tseʔ^{3} 用篾片做的囤粮食的器具

谷子仓 kuʔ^{3}tsɿ^{0}tsʰaŋ^{21} 用木头做的囤粮食的器具

* 打禾堆 ta^{53}xo^{31}tui^{21}

*禾架仔 xo^{33}kia^{55}tsai^{24}

挖地下 ua^{33}ti^{55}xa^{35} 锄地

松地下 soŋ^{21}ti^{55}xa^{35} 松土

下肥料 xa^{55}xui^{31}liau^{35} 施肥

撒肥料 sa^{24}xui^{21}liau^{35} 一般指撒灰、复合肥、磷肥、尿素等肥料，不需要用水泡过

放肥料 xuaŋ^{55}xui^{31}liau^{35} 在挖好的坑里放草灰等农肥

浇肥料 kiau^{55}xui^{31}liau^{35} 施用水泡过的肥料

浇粪 kiau^{33}xueiŋ^{35}

粪坑 xueiŋ^{55}k^{h}eiŋ^{21} 一般指菜地里用来积粪的池子

粪池 xueiŋ^{55}tɕ^{h}i^{31} 积粪的池子

粪缸 xueiŋ^{55}kaŋ^{21} 积粪的瓦缸

壅肥 ioŋ^{55}xui^{31} 将草木灰、垃圾等烧制成肥料

沤肥料 ɵy^{55}xui^{31}liau^{35} 将垃圾、青草、粪便、泥巴等沤积成肥料

粪 xueiŋ^{35}

鸡粪 ki^{33}xueiŋ^{35}

猪粪 tɕy^{33}xueiŋ^{35}

牛粪 liu^{21}xueiŋ^{35}

氨粉 aŋ^{55}xueiŋ^{24} 氨肥

化肥 xua^{55}xui^{31}

磷肥 lin^{31}xui^{31}

碳铵 t^{h}aŋ^{55}aŋ^{21}

复合肥 xu^{55}xɤ^{33}xui^{31}

尿素 liau^{55}su^{35}

浇水 kiau^{55}sui^{24}

放水 xuaŋ^{55}sui^{24} ①向稻田内注水。②排水，使水出地

□水 k^{h}au^{21}sui^{24} 排水，使水出地

*掂水 tieŋ^{55}sui^{24}

挑水 t^{h}iau^{55}sui^{24}

水井 sui^{21}tɕiŋ^{24}

井 tɕiŋ^{24}

年景 lieŋ^{21}kiŋ^{24} 收成

收成 siu^{55}ts^{h}eiŋ^{31}

水桶 sui^{21}t^{h}oŋ^{24}

水井索 sui^{31}tɕiŋ^{21}soʔ^{3} 井绳

井索 tɕiŋ^{33}soʔ^{3}

水车 sui^{31}ts^{h}e^{21} 用以灌溉的工具

板车 paŋ^{31}ts^{h}e^{21}

牛轭 liu^{31}aʔ^{3}

牛笼嘴 liu^{33}loŋ^{33}tsui^{24}

牛鼻栓 liu^{33}pi^{33}suaŋ^{21} 穿在牛鼻子里的木棍儿或铁环

犁手 li^{21}siu^{24} 犁耙的扶手

犁把 li^{21}pa^{35}

犁头 li^{31}t^{h}ɵy^{31} 犁铧

耙耙 p^{h}a^{31}p^{h}a^{31} 耙子，统称

□子 pa^{35}tsɿ^{0} 牛拖着用来整地的耙子，主要是用来使土变得松碎、平整

□□ sa^{21}sa^{35} 靠人力松土用的钉耙

簸箕仔 po^{55}ki^{33}tsai^{24} 小号的晒粮食用具，圆形浅口，竹制的

箩筐仔 lo^{33}k^{h}uaŋ^{55}tsai^{24} 小的箩筐

*风梳 xoŋ^{55}sieŋ^{21}

*砻 loŋ^{31}

磨盘 mo^{55}p^{h}uaŋ^{31}

砻把 loŋ^{21}pa^{35} 大磨的磨把

磨把 mo^{55}pa^{35} 小磨的磨把

磨心 mo^{55}siŋ^{21} 磨脐

米筛 mi^{31}sai^{21} 把米筛下去而把谷子留在上面的筛子

糠筛k^{h}aŋ^{55}sai^{21}把米糠筛下去而把米留在上面的筛子

豆筛təy^{55}sai^{21}缝隙较大的筛子

杠子kaŋ^{35}tsɿ^{0}连枷

豆杠təy^{55}kaŋ^{35}给豆子去壳的农具

　豆棍təy^{55}kueiŋ^{35}

　豆棰təy^{55}ts^{h}ui^{31}

舂棰ts^{h}oŋ^{55}ts^{h}ui^{31}碓杵

洋镐iaŋ^{31}kau^{21}十字镐，刨硬地用，一头尖形，一头扁小

铡刀tsa^{55}tau^{21}

柴刀ts^{h}ai^{31}tau^{21}砍刀，即用来劈开或剁断木柴的刀

洋锹iaŋ^{31}tɕ^{h}iau^{21}铁锹

粪斗xueiŋ^{55}təy^{24}撮垃圾用的撮箕

挑担t^{h}iau^{33}taŋ^{35}

扫把仔sau^{33}pa^{33}tsai^{24}笤帚，用高粱穗、黍子穗等绑成，扫地用

板车脚paŋ^{31}ts^{h}e^{55}kyoʔ^{3}板车的轮子

五　植物

五谷u^{33}kuʔ^{3}

粮食liaŋ^{31}siʔ^{3}

麦子mɤʔ^{3}tsɿ^{0}

荞麦k^{h}iau^{31}mɤʔ^{3}

麦子蔸mɤʔ^{3}tsɿ^{0}təy^{21}麦茬

麦麸mɤ^{55}p^{h}u^{21}

六月早lu^{55}ye^{55}tsau^{24}①早稻。②早米

慢冬maŋ^{55}toŋ^{21}①晚稻。②晚米

稗子p^{h}ai^{35}tsɿ^{0}

*冇谷子p^{h}aŋ^{55}kuʔ^{3}tsɿ^{0}

米mi^{24}

糯米lo^{55}mi^{24}

大米ta^{55}mi^{24}特指粳米

早米tsau^{21}mi^{24}

晚米uaŋ^{21}mi^{24}

糙米ts^{h}au^{55}mi^{24}未舂碾过的米

棉花蕊mieŋ^{33}xua^{55}lui^{24}棉桃

苎麻管tɕy^{55}ma^{31}kuaŋ^{24}麻秆

苎麻tɕy^{55}ma^{31}

葵花子k^{h}ui^{31}xua^{21}tsɿ^{24}

瓜瓜kua^{55}kua^{21}白地瓜

豆芽təy^{55}ia^{31}

白芽芋pɤ^{55}ia^{31}y^{35}芽是白的芋头

红芽芋xoŋ^{33}ia^{31}y^{35}芽是红的芋头

槟榔芋piŋ^{55}laŋ^{31}y^{35}大个儿的芋头

莲子lieŋ^{31}tsɿ^{24}

黑豆xɤ^{33}təy^{35}

红米豆xoŋ^{33}mi^{33}təy^{35}红小豆

春豆ts^{h}ueiŋ^{33}təy^{35}扁豆

四季豆sɿ^{55}ki^{33}təy^{35}

苦瓜k^{h}u^{31}kua^{21}

冬瓜toŋ^{55}kua^{21}

葫芦xu^{31}lu^{31}

瓠子xu^{35}tsɿ^{0}

　葫芦瓜xu^{33}lu^{31}kua^{21}

葱头ts^{h}oŋ^{55}t^{h}əy^{31}葱白

葱花ts^{h}oŋ^{55}xua^{21}

*蒜弓suaŋ^{55}kioŋ^{21}

蒜泥suaŋ^{55}li^{31}

韭黄kiu^{31}xuaŋ^{31}

苋菜xaŋ^{55}ts^{h}ai^{35}

辣椒炮la^{33}tɕiau^{33}p^{h}au^{35}柿子椒

　灯笼椒teiŋ^{55}loŋ^{31}tɕiau^{21}

　菜椒 tsʰai^{55}tɕiau^{21}

辣椒粉 la^{33}tɕiau^{55}xueiŋ^{24} 辣椒面

　辣椒末 la^{33}tɕiau^{55}moʔ^{3}

辣椒酱 la^{33}tɕiau^{33}tɕiaŋ^{35}

芥菜 kai^{55}tsʰai^{35}

建⁼末 kieŋ^{55}moʔ^{3} 芥末

胡椒 xu^{31}tɕiau^{21}

洋白菜旱 iaŋ^{33}pɤ^{55}tsʰai^{35} 卷心菜

　包菜 pau^{33}tsʰai^{35}

小白菜 siau^{21}pɤ^{33}tsʰai^{35}

花瓶菜 xua^{55}pʰiŋ^{31}tsʰai^{35} 冬季种的菜叶小而菜白部分大的小白菜，口感较好

上海青 siaŋ^{55}xai^{31}tɕʰiŋ^{21} 冬季种的小白菜

四月慢 sɿ^{55}ye^{55}maŋ^{35} 四月份种植、菜蔸较大的小白菜，口感不好

莴菜 o^{33}tsʰai^{35} 生菜

萝卜叶 lo^{21}pu^{35}ieʔ^{3} 萝卜缨

萝卜干 lo^{21}pu^{35}kaŋ^{21}

高笋 kau^{55}seiŋ^{24} 茭白

油菜籽 iu^{33}tsʰai^{55}tsɿ^{24}

蕹菜 oŋ^{55}tsʰai^{35} 空心菜

菜球 tsʰai^{55}kʰiu^{31} 苤蓝

荠菜 ki^{55}tsʰai^{35}

菜皮 tsʰai^{55}pʰi^{31} 菜帮子

菜秧 tsʰai^{55}iaŋ^{21} 菜苗

树林 sy^{55}liŋ^{31}

树苗 sy^{55}miau^{31}

树□ sy^{55}kʰua^{24} ①树梢。②树枝

树根 sy^{55}keiŋ^{21}

树叶 sy^{55}ieʔ^{3}

栽树 tsai^{33}sy^{35} 种树

　栽柴 tsai^{55}tsʰai^{31}

砍树 kʰaŋ^{21}sy^{35} 砍柴

　砍柴 kʰaŋ^{31}tsʰai^{31}

松柴毛 tsʰoŋ^{33}tsʰai^{33}mau^{31} 松针

松柴子 tsʰoŋ^{33}tsʰai^{33}tsɿ^{24} 松球

松柴油 tsʰoŋ^{33}tsʰai^{33}iu^{31} 未加工的松脂

松香 soŋ^{55}xiaŋ^{21}

□刺 tsʰa^{33}tsʰɿ^{35} 杉针

杉柴棍 sa^{55}tsʰai^{31}kueiŋ^{35} 杉篙

蚕叶树 tsʰaŋ^{33}ie^{55}sy^{35} 桑树

蚕叶籽 tsʰaŋ^{33}ie^{55}tsɿ^{24} 桑葚儿

　蚕籽 tsʰaŋ^{21}tsɿ^{24}

蚕蛋 tsʰaŋ^{21}taŋ^{35} 蚕卵

蚕叶 tsʰaŋ^{31}ieʔ^{3} 桑叶

杨树 iaŋ^{21}sy^{35}

刺条 tsʰɿ^{55}tʰiau^{31} 荆条

桐子树 tʰoŋ^{21}tsɿ^{21}sy^{35} 桐油树

　油桐树 iu^{33}tʰoŋ^{33}sy^{35}

桐子 tʰoŋ^{31}tsɿ^{24}

桐油 tʰoŋ^{31}iu^{31}

苦椎树 kʰu^{31}tsui^{21}sy^{35} 苦楝树

红豆杉 xoŋ^{21}tɵy^{55}siaŋ^{21} 红豆树

毛竹 mau^{31}tsuʔ^{3}

绿竹 lu^{55}tsuʔ^{3}

斑竹 paŋ^{55}tsuʔ^{3}

绵竹 mieŋ^{31}tsuʔ^{3}

苦竹 kʰu^{33}tsuʔ^{3}

四方竹 sɿ^{55}xuaŋ^{33}tsuʔ^{3} 方竹

冬笋 toŋ^{55}seiŋ^{24}

春笋 tsʰueiŋ^{55}seiŋ^{24}

笋壳 seiŋ^{33}kʰoʔ^{3}

竹篙 tsu^{55}kau^{21} ①竹竿。②竹篙

竹叶 tsu^{55}ieʔ^{3}

*篾子 meʔ^{3}tsɿ^{0}

篾片 me^{33}p^{h}ieŋ^{35}

篾瓤 me^{55}laŋ^{31} 篾黄

篾青 me^{55}tɕ^{h}iŋ^{21}

干果 kaŋ^{55}ko^{24}

柰子 lai^{35}tsɿ^{0} 油柰，也称青柰，一种水果，果形像桃，质似李

*芭蕉 pa^{55}tɕiau^{21}

香蕉 xiaŋ^{55}tɕiau^{21}

苹果仔 p^{h}iŋ^{33}ko^{33}tsai^{24} 沙果

大枣 ta^{55}tsau^{24} 绿色的新鲜的枣子

枇杷 p^{h}i^{31}p^{h}a^{31}

柿子饼 sɿ^{35}tsɿ^{0}piŋ^{24} 柿饼

红橘瓤 xoŋ^{33}ki^{55}laŋ^{31} 橘络，即橘瓣上的丝儿

金橘 kiŋ^{55}kiʔ^{3}

橙子早 t^{h}eiŋ^{31}tsɿ^{0}

柑子 kaŋ^{21}tsɿ^{0} 橙子和柑子的统称

木瓜 mu^{55}kua^{21}

*宝圆早 pau^{31}yeŋ^{31}

龙眼 loŋ^{21}ieŋ^{24}

宝圆干早 pau^{55}yeŋ^{31}kaŋ^{21} 干龙眼的果肉

桂圆干 kui^{55}yeŋ^{31}kaŋ^{21}

龙眼干 loŋ^{33}ieŋ^{31}kaŋ^{21}

荔枝 li^{55}tɕi^{21}

芒果 maŋ^{21}ko^{24}

菠萝 po^{55}lo^{31}

橄榄 kaŋ^{21}laŋ^{24}

板栗 paŋ^{21}li^{35}

西瓜 si^{55}kua^{21}

西瓜子 si^{55}kua^{55}tsɿ^{24}

瓜子 kua^{55}tsɿ^{24}

甜瓜 t^{h}ieŋ^{31}kua^{21}

葡萄 p^{h}u^{55}t^{h}au^{31}

葡萄干 p^{h}u^{55}t^{h}au^{31}kaŋ^{21}

花生仁 xua^{55}seiŋ^{55}iŋ^{31} ①花生米。②喻指蚕蛹

花生米 xua^{55}seiŋ^{55}mi^{24}

花生皮 xua^{55}seiŋ^{55}p^{h}i^{31} 花生米外面的红皮

木樨花早 mu^{33}si^{55}xua^{21}

桂花 kui^{55}xua^{21}

菊花 ky^{55}xua^{21}

莲子叶 lieŋ^{33}tsɿ^{33}ieʔ^{3} 荷叶

莲叶 lieŋ^{31}ieʔ^{3}

莲蓬 lieŋ^{31}p^{h}oŋ^{31}

水仙花 sui^{33}sieŋ^{55}xua^{21}

茉莉花 mo^{33}li^{55}xua^{21}

害羞草早 xai^{55}siu^{33}ts^{h}au^{24} 含羞草

含羞草 xaŋ^{33}siu^{55}ts^{h}au^{24}

满天星 muaŋ^{33}t^{h}ieŋ^{55}siŋ^{21}

喇叭花 la^{55}pa^{21}xua^{21} 牵牛花

牵牛花 k^{h}ieŋ^{55}liu^{31}xua^{21}

满山红早 muaŋ^{33}siaŋ^{55}xoŋ^{31}

杜鹃花 tu^{55}kyeŋ^{33}xua^{21}

芙蓉花 xu^{33}loŋ^{31}xua^{21}

万年青 uaŋ^{55}lieŋ^{31}tɕ^{h}iŋ^{21}

仙人掌 sieŋ^{55}iŋ^{31}tɕiaŋ^{24}

花叶 xua^{55}ieʔ^{3} 花瓣

花片 xua^{55}p^{h}ieŋ^{35}

花心 xua^{55}siŋ^{21} 花蕊

丝茅 sɿ^{55}mau^{31} 芦苇

像铜绿 siaŋ^{55}t^{h}oŋ^{31}luʔ^{3} 青苔

六　动物

*头牲 t^{h}øy^{31}seiŋ^{21}

马公 ma^{31}koŋ^{21} 公马

马母 ma^{21}mu^{24} 母马

黄牛 uaŋ^{31}liu^{31}

水牛 sui^{31}liu^{31}

牛仔 liu^{21}tsai^{24} 牛犊

驴公 ly^{31}koŋ^{21} 公驴

驴母 ly^{21}mu^{24} 母驴

骆驼 lo^{55}t^{h}o^{31}

绵羊 mieŋ^{31}iaŋ^{31}

山羊 siaŋ^{55}iaŋ^{31}

*羊仔 iaŋ^{21}tsai^{24}

狗仔 køy^{21}tsai^{24} 小狗

哈巴狗 xa^{55}pa^{55}køy^{24}

豮猪 teiŋ^{55}tçy^{21} 阉猪

*鸡公仔 ki^{55}koŋ^{55}tsai^{24}

鸡健 ki^{33}luaŋ^{35} 未成年的小母鸡

　鸡健仔 ki^{33}luaŋ^{55}tsai^{24}

豮鸡 teiŋ^{55}ki^{21} 阉鸡

赖步婆 lai^{33}pu^{55}p^{h}o^{31} 正在孵蛋的母鸡

*鸡仔 ki^{55}tsai^{24}

鸡□ ki^{55}søy^{24} 半大鸡，包括公鸡和母鸡

鸡□□ ki^{21}tçiu^{55}tçiu^{35} 鸡冠

鸡脚 ki^{55}kyoʔ^{3} 活鸡的爪子

　鸡爪 ki^{55}tsua^{24} 可以做菜的

鸭公 a^{55}koŋ^{21} 公鸭

　鸭雄□ a^{55}xioŋ^{31}k^{h}iŋ^{35} 菜鸭中的公鸭

　全番公 tç^{h}yeŋ^{33}xuaŋ^{55}koŋ^{21} 全番鸭中的公鸭，肉多个头大

鸭母 a^{55}mu^{24} 母鸭

*鸭仔 a^{55}tsai^{24}

鸭蛋 a^{33}taŋ^{35}

鹅仔 o^{21}tsai^{24} 小鹅

*供 kioŋ^{21}

*野头牲旱 ie^{31}t^{h}øy^{31}seiŋ^{21}

　野兽 ie^{21}siu^{35}

狮子 sɿ^{21}tsɿ^{0}

老虎母 lau^{33}xu^{33}mu^{24} 雌虎

　母老虎 mu^{33}lau^{33}xu^{24}

熊 xioŋ^{31}

豹仔 pau^{55}tsai^{24} 豹

狐狸 xu^{31}li^{31}

老鼠□ lau^{33}tç^{h}y^{33}xiŋ^{35} 黄鼠狼

　黄鼠狼 uaŋ^{33}tç^{h}y^{33}laŋ^{31}

马蛇 ma^{31}se^{31} 蜥蜴

　四脚蛇 sɿ^{55}kyoʔ^{3}se^{31}

大雁 ta^{55}ieŋ^{35}

斑鸠 paŋ^{55}tçiu^{21}

　野鸽子 ie^{24}koʔ^{3}tsɿ^{0}

鹌鹑鸡 aŋ^{55}tç^{h}yeŋ^{31}ki^{21} 鹌鹑

鹧鸪 tse^{55}ku^{21}

□鸪 tu^{55}ku^{21} 布谷鸟

啄木鸟 tso^{55}mu^{55}liau^{24}

夜猫鹰 ie^{55}mau^{33}iŋ^{21} 猫头鹰

　猫头鹰 mau^{55}t^{h}øy^{31}iŋ^{21}

鹦鹉 iŋ^{55}u^{24}

□□ pa^{21}pa^{35} 八哥

白□ pɤ^{55}xaŋ^{31} 白鹤

老鹞 lau^{21}iau^{35} 老鹰

　老鹰 lau^{21}iŋ^{21}

山鸡 siaŋ^{55}ki^{21} 野鸡

野鸭 ie^{33}aʔ^{3}

鸬鹚 lu^{31}ts^{h}ɿ^{31}

白鹭 pɤ^{33}lu^{35} 鹭鸶

嘴□ tsui^{33}keʔ^{3} 禽鸟类的尖尖的嘴

蚕茧ts^{h}aŋ^{21}kieŋ^{24}

蚕屎ts^{h}aŋ^{21}si^{24}蚕沙，家蚕的屎

爬拉猴p^{h}a^{33}la^{33}xøy^{31}金蝉

地老虎ti^{55}lau^{31}xu^{24}吃菜叶、幼苗的一种害虫

蛛蟮公tɕy^{33}sieŋ^{55}koŋ^{21}百足虫

湖蜞xu^{31}k^{h}i^{31}①蜗牛。②蚂蟥

蜞螺k^{h}i^{31}lo^{31}可食用的小螺

车屎皇帝ts^{h}e^{55}si^{24}xuaŋ^{21}ti^{35}蜣螂

蜈蚣y^{31}koŋ^{21}

牛魔王liu^{33}mo^{31}uaŋ^{31}天牛

蝎子seʔ^{3}tsɿ^{0}

*壁公蛇pi^{33}koŋ^{55}se^{31}

辣仔la^{55}tsai^{24}毛虫

米虫mi^{31}ts^{h}oŋ^{31}米里的米色肉虫

蚜虫ia^{55}ts^{h}oŋ^{31}

　蚜ia^{35}稻子里的蚜虫

　□p^{h}i^{21}专门吃菜的蚜虫

牛苍蝇liu^{31}ts^{h}aŋ^{33}iŋ^{21}牛虻

□□uaŋ^{31}tsaʔ^{3}蟑螂

□□tɕiau^{55}maŋ^{24}螳螂

蝗虫xuaŋ^{31}ts^{h}oŋ^{31}

黄蜂□uaŋ^{31}p^{h}oŋ^{21}li^{35}马蜂

叮tiŋ^{21}蜇

蜂窝p^{h}oŋ^{55}o^{21}

萤火虫iaŋ^{33}xo^{33}ts^{h}oŋ^{31}

臭屁虫tɕ^{h}iu^{55}p^{h}i^{55}ts^{h}oŋ^{31}椿象

飞蛾xui^{55}o^{31}灯蛾

硬壳虫iŋ^{55}k^{h}o^{33}ts^{h}oŋ^{31}瓢虫

　瓢虫p^{h}iau^{31}ts^{h}oŋ^{31}

扁鱼pieŋ^{31}y^{31}鳊鱼

大头鲢ta^{55}t^{h}øy^{31}lieŋ^{31}

白鲢pɤ^{55}lieŋ^{31}

草鱼ts^{h}au^{31}y^{31}

黄瓜鱼uaŋ^{33}kua^{55}y^{31}黄鱼

　瓜鱼kua^{55}y^{31}

半边鱼puaŋ^{55}pieŋ^{33}y^{31}比目鱼

鳗鱼muaŋ^{31}y^{31}

　鳗muaŋ^{31}

带鱼tai^{55}y^{31}

鲈鱼lu^{31}y^{31}

鳜鱼kui^{55}y^{31}

□□t^{h}ieŋ^{31}laŋ^{31}鲇鱼

　胡子鱼xu^{31}tsɿ^{0}y^{31}

白刀pɤ^{55}tau^{21}白鲦鱼

黑鱼xɤ^{55}y^{31}

目鱼mu^{55}y^{31}墨鱼

鱿鱼iu^{31}y^{31}

金鱼kiŋ^{55}y^{31}

鳅tɕ^{h}iu^{21}泥鳅

鳝鱼sieŋ^{55}y^{31}

鱼干y^{31}kaŋ^{21}鲞

鱼刺y^{21}ts^{h}ɿ^{35}

鱼泡y^{21}p^{h}au^{35}鱼鳔

鱼翅膀y^{33}tɕ^{h}i^{55}paŋ^{24}鱼鳍

鱼鳃y^{31}sai^{21}

鱼子y^{21}tsɿ^{24}鱼的卵

　鱼卵y^{21}luaŋ^{24}

　鱼春y^{31}ts^{h}ueiŋ^{21}

鱼苗y^{31}miau^{31}

　鱼仔y^{21}tsai^{24}

钓鱼tiau^{55}y^{31}

鱼竿y^{31}kaŋ^{21}

鱼钩y^{31}køy^{21}

鱼篓y^{21}løy^{24}

渔网 y^{21}uaŋ^{24}

*虾公仔 xa^{55}koŋ^{55}tsai^{24}

虾仁 xia^{55}iŋ^{31} 鲜虾仁

　虾米糠 xa^{55}mi^{31}kʰaŋ^{21} 干虾仁

虾春 xa^{55}tsʰueiŋ^{21} 虾子，即虾的卵，干制后做调味品

乌龟 u^{55}kui^{21}

蠘 tɕʰieʔ^{3} 海蟹

膏 kau^{21} 蟹黄

棺材板 kuaŋ^{55}tsʰai^{31}paŋ^{24} 青绿色的体形较瘦的青蛙

蛤蟆鎚 xa^{33}ma^{31}tsʰui^{31} 蝌蚪

蛤 kaʔ^{3} 蛤蜊

　花蛤 xua^{55}kaʔ^{3}

海蜊 xai^{21}li^{35} 牡蛎

螺蛳 lo^{31}sɿ^{21}

蚌□ paŋ^{55}laŋ^{35} 蚌

七　房舍

门口坪 meiŋ^{33}kʰøy^{33}pʰiŋ^{31} 院子

围墙 ui^{31}tɕʰiaŋ^{31}

挡墙 taŋ^{31}tɕʰiaŋ^{31} 影壁

土库 tʰu^{21}kʰu^{35} ①放置杂物、酒等的场所。②磨房

外房间 uai^{55}xaŋ^{31}kieŋ^{21} 外间

内房间 lui^{55}xaŋ^{31}kieŋ^{21} 里间

　里房间 li^{31}xaŋ^{31}kieŋ^{21}

正房 tseiŋ^{55}xuaŋ^{31}

楼仔 løy^{31}tsai^{24} 正房旁边的偏屋

　厢房 siaŋ^{55}xuaŋ^{31}

客厅 kʰɤ^{55}tʰiŋ^{21}

平房 pʰiŋ^{31}xuaŋ^{31}

楼房 løy^{31}xuaŋ^{31}

洋房 iaŋ^{31}xuaŋ^{31}

　洋楼 iaŋ^{31}løy^{31}

楼上 løy^{21}siaŋ^{35}

楼下 løy^{21}xa^{35}

门楼 meiŋ^{31}løy^{31}

阁楼 ko^{55}løy^{31}

阳台 iaŋ^{31}tʰai^{31} ①阳台。②晒台

　凉台 liaŋ^{31}tʰai^{31} 阳台

瓦洞顶 ua^{31}toŋ^{35}tiŋ^{24} 房脊

　瓦洞 ua^{21}toŋ^{35}

瓦顶 ua^{21}tiŋ^{24} 房顶

瓦檐 ua^{31}ieŋ^{31} 房檐

梁 liaŋ^{31}

搁仔板 ko^{55}tsai^{21}paŋ^{24} 椽子

柱头石 tɕy^{55}tʰøy^{21}siʔ^{3} 柱下石

*坎层 kʰaŋ^{31}tsʰeiŋ^{31}

天花板 tʰieŋ^{55}xua^{55}paŋ^{24}

大门斗 ta^{55}meiŋ^{21}tøy^{24} 支撑大门转动的门墩

后门 xøy^{55}meiŋ^{31}

边门 pieŋ^{55}meiŋ^{31}

　小门 siau^{31}meiŋ^{31}

门后 meiŋ^{21}xøy^{35}

门销 meiŋ^{31}siau^{21}

　门栓 meiŋ^{31}suaŋ^{21}

门 meiŋ^{31}

锁头 so^{31}tʰøy^{31}

窗门 tsʰuaŋ^{55}meiŋ^{31}

窗台 tsʰuaŋ^{55}tʰai^{31}

廊舷 laŋ^{31}xieŋ^{31} 走廊

　走廊 tsøy^{31}laŋ^{31}

弄道 loŋ^{55}tau^{35} ①过道。②楼道

楼旁 ləy^{31}p^{h}aŋ^{31} 楼板

楼板 ləy^{21}paŋ^{24}

马棚 ma^{31}p^{h}oŋ^{31} 本地没有马，所以没有专门的称呼，此处是转说普通话的说法

牛栏 liu^{31}laŋ^{31} 牛圈

猪潲槽 tɕy^{21}sau^{55}ts^{h}au^{31} 猪食槽

潲槽 sau^{55}ts^{h}au^{31}

羊栏 iaŋ^{31}laŋ^{31} 羊圈

狗窝 kəy^{31}o^{21}

鸡窝 ki^{55}o^{21}

鸡笼 ki^{55}loŋ^{31}

鸡罩 ki^{33}tɕiau^{35} 罩鸡的器具，一般是竹制的

鸭仔笼 a^{55}tsai^{21}loŋ^{31} 装小鸡、小鸭的笼子，一般是竹制的

鸟窝 liau^{31}o^{21}

麻雀窝 ma^{33}tɕ^{h}yo^{55}o^{21}

*燕子宫 ieŋ^{35}tsɿ^{0}koŋ^{21}

柴火堆 ts^{h}ai^{33}xo^{31}tui^{21} 柴草垛

八　器具用品

圆桌 yeŋ^{55}tsoʔ^{3}

四方桌 sɿ^{55}xuaŋ^{21}tsoʔ^{3} 方桌

八仙桌旧 pa^{55}sieŋ^{21}tsoʔ^{3}

办公桌 paŋ^{55}koŋ^{21}tsoʔ^{3}

饭桌 xuaŋ^{55}tsoʔ^{3}

桌布 tso^{33}pu^{35} 台布

桌围 tso^{55}ui^{31} 庙里供奉菩萨或旧时大户人家供奉祖先摆放蜡烛的桌子前面的围布

靠背椅 k^{h}au^{55}pui^{55}i^{24} ①靠背椅。②躺椅

靠椅 k^{h}au^{55}i^{24} 靠背椅

躺椅 t^{h}aŋ^{21}i^{24}

靠背 k^{h}au^{55}pui^{35} 椅子背儿

横杠 xeiŋ^{21}kaŋ^{35} 椅子掌儿

长凳 tɕ^{h}iaŋ^{21}teiŋ^{35} 长条形的板凳

四方凳 sɿ^{55}xuaŋ^{33}teiŋ^{35} 方凳

*凳头 teiŋ^{55}t^{h}əy^{31}

*凳仔 teiŋ^{55}tsai^{24}

圆凳 yeŋ^{21}teiŋ^{35}

高凳头 kau^{33}teiŋ^{55}t^{h}əy^{31} 高凳子

活动椅 xo^{33}toŋ^{55}i^{24} 马扎

垫跪 tieŋ^{55}kui^{35} 蒲团

拜垫 pai^{55}tieŋ^{35}

铺板 p^{h}u^{55}paŋ^{24}

床铺板 ts^{h}uaŋ^{33}p^{h}u^{55}paŋ^{24}

棕床 tsoŋ^{55}ts^{h}uaŋ^{31} 棕绷

藤床 t^{h}eiŋ^{31}ts^{h}uaŋ^{31} 用藤条制成的床垫

竹床 tsu^{55}ts^{h}uaŋ^{31}

蠓帐钩 moŋ^{33}tɕiaŋ^{55}kəy^{21} 帐钩

蠓帐帘 moŋ^{33}tɕiaŋ^{55}lieŋ^{31} 帐檐儿

毯子 t^{h}aŋ^{24}tsɿ^{0}

被里 pi^{35}li^{24}

被面 pi^{35}mieŋ^{35}

被套 pi^{35}t^{h}au^{35}

篾席 me^{55}siʔ^{3}

竹席 tsu^{55}siʔ^{3}

枕头套 tseiŋ^{31}t^{h}əy^{21}t^{h}au^{35}

枕头芯 tseiŋ^{31}t^{h}əy^{31}siŋ^{21}

梳妆台 su^{55}tsuaŋ^{55}t^{h}ai^{31}

水银镜 sui^{31}iŋ^{21}kiŋ^{35} 镜子

镜子 kiŋ^{35}tsɿ^{0}

皮箱 p^{h}i^{31}siaŋ^{21}

藤箱 t^{h}eiŋ^{31}siaŋ^{21} 藤条编成的箱子

柴箱 ts^{h}ai^{31}siaŋ^{21} 木箱子

衣裳架 i^{55}siaŋ^{31}kia^{35} ①立在地上的衣架。②晾

衣架

尿壶 liau^{55}xu^{31} 夜壶

火熥 xo^{31}t^{h}oŋ^{21} 手炉

火盆 xo^{55}p^{h}eiŋ^{31}

暖水壶 nuaŋ^{33}sui^{31}xu^{31} 汤壶

热水壶 ie^{55}sui^{31}xu^{31} 保温用的旧式茶壶

风箱 xoŋ^{55}siaŋ^{21}

通灰钩 t^{h}oŋ^{55}xui^{55}kəy^{21} 通炉子用的通条

通条 t^{h}oŋ^{55}t^{h}iau^{31}

通火刀 t^{h}oŋ^{55}xo^{31}tau^{21} 通炉灰的刀具，长刀柄，刀子狭长，刀口钝

铁钳 t^{h}e^{55}k^{h}ieŋ^{31} 火钳

火钳 xo^{31}k^{h}ieŋ^{31}

火铲 xo^{21}tɕ^{h}iaŋ^{24} 铲炉灰用的铲子

破山刀 p^{h}o^{55}siaŋ^{33}tau^{21} 开山路的刀，刀柄较长

破仔 p^{h}o^{55}tsai^{24} 小的破山刀

麦秆 mɤ^{55}kaŋ^{24} 麦秸

高粱管 kau^{55}liaŋ^{31}kuaŋ^{24} 高粱秆儿

豆壳 təy^{55}k^{h}oʔ^{3} 包括豆秸和豆壳，没有分称

*锯屑 ky^{55}syeʔ^{3}

*锯糠 ky^{55}k^{h}aŋ^{21}

柴皮□ ts^{h}ai^{31}p^{h}i^{31}k^{h}au^{35} 刨花

锅烟 ko^{55}ieŋ^{21} 锅底上的烟灰

烟囱 ieŋ^{55}ts^{h}oŋ^{21}

铝锅 ly^{31}ko^{21}

砂锅 sa^{55}ko^{21}

前锅 tɕ^{h}ieŋ^{31}ko^{21} 前面的大锅，也是主锅，一般用来做饭

后锅 xəy^{55}ko^{21} 后面的小锅，一般用来烧水

大锅 ta^{55}ko^{21}

小锅 siau^{31}ko^{21}

锅盖 ko^{33}kai^{35}

锅铲 ko^{55}tɕ^{h}iaŋ^{24}

*篷秆 p^{h}oŋ^{21}kaŋ^{24}

水壶 sui^{31}xu^{31} 烧开水用的壶

碗头公 uaŋ^{55}t^{h}əy^{31}koŋ^{21} 旧时的一种大碗

海碗 xai^{21}uaŋ^{24}

洋铁碗 iaŋ^{33}t^{h}e^{55}uaŋ^{24} 搪瓷碗

牙够$^{=}$ ia^{21}kəy^{35} 搪瓷缸，带把儿的

杯子 pui^{21}tsɿ^{0} 包括大大小小的茶杯、酒杯

碟子 teʔ^{3}tsɿ^{0}

盘盘早 p^{h}uaŋ^{31}p^{h}uaŋ^{31} 盘子

盘子 p^{h}uaŋ^{31}tsɿ^{0}

饭瓢 xuaŋ^{55}p^{h}iau^{31} 饭勺

筷桶 k^{h}uai^{55}t^{h}oŋ^{24} 放筷子用的筷笼

茶盘 ts^{h}a^{31}p^{h}uaŋ^{31} 瓷的、碟形的茶托

茶杯 ts^{h}a^{31}pui^{21}

酒杯 tɕiu^{31}pui^{21}

酒壶 tɕiu^{31}xu^{31}

酒漏 tɕiu^{21}ləy^{35} 给水酒去渣的竹制漏斗

罐子 kuaŋ^{35}tsɿ^{0}

水管 sui^{31}kuaŋ^{24} 竹制的舀水瓢

笊篱 tɕiau^{55}li^{31}

耙箕 p^{h}a^{31}ki^{21} 筲箕，即盛米、淘米的扁形竹筐

洗锅帚 si^{33}ko^{55}tɕiu^{24} 锅刷

杯盖 pui^{33}kai^{35}

瓶瓶盖早 p^{h}iŋ^{33}p^{h}iŋ^{33}kai^{35} 瓶盖

瓶塞 p^{h}iŋ^{31}sɤʔ^{3}

瓶盖 p^{h}iŋ^{21}kai^{35}

芋头耙 y^{55}t^{h}əy^{31}p^{h}a^{31} 礤床

菜墩 ts^{h}ai^{55}teiŋ^{35} 比较厚重的砧板，一般用来剁骨头

菜板 ts^{h}ai^{55}paŋ^{24} 砧板

面板 mieŋ^{55}paŋ^{24}

铁轮床tʰe^{55}lueiŋ^{31}tsʰuaŋ^{31}研船。一种铁制的研药材用具，船形

磨粉槽mo^{55}xueiŋ^{31}tsʰau^{31}

饭甑xuaŋ^{55}tseiŋ^{35}蒸饭用的木制圆形器具

蒸床早tseiŋ^{55}tsʰuaŋ^{31}蒸笼

笼床loŋ^{31}tsʰuaŋ^{31}

蒸笼tseiŋ^{55}loŋ^{31}

菜架tsʰai^{55}kia^{35}蒸食物用的箅子

饭甑箅xuaŋ^{35}tseiŋ^{33}pi^{35}饭甑底部用来隔水的木板

水缸sui^{31}kaŋ^{21}

潲缸sau^{55}kaŋ^{21}泔水缸

潲水sau^{55}sui^{24}泔水

抹桌布ma^{33}tso^{33}pu^{35}抹布

拖把tʰo^{55}pa^{24}

推扒tʰui^{55}pʰa^{31}刨子

锯子ky^{35}tsɿ^{0}

凿凿tso^{55}tsoʔ^{3}凿子

尺tɕʰiʔ^{3}

角尺kyo^{55}tɕʰiʔ^{3}曲尺

角度尺kyo^{33}tu^{55}tɕʰiʔ^{3}折尺

度尺tu^{55}tɕʰiʔ^{3}

卷尺kyeŋ^{33}tɕʰiʔ^{3}

墨斗mɤ^{55}tøy^{24}

墨斗线mɤ^{55}tøy^{31}sieŋ^{35}

按钉aŋ^{55}tiŋ^{21}图钉

夹夹ka^{55}kaʔ^{3}①夹子。②镊子

洋钳早iaŋ^{31}kʰieŋ^{31}老虎钳

老虎钳lau^{33}xu^{33}kʰieŋ^{31}

铁线tʰe^{55}sieŋ^{35}铁丝

合页早xo^{55}ieʔ^{3}

蝴蝶牌xu^{33}tʰe^{33}pʰai^{31}

砖刀tɕyeŋ^{55}tau^{21}瓦刀

泥刮li^{31}kuaʔ^{3}抹子

泥板li^{31}paŋ^{24}瓦工用来盛抹墙物的木板

麻筋ma^{31}kiŋ^{21}抹墙用的碎麻，放在泥灰中增加凝聚力

灰桶xui^{55}tʰoŋ^{24}灰兜子，灰斗

錾子tsaŋ^{35}tsɿ^{0}小凿

*牛角凳liu^{33}kyo^{55}teiŋ^{35}

秧板iaŋ^{55}paŋ^{24}插秧时装秧苗的齿形有梁的农具

剃头刀tʰi^{55}tʰøy^{31}tau^{21}剃刀

剃头扒tʰi^{55}tʰøy^{31}pʰa^{31}推子

手推剪siu^{33}tʰui^{55}tɕieŋ^{24}

剃头剪tʰi^{55}tʰøy^{31}tɕieŋ^{24}理发剪

刀布tau^{33}pu^{35}鐾刀布

刮布kua^{33}pu^{35}

剃头椅tʰi^{55}tʰøy^{31}i^{24}理发椅

洋车iaŋ^{31}tsʰe^{21}缝纫机

剪刀嘴tɕieŋ^{31}tau^{55}tsui^{24}剪刀尖

烫斗tʰaŋ^{55}tøy^{24}熨斗

电烫斗tieŋ^{55}tʰaŋ^{55}tøy^{24}电熨斗

电烙铁tieŋ^{55}lo^{33}tʰeʔ^{3}

棉花弓mieŋ^{33}xua^{55}koŋ^{21}弹棉花的弓

织布机tsɿ^{33}pu^{55}ki^{21}

栓suaŋ^{21}织布用的梭

脸盆架lieŋ^{31}pʰeiŋ^{21}kia^{35}

洗澡盆si^{33}tsau^{33}pʰeiŋ^{31}

澡盆tsau^{31}pʰeiŋ^{31}

香皂xiaŋ^{33}tsau^{35}

胰皂粉i^{33}tsau^{55}xueiŋ^{24}洗衣粉

洗衣粉si^{33}i^{55}xueiŋ^{24}

洗脚盆si^{33}kyo^{55}pʰeiŋ^{31}

　脚盆 kyo^{55}p^{h}eiŋ^{31}

擦脚布 ts^{h}a^{33}kyo^{33}pu^{35}

汽灯 k^{h}i^{55}teiŋ^{21}

洋油灯 iaŋ^{33}iu^{31}teiŋ^{21} 煤油灯

灯芯 teiŋ^{55}siŋ^{21}

灯罩 teiŋ^{33}tɕiau^{35}

灯盏 teiŋ^{55}tɕiaŋ^{24}

灯草 teiŋ^{55}ts^{h}au^{24}

　灯芯草 teiŋ^{55}siŋ^{55}ts^{h}au^{24}

灯油 teiŋ^{55}iu^{31}

灯笼 teiŋ^{55}loŋ^{31}

包包 pau^{55}pau^{21} 包，统称

手提包 siu^{55}t^{h}i^{31}pau^{21}

票夹 p^{h}iau^{55}kaʔ^{3}

　钱包 tɕ^{h}ieŋ^{31}pau^{21}

印子 iŋ^{35}tsɿ^{0} 印章

测远镜 ts^{h}e^{55}yeŋ^{31}kiŋ^{35} 望远镜

*大头镜 ta^{55}t^{h}øy^{31}kiŋ^{35}

　放大镜 xuaŋ^{55}ta^{33}kiŋ^{35}

糨糊 tɕiaŋ^{55}xu^{31}

针锥 tseiŋ^{55}tsui^{21} 顶针

滚轮子 kueiŋ^{31}lueiŋ^{31}tsɿ^{0} 线轴儿

针洞 tseiŋ^{33}toŋ^{35} 针鼻，即针上引线的孔

针尖 tseiŋ^{55}tɕieŋ^{21}

针脚 tseiŋ^{55}kyoʔ^{3}

穿针 tɕ^{h}yeŋ^{55}tseiŋ^{21}

□钻 u^{55}tsuaŋ^{35} 锥子

耳朵扒 o^{33}to^{33}p^{h}a^{31} 耳挖子

衣裳板 i^{55}siaŋ^{31}paŋ^{24} 洗衣板

衣裳棍 i^{55}siaŋ^{31}kueiŋ^{35} 洗衣服用的棒槌

鸡毛刷 ki^{55}mau^{31}suaʔ^{3} 鸡毛掸子

扇子 sieŋ^{35}tsɿ^{0}

蒲扇 p^{h}u^{21}sieŋ^{35}

拐杖 kuai^{21}tɕiaŋ^{35}

草纸 ts^{h}au^{21}tɕi^{24} 手纸

九　称谓

*老货头 lau^{33}xo^{55}t^{h}øy^{31}

后生仔 xøy^{55}seiŋ^{33}tsai^{24} 小伙子

城市人 ts^{h}eiŋ^{31}sɿ^{55}iŋ^{31} 城里人

乡巴佬 xiaŋ^{55}pa^{55}lau^{24}

　乡里人 xiaŋ^{55}li^{24}iŋ^{31} 乡下人

本家 peiŋ^{31}kia^{21} 同宗同姓的人

外地人 uai^{55}ti^{55}iŋ^{31}

本地人 peiŋ^{31}ti^{55}iŋ^{31}

外国人 uai^{55}ko^{33}iŋ^{31}

南洋客 laŋ^{33}iaŋ^{33}k^{h}ɤʔ^{3} 华侨

　华侨 xua^{31}k^{h}iau^{31}

自己人 tsɿ^{55}ki^{24}iŋ^{31}

同年 t^{h}oŋ^{31}lieŋ^{31} 同岁

　同龄 t^{h}oŋ^{31}liŋ^{31}

　同岁 t^{h}oŋ^{21}sui^{35}

内行 lui^{55}xaŋ^{31}

外行 uai^{55}xaŋ^{31}

半桶水 puaŋ^{55}t^{h}oŋ^{31}sui^{24} 半瓶醋，比喻性说法

介绍人 kai^{55}siau^{55}iŋ^{31}

青童女 tɕ^{h}iŋ^{55}t^{h}oŋ^{31}ly^{24} 处女

*媳妇仔早 si^{33}xu^{55}tsai^{24}

　童养媳 t^{h}oŋ^{31}iaŋ^{31}siʔ^{3}

二婚亲 ɤ^{55}xueiŋ^{33}tɕ^{h}iŋ^{21} 有一方是二婚的亲事

二婚 ɤ^{55}xueiŋ^{21}

寡妇 kua^{21}xu^{35}

相好 siaŋ^{33}xau^{24} 姘头

□人生的 t^{h}o^{31}iŋ^{31}seiŋ^{21}ti^{0} 私生子

劳改犯 lau^{33}kai^{33}xuaŋ^{35} 囚犯

犯人 xuaŋ^{55}iŋ^{31}

暴发户 pau^{55}xua^{33}xu^{35}

小气鬼 siau^{31}k^{h}i^{55}kui^{24} 吝啬鬼

*败家仔 pai^{55}kia^{33}tsai^{24}

败家鬼 pai^{55}kia^{33}kui^{24}

走江湖的 tsøy^{21}kiaŋ^{55}xu^{31}ti^{0} 卖艺的人

卖艺的 mai^{55}i^{35}ti^{0}

骗子 p^{h}ieŋ^{35}tsɿ^{0}

贩子鬼 xuaŋ^{35}tsɿ^{0}kui^{24} ①小贩。②人贩子

人贩子 iŋ^{21}xuaŋ^{35}tsɿ^{0}

土匪 t^{h}u^{21}xui^{24}

强盗 k^{h}iaŋ^{21}tau^{35}

扒手 p^{h}a^{21}siu^{24}

工作 koŋ^{55}tsoʔ^{3}

工人 koŋ^{55}iŋ^{31}

雇工 ku^{55}koŋ^{21}

长工 tɕ^{h}iaŋ^{31}koŋ^{21}

点工 tieŋ^{31}koŋ^{21} ①短工。②零工

小工 siau^{31}koŋ^{21}

老板 lau^{21}paŋ^{24}

东家 toŋ^{55}kia^{21}

老板娘 lau^{33}paŋ^{33}liaŋ^{31}

*老板嫂 lau^{33}paŋ^{33}sau^{24}

打工的 ta^{31}koŋ^{21}ti^{0}

学徒 xyo^{55}t^{h}u^{31}

徒弟 t^{h}u^{21}ti^{35}

买东西的 mai^{33}toŋ^{55}si^{21}ti^{0} 顾客

摆摊摊的 pai^{31}t^{h}aŋ^{55}t^{h}aŋ^{21}ti^{0} 摊贩

教书先生早 kiau^{55}sy^{21}sieŋ^{55}seiŋ^{21}

老师 lau^{31}sɿ^{21}

学生 xyo^{55}seiŋ^{21}

同学 t^{h}oŋ^{31}xyoʔ^{3}

导伙耍的 tau^{31}xo^{31}sua^{24}ti^{0} 好朋友

当兵的 taŋ^{55}piŋ^{21}ti^{0}

警察 kiŋ^{33}ts^{h}aʔ^{3}

医生 i^{55}seiŋ^{21}

司机 sɿ^{55}ki^{21}

开车的 k^{h}ai^{55}ts^{h}e^{21}ti^{0}

驾驶员 kia^{55}sɿ^{31}yeŋ^{31}

吃水饭的人 tɕ^{h}i^{55}sui^{21}xuaŋ^{35}ti^{0}iŋ^{31} 指在水上挣生活的人，包括撑船、撑筏、捕鱼的人

打锡的 ta^{33}siʔ^{3}ti^{0} 锡匠

打铜的 ta^{31}t^{h}oŋ^{31}ti^{0} 铜匠

打铁的 ta^{33}t^{h}eʔ^{3}ti^{0} 铁匠

打铁佬 ta^{33}t^{h}e^{55}lau^{24} 铁匠，带贬意

补锅的 pu^{31}ko^{21}ti^{0} 补锅匠

补锅佬 pu^{33}ko^{55}lau^{24} 补锅匠，带贬意

打洋铁的 ta^{31}iaŋ^{31}t^{h}eʔ^{3}ti^{0} 焊洋铁的人

剃头佬 t^{h}i^{55}t^{h}øy^{31}lau^{24} 理发师，带贬意

杀猪佬 sa^{55}tɕy^{55}lau^{24} 屠夫，带贬意

搬运工 puaŋ^{33}yŋ^{55}koŋ^{21}

挑夫 t^{h}iau^{55}xu^{21}

轿夫 kiau^{55}xu^{21}

艄公 siau^{55}koŋ^{21}

管家 kuaŋ^{31}kia^{21}

伙计 xo^{21}ki^{35} 合作的人

*契娘 k^{h}i^{55}liaŋ^{31}

契爷 k^{h}i^{55}ie^{31} 奶妈之夫

佣人 ioŋ^{55}iŋ^{31} 仆人

老婢 lau^{21}pi^{35} 女仆人

捡仔婆 kieŋ^{33}tsai^{33}p^{h}o^{31} 接生婆

接生婆 tse^{33}seiŋ^{55}p^{h}o^{31}

十 亲属

长辈 tɕiaŋ^{21}pui^{35}

太公 tʰai^{55}koŋ^{21} 曾祖父

太婆 tʰai^{55}pʰo^{31} 曾祖母

阿哥 a^{55}ko^{21} 爸爸的讳称，呼称。怕直呼“阿爸”不利于父亲的健康、平安，迷信说法是这个孩子命格与父亲不合

　阿叔 a^{55}suʔ^{3}

阿姊 a^{55}tɕi^{24} 妈妈的讳称，呼称。怕直呼“阿［巫⁼媪］”不利于母亲的健康、平安，迷信说法是这个孩子命格与母亲不合

　阿嫂 a^{55}sau^{24}

姑婆 ku^{55}pʰo^{31} 姑奶奶，即父之姑母

　阿姑婆 a^{21}ku^{55}pʰo^{31}

姨娘婆 i^{33}liaŋ^{31}pʰo^{31} 姨奶奶，即父之姨母

同辈 tʰoŋ^{21}pui^{35} 平辈

老婆仔女 lau^{31}pʰo^{31}tsai^{21}ly^{24} 妻儿，合称

阿叔仔 a^{21}su^{55}tsai^{24} 姐夫的弟弟，叙称

阿姑仔 a^{21}ku^{55}tsai^{24} 姐夫的妹妹，叙称

大舅 ta^{55}kiu^{35} 内兄

阿舅仔 a^{21}kiu^{55}tsai^{24} 内弟，叙称

姨娘仔 i^{33}liaŋ^{33}tsai^{24} 小姨子，叙称

阿叔甥子 a^{21}suʔ^{3}seiŋ^{21}tsɿ^{0} 叔侄，合称

堂兄 tʰaŋ^{31}xioŋ^{21} 叙称

堂弟 tʰaŋ^{21}ti^{35} 叙称

堂姐妹 tʰaŋ^{33}tse^{33}mui^{35} 叙称

堂姊 tʰaŋ^{31}tɕi^{21} 堂姐，叙称

堂妹 tʰaŋ^{21}mui^{35} 叙称

表哥 piau^{31}ko^{21}

　表兄 piau^{31}xioŋ^{21} 叙称

表嫂 piau^{21}sau^{24} 叙称

表弟 piau^{21}ti^{35} 叙称

表姐妹 piau^{33}tse^{33}mui^{35} 叙称

表姊 piau^{31}tɕi^{21} 表姐，叙称

表妹 piau^{21}mui^{35} 叙称

小辈 siau^{21}pui^{35} 晚辈

仔女 tsai^{21}ly^{24} 子女，合称

大儿子 ta^{55}ɤ^{31}tsɿ^{0}

　长子 tɕiaŋ^{21}tsɿ^{24}

小儿子 siau^{24}ɤ^{31}tsɿ^{0}

抱来的 pau^{35}lai^{31}ti^{0} 养子

　捡来的 kieŋ^{24}lai^{31}ti^{0}

长孙 tɕiaŋ^{21}sueiŋ^{21}

孙媳妇 sueiŋ^{21}si^{33}xu^{35}

孙女 sueiŋ^{55}ly^{24}

孙女婿 sueiŋ^{55}ly^{21}si^{35}

陈孙女 tsʰeiŋ^{33}sueiŋ^{55}ly^{24} 儿子之孙女

　重孙女 tsʰoŋ^{33}sueiŋ^{55}ly^{24}

外孙女 uai^{55}sueiŋ^{33}ly^{24} 女儿之女

外甥女 uai^{55}seiŋ^{33}ly^{24} 姐妹之女

侄女 tsɿ^{55}ly^{24} 弟兄之女

　*家甥女 kia^{55}seiŋ^{55}ly^{24}

外家甥 uai^{55}kia^{33}seiŋ^{21} 内侄，即妻的兄弟之子

　内侄子 lui^{55}tsɿʔ^{3}tsɿ^{0}

外家甥女 uai^{55}kia^{33}seiŋ^{21}ly^{24} 内侄女，即妻的兄弟之女

　内侄女 lui^{55}tsɿ^{55}ly^{24}

亲家 tɕʰiŋ^{55}kia^{21}

亲母 tɕʰiŋ^{55}mu^{24} 亲家母

　亲家母 tɕʰiŋ^{55}kia^{55}mu^{24}

亲家公 tɕʰiŋ^{55}kia^{55}koŋ^{21}

阿娘家 a^{55}liaŋ^{33}kia^{21} 从女方角度说女子的娘家

　外家 uai^{55}kia^{21} 从男方角度说妻子的娘家

婆家pʰo^{31}kia^{21}

男方laŋ^{31}xuaŋ^{21}从外人角度说婚姻关系中的男方

女方ly^{31}xuaŋ^{21}从外人角度说婚姻关系中的女方

外婆家uai^{55}pʰo^{31}kia^{21}姥姥家

丈人家tɕiaŋ^{55}iŋ^{31}kia^{21}

岳父家yo^{33}xu^{35}kia^{21}

十一　身体

身体seiŋ^{55}tʰi^{24}

神气seiŋ^{21}kʰi^{35}①力气。②心思

个子ko^{35}tsɿ^{0}

□□tso^{55}tsoʔ^{3}奔儿头，即前额生得向前突

光头kuaŋ^{55}tʰəy^{31}秃头

癞痢头la^{55}li^{55}tʰəy^{31}①秃顶，即掉了大量头发的头。②秃子

头壳顶tʰəy^{33}kʰo^{55}tiŋ^{24}头顶

后脑壳xəy^{55}lau^{31}kʰoʔ^{3}后脑勺

后脑窝xəy^{35}lau^{31}o^{21}

掉头发tiau^{55}tʰəy^{31}xuaʔ^{3}

天门tʰieŋ^{55}meiŋ^{31}囟门

旋门syeŋ^{55}meiŋ^{31}

头发角tʰəy^{33}xua^{55}koʔ^{3}鬓角

额头边ɤ^{55}tʰəy^{31}pieŋ^{21}

□子kui^{35}tsɿ^{0}髻，即中老年盘在脑后的髮

*披发pʰi^{55}xuaʔ^{3}

脸貌lieŋ^{21}mau^{35}脸蛋儿

脸盆骨lieŋ^{31}pʰeiŋ^{31}kuʔ^{3}颧骨

脸骨lieŋ^{33}kuʔ^{3}

酒窝tɕiu^{31}o^{21}

酒窝仔tɕiu^{33}o^{55}tsai^{24}小酒窝

人中iŋ^{31}tsoŋ^{21}

眼圈ieŋ^{31}kʰyeŋ^{21}眼眶

眼睛白ieŋ^{31}tɕiŋ^{55}pɤʔ^{3}眼白

眼睛仁ieŋ^{31}tɕiŋ^{55}iŋ^{31}①黑眼珠儿。②瞳仁儿

眼角ieŋ^{33}koʔ^{3}

眼屎ieŋ^{21}si^{24}

眼皮ieŋ^{31}pʰi^{31}

单眼皮taŋ^{55}ieŋ^{31}pʰi^{31}

双眼皮suaŋ^{55}ieŋ^{31}pʰi^{31}

眼毛ieŋ^{31}mau^{31}眼睫毛

皱眉毛tsəy^{55}miŋ^{31}mau^{31}皱眉头

鼻鼻屎pʰi^{21}pʰi^{35}si^{24}干鼻涕

□鼻鼻屎ləy^{21}pʰi^{21}pʰi^{35}si^{24}抠鼻屎

鼻子□pi^{31}tsɿ^{0}toŋ^{21}鼻孔

鼻子毛pi^{31}tsɿ^{0}mau^{31}

鼻毛pi^{31}mau^{31}

鼻尖pi^{31}tɕieŋ^{21}

鼻子灵pi^{31}tsɿ^{0}liŋ^{31}嗅觉灵敏

鼻子尖pi^{31}tsɿ^{0}tɕieŋ^{21}

鼻梁pi^{31}liaŋ^{31}

鼻子边pi^{31}tsɿ^{0}pieŋ^{21}鼻翅

红鼻子xoŋ^{31}pi^{31}tsɿ^{0}酒糟鼻子

红鼻钩xoŋ^{33}pi^{31}kəy^{21}

口痰kʰəy^{31}tʰaŋ^{31}①唾沫。②口水

舌苔se^{55}tʰai^{21}

大舌头ta^{55}se^{55}tʰəy^{31}口齿不清

卷舌头kyeŋ^{33}se^{55}tʰəy^{31}

门牙meiŋ^{31}ia^{31}

大牙ta^{55}ia^{31}

*狗牙kəy^{31}ia^{31}

牙□ia^{31}siaŋ^{31}牙垢

牙床ia^{31}tsʰuaŋ^{31}

蛀牙 tɕy^{55}ia^{31}

重牙 tsʰoŋ^{31}ia^{31} 指一个牙齿的位置长出了两颗牙齿

耳朵□ o^{33}to^{31}toŋ^{21} 耳朵眼

耳朵屎 o^{33}to^{33}si^{24} 耳屎

扒耳朵屎 pʰa^{31}o^{33}to^{33}si^{24} 挖耳屎

扒耳朵 pʰa^{31}o^{21}to^{24}

耳朵聋 o^{33}to^{33}loŋ^{31} 耳背

核核 xu^{55}xuʔ^{3} 喉结

两边胡 liaŋ^{33}pieŋ^{55}xu^{31} 络腮胡子

八字胡 pa^{33}tsɿ^{55}xu^{31}

山羊胡 siaŋ^{55}iaŋ^{31}xu^{31}

*肩膀头 kieŋ^{33}paŋ^{31}tʰøy^{31}

肩膀骨 kieŋ^{55}paŋ^{31}kuʔ^{3} 肩胛骨

溜肩 liu^{55}kieŋ^{21} 溜肩膀

手后跟 siu^{31}xøy^{55}keiŋ^{21} 胳膊肘

*胳落下 ko^{33}lo^{33}xa^{35} 胳肢窝

手关节 siu^{31}kuaŋ^{55}tseʔ^{3} 手腕

手指关节 siu^{21}tsɿ^{24}kuaŋ^{55}tseʔ^{3} 指头关节

手掌缝 siu^{33}tɕiaŋ^{33}pʰoŋ^{35} 手指缝儿

手胝 siu^{31}tse^{21} 手茧子

指甲缝 tsɿ^{33}kia^{33}pʰoŋ^{35} 指甲盖和指尖肌肉连接处

巴掌 pa^{55}tɕiaŋ^{24} ①手掌。②巴掌：打一～

手掌 siu^{21}tɕiaŋ^{24}

手心 siu^{31}siŋ^{21}

巴掌心 pa^{55}tɕiaŋ^{31}siŋ^{21}

手背 siu^{21}pui^{35}

手脚 siu^{33}kyoʔ^{3} 可以代指动作或举动，有比喻义：～不干净｜做～

大腿 ta^{55}tʰui^{24}

大腿根 ta^{55}tʰui^{31}keiŋ^{21}

小腿 siau^{21}tʰui^{24}

脚腿□ kyo^{55}tʰui^{24}pʰa^{35} 腿肚

小腿骨 siau^{31}tʰui^{31}kuʔ^{3} 胫骨

盆骨 pʰeiŋ^{31}kuʔ^{3} 胯骨

脚掰下 kyo^{33}pa^{33}xa^{35} 裆，即两条腿的中间

屁股沟 pʰi^{55}ku^{31}køy^{21}

坐骨 tso^{55}kuʔ^{3} 尾骨

屁股头 pʰi^{55}ku^{31}tʰøy^{31}

尾骨 ui^{33}kuʔ^{3}

□□ tɕi^{55}tɕi^{35} 赤子阴

□□菇 tɕi^{55}tɕi^{35}ku^{21}

脚关节 kyo^{55}kuaŋ^{55}tseʔ^{3} 脚腕子

螺丝骨 lo^{31}sɿ^{55}kuʔ^{3} 踝骨

打赤脚 ta^{33}tɕʰi^{55}kyoʔ^{3} 赤脚

脚背 kyo^{33}pui^{35}

脚底板 kyo^{55}ti^{31}paŋ^{24} 脚掌

脚板 kyo^{55}paŋ^{24}

脚心 kyo^{55}siŋ^{21}

脚掌心 kyo^{55}tɕiaŋ^{31}siŋ^{21}

脚尖 kyo^{55}tɕieŋ^{21}

脚趾仔 kyo^{33}tɕi^{55}tsai^{24} 脚指头，统称

脚趾拇 kyo^{33}tɕi^{55}mu^{24} 大脚指头

脚趾甲 kyo^{33}tɕi^{55}kiaʔ^{3}

脚甲 kyo^{55}kiaʔ^{3}

脚后跟 kyo^{33}xøy^{55}keiŋ^{21} 脚跟

脚印 kyo^{33}iŋ^{35}

*脚疔 kyo^{55}tiŋ^{21}

鸡眼睛 ki^{33}ieŋ^{55}tɕiŋ^{21} 足部角质增生

*心间头 siŋ^{55}kaŋ^{55}tʰøy^{31}

胸部 xioŋ^{33}pu^{35} 胸口

排骨 pʰai^{31}kuʔ^{3}

排骨仔 pʰai^{33}ku^{55}tsai^{24} 肋骨

*肚尾 tu^{55}ui^{24}

腰 iau^{21}

背脊骨 pui^{55}tɕi^{33}kuʔ^{3} 脊梁骨

螺丝旋 lo^{31}sɿ^{21}syeŋ^{35} ①头发旋。②斗，即圆形的指纹

牛蛮旋 liu^{31}maŋ^{31}syeŋ^{35} 双旋儿

指纹 tsɿ^{31}ueiŋ^{31}

斗 təy^{24} 圆形的指纹

粪箕旋 xueiŋ^{55}ki^{33}syeŋ^{35} 簸箕形的指纹

寒毛 xaŋ^{31}mau^{31}

毛细孔 mau^{31}si^{55}k^{h}oŋ^{24} 寒毛眼儿

骨头 ku^{55}t^{h}əy^{31}

筋□ kiŋ^{55}ma^{24} 筋

血 xeʔ^{3}

血管 xe^{55}kuaŋ^{24}

脉 mɤʔ^{3}

五脏 u^{21}tsaŋ^{35}

心 siŋ^{21}

肝 kaŋ^{21}

肺 xui^{35}

胆 taŋ^{24}

脾 p^{h}i^{31}

胃 ui^{35}

肾 seiŋ^{35}

肠 tɕ^{h}iaŋ^{31}

大肠 ta^{55}tɕ^{h}iaŋ^{31}

小肠 siau^{31}tɕ^{h}iaŋ^{31}

盲肠 maŋ^{31}tɕ^{h}iaŋ^{31}

十二　疾病医疗

小病 siau^{21}piŋ^{35}

大病 ta^{55}piŋ^{35} 重病

病好了 piŋ^{55}xau^{24}lau^{0}

请医生 tɕ^{h}iŋ^{31}i^{55}seiŋ^{21}

看 k^{h}aŋ^{35} 诊治：～病

开药方 kai^{33}yo^{55}xuaŋ^{21}

偏方 p^{h}ieŋ^{55}xuaŋ^{21}

抓药 tsua^{55}yoʔ^{3} 指抓中药

买药 mai^{33}yoʔ^{3} 一般多指买西药

药店 yo^{33}tieŋ^{35}

药房 yo^{55}xuaŋ^{31}

药引 yo^{55}iŋ^{24} 药引子

药罐 yo^{33}kuaŋ^{35}

炖药 teiŋ^{55}yoʔ^{3} 煎药

药膏 yo^{55}kau^{21} 膏状的外敷药物，一般是西药

膏药 kau^{55}yoʔ^{3} 用来贴在患处的外用中药

药粉 yo^{55}xueiŋ^{24}

涂药膏 t^{h}u^{31}yo^{55}kau^{21}

贴膏药 t^{h}e^{55}kau^{55}yoʔ^{3}

用药 yoŋ^{55}yoʔ^{3} 上药

出汗 tɕ^{h}y^{33}xaŋ^{35}

祛风 k^{h}ɤ^{55}xoŋ^{21}

去火 k^{h}ɤ^{55}xo^{24}

祛湿 k^{h}ɤ^{55}siʔ^{3}

祛毒 k^{h}ɤ^{55}tuʔ^{3}

消化 siau^{33}xua^{35}

拔火罐 p^{h}a^{55}xo^{31}kuaŋ^{35}

过 ko^{35} 传染

怕冷 p^{h}a^{55}leiŋ^{24} 发冷

起毛刺 k^{h}i^{55}mau^{21}ts^{h}ɿ^{35} 起鸡皮疙瘩

□□ li^{55}li^{35} ①小的疙瘩。②器物如杯盖上供人抓取的较小的突出的部分。③水果的蒂

风寒 xoŋ^{55}xaŋ^{31} 伤风

气紧 kʰi55kiŋ24 气喘

害□ xai55xɵy24

气管炎 kʰi55kuaŋ31ieŋ31

上火 siaŋ55xo24

搁食 kɤ55siʔ3 积滞

心口疼 siŋ55kʰɵy24tʰeiŋ31

头壳懵 tʰɵy31kʰoʔ3moŋ24 头晕

晕车 yŋ55tsʰe21

晕船 yŋ55tɕʰyeŋ31

头壳疼 tʰɵy31kʰoʔ3tʰeiŋ31 头疼

爱吐 ai55tʰu35 恶心

□ ua21 胃里因缺少油水而产生的不舒服的感觉

□ ɤ24 干哕

小肠气 siau55tɕʰiaŋ21kʰi35 疝气

脱肛 tʰo55kaŋ21

瘟病 ueiŋ33piŋ35

鸡瘟 ki55ueiŋ21

出麻 tɕʰy55ma31 ①出麻疹。②出天花

出水痘 tɕʰy55sui21tɵy35

出痘 tɕʰy33tɵy35

种痘 tsoŋ55tɵy35

伤寒 siaŋ55xaŋ31

黄疸 uaŋ21taŋ24

肝炎 kaŋ55ieŋ31

肺炎 xui55ieŋ31

胃病 ui55piŋ35

盲肠炎 maŋ33tɕʰiaŋ31ieŋ31

肺痨病 xui55lau21piŋ35 痨病

害疳 xai55kaŋ21 疳积

嘴巴没味道 tsui31pa21mo31ui55tau35 胃口不好

口胃不好 kʰɵy21ui35pu55xau24

翻病 xuaŋ33piŋ35 发气，一般指某些食物如海鲜等致使旧病复发

跌伤 te55siaŋ21

碰伤 pʰoŋ55siaŋ21

刮破皮 kua33pʰo55pʰi31 蹭破皮儿

□进去 kɤ35tɕiŋ55kʰɤ35 划伤

出血 tɕʰy55xeʔ3

青起来 tɕʰiŋ55kʰi31lai31 淤血

结疕 ke55pʰi24 结痂

结疕疕 ke55pʰi21pʰi24

*猪头腮 tɕy55tʰɵy31sai21

生瘼瘼 seiŋ33mau55mau21 长疮

生疔 seiŋ55tiŋ21 长疔

痔疮 tsɿ55tsʰuaŋ21

疥疮 kai55tsʰuaŋ21

痱子 xui35tsɿ0

汗斑 xaŋ55paŋ21

鸡□□ ki33tsʰu55tsʰu35 瘊子

黑斑 xɤ55paŋ21

雀斑 tɕʰyo55paŋ21

□□ tɕiaŋ31tɕʰiu21 粉刺

嘴巴臭 tsui31pa21tɕʰiu35 口臭

大颈子 ta55kiŋ24tsɿ0 甲状腺肿大

大脖子 ta55poʔ3tsɿ0

鼻子不灵 pi31tsɿ0pu55liŋ31 嗅觉不灵

鼻子塞着 pi31tsɿ0sɤʔ3tsɿ0 鼻子不通气，发音不清

鸭雄□ a55xioŋ31kʰiŋ35 公鸭嗓儿

独眼龙 tu55ieŋ33loŋ31 一只眼

近视眼 kiŋ55sɿ55ieŋ24

远视眼 yeŋ31sɿ55ieŋ24

老花眼 lau31xua55ieŋ24

对眼 tui^{55}ieŋ^{24} 斗鸡眼儿

散光眼 saŋ^{33}kuaŋ^{55}ieŋ^{24}

羊癫风 iaŋ^{33}tieŋ^{55}xoŋ^{21} 癫痫

猪婆癫 tɕy^{55}p^{h}o^{31}tieŋ^{21}

惊着 kiŋ^{55}tɕyoʔ^{3} ①惊风，小儿病。②抽风

中风 tsoŋ^{55}xoŋ^{21}

瘫痪 t^{h}aŋ^{33}xuaŋ^{35}

结舌 ke^{55}seʔ^{3} 结巴

结舌佬 ke^{55}se^{55}lau^{24} 结巴的人

麻子 ma^{31}tsɿ^{0} ①人出天花后留下的疤痕。②代指脸上有麻子的人

缺嘴 k^{h}ye^{55}tsui^{24} 唇裂，兔唇

缺漏 k^{h}ye^{55}lɵy^{35} 人的牙齿残缺

光板 kuaŋ^{55}paŋ^{24} 成人不生胡须的

十一指 si^{55}i^{55}tsɿ^{24} 六指

背手卵 pui^{55}siu^{31}luaŋ^{24} 左撇子

十三　衣服穿戴

打扮 ta^{21}paŋ^{35} ①穿戴。②打扮

制服 tsɿ^{55}xu^{31}

中山装 tsoŋ^{55}siaŋ^{55}tsuaŋ^{21}

西装 si^{55}tsuaŋ^{21}

长衫 tɕ^{h}iaŋ^{31}siaŋ^{21}

马褂 ma^{21}kua^{35}

旗袍 k^{h}i^{31}p^{h}au^{31}

羊毛衣 iaŋ^{33}mau^{33}i^{21}

皮衣 p^{h}i^{31}i^{21}

大衣 ta^{55}i^{21}

短大衣 tuaŋ^{33}ta^{55}i^{21}

汗衫 xaŋ^{55}siaŋ^{21} 短袖衫

外套 uai^{55}t^{h}au^{35}

内衣 lui^{55}i^{21}

领子 liŋ^{24}tsɿ^{0}

肩包 kieŋ^{55}pau^{21} 坎肩

圆领衣裳 yeŋ^{21}liŋ^{24}i^{55}siaŋ^{31} 圆领衫

翻领 xuaŋ^{55}liŋ^{24}

奶罩 le^{21}tɕiau^{35} 胸罩

衣裳尾 i^{55}siaŋ^{31}ui^{24} 下摆

长袖 tɕ^{h}iaŋ^{21}siu^{35}

短袖 tuaŋ^{21}siu^{35}

裙子 k^{h}yŋ^{31}tsɿ^{0}

衬裙 ts^{h}eiŋ^{55}k^{h}yŋ^{31}

三角裤 saŋ^{55}kyo^{55}k^{h}u^{35} 三角短裤

连脚裤 lieŋ^{33}kyo^{55}k^{h}u^{35}

开裆裤 k^{h}ai^{55}taŋ^{21}k^{h}u^{35}

*密斗裤 mi^{55}tɵy^{31}k^{h}u^{35}

裤裆 k^{h}u^{55}taŋ^{21}

裤腰 k^{h}u^{55}iau^{21}

裤带 k^{h}u^{55}tai^{35} 裤腰带

按扣 aŋ^{55}k^{h}ɵy^{35} 公母扣

布扣 p^{h}u^{55}k^{h}ɵy^{35} ①中式的纽扣。②中式的扣襻

扣洞 k^{h}ɵy^{55}toŋ^{35} 扣眼

夹夹鞋旱 ka^{33}ka^{55}xai^{31} 拖鞋

邋遢鞋旱 la^{55}t^{h}a^{55}xai^{31}

拖鞋 t^{h}o^{55}xai^{31}

棉鞋 mieŋ^{31}xai^{31}

皮鞋 p^{h}i^{31}xai^{31}

布鞋 pu^{55}xai^{31}

鞋底 xai^{21}ti^{24}

鞋面 xai^{21}mieŋ^{35}

雨鞋 y^{31}xai^{31}

鞋套夹 xai^{21}t^{h}au^{55}kaʔ^{3} 木屐

鞋带 xai^{21}tai^{35}

线袜 sieŋ^{55}uaʔ^{3}

丝袜 sɿ^{55}uaʔ^{3}

长袜 tɕʰiaŋ^{31}uaʔ^{3}

短袜 tuaŋ^{33}uaʔ^{3}

袜带 ua^{33}tai^{35}

短鞋 tuaŋ^{31}xai^{31} 弓鞋，即旧时裹脚妇女穿的鞋

绑脚带 paŋ^{21}kyo^{33}tai^{35} ①裹脚，即旧时妇女裹脚的布。②军人用的裹腿

绑脚布 paŋ^{21}kyo^{33}pu^{35}

皮帽 pʰi^{21}mau^{35}

礼帽 li^{21}mau^{35}

西瓜帽 si^{55}kua^{21}mau^{35} 瓜皮帽

军帽 kyŋ^{33}mau^{35}

草帽 tsʰau^{21}mau^{35}

斗篷 tøy^{31}pʰoŋ^{31}

*帽舷 mau^{55}xieŋ^{31}

首饰 siu^{33}sɿʔ^{3}

项链 siaŋ^{55}lieŋ^{35}

项圈 siaŋ^{55}kʰyeŋ^{21}

银锁 in^{21}so^{24} 小儿佩戴的百家锁

别针 pe^{55}tseiŋ^{21}

搭针 ta^{55}tseiŋ^{21}

夹针 kia^{55}tseiŋ^{21} 用来夹票据等的别针

簪子 tsaŋ^{21}tsɿ^{0}

头钗 tʰøy^{31}tsʰa^{21}

耳坠 o^{21}tsui^{35} 耳环

胭脂 ieŋ^{55}tsɿ^{21}

胭脂粉 ieŋ^{55}tsɿ^{55}xueiŋ^{24}

围残 ⁼ui^{31}tsʰaŋ^{31} 围嘴儿

手套 siu^{21}tʰau^{35}

眼镜 ieŋ^{21}kiŋ^{35}

*棕衣 tsoŋ^{55}i^{21}

雨衣 y^{31}i^{21}

手表 siu^{21}piau^{24}

十四　饮食

早饭 tsau^{21}xuaŋ^{35}

晚饭 uaŋ^{21}xuaŋ^{24}

吃点心 tɕʰi^{55}tieŋ^{31}siŋ^{21}

吃的东西 tɕʰiʔ^{3}ti^{0}toŋ^{55}si^{21} 食物

零食 liŋ^{31}siʔ^{3}

茶点 tsʰa^{21}tieŋ^{24}

宵夜 siau^{33}ie^{35} 夜宵

吃宵夜 tɕʰiʔ^{3}siau^{33}ie^{35} 吃夜宵

剩饭 seiŋ^{55}xuaŋ^{35}

隔顿饭 kɤ^{33}teiŋ^{55}xuaŋ^{35} 现饭，即不是本餐新做的饭

隔餐饭 kɤ^{31}tsʰaŋ^{21}xuaŋ^{35}

隔夜饭 kɤ^{33}ie^{55}xuaŋ^{35} 现饭，即不是当天新做的饭

煳掉了 xu^{31}tiau^{35}lau^{0} 煳了：饭～

走味 tsøy^{21}ui^{35} 一般指食物失去原有的味道

疕疕 pʰi^{21}pʰi^{24} ①锅巴。②痂

饭汤 xuaŋ^{55}tʰaŋ^{21} 煮饭滗出来的米汤

米浆 mi^{31}tɕiaŋ^{21} 米糊

哈哈笑 xa^{33}xa^{33}siau^{35} 一种闽东风味小吃，大铁锅煮半锅汤，把稠米浆泼在烧热的锅边，待凝成薄片再铲入锅内汤中

面筒 mieŋ^{55}tʰoŋ^{31} 挂面

切面 tsʰe^{33}mieŋ^{35} 干切面

煮面 tɕy^{21}mieŋ^{35} 汤面

面片 mieŋ^{55}pʰieŋ^{35} 用面做成的片状食物，吃法与汤面同

面糊 mieŋ^{55}xu^{31}

*笋燕 seiŋ^{21}ieŋ^{35}

灯盏□ teiŋ^{55}tɕiaŋ^{21}kʰau^{35} 状如灯盏的油饼

*□□饼 tɕiaŋ^{55}iaŋ^{31}piŋ^{24}

煎饼 tɕieŋ^{55}piŋ^{24} 烙饼

春卷 tsʰueiŋ^{33}kyeŋ^{24}

*荷叶包 xo^{31}ieʔ^{3}pau^{21}

花卷 xuaŋ^{55}kyeŋ^{24}

冇糕 pʰaŋ^{55}kau^{21} 发糕。用米浆、糖等发酵后蒸成，口感松软

月饼 ye^{55}piŋ^{24}

　中秋饼 tsoŋ^{55}tɕʰiu^{55}piŋ^{24}

洋饼 iaŋ^{21}piŋ^{24} 饼干

*母 mu^{24}

发酵粉 xua^{33}xiau^{55}xueiŋ^{24} 酵母

肉丁 iu^{31}tiŋ^{21}

肉片 iu^{21}pʰieŋ^{35}

肉丝 iu^{31}sɿ^{21}

肉皮 iu^{31}pʰi^{31}

*肉绒 iu^{31}ioŋ^{31}

　肉松 iu^{31}soŋ^{21}

猪腿包 tɕy^{55}tʰui^{31}pau^{21} 肘子

猪脚筋 tɕy^{33}kyo^{55}kiŋ^{21} 猪蹄筋

　猪筋 tɕy^{55}kiŋ^{21}

牛脚筋 liu^{33}kyo^{55}kiŋ^{21} 牛蹄筋

牛舌头 liu^{33}se^{55}tʰøy^{31} 当菜的

猪肺 tɕy^{33}xui^{35}

猪肠 tɕy^{55}tɕʰiaŋ^{31}

条排 tʰiau^{31}pʰai^{31} 腔骨

百叶肚 pɤ^{33}ie^{33}tu^{35} 牛百叶，即牛的瓣胃

毛肚 mau^{21}tu^{35} 牛肚，即牛的瘤胃

猪腰 tɕy^{55}iau^{21}

鸡下水 ki^{33}xa^{55}sui^{24} 鸡杂

鸡□ ki^{33}kʰiŋ^{35} 鸡肫

鸡血 ki^{55}xeʔ^{3}

炒鸡蛋 tɕʰiau^{31}ki^{33}taŋ^{35}

蛋包 taŋ^{55}pau^{21} 荷包蛋

　荷包蛋 xo^{33}pau^{33}taŋ^{35}

蛋皮 taŋ^{55}pʰi^{31} 煎制而成的鸭蛋皮。具体做法是：将鸭蛋打成蛋液，混合面粉搅拌成稀糊状，在平底锅上烙成薄如春饼的样子。切成长条状，可用来做汤；切成丝可以涮火锅，也可以炒着吃

水蛋 sui^{21}taŋ^{35} 水煮的鸡蛋，不带壳

芋子蛋 y^{35}tsɿ^{0}taŋ^{35} 连壳煮的鸡蛋

炸蛋 tsa^{33}taŋ^{35} 连壳煮鸡蛋

蛋糕 taŋ^{55}kau^{21} 蛋羹，可以直接食用，也可以将蛋羹分成小块做汤

咸蛋 xaŋ^{21}taŋ^{35}

香肠 xiaŋ^{55}tɕʰiaŋ^{31}

*斋菜 tsai^{33}tsʰai^{35}

　素菜 su^{55}tsʰai^{35}

荤菜 xueiŋ^{33}tsʰai^{35}

咸菜 xaŋ^{21}tsʰai^{35}

小菜 siau^{21}tsʰai^{35}

豆腐皮 tøy^{55}xu^{55}pʰi^{31}

豆皮箸 tøy^{55}pʰi^{31}tɕy^{35} 腐竹

豆干 tøy^{55}kaŋ^{21}

　豆腐干 tøy^{55}xu^{55}kaŋ^{21}

油炸豆腐 iu^{21}tsa^{33}tøy^{55}xu^{35} 豆腐泡儿

　豆腐泡 tøy^{55}xu^{55}pʰau^{21}

*豆霉 tøy^{55}mui^{31}

粉丝 xueiŋ^{31}sɿ^{21} 细条的

　*山东粉 siaŋ^{55}toŋ^{55}xueiŋ^{24}

粉条 xueiŋ^{31}tʰiau^{31} 粗条的

面筋 mieŋ55kiŋ21

同□粉 tʰoŋ33moŋ21xueiŋ24 凝冻状的凉粉

藕粉 ɵy21xueiŋ24

*清粉 tɕʰiŋ55xueiŋ24

豆豉 tɵy55si35

豆酱 tɵy55tɕiaŋ35

白木耳 pɤ21mu55ɤ24 银耳

黑木耳 xɤ21mu55ɤ24

金金菜 kiŋ55kiŋ55tsʰai35 黄花菜

海参 xai31seiŋ21

海带 xai21tai35

海蜇皮 xai33tsɤ55pʰi31

海蜇头 xai33tsɤ55tʰɵy31

颜色 ieŋ31sɤʔ3

油 iu31 素油，统称

花生油 xua55seiŋ55iu31

茶油 tsʰa31iu31

菜油 tsʰai55iu31

油气 iu21kʰi35

粗盐 tsʰu33ieŋ31

*嫩盐 leiŋ55ieŋ31

油麻酱 iu33ma33tɕiaŋ35 芝麻酱

甜面酱 tʰieŋ33mieŋ55tɕiaŋ35

辣椒酱 la33tɕiau33tɕiaŋ35

板糖 paŋ31tʰaŋ31 成块的红糖

红糖 xoŋ31tʰaŋ31

砂糖 sa55tʰaŋ31 白糖

白砂糖 pɤ55sa55tʰaŋ31

白糖 pɤ55tʰaŋ31

冰糖 piŋ55tʰaŋ31

□□糖 pa55pa55tʰaŋ31 糖块

花生糖 xua55seiŋ55tʰaŋ31

麦芽糖 mɤ55ia33tʰaŋ31

糖糕 tʰaŋ31kau21 麦芽糖制成的晶体

配料 pʰui55liau35 作料

招料 tɕiau33liau35

八角茴 pa55ko55xui31 八角

桂皮 kui55pʰi31

花椒 xua55tɕiau21

胡椒粉 xu33tɕiau55xueiŋ24

味精 ui55tɕiŋ21

烟 ieŋ21

烟叶 ieŋ55ieʔ3

烟丝 ieŋ55sɿ21

水烟袋 sui31ieŋ33tai35 铜制的，当地人常把水烟袋与旱烟袋混称

旱烟袋 xaŋ55ieŋ33tai35 ①旱烟袋，细竹竿儿做的烟具。②水烟袋

烟盒 ieŋ55xoʔ3

烟油 ieŋ55iu31

烟灰 ieŋ55xui21

火石 xo33siʔ3 用火镰打的那种石头

纸媒 tɕi31mui31

茶 tsʰa31

倒茶 tau55tsʰa31

十五 红白大事

亲事 tɕʰiŋ33sɿ35

结亲 ke55tɕʰiŋ21

谈恋爱 tʰaŋ31lieŋ55ai35

年纪 lieŋ21ki35 年龄

*开草单 kʰai55tsʰau31taŋ21

*开正单 kʰai33tseiŋ55taŋ21

彩礼 tsʰai21li24 定礼

聘礼 pʰiŋ^{55}li^{24}

接亲 tse^{55}tɕʰiŋ^{21}

结婚酒 ke^{55}xueiŋ^{55}tɕiu^{24}

喜酒 si^{21}tɕiu^{24}

接嫁妆 tse^{55}kia^{55}tsuaŋ^{21} 男方接亲那天也把嫁妆一并接过去

陪嫁妆 pʰui^{31}kia^{55}tsuaŋ^{21} 女子出嫁时母家赠与财物

*择日子 to^{55}iʔ^{3}tsɿ^{0}

*红系索 xoŋ^{31}ki^{55}soʔ^{3}

*谢恩布 se^{55}eiŋ^{33}pu^{35}

*三脚礼 saŋ^{55}kyo^{55}li^{24}

*六色担 lu^{33}sɤ^{33}taŋ^{35}

*开小顿饭 kʰai^{55}siau^{31}teiŋ^{55}xuaŋ^{35}

*养老装 iaŋ^{33}lau^{31}tsuaŋ^{21}

*包被窝 pau^{33}pi^{55}o^{21}

*牵新娘 kʰieŋ^{55}siŋ^{55}liaŋ^{31}

上门 siaŋ^{55}meiŋ^{31} 入赘

过门 ko^{55}meiŋ^{31} 女子嫁到男方家里

轿子 kiau^{35}tsɿ^{0} 花轿

新娘房 siŋ^{55}liaŋ^{31}xuaŋ^{31} 婚房

交杯酒 kiau^{55}pui^{55}tɕiu^{24}

回门 xui^{31}meiŋ^{31}

再嫁人 tsai^{35}kia^{55}iŋ^{31}

*捡仔 kieŋ^{21}tsai^{24}

*接生 tse^{55}seiŋ^{21}

*胎衣 tʰai^{55}i^{21}

第一胎 ti^{55}i^{33}tʰai^{21}

头胎 tʰøy^{31}tʰai^{21}

打胎 ta^{31}tʰai^{21}

*拍仔 pʰai^{55}tsai^{24}

奶奶头 le^{21}le^{24}tʰøy^{31} 奶头

尿床 liau^{55}tsʰuaŋ^{31}

*做生日 tso^{55}seiŋ^{21}iʔ^{3}

过生日 ko^{55}seiŋ^{21}iʔ^{3}

替你做生日 tʰi^{55}li^{24}tso^{55}seiŋ^{21}iʔ^{3} 意为“让你占利、得便宜”

拜寿 pai^{55}siu^{35} 祝寿

寿星 siu^{55}siŋ^{21} ①被祝寿的人。②年事很高的人

白事 pɤ^{33}sɿ^{35}

丧事 saŋ^{33}sɿ^{35}

*吃大块 tɕʰi^{33}ta^{55}kʰuai^{35}

*大夜 ta^{55}ie^{35}

*做尾 tso^{55}ui^{24}

去掉了 kʰɤ^{35}tiau^{35}lau^{0} 死的婉称，多指年轻人

灵床 liŋ^{31}tsʰuaŋ^{31}

寿材 siu^{55}tsʰai^{31}

灵堂 liŋ^{31}tʰaŋ^{31}

佛堂 xo^{55}tʰaŋ^{31}

守夜 siu^{21}ie^{35} 守灵

*做六旬 tso^{55}lu^{55}syeŋ^{31}

做头七 tso^{55}tʰøy^{21}tɕʰiʔ^{3} 人死后第一个七天为之烧纸祭奠

守孝 siu^{21}xiau^{35}

戴孝 tai^{55}xiau^{35}

孝子 xiau^{55}tsɿ^{24}

孝孙 xiau^{55}sueiŋ^{21}

送材早 soŋ^{55}tsʰai^{31} 送葬

送葬 soŋ^{55}tsaŋ^{35}

*哀棍 ai^{55}kueiŋ^{35}

纸扎 tɕi^{33}tsaʔ^{3} 用纸扎的人、马、房子等，供办丧事时随出殡送到坟前焚烧，认为死者可以在阴间享用

坟地 xueiŋ^{21}ti^{35} 坟墓所在的地方

　墓地 mu^{55}ti^{35}

坟坎 xueiŋ^{21}k^{h}aŋ^{24} 墓前的小台，专放祭品

石碑 si^{55}pui^{21} 碑，不单指墓碑

　碑 pui^{21}

墓碑 mu^{55}pui^{21}

跳溪 t^{h}iau^{55}k^{h}i^{21} 投水自尽

上吊 siaŋ^{55}tiau^{35}

寻死 syŋ^{31}sɿ^{24} 自寻死路，骂人的话：那里路很滑，你要去～差不多

骨灰盒 ku^{33}xui^{55}xoʔ^{3}

土地公庙 t^{h}u^{21}ti^{55}koŋ^{33}miau^{35} 土地庙

　土地庙 t^{h}u^{31}ti^{55}miau^{35}

土主庙 t^{h}u^{33}tɕy^{33}miau^{35} 供奉比土地公位份更高的神仙的庙

关帝庙 kuaŋ^{33}ti^{55}miau^{35}

城隍庙 ts^{h}eiŋ^{33}xuaŋ^{33}miau^{35}

阎王 ieŋ^{31}uaŋ^{31}

　阎罗王 ieŋ^{33}lo^{31}uaŋ^{31}

神台 seiŋ^{31}t^{h}ai^{31} 佛龛

　佛台 xo^{31}t^{h}ai^{31}

香案 xiaŋ^{33}aŋ^{35}

烧香 siau^{55}xiaŋ^{21}

蜡烛台 la^{33}tsu^{55}t^{h}ai^{31} 烛台

蜡烛 la^{55}tsuʔ^{3}

香 xiaŋ^{21} 敬神用的线香

香炉 xiaŋ^{55}lu^{31}

抽签 tɕ^{h}iu^{55}tɕ^{h}ieŋ^{21}

　求签 k^{h}iu^{31}tɕ^{h}ieŋ^{21}

丢信珓 tiu^{21}siŋ^{55}kau^{35} 打卦

信珓 siŋ^{55}kau^{35} 珓，占卜用具，通常用一正一反两片竹片制成

　珓杯 kau^{55}pui^{21}

阴珓 iŋ^{33}kau^{35} 两面都朝下

阳珓 iaŋ^{21}kau^{35} 两面都朝上

　笑珓 siau^{55}kau^{35}

出圣珓 tɕ^{h}y^{33}seiŋ^{55}kau^{35} 掷出一面上一面下的珓，吉兆

做道事 tso^{55}tau^{55}sɿ^{35}

念经 lieŋ^{55}kiŋ^{21}

测字 ts^{h}ɤ^{33}tsɿ^{35}

看风水 k^{h}aŋ^{55}xoŋ^{33}sui^{24}

　看地理 k^{h}aŋ^{33}ti^{55}li^{24}

算命先生 suaŋ^{55}miŋ^{35}sieŋ^{55}seiŋ^{21} 算命的

看相 k^{h}aŋ^{55}siaŋ^{35}

看相先生 k^{h}aŋ^{55}siaŋ^{35}sieŋ^{55}seiŋ^{21} 看相的

僮子 t^{h}oŋ^{21}tsɿ^{24} 巫婆

上僮 siaŋ^{55}t^{h}oŋ^{31} 神仙附身

跳僮 t^{h}iau^{31}t^{h}oŋ^{31} 跳神

许愿 sy^{21}yeŋ^{35}

还愿 xuaŋ^{21}yeŋ^{35}

走运 tsøy^{21}yŋ^{35}

倒霉 tau^{31}mui^{31}

转运 tsuaŋ^{21}yŋ^{35}

手气 siu^{21}k^{h}i^{35}

咒 tɕiu^{35} 发毒誓，赌咒

十六　日常生活

量 liaŋ^{31} 测量，度量

贴边 t^{h}e^{55}pieŋ^{21} 缝在衣服边缘里侧窄窄的布条

滚边 kueiŋ^{31}pieŋ^{21} 在衣服、布鞋等的边缘特别缝制的一种圆棱的边

缲边 tɕ^{h}iau^{55}pieŋ^{21} 做衣服时把布边朝里卷进去，然后藏着针脚缝

锁边 so^{31}pieŋ^{21}

做鞋面 tso^{55}xai^{21}mieŋ^{35}

纳鞋底 la^{33}xai^{21}ti^{24}

做鞋底 tso^{55}xai^{21}ti^{24}

钉扣子 tiŋ^{55}k^{h}əy^{35}tsɿ^{0}

绣花 siu^{55}xua^{21}

补衣裳 pu^{24}i^{55}siaŋ^{21}

钉被窝 tiŋ^{35}pi^{55}o^{21} 做被卧

缲被窝 tɕ^{h}iau^{33}pi^{55}o^{21}

洗一道 si^{24}i^{33}tau^{35} 洗一水

洗一轮 si^{24}i^{55}lueiŋ^{31}

晾 liaŋ^{35}

浆 tɕiaŋ^{21} 浆洗，指衣物洗干净后，浸以米汁，干后使之平整。本地早期主要用这种方法浆洗被子

烫 t^{h}aŋ^{35}

*起火头 k^{h}i^{24}xo^{31}t^{h}əy^{31}

*烧火 siau^{55}xo^{24}

煮汤 tɕy^{31}t^{h}aŋ^{21} 做汤

洗米 si^{21}mi^{24} 淘米

发面灰 xua^{33}mieŋ^{55}xui^{21} 发面

调面 t^{h}iau^{21}mieŋ^{35} 和面

拉面 la^{33}mieŋ^{35} 抻面条

蒸馒头 tseiŋ^{55}muaŋ^{31}t^{h}əy^{31}

择菜 to^{33}ts^{h}ai^{35} 摘菜

讨菜 t^{h}au^{21}ts^{h}ai^{35} 去地里～

饭好了 xuaŋ^{35}xau^{24}lau^{0}

半生熟 puaŋ^{55}seiŋ^{55}suʔ^{3} 未煮熟的：饭～

吃饭 tɕ^{h}i^{33}xuaŋ^{35}

搛菜 kieŋ^{33}ts^{h}ai^{35} 夹菜

舀汤 iau^{31}t^{h}aŋ^{21}

吃零食 tɕ^{h}i^{55}liŋ^{31}siʔ^{3}

拿筷子 la^{31}k^{h}uai^{35}tsɿ^{0} 用筷子

肉奤烂 iu^{31}pui^{55}laŋ^{35} 肉不烂

咬不进去 au^{21}pu^{55}tɕiŋ^{55}k^{h}ɤ^{35} 嚼不动

打□ ta^{21}ɤ^{24} 打嗝

胀着了 tɕiaŋ^{55}tsɿʔ^{3}lau^{0} 撑着了

焖饭 meiŋ^{55}xuaŋ^{35} ①盖紧锅盖，用微火把米饭煮熟。②把已熟的米饭放在锅里，盖紧，用文火保温

□ laʔ^{3} 熏烤

烤茶叶 k^{h}au^{21}ts^{h}a^{31}ieʔ^{3} 烘焙茶叶

洗手 si^{21}siu^{24}

洗脸 si^{21}lieŋ^{24}

漱嘴 su^{55}tsui^{24} 漱口

扎辫子 tsa^{33}pieŋ^{35}tsɿ^{0} 梳辫子

扎篦篦□ tsa^{33}pi^{55}pi^{55}tɕ^{h}iu^{21}

扎□子 tsa^{55}kui^{35}tsɿ^{0} 梳髻

剪指甲 tɕieŋ^{31}tɕi^{33}kiaʔ^{3}

擦澡 ts^{h}a^{55}tsau^{24}

*歇凉 xe^{55}liaŋ^{31}

晒日头 sai^{35}i^{55}t^{h}əy^{31} 晒太阳

烤火 k^{h}au^{21}xo^{24} 在火堆或火炉旁取暖

点灯 tieŋ^{31}teiŋ^{21}

关灯 kuaŋ^{55}teiŋ^{21}

歇一下 xe^{33}i^{55}xa^{35} 休息一会儿

过夜 ko^{55}ie^{35}

铺床铺 p^{h}u^{55}ts^{h}uaŋ^{31}p^{h}u^{21} 铺床

睡下去 sui^{35}xa^{55}k^{h}ɤ^{35} 躺下

睡着了 sui^{35}tɕyoʔ^{3}lau^{0}

睡不着 sui^{55}pu^{33}tɕyoʔ^{3}

午睡 u^{21}sui^{35}

向面天睡 siaŋ^{33}mieŋ^{55}t^{h}ieŋ^{21}sui^{35} 仰面睡

车身睡 ts^{h}e^{55}seiŋ^{21}sui^{35} 侧着睡

侧身睡 tsʰɤ^{55}seiŋ^{21}sui^{35}

颈子扭着 kiŋ^{24}tsɿ^{0}liu^{24}tɕyoʔ^{3} 落枕

抽筋 tɕʰiu^{55}kiŋ^{21}

讲梦话 kiaŋ^{21}moŋ^{55}xua^{35} 说梦话

⿱丕云新鲜 pui^{55}siŋ^{55}sieŋ^{21} 魇住了

熬夜 au^{21}ie^{35}

去菜地 kʰɤ^{55}tsʰai^{55}ti^{35} 下地，去旱地里干活

去田 kʰɤ^{55}tʰieŋ^{31} 去水田里干活

出工早 tɕʰy^{55}koŋ^{21} 上工

做工 tso^{55}koŋ^{21}

收工 siu^{55}koŋ^{21}

去家 kʰɤ^{55}kia^{21}

回家 xui^{31}kia^{21}

去街路 kʰɤ^{55}kai^{33}lu^{35} 逛街

散步 saŋ^{55}pu^{35}

十七 讼事

调解员 tʰiau^{33}kai^{33}yeŋ^{31}

告状 kau^{55}tsuaŋ^{35}

原告 yeŋ^{21}kau^{35}

被告 pui^{55}kau^{35}

状纸 tsuaŋ^{55}tɕi^{24} 诉状

升堂 seiŋ^{55}tʰaŋ^{31} 旧时官府审理案件

退堂 tʰui^{55}tʰaŋ^{31}

调查 tiau^{55}tsʰa^{31} 询问案情

过堂 ko^{55}tʰaŋ^{31}

证人 tseiŋ^{55}iŋ^{31}

人证 iŋ^{21}tseiŋ^{35}

物证 u^{55}tseiŋ^{35}

对质 tui^{55}tɕiʔ^{3}

刑事 xiŋ^{21}sɿ^{35}

民事 miŋ^{21}sɿ^{35}

家务事 kia^{33}u^{55}sɿ^{35}

律师 ly^{55}sɿ^{21}

代笔先生 tai^{55}piʔ^{3}sieŋ^{55}seiŋ^{21} 以代人撰写禀帖、诉状等为业的人

服 xuʔ^{3}

不服 pu^{55}xuʔ^{3}

上诉 siaŋ^{55}su^{35}

宣判 syeŋ^{33}pʰaŋ^{35}

承认 tsʰeiŋ^{21}iŋ^{35} 招认

口供 kʰøy^{21}koŋ^{35}

交 kiau^{21} 供：～出同伙

同伙 tʰoŋ^{21}xo^{24} 同谋

故犯 ku^{55}xuaŋ^{35}

误犯 u^{55}xuaŋ^{35}

犯法 xuaŋ^{55}xuaʔ^{3}

犯罪 xuaŋ^{55}tsui^{35}

污蔑 u^{55}meʔ^{3} 诬告

牵连 kʰieŋ^{55}lieŋ^{31}

保 pau^{24} 保释

取保 tɕʰy^{21}pau^{24}

抓去 tsua^{21}kʰɤ^{35} 逮捕

扣去 kʰøy^{35}kʰɤ^{35}

押去 iaʔ^{3}kʰɤ^{35} 押解

犯人车 xuaŋ^{55}iŋ^{31}tsʰe^{21} 囚车

青天大老爷 tɕʰiŋ^{55}tʰieŋ^{21}ta^{55}lau^{31}ie^{31}

青天老爷 tɕʰiŋ^{55}tʰieŋ^{21}lau^{31}ie^{31}

贪官 tʰaŋ^{55}kuaŋ^{21}

受贿 siu^{55}xui^{35}

送钱 soŋ^{55}tɕʰieŋ^{31} 行贿

罚款 xua^{55}kʰuaŋ^{24}

砍头 kʰaŋ^{31}tʰøy^{31} 斩首

枪毙 tɕʰiaŋ^{33}pi^{35}

生死牌 seiŋ^{55}sɿ^{31}pʰai^{31} 旧时插在死刑犯背后的牌子，上面写了犯人姓名，并画有大红叉或红圈

拷打 kʰau^{21}ta^{24}

打屁股 ta^{21}pʰi^{55}ku^{24}

上枷板 siaŋ^{55}kia^{33}paŋ^{24} 上枷

手铐 siu^{21}kʰau^{35}

脚铐 kyo^{33}kʰau^{35}

捆起来 kʰueiŋ^{24}kʰi^{31}lai^{31} 绑起来

关起来 kuaŋ^{21}kʰi^{31}lai^{31} 囚禁起来

班房 paŋ^{55}xuaŋ^{31} 监狱

　监牢 kieŋ^{55}lau^{31}

坐班房 tso^{55}paŋ^{33}xuaŋ^{31}

　坐牢 tso^{55}lau^{31}

　坐监牢 tso^{55}kieŋ^{33}lau^{31}

耍赖 sua^{21}lai^{35}

看监 kʰaŋ^{55}kieŋ^{21} 探监

　看犯人 kʰaŋ^{55}xuaŋ^{55}iŋ^{31}

立字据 li^{33}tsɿ^{55}ky^{35}

签字 tɕʰieŋ^{33}tsɿ^{35}

按手印 aŋ^{55}siu^{21}iŋ^{35}

　盖手印 kai^{55}siu^{21}iŋ^{35}

捐税 kyeŋ^{33}sui^{35}

地租 ti^{55}tsu^{21}

地契 ti^{55}kʰi^{35}

税契 sui^{55}kʰi^{35}

交税 kiau^{21}sui^{35} 纳税

执照 tsɿ^{33}tɕiau^{35}

告示 kau^{55}sɿ^{35}

通知 tʰoŋ^{55}tsɿ^{21}

文件 ueiŋ^{21}kieŋ^{35}

命令 miŋ^{55}liŋ^{35}

公章 koŋ^{55}tɕiaŋ^{21}

私访 sɿ^{55}xuaŋ^{24}

交代 kiau^{33}tai^{35}

上任 siaŋ^{55}iŋ^{35}

退休 tʰui^{55}siu^{21}

罢免 pa^{55}mieŋ^{24}

　撤职 tsʰɤ^{55}tsɿʔ^{3}

档案 taŋ^{21}aŋ^{35} 案卷

传票 tɕʰyeŋ^{21}pʰiau^{35}

十八　交际

应酬 iŋ^{55}tɕʰiu^{31}

来往 lai^{21}uaŋ^{24}

看人家 kʰaŋ^{55}iŋ^{31}ka^{21} 看望人

拜访 pai^{55}xuaŋ^{24}

回礼 xui^{21}li^{24}

请客 tɕʰiŋ^{33}kʰɤʔ^{3}

招待 tɕiau^{33}tai^{35}

　招呼 tɕiau^{55}xu^{21}

送礼 soŋ^{55}li^{24}

礼 li^{24}

人情 iŋ^{31}tɕʰiŋ^{31}

做人客 tso^{55}iŋ^{31}kʰɤʔ^{3} ①做客。②串门

　做客 tso^{55}kʰɤʔ^{3}

待人客 tai^{55}iŋ^{31}kʰɤʔ^{3} 招待客人

　待客 tai^{55}kʰɤʔ^{3}

陪人客 pʰui^{31}iŋ^{31}kʰɤʔ^{3} 陪客人

陪客 pʰui^{31}kʰɤʔ^{3} 一般指妓女陪客

送人客 soŋ^{35}iŋ^{31}kʰɤʔ^{3} 送客人

导伙伴 tau^{33}xo^{33}puaŋ^{35} 作伴

出门 tɕʰy^{55}meiŋ^{31}

不送了 pu^{33}soŋ^{35}lau^{0}

不客气 pu^{33}k^{h}ɤ^{55}k^{h}i^{35}

请酒 tɕ^{h}iŋ^{21}tɕiu^{24} 摆酒席

一桌酒 i^{55}tso^{55}tɕiu^{24} 一桌酒席

帖子 t^{h}eʔ^{3}tsɿ^{0}

　请帖 tɕ^{h}iŋ^{33}t^{h}eʔ^{3}

送请帖 soŋ^{35}tɕ^{h}iŋ^{33}t^{h}eʔ^{3} 下请帖

上桌 siaŋ^{55}tsoʔ^{3} 入席

开桌 k^{h}ai^{55}tsoʔ^{3} 酒席中开始上菜

　上菜 siaŋ^{55}ts^{h}ai^{35}

倒酒 tau^{55}tɕiu^{24} 斟酒

敬酒 kiŋ^{55}tɕiu^{24}

搞酒 kau^{21}tɕiu^{24} ①酗酒。②斗酒

碰杯 p^{h}oŋ^{55}pui^{21} 干杯

合得来 xo^{55}tɤ^{0}lai^{31}

合不来 xo^{55}pu^{33}lai^{31}

冤家 yeŋ^{55}kia^{21}

　对头 tui^{55}t^{h}ɵy^{31}

　仇人 tɕ^{h}iu^{31}iŋ^{31}

气不过 k^{h}i^{35}pu^{33}ko^{35} 抱不平

□uai^{21} 冤枉

多嘴 to^{55}tsui^{24}

挑剔 t^{h}iau^{33}t^{h}i^{35} 吹毛求疵

会装 xui^{55}tsuaŋ^{21} 做作

　做样子 tso^{55}iaŋ^{35}tsɿ^{0}

摆架子 pai^{21}kia^{35}tsɿ^{0}

　架子大 kia^{35}tsɿ^{0}ta^{35}

装死 tsuaŋ^{55}sɿ^{24} ①装死。②装傻

懵掉了 moŋ^{21}tiau^{35}lau^{0} 呆住了

出洋相 tɕ^{h}y^{55}iaŋ^{21}siaŋ^{35}

现世人 xieŋ^{55}si^{35}iŋ^{31} 丢人

拉关系 la^{33}kuaŋ^{33}xi^{35}

看得起 k^{h}aŋ^{55}tɤ^{0}k^{h}i^{24}

看不起 k^{h}aŋ^{55}pu^{33}k^{h}i^{24}

答应 ta^{33}iŋ^{35}

不答应 pu^{55}ta^{33}iŋ^{35}

表$^{=}$得好丑 piau^{33}tɤ^{55}xau^{21}tɕ^{h}iu^{24} 不识好歹

赶出去 kaŋ^{24}tɕ^{h}y^{33}k^{h}ɤ^{35}

十九　商业交通

门牌 meiŋ^{31}p^{h}ai^{31}

招牌 tɕiau^{55}p^{h}ai^{31}

广告 kuaŋ^{21}kau^{35}

开店 k^{h}ai^{33}tieŋ^{35}

店面 tieŋ^{55}mieŋ^{35} 铺面

摆摊摊 p^{h}ai^{21}t^{h}aŋ^{55}t^{h}aŋ^{21} 摆摊子

*吃馆店 tɕ^{h}i^{55}kuaŋ^{21}tieŋ^{35}

打杂的 ta^{33}tsaʔ^{3}ti^{0} 服务员

布店 pu^{55}tieŋ^{35}

百货店 pɤ^{33}xo^{55}tieŋ^{35}

杂货店 tsa^{33}xo^{55}tieŋ^{35}

食杂店 si^{55}tsa^{33}tieŋ^{35}

酱油店 tɕiaŋ^{55}iu^{31}tieŋ^{35} 油盐店

粮站 liaŋ^{21}tsaŋ^{35} 较早时的粮食统一供给中心

粮店 liaŋ^{21}tieŋ^{35}

　米店 mi^{21}tieŋ^{35}

碗店 uaŋ^{21}tieŋ^{35} 瓷器店

文具店 ueiŋ^{33}ky^{55}tieŋ^{35}

茶馆 ts^{h}a^{21}kuaŋ^{24}

剃头店 t^{h}i^{55}t^{h}ɵy^{31}tieŋ^{35} 理发店

刮孔毛 kua^{55}k^{h}oŋ^{31}mau^{31} 刮脸

刮胡子 kua^{55}xu^{31}tsɿ^{0}

猪肉店 tɕy^{55}iu^{21}tieŋ^{35} 肉铺

榨油厂 tsa^{55}iu^{31}tɕ^{h}iaŋ^{24}

当铺 taŋ^{55}p^{h}u^{35}

租房 tsu^{55}xuaŋ^{31}

当房子 taŋ^{55}xuaŋ^{31}tsɿ^{0} 典当房子

煤球 mui^{31}kʰiu^{31}

蜂窝煤 xoŋ^{55}o^{55}mui^{31}

开张 kʰai^{55}tɕiaŋ^{21}

　开业 kʰai^{55}ieʔ^{3}

关门 kuaŋ^{55}meiŋ^{31} 停业

　歇业 xe^{55}ieʔ^{3}

盘点 pʰuaŋ^{21}tieŋ^{24}

　算账 suaŋ^{55}tɕiaŋ^{35}

柜台 kui^{55}tʰai^{31}

开价 kʰai^{33}kia^{35}

还价 xuaŋ^{21}kia^{35}

　杀价 sa^{33}kia^{35}

　砍价 kʰaŋ^{21}kia^{35}

合理 xo^{33}li^{24} 一般指价格公道

不合算 pu^{55}xo^{33}suaŋ^{35} 不值得

　划不来 xua^{33}pu^{55}lai^{31}

通包 tʰoŋ^{55}pau^{21} 包圆儿

生意好 seiŋ^{33}i^{35}xau^{24}

　生意兴旺 seiŋ^{33}i^{35}xiŋ^{55}uaŋ^{35}

[没有]生意 miu^{31}seiŋ^{33}i^{35}

[没有]钱赚 miu^{31}tɕʰieŋ^{31}tsuaŋ^{35}

　保本 pau^{21}peiŋ^{24}

赚钱 tsuaŋ^{55}tɕʰieŋ^{31}

　* 趁钱 tʰiŋ^{55}tɕʰieŋ^{31}

利息 li^{55}siʔ^{3}

运气好 yŋ^{55}kʰi^{35}xau^{24}

　命好 miŋ^{55}xau^{24}

运气差 yŋ^{55}kʰi^{35}tsʰa^{21}

差 tsʰa^{21} ①缺。②欠：～钱

　短 tuaŋ^{24}

押金 ia^{55}kiŋ^{21}

拉皮条的 la^{55}pʰi^{31}tʰiau^{31}ti^{0} 替人介绍买卖，从中赚取佣金的人

外水 uai^{55}sui^{24} 外快

　外快 uai^{55}kʰuai^{35}

死货 sɿ^{21}xo^{35} 滞销货

账房 tɕiaŋ^{55}xuaŋ^{31}

费用 xui^{55}ioŋ^{35}

　开销 kʰai^{55}siau^{21}

记账 ki^{55}tɕiaŋ^{35}

进账 tɕiŋ^{55}tɕiaŋ^{35}

出账 tɕʰy^{33}tɕiaŋ^{35}

欠钱 kʰieŋ^{55}tɕʰieŋ^{31}

　欠账 kʰieŋ^{55}tɕiaŋ^{35}

讨钱 tʰau^{31}tɕʰieŋ^{31} 要账

　讨账 tʰau^{21}tɕiaŋ^{35}

坏账 xuai^{55}tɕiaŋ^{35}

　烂账 laŋ^{55}tɕiaŋ^{35}

发票 xua^{33}pʰiau^{35}

收据 siu^{33}ky^{35}

　收条 siu^{55}tʰiau^{31}

钱 tɕʰieŋ^{31}

存钱 tsʰeiŋ^{31}tɕʰieŋ^{31}

整钱 tseiŋ^{31}tɕʰieŋ^{31} 成整数的钱

票子 pʰiau^{35}tsɿ^{0}

　钞票 tsʰau^{33}pʰiau^{35}

铜板 tʰoŋ^{21}paŋ^{24}

　铜钱 tʰoŋ^{31}tɕʰieŋ^{31}

大洋 ta^{55}iaŋ^{31}

　银圆 iŋ^{31}yeŋ^{31}

一分钱 i^{33}xueiŋ^{55}tɕʰieŋ^{31}

一角钱 i^{33}ko^{55}tɕʰieŋ^{31}

一块钱 i^{33}k^{h}uai^{55}tɕ^{h}ieŋ^{31}

十块钱 si^{33}k^{h}uai^{55}tɕ^{h}ieŋ^{31}

一百块钱 i^{33}pɤ^{33}k^{h}uai^{55}tɕ^{h}ieŋ^{31}

大票 ta^{55}p^{h}iau^{35} 大面额的纸币

一张钞票 i^{55}tɕiaŋ^{21}ts^{h}au^{33}p^{h}iau^{35}

一个铜板 i^{33}ko^{55}t^{h}oŋ^{21}paŋ^{24}

天平秤 t^{h}ieŋ^{55}p^{h}iŋ^{31}ts^{h}eiŋ^{35} 天平

厘秤 li^{21}ts^{h}eiŋ^{35} 戥子

磅秤 paŋ^{55}ts^{h}eiŋ^{35} ～ puaŋ^{55}ts^{h}eiŋ^{35}

　地磅 ti^{55}paŋ^{35} 大的磅秤

官秤 kuaŋ^{33}ts^{h}eiŋ^{35} 官府制定的标准秤

秤盘 ts^{h}eiŋ^{55}p^{h}uaŋ^{31}

秤花 ts^{h}eiŋ^{55}xua^{21} 秤星

　秤星 ts^{h}eiŋ^{55}siŋ^{21}

秤管 ts^{h}eiŋ^{55}kuaŋ^{24} 秤杆

秤钩 ts^{h}eiŋ^{55}kəy^{21}

秤砣 ts^{h}eiŋ^{55}t^{h}o^{31} 秤锤

　秤锤 ts^{h}eiŋ^{55}ts^{h}ui^{31}

秤纽 ts^{h}eiŋ^{55}liu^{24} 秤毫

秤尾翘 ts^{h}eiŋ^{55}ui^{24}k^{h}iau^{35} 称物时秤尾高

秤尾矮 ts^{h}eiŋ^{55}ui^{24}ai^{24} 称物时秤尾低

　秤尾垂 ts^{h}eiŋ^{55}ui^{24}sui^{31}

刮板 kua^{55}paŋ^{24} 平斗斛的木片

火车路早 xo^{31}ts^{h}e^{33}lu^{35} 铁路

　铁路 t^{h}e^{33}lu^{35}

火车轨早 xo^{31}ts^{h}e^{55}kui^{24} 铁轨

　铁轨 t^{h}e^{55}kui^{24}

火车 xo^{31}ts^{h}e^{21}

火车站 xo^{31}ts^{h}e^{33}tsaŋ^{35}

汽车路早 k^{h}i^{55}ts^{h}e^{21}lu^{35} 公路

　马路 ma^{21}lu^{35}

汽车 k^{h}i^{55}ts^{h}e^{21}

客车 k^{h}ɤ^{55}ts^{h}e^{21}

货车 xo^{55}ts^{h}e^{21}

公共汽车 koŋ^{33}koŋ^{55}k^{h}i^{55}ts^{h}e^{21}

　公交车 koŋ^{55}kiau^{33}ts^{h}e^{21}

小车 siau^{31}ts^{h}e^{21} 七座及以下的汽车

　面包车 mieŋ^{55}pau^{33}ts^{h}e^{21}

　小轿车 siau^{21}kiau^{55}ts^{h}e^{21}

摩托车 mo^{55}t^{h}o^{55}ts^{h}e^{21}

三轮车 saŋ^{55}lueiŋ^{31}ts^{h}e^{21}

平板三轮车 p^{h}iŋ^{21}paŋ^{24}saŋ^{55}lueiŋ^{31}ts^{h}e^{21} 拉货的

马车 ma^{31}ts^{h}e^{21} 骡马拉的运货的车

单轮车 taŋ^{55}luiŋ^{31}ts^{h}e^{21}

　手把车 siu^{33}pa^{31}ts^{h}e^{21}

船 tɕ^{h}yeŋ^{31}

帆 xuaŋ^{21}

　风篷 xoŋ^{55}p^{h}oŋ^{31}

篷 p^{h}oŋ^{31}

风杆 xoŋ^{55}kaŋ^{21} 桅杆

　篷杆 p^{h}oŋ^{31}kaŋ^{21}

舵 to^{35}

橹 lu^{24} 当地的橹一般置于船尾，与舵的功能相当

桨 tɕiaŋ^{24}

　船桨 tɕ^{h}yeŋ^{21}tɕiaŋ^{24}

翘板 k^{h}iau^{55}paŋ^{24} 上下船用的跳板

　跳板 t^{h}iau^{55}paŋ^{24}

风船 xoŋ^{55}tɕ^{h}yeŋ^{31} 帆船

小船 siau^{31}tɕ^{h}yeŋ^{31} 舢板

渔船 y^{31}tɕ^{h}yeŋ^{31}

渡船 tu^{55}tɕ^{h}yeŋ^{31}

轮船 lueiŋ^{31}tɕ^{h}yeŋ^{31}

坐船过溪 tso^{55}tɕ^{h}yeŋ^{31}ko^{55}k^{h}i^{21} 坐船过河

搭船过溪 ta^{55}tɕ^{h}yeŋ^{31}ko^{55}k^{h}i^{21}

码头 ma^{31}t^{h}ɵy^{31} 渡口

渡口 tu^{55}k^{h}ɵy^{24}

二十　文化教育

读书 tu^{55}sy^{21} 开始上小学

念书 lieŋ^{55}sy^{21}

逃课 t^{h}au^{21}k^{h}o^{35} 逃学

幼儿园 iu^{55}ɤ^{31}yeŋ^{31}

托儿所 t^{h}o^{55}ɤ^{31}so^{24}

学费 xyo^{33}xui^{35}

放假 xuaŋ^{55}kia^{35}

暑假 sy^{21}kia^{35}

寒假 xaŋ^{21}kia^{35}

请假 tɕ^{h}iŋ^{21}kia^{35}

上课 siaŋ^{55}k^{h}o^{35}

下课 xa^{55}k^{h}o^{35}

讲台 kiaŋ^{31}t^{h}ai^{31}

黑板 xɤ^{55}paŋ^{24}

粉笔 xueiŋ^{33}piʔ^{3}

黑板擦 xɤ^{55}paŋ^{31}ts^{h}aʔ^{3}

黑板刷 xɤ^{55}paŋ^{31}suaʔ^{3}

花名册 xua^{55}miŋ^{31}ts^{h}ɤʔ^{3}

点名册 tieŋ^{33}miŋ^{33}ts^{h}ɤʔ^{3}

点名簿 tieŋ^{33}miŋ^{33}pu^{35}

戒尺 kai^{55}tɕ^{h}iʔ^{3}

笔记本 pi^{33}ki^{55}peiŋ^{24}

日记本 i^{33}ki^{55}peiŋ^{24}

日记簿 i^{33}ki^{55}pu^{35}

书 sy^{21}

洋笔擦 iaŋ^{33}pi^{55}ts^{h}aʔ^{3} 橡皮

橡皮擦 siaŋ^{55}p^{h}i^{31}ts^{h}aʔ^{3}

洋笔刀 iaŋ^{33}pi^{55}tau^{21} 铅笔刀

铅笔刀 tɕ^{h}ieŋ^{33}pi^{55}tau^{21}

洋笔车 iaŋ^{33}pi^{55}ts^{h}e^{21}

*铅笔车 tɕ^{h}ieŋ^{33}pi^{55}ts^{h}e^{21}

圆规 yeŋ^{31}kui^{21}

三角尺 saŋ^{55}kyo^{55}tɕ^{h}iʔ^{3}

三角板 saŋ^{55}kyo^{55}paŋ^{24}

作文簿 tso^{55}ueiŋ^{31}pu^{35}

大字簿 ta^{55}tsɿ^{33}pu^{35}

大楷簿 ta^{55}k^{h}ai^{21}pu^{35}

字帖 tsɿ^{55}t^{h}eʔ^{3}

笔套 pi^{33}t^{h}au^{35} 笔帽

笔头 pi^{55}t^{h}ɵy^{31}

笔尖 pi^{55}tɕieŋ^{21}

笔筒 pi^{55}t^{h}oŋ^{24}

磨墨 mo^{31}mɤʔ^{3} 研墨

墨盒 mɤ^{55}xoʔ^{3}

墨汁 mɤ^{55}tɕiʔ^{3}

掭笔 t^{h}ieŋ^{33}piʔ^{3} 用笔调蘸墨汁

钢笔水 kaŋ^{55}pi^{55}sui^{24} 墨水

文化人 ueiŋ^{33}xua^{35}iŋ^{31}

读书人 tu^{55}sy^{33}iŋ^{31}

念书人 lieŋ^{55}sy^{33}iŋ^{31}

有文化的 iu^{33}ueiŋ^{21}xua^{35}ti^{0} 识字的

认得着字的 iŋ^{35}tɤ^{0}tɕyo^{33}tsɿ^{35}ti^{0}

文盲 ueiŋ^{31}maŋ^{31}

复习 xu^{55}siʔ^{3}

背课 pui^{55}k^{h}o^{35} 背诵课文

背书 pui^{55}sy^{21}

报考 pau^{55}k^{h}au^{24}

考场 k^{h}au^{21}tɕ^{h}iaŋ^{24}

进考场 tɕiŋ^{55}kʰau^{21}tɕʰiaŋ^{24}

考卷 kʰau^{21}kyeŋ^{35}

满分 muaŋ^{31}xueiŋ^{21}

　一百分 i^{55}pɤ^{33}xueiŋ^{35} ～ i^{55}pɤ^{55}xueiŋ^{21}

零分 liŋ^{31}xueiŋ^{21}

　鸭蛋 a^{33}taŋ^{35}

公告 koŋ^{33}kau^{35} 发榜

第一名 ti^{35}i^{55}miŋ^{31}

　头名 tʰəy^{31}miŋ^{31}

　头一名 tʰəy^{31}i^{55}miŋ^{31}

倒数第一名 tʰau^{21}su^{24}ti^{33}i^{55}miŋ^{31}

毕业 pi^{55}ieʔ^{3}

文凭 ueiŋ^{21}pʰiŋ^{24} ～ ueiŋ^{31}pʰiŋ^{31}

大楷 ta^{55}kʰai^{24}

小楷 siau^{21}kʰai^{24}

擦掉 tsʰa^{33}tiau^{35} 涂掉

写错别字 se^{33}tsʰo^{55}pe^{33}tsɿ^{35}

　写错字 se^{33}tsʰo^{55}tsɿ^{35}

不按笔画写 pu^{33}aŋ^{35}pi^{33}xua^{35}se^{24}

漏字 ləy^{55}tsɿ^{35}

草稿 tsʰau^{31}kau^{24}

打草稿 ta^{33}tsʰau^{21}kau^{24}

一点 i^{55}tieŋ^{24}

一横 i^{55}xeiŋ^{31}

一竖 i^{33}su^{35}

一撇 i^{55}pʰeʔ^{3}

一捺 i^{33}la^{35}

一勾 i^{55}kəy^{21}

一提 i^{55}tʰi^{31} 一挑

一画 i^{33}xua^{35}

边旁 pieŋ^{55}pʰaŋ^{31} 偏旁

单人旁 taŋ^{55}iŋ^{31}pʰaŋ^{31} 亻

双人旁 suaŋ^{55}iŋ^{31}pʰaŋ^{31} 彳

弓长张 koŋ^{55}tɕʰiaŋ^{31}tɕiaŋ^{21}

立早章 li^{55}tsau^{31}tɕiaŋ^{21}

禾旁程 xo^{33}pʰaŋ^{31}tsʰeiŋ^{31}

口字框 kʰəy^{33}tsɿ^{55}kʰuaŋ^{21} 囗

宝盖头 pau^{33}kai^{55}tʰəy^{31} 宀

秃宝盖 tʰu^{55}pau^{31}kai^{35} 冖

竖心旁 su^{55}siŋ^{55}pʰaŋ^{31} 忄

　翻心旁 xuaŋ^{55}siŋ^{55}pʰaŋ^{31}

反犬旁 xuaŋ^{33}kʰyeŋ^{33}pʰaŋ^{31} 犭

单耳旁 taŋ^{55}o^{31}pʰaŋ^{31} 卩

双耳旁 suaŋ^{55}o^{31}pʰaŋ^{31} 阝

　耳朵旁 o^{31}to^{55}pʰaŋ^{31}

反文旁 xuaŋ^{33}ueiŋ^{31}pʰaŋ^{31} 攵

王字旁 uaŋ^{33}tsɿ^{35}pʰaŋ^{31} 王

提土旁 tʰi^{33}tʰu^{33}pʰaŋ^{31} 土

　挑土旁 tʰiau^{55}tʰu^{31}pʰaŋ^{31}

竹字头 tsu^{33}tsɿ^{55}tʰəy^{31} ⺮

火字旁 xo^{33}tsɿ^{55}pʰaŋ^{31} 火

四点水 sɿ^{55}tieŋ^{31}sui^{24} 灬

三点水 saŋ^{55}tieŋ^{31}sui^{24} 氵

两点水 liaŋ^{33}tieŋ^{33}sui^{24} 冫

病字旁 piŋ^{55}tsɿ^{35}pʰaŋ^{31} 疒

*走马道 tsəy^{33}ma^{33}tau^{35} 辶

　走之旁 tsəy^{33}tsɿ^{55}pʰaŋ^{31}

绞丝旁 kiau^{33}sɿ^{55}pʰaŋ^{31} 纟

提手旁 tʰi^{33}siu^{33}pʰaŋ^{31} 扌

　挑手旁 tʰiau^{55}siu^{31}pʰaŋ^{31}

草字头 tsʰau^{33}tsɿ^{55}tʰəy^{31} 艹

二十一　文体活动

踢燕子 tʰi^{33}ieŋ^{35}tsɿ^{0} 踢毽儿

抓沙包 tsua^{55}sa^{55}pau^{21} 用几个小沙包，扔起其一，做规定动作后再接住

丢沙包 tiu^{55}sa^{55}pau^{21}

捡沙包 kieŋ^{31}sa^{55}pau^{21}

抓子 tsua^{55}tsɿ^{24} 用几个大小较为均衡的石子，扔起其一，做规定动作后再接住

丢子 tiu^{55}tsɿ^{24}

滚珠珠 kueiŋ^{21}tɕy^{55}tɕy^{21} 弹球

漂水漂 pʰiau^{21}sui^{31}pʰiau^{21} 打水漂儿

跳框框 tʰiau^{35}kʰuaŋ^{55}kʰuaŋ^{21} 跳房子

翻马力□ xuaŋ^{33}ma^{21}li^{55}kʰia^{35} 翻绳，一种游戏，两人轮换翻动手指头上的细绳，变出各种花样

出谜语 tɕʰy^{33}mi^{55}y^{24}

不倒翁 pu^{55}tau^{31}oŋ^{21}

牌九 pʰai^{21}kiu^{24}

麻雀 ma^{31}tɕʰyoʔ^{3} 麻将

麻将 ma^{21}tɕiaŋ^{35}

丢猴子 tiu^{55}xɵy^{31}tsɿ^{0} 掷色子

放炮仗 xuaŋ^{55}pʰau^{33}tɕiaŋ^{35}

放鞭炮 xuaŋ^{55}piŋ^{33}pʰau^{35}

两响炮 liaŋ^{33}xiaŋ^{33}pʰau^{35} 二踢脚

焰火 ieŋ^{55}xo^{24} 烟火

烟花 ieŋ^{55}xua^{21}

□□ pi^{55}pi^{35} 口哨

象棋 siaŋ^{55}kʰi^{31}

将 tɕiaŋ^{21}

帅 suai^{35}

士 sɿ^{35}

象 siaŋ^{35}

相 siaŋ^{35}

车 ky^{21}

马 ma^{24}

炮 pʰau^{35}

兵 piŋ^{21}

兵仔 piŋ^{55}tsai^{24}

卒 tsuʔ^{3}

卒仔 tsu^{55}tsai^{24}

上士 siaŋ^{55}sɿ^{35}

下士 xa^{55}sɿ^{35}

飞象 xui^{33}siaŋ^{35}

上象 siaŋ^{55}siaŋ^{35}

下象 xa^{55}siaŋ^{35} 落象

将军 tɕiaŋ^{55}kyŋ^{21}

围棋 ui^{31}kʰi^{31}

黑子 xɤ^{55}tsɿ^{24}

白子 pɤ^{55}tsɿ^{24}

和棋 xo^{31}kʰi^{31}

拔索早 pa^{55}soʔ^{3} 拔河

拔河 pa^{55}xo^{31}

*泅水 siu^{21}sui^{24}

洗澡 si^{21}tsau^{24}

*倒泅 tau^{55}siu^{31}

仰泳 iaŋ^{21}ioŋ^{24}

蛙泳 ua^{55}ioŋ^{24}

乱泅 luaŋ^{55}siu^{31} 自由泳

自由泳 tsɿ^{55}iu^{31}ioŋ^{24}

*沕水 mi^{55}sui^{24}

打球 ta^{31}kʰiu^{31}

打球比赛 ta^{31}kʰiu^{31}pi^{21}sai^{35} 球赛

乒乓球 piŋ^{55}paŋ^{55}kʰiu^{31} ～ pʰiŋ^{55}pʰaŋ^{55}kʰiu^{31}

篮球 laŋ^{31}kʰiu^{31}

皮球 pʰi^{31}kʰiu^{31}

排球 pʰai^{31}kʰiu^{31}

足球 tsu^{55}k^{h}iu^{31}

羽毛球 y^{31}mau^{31}k^{h}iu^{31}

跳远 t^{h}iau^{55}yeŋ^{24}

跳高 t^{h}iau^{55}kau^{21}

翻滚斗 xuaŋ^{55}kueiŋ^{21}tɵy^{24} 翻跟头

　打滚斗 ta^{31}kueiŋ^{21}tɵy^{24}

连翻滚斗 lieŋ^{31}xuaŋ^{55}kueiŋ^{21}tɵy^{24}

倒立 tau^{55}liʔ^{3}

摇旱船 iau^{31}xaŋ^{55}tɕ^{h}yeŋ^{31} 跑旱船

高脚 kau^{55}kyoʔ^{3} 高跷

比刀 pi^{31}tau^{21} 戏曲武打程式，二人手持刀对打

耍刀 suaŋ^{31}tau^{21}

　舞刀 u^{31}tau^{21}

比枪 pi^{31}tɕ^{h}iaŋ^{21}

耍枪 sua^{31}tɕ^{h}iaŋ^{21}

　舞枪 u^{31}tɕ^{h}iaŋ^{21}

耍流星球 sua^{31}liu^{31}siŋ^{55}k^{h}iu^{31}

扭秧歌 liu^{21}iaŋ^{55}ko^{21}

　跳秧歌舞 t^{h}iau^{35}iaŋ^{33}ko^{33}u^{24}

打腰鼓 ta^{21}iau^{55}ku^{24}

跳舞 t^{h}iau^{55}u^{24}

* 木猴戏 mu^{55}xɵy^{31}xi^{35}

提傀儡 t^{h}i^{31}kui^{21}lui^{24} 皮影戏

京剧 kiŋ^{33}ky^{35}

话剧 xua^{55}ky^{35}

戏院 xi^{55}yeŋ^{35}

戏台 xi^{55}t^{h}ai^{31}

戏子 xi^{35}tsɿ^{0} 演员

讲书 kiaŋ^{31}sy^{21} 说书

花脸 xua^{55}lieŋ^{24}

小丑 siau^{21}tɕ^{h}iu^{24}

　三花 saŋ^{55}xua^{21}

老生 lau^{31}seiŋ^{21}

小生 siau^{31}seiŋ^{21}

刀马旦 tau^{55}ma^{21}taŋ^{35}

老旦 lau^{21}taŋ^{35}

青衣 tɕ^{h}iŋ^{55}i^{21}

花旦 xua^{33}taŋ^{35}

小旦 siau^{21}taŋ^{35}

驮旗仔 t^{h}o^{31}k^{h}i^{31}tsai^{24} 跑龙套的

二十二　动作

跌倒 te^{55}tau^{24}

经过 kiŋ^{33}ko^{35}

　路过 lu^{55}ko^{35}

爬起来 p^{h}a^{31}k^{h}i^{31}lai^{31}

摇头 iau^{31}t^{h}ɵy^{31}

点头 tieŋ^{31}t^{h}ɵy^{31}

抬头 t^{h}ai^{31}t^{h}ɵy^{31}

低头 ti^{55}t^{h}ɵy^{31}

回头 xui^{31}t^{h}ɵy^{31}

　掉头 tiau^{55}t^{h}ɵy^{31}

转弯 tɕyeŋ^{31}uaŋ^{21}

倒头 tau^{55}t^{h}ɵy^{31} 颠倒

脸转过去 lieŋ^{24}tɕyeŋ^{24}ko^{55}k^{h}ɤ^{35}

　脸车过去 lieŋ^{24}ts^{h}e^{21}ko^{55}k^{h}ɤ^{35}

瞪眼 teiŋ^{55}ieŋ^{24}

挤眼 tɕi^{21}ieŋ^{24}

碰见 p^{h}oŋ^{35}kieŋ^{35} 遇见

眼睛乱滚 ieŋ^{31}tɕiŋ^{33}luaŋ^{55}kueiŋ^{24} 眼睛乱转

流眼泪 liu^{31}ieŋ^{21}li^{35}

努嘴 lu^{21}tsui^{24}

嘴嘟［起来］tsui^{24}tu^{55}k^{h}ai^{31} 噘嘴

尝 siaŋ^{31}

举手 ky^{21}siu^{24}

摆手 pai^{21}siu^{24}

摇手 iau^{21}siu^{24}

放手 xuaŋ^{55}siu^{24}

动手 toŋ^{55}siu^{24}

拍巴掌 p^{h}ɤ^{55}pa^{55}tɕiaŋ^{24}

拍手 p^{h}ɤ^{55}siu^{24}

手抄到背后 siu^{24}tɕ^{h}iau^{21}tau^{35}pui^{55}xəy^{35} 背着手

手抄［起来］siu^{24}tɕ^{h}iau^{21}k^{h}ai^{31} ①叉着手。②笼着手

撩 liau^{31}

翻 xuaŋ^{21} 拨弄，翻动

蒙住 moŋ^{31}tsɿ^{35} 捂住

摸摸下 mo^{55}mo^{21}xa^{35} 摩挲

顶 tiŋ^{24} 用手托着向上

把 pa^{24} 抱持小儿双腿哄他大小便：～屎｜～尿

扶 xu^{31}

弹 t^{h}aŋ^{31}

□loʔ^{3} 攥：～起拳头

□leiŋ^{35} 踮：～脚

翘 k^{h}iau^{35} ①跷：～二郎腿。②撅：～屁股

□y^{31} 蜷：～腿

卷 kyeŋ^{24}

抖 təy^{24}

踢 t^{h}iʔ^{3}

伸 seiŋ^{21} ～腰

撑腰 ts^{h}eiŋ^{55}iau^{21} ①撑腰。②比喻给予有力的支持

叉腰 ts^{h}a^{55}iau^{21}

丢 tiu^{21} ①丢弃。②投掷。③丢失。④遗落

掉 tiau^{35} ①丢失。②遗落。③掉落，坠落

讲 kiaŋ^{24} 说

拦 laŋ^{31}

放 xuaŋ^{35} ①放置：～在桌上。②放开。③放走。④放学、放假。⑤放松

涂 t^{h}u^{31} 涂抹：～墙

寻着了 syŋ^{31}tɕyoʔ^{3}lau^{0} 找着了

叠起来 teʔ^{3}k^{h}i^{31}lai^{31} 码起来，摞起来

沓起来 t^{h}aʔ^{3}k^{h}i^{31}lai^{31}

折 tseʔ^{3}

遮 tse^{21} 遮盖

凿 tsoʔ^{3}

嵌 k^{h}ieŋ^{35} 皱

□ɤ^{31} 撇去浮在液体表面的东西

合 xoʔ^{3} ①拴：～牛。②捆：～起来。③并，聚集

□suaʔ^{3} ①用软鞭子、竹条、皮带等抽打。②快速地打：～巴掌

搅 kiau^{24} 搅动

漏气 ləy^{55}k^{h}i^{35}

走调 tsəy^{21}tiau^{35}

缩水 so^{55}sui^{24}

晓得了 xiau^{24}tɤʔ^{3}lau^{0} 懂了

会了 xui^{35}lau^{0}

晓得字 xiau^{24}tɤ^{33}tsɿ^{35} 识字

认得着字 iŋ^{35}tɤ^{0}tɕyoʔ^{3}tsɿ^{35}

想想下 siaŋ^{21}siaŋ^{24}xa^{0} 想想

估计 ku^{33}ki^{35} 估量

想办法 siaŋ^{21}paŋ^{55}xuaʔ^{3} 想主意

拿主意 la^{21}tɕy^{21}i^{35}

猜 ts^{h}ai^{21} 猜想

算着 suaŋ^{35}tɕyoʔ^{3} 料定

料着 liau^{35}tɕyoʔ^{3}

怀疑 xuai^{31}i^{31}

慢慢想 maŋ^{55}maŋ^{35}siaŋ^{24} 沉思

心不定 siŋ^{21}pu^{33}tiŋ^{35} 犹疑

注意 tɕy^{55}i^{35} 关注，留意，留神

惊着了 kiŋ^{21}tɕyoʔ^{3}lau^{0} 吓着了

急 kiʔ^{3} 着急

不放心 pu^{33}xuaŋ^{55}siŋ^{21}

放心 xuaŋ^{55}siŋ^{21}

　安心 aŋ^{55}siŋ^{21}

希望 xi^{33}uaŋ^{35}

巴不得 pa^{55}pu^{55}tɤʔ^{3}

好耍 xau^{21}sua^{24} 好玩，有趣

不好耍 pu^{55}xau^{31}sua^{24} 无趣，没意思

　[没有] 意思 miu^{33}i^{55}sɿ^{35}

记着 ki^{55}tsɿ^{0}

忘记了 uaŋ^{55}ki^{35}lau^{0}

想起来了 siaŋ^{24}kʰi^{31}lai^{31}lau^{0}

恨 xeiŋ^{35}

羡慕 sieŋ^{55}mu^{35}

偏心 pʰieŋ^{55}siŋ^{21}

赌气 tu^{21}kʰi^{35}

怨 yeŋ^{35} 抱怨

憋一肚子气 pe^{33}i^{33}tu^{35}tsɿ^{0}kʰi^{35}

爱护 ai^{55}xu^{35} 爱惜并保护，一般指对物

　爱惜 ai^{55}siʔ^{3}

□ keʔ^{3} 不开心

　不高兴 pu^{55}kau^{33}xiŋ^{35}

□ liau^{24} 撩拨，惹

容 ioŋ^{31} ①娇惯。②宠爱

　宠 tsʰoŋ^{24}

蛮去 maŋ^{21}kʰɤ^{35} ①迁就。②凑合

陷害 xieŋ^{55}xai^{35}

识相 si^{33}siaŋ^{35}

爱面子 ai^{55}mieŋ^{35}tsɿ^{0}

凑拢 tsʰɵy^{55}loŋ^{24} 搭茬

不讲话 pu^{33}kiaŋ^{21}xua^{35}

　不作声 pu^{33}tso^{55}seiŋ^{21}

多嘴舌 to^{55}tsui^{33}seʔ^{3} 多嘴多舌

学石灰 xyo^{33}si^{55}xui^{21} 学嘴学舌

抬杠 tʰai^{21}kaŋ^{35}

顶嘴 tiŋ^{21}tsui^{24}

对骂 tui^{55}ma^{35}

辩 pieŋ^{35} 吵架

讲和 kiaŋ^{31}xo^{31}

挨骂 ai^{33}ma^{35}

　被骂 pui^{55}ma^{35}

吩咐 xueiŋ^{33}xu^{35} 嘱咐

　交代 kiau^{33}tai^{35}

挨人家讲 ai^{21}iŋ^{31}kia^{21}kiaŋ^{24} 挨批评

　被人家讲 pui^{55}iŋ^{31}kia^{21}kiaŋ^{24}

啰唆 lo^{55}so^{21} 叨唠

慢走 maŋ^{55}tsɵy^{24}

下回来耍 xa^{55}xui^{31}lai^{21}sua^{24} 下次来玩

二十三　位置

地下 ti^{55}xa^{35} ①地面以下。②地面上：～龌龊死了地上脏死了

天上 tʰieŋ^{33}siaŋ^{35}

山上 siaŋ^{33}siaŋ^{35}

路上 lu^{55}siaŋ^{35}

街上 kai^{33}siaŋ^{35}

墙上 tɕʰiaŋ^{21}siaŋ^{35}

门上 meiŋ^{21}siaŋ^{35}

桌上 tso^{33}siaŋ^{35}

桌子上 tsoʔ^{3}tsɿ^{0}siaŋ^{35}

椅子上 i^{24}tsɿ^{0}siaŋ^{35}

边上 pieŋ^{33}siaŋ^{35}

边头 pieŋ^{55}t^{h}ɵy^{31}

底 ti^{24} 底儿

底底 ti^{21}ti^{24}

手里 siu^{24}li^{0}

心里 siŋ^{21}li^{0}

野外 ie^{21}uai^{35}

大门外 ta^{55}meiŋ^{31}uai^{35}

大门外底 ta^{55}meiŋ^{31}uai^{55}ti^{24}

门外 meiŋ^{21}uai^{35}

门外头 meiŋ^{21}uai^{55}t^{h}ɵy^{31}

墙外 tɕ^{h}iaŋ^{21}uai^{35}

墙外底 tɕ^{h}iaŋ^{21}uai^{55}ti^{24}

窗户外底 ts^{h}uaŋ^{33}xu^{35}uai^{55}ti^{24} 窗户外面

车上 ts^{h}e^{33}siaŋ^{35}

车里 ts^{h}e^{55}li^{0}

车外 ts^{h}e^{33}uai^{35}

车外底 ts^{h}e^{33}uai^{55}ti^{24}

车头前 ts^{h}e^{55}t^{h}ɵy^{31}tɕ^{h}ieŋ^{31} 车前

车尾 ts^{h}e^{55}ui^{24}

车后 ts^{h}e^{33}xɵy^{35}

山前 siaŋ^{55}tɕ^{h}ieŋ^{31}

山前头 siaŋ^{55}tɕ^{h}ieŋ^{31}t^{h}ɵy^{31}

山后 siaŋ^{33}xɵy^{35}

山背后 siaŋ^{33}pui^{55}xɵy^{35}

房后 xuaŋ^{21}xɵy^{35}

房子背后 xuaŋ^{31}tsɿ^{0}pui^{55}xɵy^{35}

从前 ts^{h}oŋ^{31}tɕ^{h}ieŋ^{31}

透底 t^{h}ɵy^{55}ti^{24} 向来，从来，始终

从来 ts^{h}oŋ^{31}lai^{31}

以上 i^{21}siaŋ^{35}

以下 i^{21}xa^{35}

从今以后 ts^{h}oŋ^{31}kiŋ^{55}i^{21}xɵy^{35}

从此以后 ts^{h}oŋ^{31}ts^{h}ɿ^{21}i^{21}xɵy^{35}

东 toŋ^{21}

西 si^{21}

南 laŋ^{31}

北 pɤʔ^{3}

东南 toŋ^{55}laŋ^{31}

东北 toŋ^{55}pɤʔ^{3}

西南 si^{55}laŋ^{31}

西北 si^{55}pɤʔ^{3}

路边 lu^{55}pieŋ^{21}

床下 ts^{h}uaŋ^{21}xa^{35} 床底下

脚底下 kyo^{55}ti^{21}xa^{35}

脚下底 kyo^{33}xa^{55}ti^{24}

碗底 uaŋ^{21}ti^{24}

锅底 ko^{55}ti^{24}

缸底 kaŋ^{55}ti^{24}

最中间 tsui^{55}tsoŋ^{33}kaŋ^{21}

半中间 puaŋ^{55}tsoŋ^{33}kaŋ^{21} 指横着的角度

半中腰 puaŋ^{55}tsoŋ^{33}iau^{21} 指竖着的角度

往里走 uaŋ^{33}li^{24}tsɵy^{24}

往里头走 uaŋ^{33}li^{24}t^{h}ɵy^{31}tsɵy^{24}

往外头走 uaŋ^{33}uai^{35}t^{h}ɵy^{31}tsɵy^{24}

往外底走 uaŋ^{33}uai^{55}ti^{21}tsɵy^{24}

往东走 uaŋ^{33}toŋ^{55}tsɵy^{24}

往西走 uaŋ^{33}si^{55}tsɵy^{24}

往回头走 uaŋ^{33}xui^{31}t^{h}ɵy^{31}tsɵy^{24} 往回走

往回走 uaŋ^{33}xui^{31}tsɵy^{24}

往前走 uaŋ^{33}tɕ^{h}ieŋ^{31}tsɵy^{24}

……以东 i^{31}toŋ^{21}

……以西 i^{31}si^{21}

……以南 i^{31}laŋ^{31}

……以北 i^{33}pɤʔ^{3}

……以来 i^{31}lai^{31}

……来 lai^{31}

……以后 i^{21}xɵy^{35}

……之后 tsɿ^{33}xɵy^{35}

……以前 i^{31}tɕʰieŋ^{31}

……之前 tsɿ^{55}tɕʰieŋ^{31}

……以外 i^{21}uai^{35}

……之外 tsɿ^{55}uai^{35}

……以内 i^{21}lui^{35}

……之内 tsɿ^{33}lui^{35}

……之间 tsɿ^{55}kaŋ^{21}

……中间 tsoŋ^{55}kaŋ^{21}

……之上 tsɿ^{33}siaŋ^{35}

……之下 tsɿ^{33}xa^{35}

二十四　代词等

我的 ŋo^{24}ti^{0}

人家 iŋ^{31}kia^{21}

这多 tɕi^{55}to^{21} 这些

那多 la^{55}to^{21} 那些

哪一种 la^{21}i^{55}tsoŋ^{24}

什么 sɿ^{33}mo^{21}

怎慢$^{=}$办 tseiŋ^{21}maŋ^{55}paŋ^{35}

我们两个 ŋo^{31}meiŋ^{31}liaŋ^{21}ko^{35} ①我们俩。②咱们俩

我们两个人 ŋo^{31}meiŋ^{31}liaŋ^{21}ko^{55}iŋ^{31}

你们两个 li^{31}meiŋ^{31}liaŋ^{21}ko^{35} 你们俩

你们两个人 li^{31}meiŋ^{21}liaŋ^{21}ko^{55}iŋ^{31}

他们两个 tʰa^{55}meiŋ^{31}liaŋ^{21}ko^{35} 他们俩

他们两个人 tʰa^{55}meiŋ^{31}liaŋ^{21}ko^{55}iŋ^{31}

两母子 liaŋ^{33}mu^{33}tsɿ^{24} 娘儿俩

两父子 liaŋ^{21}xu^{55}tsɿ^{24} 爷儿俩

两姑嫂 liaŋ^{33}ku^{55}sau^{24} 姑嫂俩

两兄弟 liaŋ^{33}xioŋ^{33}ti^{35} 兄弟俩，哥儿俩

两姐妹 liaŋ^{33}tse^{21}mui^{35} 姐妹俩，姐儿俩

两兄妹 liaŋ^{33}xioŋ^{33}mui^{35} 兄妹俩

师徒 sɿ^{55}tʰu^{31}

这些理 tɕi^{35}se^{21}li^{24}

那点事 la^{35}tieŋ^{21}sɿ^{35}

二十五　形容词

不错 pu^{33}tsʰo^{35}

差不多 tsʰa^{33}pu^{55}to^{21}

丕亮$^{=}$好 pui^{35}liaŋ^{55}xau^{24} 不怎么样

不很好 pu^{55}xeiŋ^{21}xau^{24}

没有用 mo^{55}iu^{24}ioŋ^{35}

秀气 siu^{55}kʰi^{35} 男女均适用

帅 suai^{35} 形容男性

流行 liu^{31}xiŋ^{31}

时髦 si^{31}mau^{31}

过时 ko^{55}si^{31}

洋气 iaŋ^{21}kʰi^{35}

土气 tʰu^{21}kʰi^{35}

偷懒 tʰɵy^{55}laŋ^{24}

慢慢吞吞 maŋ^{55}maŋ^{55}tʰeiŋ^{21}tʰeiŋ^{21}

吃力 tɕʰi^{33}li^{35}

认真 leiŋ^{55}tseiŋ^{21}

仔细 tsɿ^{21}si^{35}

恶毒 o^{55}tuʔ^{3}

内向 lui^{55}siaŋ^{35}

硬直 iŋ^{55}tɕiʔ^{3} 坚强

老练 lau^{21}lieŋ^{35}

挨 ai^{21} 磨蹭

［没有］法 miu^{21}xuaʔ^{3} 无可奈何

　［没有］办法 miu^{21}paŋ^{55}xuaʔ^{3}

［没有］算盘 miu^{21}suaŋ^{55}pʰuaŋ^{31} 没计划

［没有］用 miu^{21}ioŋ^{35} ①无能。②不管用

要紧 iau^{55}kiŋ^{24}

固扎 ku^{55}tsaʔ^{3} 结实，一般指家具

实落 si^{55}loʔ^{3} 坚硬，一般指土质

结实 ke^{55}siʔ^{3} 一般指身体

生得老 seiŋ^{55}tɤ^{0}lau^{24} 显老

　生得粗 seiŋ^{55}tɤ^{0}tsʰu^{21}

进味 tɕiŋ^{55}ui^{35} 入味

可爱 kʰo^{21}ai^{35}

□ tɕʰieŋ^{35} 磨人，一般指孩子纠缠不休

贱 tɕieŋ^{35} 好动，一般指孩子安静不下来

厉害 li^{33}xai^{35} 有本事：这后生仔～

没干 mo^{21}kaŋ^{35} 不中用：那个家伙～那个人不行

　不行 pu^{55}xiŋ^{31}

贪耍 tʰaŋ^{55}sua^{24} 贪玩

缺德 kʰɵ^{55}tɤʔ^{3}

灵活 liŋ^{31}xo^{31} ①机灵。②灵巧

糊涂 xu^{31}tʰu^{31}

　糊里糊涂 xu^{31}li^{55}xu^{31}tʰu^{31}

　懵懂 moŋ^{21}toŋ^{24}

霎转弯 pui^{55}tɕyeŋ^{31}uaŋ^{21} 死心眼儿，死板

　古板 ku^{21}paŋ^{24}

□包 kʰy^{31}pau^{21} ①孬种。②脓包

有种 iu^{21}tsoŋ^{24} 有胆量，有骨气

　有胆量 iu^{21}taŋ^{21}liaŋ^{35}

恶 oʔ^{3} 凶恶

聪明 tsʰoŋ^{55}miŋ^{31}

［没有］事寻事 miu^{21}sɿ^{35}syeŋ^{31}sɿ^{35} 无事生非

絮 sy^{35} 唠叨

　唠叨 lau^{55}tau^{21}

全 tɕʰyeŋ^{31}

□ lu^{35} 凸

□ ɵy^{21} 凹

蒙 moŋ^{31} 鼓：帕帕～［起来］了口袋鼓起来了

凉快 liaŋ^{21}kʰuai^{35}

　凉 liaŋ^{31} ①凉快。②冷

清静 tɕʰiŋ^{33}tɕiŋ^{35}

　安静 aŋ^{33}tɕiŋ^{35}

松动 soŋ^{33}toŋ^{35} 活动的、不稳固

　不牢固 pu^{55}lau^{21}ku^{35}

地地道道 ti^{55}ti^{55}tau^{55}tau^{35} 地道

　正宗 tseiŋ^{55}tsoŋ^{21}

整齐 tseiŋ^{31}tɕʰi^{31}

满意 muaŋ^{21}i^{35} 称心

　称心 tsʰeiŋ^{55}siŋ^{21}

坠手 tsui^{55}siu^{24} 比想象中重

正 tseiŋ^{35}

斜 se^{31}

毛脚毛手 mau^{31}kyo^{55}mau^{31}siu^{24} 毛手毛脚

蹑脚蹑手 le^{55}kyo^{33}le^{55}siu^{24} 畏畏缩缩的样子

大红 ta^{55}xoŋ^{31} ①朱红。②深红

水红 sui^{31}xoŋ^{31} 粉红

　粉红 xueiŋ^{31}xoŋ^{31}

浅红 tɕʰieŋ^{31}xoŋ^{31}

浅蓝 tɕʰieŋ^{31}laŋ^{31}

深蓝 seiŋ^{55}laŋ^{31}

天蓝 tʰieŋ^{55}laŋ^{31}

墨绿 mo^{55}luʔ^{3} 深绿

草绿 tsʰau^{33}luʔ^{3}

浅绿 tɕ^{h}ieŋ^{33}luʔ^{3}

　淡绿 taŋ^{55}luʔ^{3}

灰白 xui^{55}pɤʔ^{3}

苍白 ts^{h}aŋ^{55}pɤʔ^{3}

　白□□ pɤ^{55}i^{21}i^{24} 一般指人的脸色苍白，没有血色

深灰 seiŋ^{55}xui^{21}

浅灰 tɕ^{h}ieŋ^{31}xui^{21}

银灰 iŋ^{31}xui^{21}

土黄 t^{h}u^{31}uaŋ^{31}

浅黄 tɕ^{h}ieŋ^{31}uaŋ^{31}

　淡黄 taŋ^{55}uaŋ^{31}

金黄 kiŋ^{55}uaŋ^{31}

青 tɕ^{h}iŋ^{21} 一般青色都说成蓝色，较少说青色

二十六　副词介词等

保证 pau^{21}tseiŋ^{35}

讲不定 kiaŋ^{33}pu^{33}tiŋ^{35} 说不定

刚刚好 kaŋ^{55}kaŋ^{55}xau^{24} 刚好

刚刚 kaŋ^{55}kaŋ^{21} ①刚才。②正好，恰好

刚才 kaŋ^{55}ts^{h}ai^{31}

碰巧 p^{h}eiŋ^{55}k^{h}iau^{24}

　刚巧 kaŋ^{55}k^{h}iau^{24}

正在 tseiŋ^{55}tsai^{35}

光 kuaŋ^{21} 只：～吃饭，不吃菜

　光光 kuaŋ^{55}kuaŋ^{21}

有点 iu^{21}tieŋ^{24} 天～冷

怕 p^{h}a^{35} ①也许。②恐怕

　不一定 pu^{33}i^{33}tiŋ^{35}

一定 i^{33}tiŋ^{35}

硬要 eiŋ^{55}iau^{35} 非……不：～九点才开会

马上 ma^{21}siaŋ^{35}

　很快 xeiŋ^{21}k^{h}uai^{35}

趁早 ts^{h}eiŋ^{55}tsau^{24}

早点 tsau^{21}tieŋ^{24}

快点 k^{h}uai^{55}tieŋ^{24}

早晚 tsau^{21}uaŋ^{24}

眼看 ieŋ^{21}k^{h}aŋ^{35} ～就到期了

　马上 ma^{21}siaŋ^{35}

还好 xai^{21}xau^{24}

　幸亏 xiŋ^{55}k^{h}ui^{21}

当面 taŋ^{33}mieŋ^{35}

　当众 taŋ^{33}tsoŋ^{35}

跟帮 keiŋ^{55}paŋ^{21} 结伴

顺便 sueiŋ^{55}pieŋ^{35}

　顺带 sueiŋ^{55}tai^{35}

顺手 sueiŋ^{55}siu^{24} 随手

到底 tau^{55}ti^{24} 他～去不去

根本 keiŋ^{55}peiŋ^{24} 他～不晓得

实在 si^{33}tsai^{35}

快 k^{h}uai^{35} 接近：他～四十岁了

一直 i^{55}tɕiʔ^{3}

到处 tau^{55}tɕ^{h}y^{35}

白 pɤʔ^{3} ①空：～跑一趟。②没有付出代价的：～吃

　空 k^{h}oŋ^{21}

偏 p^{h}ieŋ^{21} 你不要我去，我～去

　偏偏 p^{h}ieŋ^{55}p^{h}ieŋ^{21}

乱 luaŋ^{35} ～搞｜～讲

先 sieŋ^{21} 你～走，我马上就来

原先 yeŋ^{31}sieŋ^{21} 他～不晓得，后来才听人家讲的

　开头 k^{h}ai^{55}t^{h}øy^{31}

　起头 k^{h}i^{31}t^{h}øy^{31}

最后 tsui^{55}xəy^{35} 我～走的，不知道

最尾巴 tsui^{55}ui^{31}pa^{21}

另外 liŋ^{55}uai^{35}

等 teiŋ^{24} ①被：～狗咬了。②给：送本书～他

把 pa^{24}

拿 la^{31}

对着 tui^{35}tso^{0} 他～我一直笑

到 tau^{35} ～哪些$^{=}$去到哪里去｜扔～水里｜～哪天为止

在 tsai^{35} ～哪些$^{=}$住在哪里住

从 ts^{h}oŋ^{31} ～哪些$^{=}$去从哪里走

自从 tsɿ^{55}ts^{h}oŋ^{31}

用 ioŋ^{35} 你～毛笔写

顺着 sueiŋ^{35}tsɿ^{0} ～大路一直走｜～河边走

替我 t^{h}iŋ^{35}ŋo^{24} ～ t^{h}i^{35}ŋo^{24} 给我，虚用，加重语气：你～同这碗饭吃干净你给我把这碗饭吃光｜你～立着你给我站住

喊……作 xaŋ^{24}…tsoʔ^{3} 管……叫

用……当 ioŋ^{35}…taŋ^{21}

拿……当 la^{31}…taŋ^{21}

从小 ts^{h}oŋ^{21}siau^{24}

往外 uaŋ^{21}uai^{35} 覅～讲不要往外说

赶 kaŋ^{24} 天黑前～到

二十七　量词

本 peiŋ^{24} 一～书

笔 piʔ^{3} 一～款

封 xoŋ^{21} 一～信

顶 tiŋ^{24} 一～帽子

子 tsɿ^{24} ①把：一～香。②绺：一～头发

子仔 tsɿ^{21}tsai^{24} 一～香一小把香

盏 tɕiaŋ^{24} 一～灯

桌 tsoʔ^{3} 一～酒席｜请一～客

场 tɕ^{h}iaŋ^{31} ①场：一～雨。②出：一～戏。③台：唱一～戏

套 t^{h}au^{35} 一～衣裳

管 kuaŋ^{24} 一～笔｜一～毛笔

枚 mui^{31} 一～针

家 kia^{21} 一～铺子

间 kieŋ^{21} 一～房间

篇 p^{h}ieŋ^{21} 一～文章

段 tuaŋ^{35} 节，段：一～文章

片 p^{h}ieŋ^{35} ①片：一～好心｜一～肉。②瓣：一～花片

层 ts^{h}eiŋ^{31} ①层：一～纸。②进：一～院子

座 tso^{35} 一～桥

盘 p^{h}uaŋ^{31} 一～棋

门 meiŋ^{31} 一～亲事

刀 tau^{21} 一～纸一般专指烧给逝者的纸

叠 teʔ^{3} 一～纸

□ t^{h}eʔ^{3}

沓 t^{h}aʔ^{3}

缸 kaŋ^{21} 一～水

碗 uaŋ^{24} 一～饭

杯 pui^{21} 一～茶｜一～烧酒

抓 tsua^{21} 把：一～米

包 pau^{21} ①包：一～花生｜一～书。②捆：一～行李

捆 k^{h}ueiŋ^{24} ①卷：一～纸。②轴：一～线

卷 kyeŋ^{24} 一～纸

挑 t^{h}iau^{21} ①挑：一～水。②担：一～米

排 p^{h}ai^{31} 一～桌子

串 tɕ^{h}yeŋ^{35} 一～炮仗｜一～荔枝

句 ky^{35} 一～话

对 tui^{35} 一～花瓶

套 t^{h}au^{35} 一～书

种 tsoŋ^{24} ①种：一～虫子。②味：一～药

帮 paŋ^{21} ①帮，伙：一～人。②拨儿：一～人

　伙 xo^{24}

批 p^{h}i^{21} 一～货

窝 o^{21} 一～蜂

□ laʔ^{3} 一～大拇指与食指或中指张开的长度

□ t^{h}oʔ^{3} 两臂平伸两手伸直的长度

指 tsɿ^{24} 一～长

份 xueiŋ^{35} 分成三～

成 ts^{h}eiŋ^{31} 一～，即十分之一

脸 lieŋ^{24} 一～土

身 seiŋ^{21} 一～土

肚 tu^{35} 一～气

轮 lueiŋ^{31} 去一～去一次

　回 xui^{31} 去过一～

一下仔 i^{33}xa^{55}tsai^{24} 一会儿

眼 ieŋ^{24} 看一～

口 k^{h}øy^{24} 吃一～

面 mieŋ^{35} 见一～

尊 tsueiŋ^{21} 一～佛

扇 syeŋ^{35} 一～门

堵 tu^{24} 一～墙

部 pu^{35} 一～书

班 paŋ^{21} 一～车

窑 iau^{31} 炉：烧一～陶器

打 ta^{35} 一～鸡蛋

团 t^{h}uaŋ^{31} 一～泥

堆 tui^{21} 一～雪｜一～问题

排 p^{h}ai^{31} 一～牙

辆 liaŋ^{35}

路 lu^{35} 一～公交车

师 sɿ^{21} 一～兵

旅 ly^{24} 一～兵

团 t^{h}uaŋ^{31} ①团：一～兵。②轴：一～线

营 iŋ^{31} 一～兵

连 lieŋ^{31} 一～兵

排 p^{h}ai^{31} 一～兵

班 paŋ^{21} 一～兵

组 tsu^{24}

簇 ts^{h}uʔ^{3} 撮：一～毛

手 siu^{24} 写一～好字

票 p^{h}iau^{35} 宗：当一～

届 kai^{35} 开一～会议

任 leiŋ^{35} 做一～官

盘 p^{h}uaŋ^{31} 下一～棋

圈 k^{h}yeŋ^{21} 打一～麻将

滴 tiʔ^{3} 一～雨

盒 xoʔ^{3} 一～火柴｜一～首饰

箱 siaŋ^{21} 一～衣裳

橱 tɕ^{h}y^{31} ①橱：一～书。②架子：一～小说

抽屉 ts^{h}øy^{33}t^{h}i^{35} 一～文件

箩筐 lo^{31}k^{h}uaŋ^{21} 筐子：一～的菠菜

篮 laŋ^{31} 一～梨

篓 løy^{24} 一～炭

炉 lu^{31} 一～灰

帕 p^{h}a^{35} 口袋：一～干粮

池 tɕ^{h}i^{31} 一～水

缸 kaŋ^{21} 一～金鱼

瓶 p^{h}iŋ^{31} 一～醋

坛 t^{h}aŋ^{31} 一～酒

　节 $^{=}$tseʔ^{3}

桶 t^{h}oŋ^{24} 一～汽油

壶 xu^{31}

盆 p^{h}eiŋ^{31} 一～洗澡水

锅 ko^{21} 一～饭

笼 loŋ^{31} 一～包子

盘 p^{h}uaŋ^{31} ①盘：一～水果。②碟：一～小菜 碟 teʔ^{3}

瓢 p^{h}iau^{31} ①瓢：一～汤。②勺：一～酱油

一两个 i^{55}liaŋ^{31}ko^{35}

百把个 pɤ^{55}pa^{31}ko^{35}

千把人 tɕ^{h}ieŋ^{55}pa^{31}iŋ^{31}

万把块钱 uaŋ^{55}pa^{21}k^{h}uai^{55}tɕ^{h}ieŋ^{31}

整里路 tseiŋ^{33}li^{33}lu^{35} 一里左右的路

一两里路 i^{55}liaŋ^{31}li^{21}lu^{35}

二十八　附加成分等

……得紧 tɤ^{55}kiŋ^{24} 热～热极了，热得很｜气～气极了，气得很｜好～好极了，好得很

……要死 iau^{55}sɿ^{24} 急得～急得要命，急得不行｜高兴得～高兴得不得了

……死 sɿ^{24} 重～重得很｜龌龊～脏死了

最……不过 tsui^{35}…pu^{33}ko^{35}

吃头 tɕ^{h}i^{55}t^{h}øy^{31} 值得吃、抽、喝的地方：这个菜没有～｜那个酒没有～｜那个烟没有～

苦头 k^{h}u^{31}t^{h}øy^{31}

甜头 t^{h}ieŋ^{31}t^{h}øy^{31}

很 xeiŋ^{24} 加在形容词前面表示程度高：～圆｜～烫｜～坏｜～甜｜～尖｜～亮

怪 kuai^{35} 相当，加在形容词前面表示程度很高：～疼｜～干｜～甜｜～肥｜～短｜～近｜～重｜～高｜～坏｜～小

特 t^{h}ɤʔ^{3} 特别，加在形容词前面表示程度很高，不如“怪”常用：～甜｜～苦｜～辣

笔直 pi^{55}tɕiʔ^{3}

雪亮 sye^{33}liaŋ^{35}

崭新 tsaŋ^{31}siŋ^{21}

了 lau^{0} 饭吃～

了 lɤ^{0} 买～书

着 tsɿʔ^{0} ①表示持续：外底落～雨外面下着雨。②表示伴随：立～吃站着吃

得 tɤʔ^{0} 气～哭｜丑～要死

的 ti^{0} 这本书是我～｜我会来～｜昨日买～票

二十九　数字等

一号 i^{33}xau^{35} 指日期，下同

二号 ɤ^{55}xau^{35}

三号 saŋ^{33}xau^{35}

四号 sɿ^{55}xau^{35}

五号 u^{21}xau^{35}

六号 lu^{33}xau^{35}

七号 tɕ^{h}i^{33}xau^{35}

八号 pa^{33}xau^{35}

九号 kiu^{21}xau^{35}

十号 si^{33}xau^{35}

初一 ts^{h}u^{55}iʔ^{3}

初二 ts^{h}u^{33}ɤ^{35}

初三 ts^{h}u^{55}saŋ^{21}

初四 ts^{h}u^{33}sɿ^{35}

初五 ts^{h}u^{55}u^{24}

初六 ts^{h}u^{55}luʔ^{3}

初七 ts^{h}u^{55}tɕ^{h}iʔ^{3}

初八 ts^{h}u^{55}paʔ^{3}

初九 ts^{h}u^{55}kiu^{24}

初十 ts^{h}u^{55}siʔ^{3}

老大 lau^{21}ta^{35}

老二 lau^{21}ɤ^{35}

老三 lau^{31}saŋ^{21}

老四 lau^{21}sɿ^{35}

老五 lau^{21}u^{24}

老六 lau^{33}luʔ^{3}

老七 lau^{33}tɕ^{h}iʔ^{3}

老八 lau^{33}paʔ^{3}

老九 lau^{21}kiu^{24}

老十 lau^{33}siʔ^{3}

尿尾 liau^{55}ui^{24} 老小，老末儿

大哥 ta^{55}ko^{21}

二哥 ɤ^{55}ko^{21}

一个 i^{33}ko^{35}

四个 sɿ^{55}ko^{35}

五个 u^{21}ko^{35}

六个 lu^{33}ko^{35}

七个 tɕ^{h}i^{33}ko^{35}

八个 pa^{33}ko^{35}

九个 kiu^{21}ko^{35}

十个 si^{33}ko^{35}

头头 t^{h}ɵy^{31}t^{h}ɵy^{31} 一般指排队排在第一位

第二 ti^{55}ɤ^{35}

第三 ti^{55}saŋ^{21}

第四 ti^{55}sɿ^{35}

第五 ti^{55}u^{24}

第六 ti^{55}luʔ^{3}

第七 ti^{55}tɕ^{h}iʔ^{3}

第八 ti^{55}paʔ^{3}

第九 ti^{55}kiu^{24}

第十 ti^{55}siʔ^{3}

第一个 ti^{55}i^{33}ko^{35}

第二个 ti^{55}ɤ^{55}ko^{35}

第三个 ti^{55}saŋ^{33}ko^{35}

第四个 ti^{55}sɿ^{33}ko^{35}

第五个 ti^{55}u^{21}ko^{35}

第六个 ti^{55}lu^{33}ko^{35}

第七个 ti^{55}tɕ^{h}i^{33}ko^{35}

第八个 ti^{55}pa^{33}ko^{35}

第九个 ti^{55}kiu^{21}ko^{35}

第十个 ti^{55}si^{33}ko^{35}

尾巴一个 ui^{31}pa^{21}i^{33}ko^{35} 最后一个

　最后一个 tsui^{55}xɵy^{35}i^{33}ko^{35}

　最尾一个 tsui^{55}ui^{24}i^{33}ko^{35}

十一 si^{55}iʔ^{3}

二十一 ɤ^{55}si^{33}iʔ^{3}

　二一 ɤ^{55}iʔ^{3}

三十一 saŋ^{55}si^{33}iʔ^{3}

　三一 saŋ^{55}iʔ^{3}

四十 sɿ^{55}siʔ^{3}

四十一 sɿ^{55}si^{33}iʔ^{3}

　四一 sɿ^{55}iʔ^{3}

五十 u^{33}siʔ^{3}

五十一 u^{33}si^{55}iʔ^{3}

　五一 u^{33}iʔ^{3}

六十 lu^{55}siʔ^{3}

六十一 lu^{55}si^{33}iʔ^{3}

　六一 lu^{55}iʔ^{3}

七十 tɕ^{h}i^{55}siʔ^{3}

七十一 tɕ^{h}i^{55}si^{33}iʔ^{3}

　七一 tɕ^{h}i^{55}iʔ^{3}

八十 pa^{55}siʔ^{3}

八十一 pa^{55}si^{33}iʔ^{3}

　八一 pa^{55}iʔ^{3}
九十 kiu^{33}siʔ^{3}
九十一 kiu^{33}si^{55}iʔ^{3}
　九一 kiu^{33}iʔ^{3}
一百一 i^{55}pɤ^{33}iʔ^{3} 一百一十
一百一十个 i^{55}pɤʔ^{3}i^{55}si^{33}ko^{35}
一百一十一 i^{55}pɤʔ^{3}i^{55}si^{33}iʔ^{3}
一百一十二 i^{55}pɤʔ^{3}i^{55}si^{33}ɤ^{35}
一百二 i^{55}pɤ^{33}ɤ^{35} 一百二十
一百三 i^{55}pɤ^{55}saŋ^{21} 一百三十
一百五十个 i^{55}pɤʔ^{3}u^{33}si^{33}ko^{35}
两百五 liaŋ^{33}pɤ^{55}u^{24} 二百五十
　二百五 ɤ^{55}pɤ^{55}u^{24}
两百五十个 liaŋ^{33}pɤʔ^{3}u^{33}si^{33}ko^{35} 二百五十个
三百一 saŋ^{55}pɤ^{33}iʔ^{3} 三百一十
三百三 saŋ^{55}pɤ^{55}saŋ^{21} 三百三十
三百六 saŋ^{55}pɤ^{33}luʔ^{3} 三百六十
三百八 saŋ^{55}pɤ^{33}paʔ^{3} 三百八十
一千一 i^{55}tɕ^{h}ieŋ^{33}iʔ^{3} 一千一百
一千一百个 i^{55}tɕ^{h}ieŋ^{55}i^{55}pɤ^{33}ko^{35}
一千九 i^{55}tɕ^{h}ieŋ^{55}kiu^{24} 一千九百
一千九百个 i^{55}tɕ^{h}ieŋ^{21}kiu^{33}pɤ^{33}ko^{35}
三千 saŋ^{55}tɕ^{h}ieŋ^{21}
五千 u^{31}tɕ^{h}ieŋ^{21}
八千 pa^{55}tɕ^{h}ieŋ^{21}
一万二 i^{33}uaŋ^{55}ɤ^{35} 一万二千
一万两千个 i^{33}uaŋ^{55}liaŋ^{31}tɕ^{h}ieŋ^{21}ko^{35}
三万五 saŋ^{33}uaŋ^{55}u^{24} 三万五千
三万五千个 saŋ^{33}uaŋ^{55}u^{31}tɕ^{h}ieŋ^{21}ko^{35}
零 liŋ^{31}
两斤 liaŋ^{31}kiŋ^{21}
两钱 liaŋ^{31}tɕ^{h}ieŋ^{31}
两分 liaŋ^{31}xueiŋ^{21}
两厘 liaŋ^{31}li^{31}
两丈 liaŋ^{21}tɕiaŋ^{35}
两尺 liaŋ^{33}tɕ^{h}iʔ^{3}
两寸 liaŋ^{21}ts^{h}ueiŋ^{35}
两分 liaŋ^{31}xueiŋ^{21}
两里 liaŋ^{21}li^{24}
两挑 liaŋ^{31}t^{h}iau^{21} 两担
两斗 liaŋ^{21}tɵy^{24}
两升 liaŋ^{31}seiŋ^{21}
两合 liaŋ^{33}xoʔ^{3}
两项 liaŋ^{21}siaŋ^{35}
两亩 liaŋ^{21}mɵy^{24}
好多个 xau^{31}to^{33}ko^{35} 好几个
一点点 i^{55}tieŋ^{31}tieŋ^{24}
十多个 si^{33}to^{33}ko^{35}
百把个 pɤ^{55}pa^{21}ko^{35} 一百多个
十来个 si^{55}lai^{21}ko^{35} 十个左右
　整十个 tseiŋ^{21}si^{33}ko^{35}
千把个 tɕ^{h}ieŋ^{55}pa^{21}ko^{35} 一千多个
半个 puaŋ^{55}ko^{35}
一半 i^{33}puaŋ^{35}
两半 liaŋ^{21}puaŋ^{35}
一大半 i^{33}ta^{55}puaŋ^{35} 多半
　大半边 ta^{55}puaŋ^{35}pieŋ^{21}
一个半 i^{33}ko^{55}puaŋ^{35}
……上下 siaŋ^{55}xa^{35} 五十岁～
……左右 tso^{21}iu^{35} 五十斤～
一来二去 i^{55}lai^{31}ɤ^{55}k^{h}ɤ^{35}
清清白白 tɕ^{h}iŋ^{55}tɕ^{h}iŋ^{55}pɤ^{55}pɤʔ^{3}
　一清二白 i^{55}tɕ^{h}iŋ^{21}ɤ^{55}pɤʔ^{3}
一清二楚 i^{55}tɕ^{h}iŋ^{21}ɤ^{55}ts^{h}u^{24}

清清楚楚 tɕʰiŋ^{55}tɕʰiŋ^{55}tsʰu^{21}tsʰu^{24}

一干二净 i^{55}kaŋ^{21}ɤ^{55}tɕiŋ^{35}

一刀两断 i^{55}tau^{21}liaŋ^{21}tuaŋ^{35}

三番五次 saŋ^{55}xuaŋ^{21}u^{21}tsʰɿ^{35}

三番两次 saŋ^{55}xuaŋ^{21}liaŋ^{21}tsʰɿ^{35}

三天两头 saŋ^{55}tʰieŋ^{21}liaŋ^{31}tʰɵy^{31}

三天两夜 saŋ^{55}tʰieŋ^{21}liaŋ^{21}ie^{35}

三心两意 saŋ^{55}siŋ^{21}liaŋ^{21}i^{35}

三心二意 saŋ^{55}siŋ^{21}ɤ^{55}i^{35}

三长两短 saŋ^{55}tɕʰiaŋ^{31}liaŋ^{21}tuaŋ^{24}

三言两语 saŋ^{55}ieŋ^{31}liaŋ^{21}y^{24}

三三两两 saŋ^{31}saŋ^{31}liaŋ^{21}liaŋ^{24}

四面八方 sɿ^{55}mieŋ^{35}pa^{55}xuaŋ^{21}

七颠八倒 tɕʰi^{55}tieŋ^{21}pa^{55}tau^{24} 颠七倒八

七倒八颠 tɕʰi^{55}tau^{24}pa^{55}tieŋ^{21}

乌七八糟 u^{55}tɕʰiʔ^{3}pa^{55}tsau^{21}

乱七八糟 luaŋ^{55}tɕʰiʔ^{3}pa^{55}tsau^{21}

七拼八凑 tɕʰi^{55}pʰiŋ^{21}pa^{33}tsʰɵy^{35}

七手八脚 tɕʰi^{55}siu^{24}pa^{55}kyoʔ^{3}

七嘴八舌 tɕʰi^{55}tsui^{24}pa^{55}seʔ^{3}

千军万马 tɕʰieŋ^{55}kyŋ^{21}uaŋ^{55}ma^{24}

千人万马 tɕʰieŋ^{55}iŋ^{31}uaŋ^{55}ma^{24}

甲 kiaʔ^{3}

乙 iʔ^{3}

丙 piŋ^{24}

丁 tiŋ^{21}

戊 u^{35}

己 ki^{24}

庚 keiŋ^{21}

辛 siŋ^{21}

壬 iŋ^{31}

癸 kʰui^{31}

子 tsɿ^{24}

丑 tɕʰiu^{24}

寅 iŋ^{31}

卯 mau^{24}

辰 tsʰeiŋ^{31}

巳 sɿ^{35}

午 u^{24}

未 ui^{35}

申 seiŋ^{21}

酉 iu^{24}

戌 suʔ^{3}

亥 xai^{35}

第六章 语 法

第一节

词法

一　构词法

朱德熙（1982：32）认为汉语的合成词有复合、加缀和重叠三种构成手段。其中复合是汉语中最重要的构词法。

（一）复合式构词

与普通话一样，南平官话中最常见的构词手段是复合构词，常见的复合方式有并列、偏正、动宾、中补、主谓等几类，例如：

并列	闹热热闹 lau^{55}ieʔ^{3}	硬直坚强 iŋ^{55}tɕiʔ^{3}	馆店饭店 kuaŋ^{21}tieŋ^{35}	锁匙钥匙 so^{31}si^{31}
	衣裳 i^{55}siaŋ^{31}	勤谨 kʰiŋ^{21}kiŋ^{24}	兄弟弟兄、弟弟 xioŋ^{33}ti^{35}	
偏正	洋灰水泥的旧称 iaŋ^{31}xui^{21}	麦秆麦秸 mɤ^{55}kaŋ^{24}	新历公历 siŋ^{55}liʔ^{3}	冬节冬至 toŋ^{55}tseʔ^{3}
	旧年去年 kiu^{35}lieŋ^{31}	今朝今天 kiŋ^{55}tɕiau^{21}	嫩盐精盐 leiŋ^{55}ieŋ^{31}	
动宾	吸铁磁铁 si^{55}tʰeʔ^{3}	考书考试 kʰau^{31}sy^{21}	赶墟赶集 kaŋ^{31}xy^{21}	起春立春 kʰi^{31}tsʰueiŋ^{21}
	吃力 tɕʰi^{33}li^{35}	挡墙影壁 taŋ^{31}tɕʰiaŋ^{31}	刮布鐾刀布 kua^{33}pu^{35}	
中补	屙倒拉肚子 o^{21}tau^{0}	冷着着凉 leiŋ^{24}tɕyoʔ^{3}	惊着惊风 kiŋ^{55}tɕyoʔ^{3}	
	歇凉乘凉 xe^{55}liaŋ^{31}	放下分娩 xuaŋ^{55}xa^{35}		
主谓	地震 ti^{55}tseiŋ^{24}	风寒伤风 xoŋ^{55}xaŋ^{31}	气紧气喘 kʰi^{55}kiŋ^{24}	气嫌生气 kʰi^{55}xieŋ^{31}
	年轻 lieŋ^{31}kʰiŋ^{21}	天亮 tʰieŋ^{33}liaŋ^{35}		

南平官话中，以并列、偏正、动宾等结构方式构成的复合式双音节词是词汇的主体，这是它与普通话及各地方言的共性。与普通话存在一定程度差异的主要是语素的选择。例如：普通话说“衣服”，南平官话说“衣裳”；普通话说“立春”，南平官话说“起春”。南

平官话和普通话部分词因构词语素不同导致构词方式也不同。例如：普通话说“考试”，是并列式构词，而南平官话说成“考书”，就变成了动宾式构词；普通话说“饭店”，是偏正式构词，而南平官话说成“馆店”就变成了并列式构词。

（二）逆序词

南平官话中有一些词语，构词语素的排列顺序与普通话相反，但与周围闽语相同。南平官话逆序词中最常见的是表示禽畜雌雄的语素出现在动物种类名称的后面。例如（为了体现包围南平官话的闽语，例如福州话、建瓯话对南平官话的影响，以下也列出福州话、建瓯话的相应说法）：

普通话	南平官话	福州话	建瓯话
公马	马公 ma^{31}koŋ^{21}	马	马牯／马豭／豭马
母马	马母 ma^{21}mu^{24}	马	马嬷
公牛	牛公 liu^{31}koŋ^{21}	牛港⁼	牛牯
母牛	牛母 liu^{21}mu^{24}	牛母	牛嬷
公驴	驴公 ly^{31}koŋ^{21}	驴	驴
母驴	驴母 ly^{21}mu^{24}	驴	驴
公狗	狗公 kəy^{31}koŋ^{21}	犬牯	狗豭
母狗	狗母 kəy^{21}mu^{24}	犬母	狗嬷
公猫	猫仔公 miau^{33}tɕi^{55}koŋ^{21}	猫雄	猫唧牯
母猫	猫仔母 miau^{33}tɕi^{55}mu^{24}／猫仔婆 miau^{33}tɕi^{55}p^{h}o^{31}	猫母	猫唧嬷
公猪	公猪 koŋ^{55}tɕy^{21}／猪郎种猪 tɕy^{55}laŋ^{31}／猪公种猪 tɕy^{55}koŋ^{21}	猪角	豨豭／豭豨
母猪	猪婆 tɕy^{55}p^{h}o^{31}	猪母	嬷豨雌性的猪／豨嬷供繁殖用的母猪
公鸡	鸡公成年的公鸡 ki^{55}koŋ^{21}	鸡角	鸡角／鸡角狮
母鸡	鸡婆已下过蛋的母鸡 ki^{55}p^{h}o^{31}	鸡母	鸡嬷
公鸭	鸭公 a^{55}koŋ^{21}	鸭雄	公鸭
母鸭	鸭母 a^{55}mu^{24}	鸭母	鸭嬷
母老虎	老虎母 lau^{33}xu^{33}mu^{24}	老虎母	

从福州话和建瓯话用例中，我们看到，与人们的生产、生活关系密切的禽畜（如鸡、鸭、猪、狗等），表雌雄的语素通常在中心语之后，而与南方人的生产、生活关系较远的动物（驴等），通常不存在区分雌雄的语素，而以类名统称。南平官话中出现了非常整齐的逆

序构词方式，即“X公”和“X母”，说明这种逆序构词方式在南平官话中已经成为可以类推的一种构词方式了。少数与人们的生产、生活关系密切的禽畜，如“猪、鸡”等，表示雌雄的语素还用了“郎雄”“婆雌”等。

以上这种“中心语＋修饰语”的构词方式在南方方言如闽语、粤语、湘语和客赣等方言中较为发达。南平官话虽是北方方言，但受闽语的影响，借用了闽语中较常见的构词方式并将这种构词方式加以类推。

需要注意的是南平官话中“X公”中的“公”并不一定都表示禽畜的雌雄，例如“碗头公海碗”等说法中的“公”仅表示动物、植物或物品之大者，没有性别之分，说话者关注的是大小。“碗头公”就是指那种大海碗，是碗之大者。还有一些名词后面的“公”没有实在的意义，是充当名词后缀的虚成分，如“虾公虾”“蛛蟢公百足虫”中的“公”。

此外，还有几个词应该也是受周边闽语的影响，仍以福州话、建瓯话为例：

普通话	南平官话	福州话	建瓯话
客人	人客 iŋ^{31}k^{h}ɤʔ^{3}/客人 k^{h}ɤ^{55}iŋ^{31}	侬客	客仔/客人
干菜	菜干 ts^{h}ai^{55}kaŋ^{21}/干菜 kaŋ^{33}ts^{h}ai^{35}	菜干	菜脯
热闹	闹热 lau^{55}ieʔ^{3}	闹热	闹热
相貌	貌相 mau^{55}siaŋ^{35}/相貌 siaŋ^{55}mau^{35}	生相	相貌
蒲团	垫跪 tieŋ^{55}kui^{35}/拜垫 pai^{55}tieŋ^{35}	拜垫	蒲团

以上所列的几个“逆序词”在南平官话中大多有与普通话构词顺序相同的说法，即“逆序词”与非“逆序词”并存同用。这说明南平官话一方面保留了官话的特点，另一方面受包围它的闽语的影响吸收了本地既有的说法。“垫跪”一词既不见于周围闽语，也不见于其他官话，是“跪垫”的同素逆序词。

二　重叠与词缀

南平官话中除了复合式构词法外，还有重叠构词法和附加构词法。这些构词法构成的词以名词最为常见。

（一）重叠

重叠是南平官话中一种非常重要的构词和构形手段，所构成的词以名词为常，也有少数形容词。

1. 重叠式名词

南平官话中重叠式名词的构成只有AA式。例如：

瓜瓜木薯 kua^{55}kua^{21}　　摊摊摊子 t^{h}aŋ^{55}t^{h}aŋ^{21}　　枹枹柚子 p^{h}au^{55}p^{h}au^{21}

弄弄胡同 loŋ^{55}loŋ^{35}　　果果栗子 ko^{21}ko^{24}　　爪爪爪子 tsua^{21}tsua^{24}

屉屉抽屉 tʰi^{55}tʰi^{35}	缝缝缝儿 pʰoŋ^{55}pʰoŋ^{35}	窝窝山～～（山间的平地）o^{55}o^{21}
核核喉结 xu^{55}xuʔ^{3}	鼻鼻鼻涕 pʰi^{21}pʰi^{35}	袖袖袖子 siu^{55}siu^{35}
疕疕锅巴 pʰi^{21}pʰi^{24}	团团元宵，汤圆 tʰuaŋ^{31}tʰuaŋ^{31}	帕帕口袋 pʰa^{21}pʰa^{35}
夹夹镊子 ka^{55}kaʔ^{3}	把把把儿 pa^{55}pa^{35}	耙耙耙子的统称 pʰa^{31}pʰa^{31}
瓢瓢羹匙 pʰiau^{31}pʰiau^{31}	瓶瓶瓶子 pʰiŋ^{31}pʰiŋ^{31}	罐罐瓷瓶，小的罐子 kuaŋ^{55}kuaŋ^{35}
盘盘盘子 pʰuaŋ^{31}pʰuaŋ^{31}	钳钳钳子 kʰieŋ^{31}kʰieŋ^{31}	棍棍棍子 kueiŋ^{55}kueiŋ^{35}
锤锤锤子 tsʰui^{31}tsʰui^{31}	包包 pau^{55}pau^{21} 包，统称	刀刀 tau^{55}tau^{21}
杯杯 pui^{55}pui^{21}	球球 kʰiu^{31}kʰiu^{31}	疤疤 pa^{55}pa^{21}
奶奶乳汁，乳房 le^{21}le^{24}	框框格子，框子 kʰuaŋ^{55}kʰuaŋ^{21}	珠珠弹珠 tɕy^{55}tɕy^{21}
边边边儿 pieŋ^{55}pieŋ^{21}	角角角儿 ko^{55}koʔ^{3}	尾尾末尾 ui^{21}ui^{24}
凿凿凿子 tso^{55}tsoʔ^{3}	篦篦～～□tɕʰiu^{21}（辫子）pi^{55}pi^{35}	盖盖盖子 kai^{55}kai^{35}

从构词语素的性质来看，名词性语素重叠构成的词在南平官话中较为丰富，重叠后构成的仍然是名词。少数构词语素是兼类的，重叠后就明确了名词的属性，这可以视为“重叠”构词法的功能之一。如：

动词兼名词：锤→锤锤　耙→耙耙　盖→盖盖　凿→凿凿　夹→夹夹

方位词兼名词：边→边边　角→角角

少数语素可以通过重叠构词法构成新词，还可以单说，例如“缝缝儿”和“缝缝缝儿”两种说法并存同用。其他像“耙耙”“钳钳”“盘盘”等在特定的语境中仅起到统称的作用。一些重叠式名词的单音节语素也可以用在“偏正”式结构中，例如“谷子耙、芋头耙”“茶盘、算盘、秤盘”“铁钳、火钳、洋钳、老虎钳”。部分语素不能单说，只有重叠式，而且在构成更大的语法单位时，也只能用重叠式。例如由“奶奶乳汁，乳房”构成的短语有“吃奶奶吃奶”“奶奶头奶头”“断奶奶/抹奶奶断奶”“奶奶帕下垂的乳房”。

还有几个本字不明也不知道是什么性质的语素重叠之后构成的名词，例如：

□□ sa^{21}sa^{35} 靠人力松土用的钉耙　□□ tso^{55}tsoʔ^{3} 奔儿头，前额生得向前突

2. 重叠式形容词

南平官话中由重叠法构成的形容词不是很丰富，主要是“ABB”式。例如：

轻飘飘 kʰiŋ^{55}pʰiau^{55}pʰiau^{21}	香喷喷 xiaŋ^{55}pʰeiŋ^{55}pʰeiŋ^{21}
酸溜溜 suaŋ^{55}liu^{55}liu^{21}	干巴巴 kaŋ^{55}pa^{55}pa^{21}
孤单单 ku^{55}taŋ^{55}taŋ^{21}	孤零零 ku^{55}liŋ^{55}liŋ^{31}
肥嘟嘟胖乎乎 xui^{31}tu^{55}tu^{21}	圆共$^{=}$共$^{=}$胖乎乎 yeŋ^{31}koŋ^{55}koŋ^{35}
甜咪咪 tʰieŋ^{31}mi^{55}mi^{21}	红通通 xoŋ^{31}tʰoŋ^{55}tʰoŋ^{21}
矮丛丛矮矮的样子 ai^{24}tsʰoŋ^{31}tsʰoŋ^{31}	冷冰冰 leiŋ^{31}piŋ^{55}piŋ^{21}

慢吞吞 maŋ^{55}tʰeiŋ^{21}tʰeiŋ^{21}

慢悠悠 maŋ^{55}iu^{21}iu^{21}

乱哄哄 luaŋ^{55}xoŋ^{21}xoŋ^{21}

硬角角执拗耿直 eiŋ^{55}koʔ^{3}koʔ^{3}

暗摸摸黑乎乎 aŋ^{55}mo^{55}mo^{21}

皱巴巴 tsøy^{55}pa^{55}pa^{21}

黑隆隆黑乎乎 xɤ^{55}loŋ^{55}loŋ^{31}

直共⁼共⁼不灵活的样子 tɕi^{55}koŋ^{55}koŋ^{35}

湿漉漉 si^{55}lu^{55}lu^{21}

□湿湿湿漉漉 tsa^{21}si^{55}siʔ^{3}

以上“ABB”式形容词的生动形式如果按照内部结构来细分可以分为两种。一种是基式为“AB”式的，这种“ABB”式属于构形，例如“孤单单”就是“孤单”的生动形式，“□[tsa^{21}]湿湿”是“□[tsa^{21}]湿”的生动形式。这种有相应的“AB”的“ABB”式词语在南平官话中非常少。另一种“ABB”式属于构词，在南平官话中较多，其中的“A”是词根，一般以形容词性语素居多，“BB”是叠音后缀。不过，南平官话中的叠音后缀有的尚存一定的词汇意义。例如“冷冰冰”“轻飘飘”等。

“ABB”式中也有少数是由名词性语素带叠音后缀构成的。例如：

雾蒙蒙雾气笼罩的样子 u^{55}moŋ^{31}moŋ^{31}

血淋淋 xe^{55}liŋ^{31}liŋ^{31}

毛茸茸 mau^{31}ioŋ^{55}ioŋ^{31}

（二）词缀

南平官话的主要词缀有“阿”“仔”“子”“头”“佬”“鬼”等。下面分别讨论。

1.前缀“阿”

前缀“阿”在南平官话中是一个很有特色的名词性前缀，可以附着在单音节亲属称谓的前面，也可以附着在人名前，一般取名字中的后字，常表亲昵的语气和亲近、熟悉的关系。例如：

（1）阿＋单音节亲属称谓词

阿公爷爷，呼称 a^{55}koŋ^{21}

阿公爷爷，叙称。丈夫的父亲，叙称 a^{21}koŋ^{21}

阿妈奶奶，呼称 a^{55}ma^{21}

阿妈奶奶，叙称。丈夫的母亲，叙称 a^{21}ma^{21}

阿爸爸爸，呼称 a^{21}pa^{35}

阿娘母亲，叙称 a^{21}liaŋ^{31}

阿［巫⁼媪］妈妈，呼称 a^{55}uau^{24}

阿伯伯父，呼称。大伯子，夫之兄 a^{21}pɤʔ^{3}

阿姆伯母，呼称 a^{21}mu^{24}

阿叔叔叔，呼称。小叔子，夫之弟 a^{21}suʔ^{3}

阿婶叔母，呼称 a^{21}seiŋ^{24}

阿舅舅舅，呼称。内兄弟，妻之兄弟 a^{21}kiu^{35}

阿姑姑姑，呼称，统称。大姑子，夫之姐妹之统称 a^{21}ku^{21}

阿娘姨妈，呼称，统称 a^{55}liaŋ^{31}

阿哥哥哥，呼称，统称 a^{21}ko^{21}

阿嫂嫂子，呼称，统称 a^{21}sau^{24}

阿姊姐姐，呼称，统称 a^{21}tɕi^{21}

阿妹妹妹，叙称 a^{21}mui^{35}

“阿”大多用在单音节亲属称谓词前，但偶尔也用于双音节亲属称谓词前。例如：

阿姨娘 a^{21}i^{55}liaŋ^{31}姨妈，呼称，统称

（2）阿＋单音节亲属称谓＋仔

阿叔仔姐夫的弟弟，叙称 $a^{21}su^{55}tsai^{24}$　　阿姑仔姐夫的妹妹，叙称 $a^{21}ku^{55}tsai^{24}$

阿舅仔内弟，叙称 $a^{21}kiu^{55}tsai^{24}$

南平官话中，“阿＋单音节亲属称谓词”既可以表示叙称，如“阿妹”，也可以表示呼称，如“阿姊”。作为亲属称谓词的前缀，“阿”有时还可以通过变调来区别呼称和叙称，例如：

阿公爷爷，叙称 $a^{21}koŋ^{21}$　阿公爷爷，呼称 $a^{55}koŋ^{21}$

阿妈奶奶，叙称 $a^{21}ma^{21}$　阿妈奶奶，呼称 $a^{55}ma^{21}$

“阿”通常读作本调——阴平21调，但在呼称“阿公爷爷”“阿妈奶奶”时变读为高平调。

作为亲属称谓词的前缀，“阿”有时还可以通过变调来区别词义，例如：

阿娘母亲，叙称 $a^{21}liaŋ^{31}$　阿娘姨妈，呼称，统称 $a^{55}liaŋ^{31}$

“阿”读本调即阴平21调时，“阿娘”用来叙称“母亲”，变读高平55调时，“阿娘”用来呼称“姨妈”。

观察南平官话亲属称谓词的前缀“阿”的分布环境，我们看到“阿”只用于长辈或平辈，不用于晚辈亲属称谓词前，例如“儿子”“女子女儿”“孙子”“孙女”“外甥”“家甥侄子”等前面一般不用“阿”；也不用于堂亲和表亲的亲属称谓词前，例如“堂兄”“堂姊”“表哥”“表姊”等前面一般不用“阿”。

第四章第一节曾提及，南平官话亲属称谓词中的前缀“阿”与福州话中的“依”基本对应。

（3）阿＋人名。如：

阿路 $a^{21}lu^{24}$　　阿红 $a^{21}xoŋ^{31}$　　阿辉 $a^{21}xui^{21}$

2.“仔”尾

（1）“仔”义为“儿子”或“孩子”，这时候的“仔”词义很实在。

“仔”见于很多南方方言，用法很丰富，南平官话也不例外。“仔”在南平官话中的实词义是“儿子”或“孩子”，不单用，只作为构成合成词的词根语素，例如：

捡仔接生 $kieŋ^{21}tsai^{24}$　　捡仔婆接生婆 $kieŋ^{33}tsai^{33}p^{h}o^{31}$

阿仔哥 $a^{55}tsai^{31}ko^{21}$ 孩子，包括婴儿和小孩　　仔女子女，合称 $tsai^{21}ly^{24}$

老婆仔女妻儿，合称 $lau^{31}p^{h}o^{31}tsai^{21}ly^{24}$　　有鬼仔怀孕 $iu^{31}kui^{21}tsai^{24}$

生鬼仔生孩子 $seiŋ^{55}kui^{21}tsai^{24}$　　掉仔小产 $tiau^{55}tsai^{24}$

（2）“仔”除了表示“儿子”或“孩子”外，还可以表示“从事某种职业/工作或具备某种特点的人”，与“儿子”或“孩子”义是引申关系，扩大了指称对象或范围。这里的“仔”意义还比较实在，删除后或者改变词性或者不成词，所以还不是词缀。例如：

驮旗仔跑龙套的人$t^ho^{31}k^hi^{31}tsai^{24}$　　败家仔败家子$pai^{55}kia^{33}tsai^{24}$

后生仔小伙子$xøy^{55}seiŋ^{21}tsai^{24}$

这种义为“……的人”的“仔”进一步虚化后，放在表示人身份的名词后构成一种后缀，但不是构词的必要成分。例如：

兵仔兵$piŋ^{55}tsai^{24}$　　卒仔卒$tsu^{55}tsai^{24}$

“兵仔”和“卒仔”后的“仔”都可以省略且不改变原词的词义。

（3）“仔”放在指人名词或亲属称谓词后，构成表示相对年幼或辈分低的人的名词，这时的“仔”词义有所虚化，初具小称后缀的特点。例如：

阿叔仔姐夫的弟弟，叙称$a^{21}su^{55}tsai^{24}$　　阿姑仔姐夫的妹妹，叙称$a^{21}ku^{21}tsai^{24}$

阿舅仔内弟，叙称$a^{21}kiu^{35}tsai^{24}$　　姨娘仔小姨子，叙称$i^{33}liaŋ^{33}tsai^{24}$

这四个亲属称谓名词带上“仔”表示同辈中年幼者，加不加“仔”词义形成对立。例如：“阿叔”义为“叔叔，呼称。小叔子夫之弟”；“阿姑”义为“姑姑，呼称，统称。大姑子夫之姐妹，统称”；“阿舅”义为“舅舅，呼称。内兄弟妻之兄弟，统称”；“阿姨娘”义为“姨妈，呼称，统称”。

还有一些表人的名词加“仔”后表“小”。例如：

女子仔女孩$ly^{24}tsɿ^{0}tsai^{24}$　　婆娘仔女孩$p^ho^{33}liaŋ^{33}tsai^{24}$

媳妇仔童养媳，较早的说法$si^{33}xu^{55}tsai^{24}$

而“女子”义为“女儿，叙称”；“婆娘”义为“三四十岁的已婚女人，统称”；“媳妇”义为“儿媳妇，叙称”。加“仔”和不加“仔”，词义形成对立。

（4）“仔”放在表示动物的名词后，构成表示动物幼体的词语，仍带有实词义。例如：

牛仔牛犊$liu^{21}tsai^{24}$　　羊仔羊羔$iaŋ^{21}tsai^{24}$

狗仔小狗$køy^{21}tsai^{24}$　　猪仔小猪$tɕy^{55}tsai^{24}$

鸡仔小鸡儿$ki^{55}tsai^{24}$　　鸡公仔未成年的小公鸡$ki^{55}koŋ^{55}tsai^{24}$

鸡健仔未成年的小母鸡$ki^{33}luaŋ^{55}tsai^{24}$　　鸭仔小鸭子$a^{55}tsai^{24}$

鹅仔小鹅$o^{21}tsai^{24}$　　鱼仔鱼苗儿$y^{21}tsai^{24}$

虾公仔小虾$xa^{55}koŋ^{55}tsai^{24}$

这种放在动物名词后表“小”的“仔”一旦表“小”义弱化乃至消失，“仔”就可能彻底虚化为真正意义上的词缀。例如：

豹仔豹$pau^{55}tsai^{24}$　　猫仔猫$miau^{21}tɕi^{35}$

“豹仔”并不指“小豹”，是“豹子”的统称。“猫仔”也并不指“小猫”，是“猫”的统称。当然，这里的[$tɕi^{35}$]也有可能来源于“子”。不过，作为后缀，“猫仔”的“仔”[$tɕi^{35}$]和“豹仔”的“仔”[tsai^{24}]一样词汇义已经丢失。“猫仔”还可以后加表示雌雄的语素，构成新的词语。例如：

猫仔公公猫 miau^{33}tɕi^{55}koŋ^{21}　　猫仔母母猫 miau^{33}tɕi^{55}mu^{24}/猫仔婆母猫 miau^{33}tɕi^{55}p^{h}o^{31}

（5）“仔”放在指称器官或普通事物的名词后仍带有实词义，表“小”。例如：

酒窝仔小酒窝 tɕiu^{33}o^{55}tsai^{24}　　手指仔小拇指 siu^{33}tɕi^{55}tsai^{24}

“酒窝”与“酒窝仔”、“手指”与“手指仔”有统称和小称之别。但“脚趾仔”[kyo^{33}tɕi^{55}tsai^{24}]义为“脚指头”，表统称。南平官话一般不单说“脚趾”，而是把它作为构词语素构成新词，例如“脚趾拇专指大脚指头”[kyo^{33}tɕi^{55}mu^{24}]、“脚趾甲”[kyo^{33}tɕi^{55}kiaʔ^{3}]等。“脚趾仔”中的“仔”比“手指仔”中的“仔”在词义虚化的道路上又前进了一步，比起“手指仔”等词语中尚有实义的“仔”，“脚趾仔”中的“仔”已经是一个真正意义上的词缀了。

“仔”可以放在指称普通事物的名词后。例如：

凳仔小板凳 teiŋ^{55}tsai^{24}　　碗仔小碗 uaŋ^{21}tsai^{24}

包包仔小包 pau^{55}pau^{55}tsai^{24}　　刀刀仔小刀子 tau^{55}tau^{55}tsai^{24}

雨仔小雨点 y^{21}tsai^{24}　　石头仔较圆的很小的碎石子 si^{55}t^{h}øy^{31}tsai^{24}

苹果仔沙果 p^{h}iŋ^{33}ko^{33}tsai^{24}　　排骨仔肋骨 p^{h}ai^{33}ku^{55}tsai^{24}

裙仔围裙 k^{h}ueiŋ^{21}tsai^{24}　　花边仔硬币 xua^{55}pieŋ^{55}tsai^{24}

楼仔厢房 løy^{31}tsai^{24}　　扫把仔用高粱穗、黍子穗等绑成的笤帚 sau^{33}pa^{33}tsai^{24}

以上这些事物名词中，“仔”明确指“小”的有“凳仔”“碗仔”“包包仔”“刀刀仔”“雨仔”“石头仔”“苹果仔”等。带“仔”和不带“仔”的词或语素在词义上是对立的。例如“凳”不能单说，但可以作为构词语素构成新词或短语“凳子包括凳子和椅子”“长凳长条形的板凳”“四方凳方凳”“凳头较矮的方凳”“圆凳”“高凳头较高的方凳”；“雨”与“雨仔”以及“石头”与“石头仔”有统称和小称之别；“沙果”外形与香味都很像苹果，但比苹果小，所以南平人称之为“苹果仔”。“排骨仔”“裙仔”“花边仔”“楼仔”与不带仔的“排骨”“裙子”“花边”“楼”虽然不具有严格意义上的统称与小称的词义对立，但词中的“仔”包含“小”的意思，是南平人从形体角度去对比认知后命名的。例如，肋骨其实就是小排，所以南平人把它命名为“排骨仔”；围裙比一般的裙子要小，所以被命名为“裙仔”。

（6）“仔”放在已经虚化的数量短语“一下”后面，没有实义，功能相当于普通话中的“子”。例如：

一下仔一会儿 i^{33}xa^{55}tsai^{24}

以上“仔”的六种用法显示了“仔”词义逐渐虚化，由名词逐渐发展为词缀。但从目前使用来看，“仔”的能产性不强，功能尚不能类推。

3.“子”尾

“子”在南平官话中还有实义名词的用法，例如：

长子 tɕiaŋ^{21}tsɿ^{24}	孝子 xiau^{55}tsɿ^{24}
两母子娘儿俩 liaŋ^{33}mu^{33}tsɿ^{24}	两父子爷儿俩 liaŋ^{21}xu^{55}tsɿ^{24}
鱼子鱼卵 y^{21}tsɿ^{24}	抓子一种丢石子的游戏 tsua^{55}tsɿ^{24}

但“子”更多的是作为名词后缀来使用。南平官话中“子”是与“仔”功能相似的另一个小称后缀。第四章第一节提及，“仔”亦可写作“崽”。庄初升（2020：72）认为：“汉语方言中的名词后缀，很多都来自表‘儿子’的实语素，如闽方言的‘囝’、粤方言的‘仔’（实为‘子’）、湘赣方言的‘崽’以及官话的儿化等等。”但南平官话中读作[tsɿ^{0}]我们写为“子”和读为[tsai^{24}]我们写成“仔”的两个词在功能、词义的虚实程度、使用频率上都是不同的。同一个词根加“仔”尾和加“子”尾，词义往往不同。例如：

“子”尾词	“仔”尾词
狗子狗的统称 kəy^{24}tsɿ^{0}	狗仔小狗 kəy^{21}tsai^{24}
鸭子 aʔ^{3}tsɿ^{0}	鸭仔小鸭子 a^{55}tsai^{24}
凳子包括凳子和椅子 teiŋ^{35}tsɿ^{0}	凳仔小板凳 teiŋ^{55}tsai^{24}
裙子 kʰyŋ^{31}tsɿ^{0}	裙仔围裙 kʰueiŋ^{21}tsai^{24}

从读音上看，“子”尾一般读轻声，“仔”读本调上声。从以上的词义对比可看出，“仔”还带有一定的实义，完全虚化的用法较为少见。可见，“子”的虚化程度更高。少数语素附加“子”后还可以再加“仔”，例如“女子仔女孩”[ly^{24}tsɿ^{0}tsai^{24}]。而“女子”[ly^{24}tsɿ^{0}]本身也可以表示“女孩”（除了“女孩”还有“女儿”的意思）。从词的结构来看，“女子仔”可能是“子”尾的小称义磨损之后用“仔”来表达。

从构词内容来看，“子”尾词主要有以下几类：

（1）表示植物果实或籽实的名词。例如：

榛子 tseiŋ^{21}tsɿ^{0}	谷子粮食的统称。稻谷的籽实 kuʔ^{3}tsɿ^{0}
稗子 pʰai^{35}tsɿ^{0}	瓠子 xu^{35}tsɿ^{0}
芋子芋头，芋块茎的总称 y^{35}tsɿ^{0}	茄子 kʰe^{31}tsɿ
柰子 lai^{35}tsɿ^{0}	梨子 li^{31}tsɿ^{0}
柑子包括橙子和柑子 kaŋ^{21}tsɿ^{0}	橘子 kiʔ^{3}tsɿ^{0} ～ kyʔ^{3}tsɿ^{0}

（2）表示植物（不是籽实）、动物名称的名词。例如：

竹子 tsuʔ^{3}tsɿ^{0}	藤子 tʰeiŋ^{31}tsɿ^{0}
蜂子蜜蜂 pʰoŋ^{21}tsɿ^{0}	燕子燕子。鸌子 ieŋ^{35}tsɿ^{0}
猴子 xəy^{31}tsɿ^{0}	狗子狗的统称 kəy^{24}tsɿ^{0}

蝎子 seʔ^{3}tsɿ^{0}　　蠓子蚊子 moŋ^{24}tsɿ^{0}

（3）表示各类具体器物的名词。例如：

杠子 kaŋ^{35}tsɿ^{0} 连枷　　篾子篾片 meʔ^{3}tsɿ^{0}

锯子 ky^{35}tsɿ^{0}　　索子绳子 soʔ^{3}tsɿ^{0}

錾子小凿 tsaŋ^{35}tsɿ^{0}　　罐子 kuaŋ^{35}tsɿ^{0}

滚轮子线轴儿 kueiŋ^{31}lueiŋ^{31}tsɿ^{0}　　珠子 tsu^{21}tsɿ^{0}

票子钞票 p^{h}iau^{35}tsɿ^{0}　　印子印章 iŋ^{35}tsɿ^{0}

（4）表示身体器官或须发的名词。例如：

鼻子 piʔ^{3}tsɿ^{0}　　颈子颈，脖子 kiŋ^{24}tsɿ^{0}

肚子 tu^{35}tsɿ^{0}　　屪子阴茎 liau^{21}tsɿ^{0}

个子 ko^{35}tsɿ^{0}　　胡子 xu^{31}tsɿ^{0}

辫子 pieŋ^{35}tsɿ^{0}　　□子中老年妇女盘在脑后的髻 kui^{35}tsɿ^{0}

（5）表示具有某种生理缺陷或恶习的人的名词，一般带有贬义，少数也属于中性词。例如：

高子高个子 kau^{21}tsɿ^{0}　　肥子胖子 xui^{31}tsɿ^{0}

婊子妓女 piau^{24}tsɿ^{0}　　二流子流氓 ɤ^{55}liu^{31}tsɿ^{0}

驼子罗锅 t^{h}o^{31}tsɿ^{0}　　拐子瘸子 kuai^{24}tsɿ^{0}

哑巴子哑巴 a^{31}pa^{21}tsɿ^{0} ～ ia^{31}pa^{21}tsɿ^{0}　　瞎子 xiaʔ^{3}tsɿ^{0}

癫子 tieŋ^{21}tsɿ^{0} 疯子　　麻子人出天花后留下的疤痕。脸上有麻子的人 ma^{31}tsɿ^{0}

（6）表示按辈分、性别进行分类的人的名词。例如：

小子男孩 siau^{24}tsɿ^{0}　　女子女孩；女儿 ly^{24}tsɿ^{0}

老子父亲，叙称 lau^{24}tsɿ^{0}　　儿子叙称 ɤ^{31}tsɿ^{0}

阿叔甥子叔侄，合称 a^{21}suʔ^{3}seiŋ^{21}tsɿ^{0}　　内侄子妻的兄弟之子 lui^{55}tsɿʔ^{3}tsɿ^{0}

（7）表示服饰的名词。例如：

领子 liŋ^{24}tsɿ^{0}　　裙子 k^{h}yŋ^{31}tsɿ^{0}

裤子 k^{h}u^{35}tsɿ^{0}　　扣子 k^{h}əy^{35}tsɿ^{0}

鞋子 xai^{31}tsɿ^{0}　　袜子 uaʔ^{3}tsɿ^{0}

簪子 tsaŋ^{21}tsɿ^{0}　　镯子 tsoʔ^{3}tsɿ^{0}

（8）表示饮食的名词。例如：

粽子 tsoŋ^{35}tsɿ^{0}　　包子有馅的 pau^{21}tsɿ^{0}

（9）其他子尾词。例如：

（打）摆子（患）疟疾（ta^{21}）pai^{24}tsɿ^{0}　　痱子 xui^{35}tsɿ^{0}

日子 iʔ³tsɿ⁰　　一辈子 i³³pui³⁵tsɿ⁰

房子 xuaŋ³¹tsɿ⁰　　柱子 tɕy³⁵tsɿ⁰

簿子本子 pu³⁵tsɿ⁰　　月子 yeʔ³tsɿ⁰

帖子请帖 tʰeʔ³tsɿ⁰　　架子 kia³⁵tsɿ⁰

从功能来看，“子”尾的主要作用在于成词，具体来看可以分为以下几个方面：

第一，原来不能成词的语素，带上“子”后，可以成词。上面列举的第（1）、（2）类用法大多属于这种情况。

第二，构成新词。一个动词或形容词性语素带上“子”后，能改变词性构成新词。例如：

盖 + 子→盖子　　扇 + 子→扇子

锯 + 子→锯子　　锤 + 子→锤子

瞎 + 子→瞎子　　癫 + 子→癫子

从“子”尾出现的必要性来看，部分语素可以带“子”构词，也可以用重叠法来构词。例如：

盖→盖子 / 盖盖　　锤→锤子 / 锤锤

棍→棍子 / 棍棍　　罐→罐子 / 罐罐

瓶→瓶子 / 瓶瓶　　盘→盘子 / 盘盘

从使用者来说，一般年纪稍大的人更偏向重叠式。

从以上列举的“子”尾所构成的词和具备的功能来看，除了部分语素与普通话不同外，绝大部分是相同的，体现了官话系统中较为一致的一面。除语素义与普通话的不同以外，南平官话“子”尾词的使用与普通话的不同主要有：

第一，普通话不加“子”而南平官话加“子”：

蜂子蜜蜂 pʰoŋ²¹tsɿ⁰　　狗子狗的统称 kəy²⁴tsɿ⁰

篾子篾片 meʔ³tsɿ⁰　　哑巴子哑巴 a³¹pa²¹tsɿ⁰ ～ ia³¹pa²¹tsɿ⁰

第二，普通话加“子”而南平官话不加“子”加其他词尾或用其他构词法：

虫虫子 tsʰoŋ³¹　　侄儿侄子 tsɿ⁵⁵ɤ³¹

虱母虱子 sɤ⁵⁵mu²⁴　　被窝被子 pi⁵⁵o²¹

袖袖袖子 siu⁵⁵siu³⁵　　凿凿凿子 tso⁵⁵tsoʔ³

钳钳钳子 kʰieŋ³¹kʰieŋ³¹　　夹夹镊子 ka⁵⁵kaʔ³

4.“头”尾

“头”在南平官话中做后缀时不读轻声，是一个词义尚未完全虚化的类后缀，一般附在名词性语素后，可以构成具体名词，也可以构成抽象名词。

从构词内容来看，带“头”的词主要有以下几类：

（1）表示植物根部或者块茎的名词，这样的“头”是名词性的实语素。例如：

芋头 y^{55}t^{h}ɵy^{31}　　葱头葱白 ts^{h}oŋ^{55}t^{h}ɵy^{31}

蒜头蒜瓣 suaŋ^{55}t^{h}ɵy^{31}　　红头菜菠菜 xoŋ^{21}t^{h}ɵy^{21}ts^{h}ai^{35}

（2）表示器具等物体最前面部分的名词，这样的“头”也是名词性的实语素。例如：

犁头犁铧 li^{31}t^{h}ɵy^{31}　　锄头 tɕ^{h}y^{31}t^{h}ɵy^{31}

柱头石柱下石 tɕy^{55}t^{h}ɵy^{31}siʔ^{3}

这样的“头”进一步虚化后，表示“最前面部分”的词义会渐渐淡化乃至消失。例如：

锁头锁 so^{31}t^{h}ɵy^{31}　　锅头锅，包括饭锅、菜锅 ko^{55}t^{h}ɵy^{31}

凳头比较矮的方凳 teiŋ^{55}t^{h}ɵy^{31}　　碗头公海碗 uaŋ^{55}t^{h}ɵy^{31}koŋ^{21}

（3）表示一个时间段的开始部分的名词，例如：

秋头早秋 tɕ^{h}iu^{55}t^{h}ɵy^{31}

这里的“头”意义还比较实在。“头”还可以进一步虚化，放在时间名词后面不再表示“起始”义，从功能上看，这时的“头”很像一个真正的词缀。例如：

正月头正月 tseiŋ^{35}yeʔ^{3}t^{h}ɵy^{31}　　早起头清晨，早晨 tsau^{33}k^{h}i^{33}t^{h}ɵy^{31}

日间头白天 i^{33}kieŋ^{55}t^{h}ɵy^{31}　　晚间头夜晚 uaŋ^{33}kieŋ^{55}t^{h}ɵy^{31}

（4）附加在动词性或形容词性语素后，构成抽象名词。例如：

苦头 k^{h}u^{31}t^{h}ɵy^{31}　　甜头 t^{h}ieŋ^{31}t^{h}ɵy^{31}

吃头 tɕ^{h}i^{55}t^{h}ɵy^{31} 这个菜没有～｜那个酒没有～｜那个烟没有～

形容词性语素后的“头”和动词性语素后的“头”用法稍微有点不同：形容词后的“头”从功能上看类似于“苦的”“甜的”等“的”字结构中的“的”，可以看成一个名物化标志；而动词后加“头”构成抽象名词，表示的是有做该动作的价值。

5.“佬”尾

“佬”尾词数量不多，大都指从事某种行业或具有某种缺陷的人。“佬”一般作为贬义后缀使用，带有轻蔑、厌恶等较强烈的感情色彩。例如：

打铁佬铁匠 ta^{33}t^{h}e^{55}lau^{24}　　补锅佬补锅匠 pu^{33}ko^{55}lau^{24}

剃头佬理发师 t^{h}i^{55}t^{h}ɵy^{31}lau^{24}　　杀猪佬屠夫 sa^{55}tɕy^{55}lau^{24}

结舌佬结巴 ke^{55}se^{55}lau^{24}　　乡巴佬 xiaŋ^{55}pa^{55}lau^{24}

以上这些词中，部分指称从事某种职业的人的词都有普通称呼和贬称的对立。例如：“铁匠”还可以说成“打铁的”[ta^{33}t^{h}eʔ^{3}ti^{0}]；“补锅匠”可以说成“补锅的”[pu^{31}ko^{21}ti^{0}]；“理发师”可以说成“剃头师傅”[t^{h}i^{55}t^{h}ɵy^{31}sɿ^{33}xu^{35}]。

6.“鬼”尾

南平官话中还有几个“鬼”尾词。“鬼”一般作为贬义后缀使用，有时带有戏谑意味。例如：

小气鬼吝啬鬼 siau^{31}k^{h}i^{35}kui^{24}　　败家鬼败家子 pai^{55}kia^{33}kui^{24}

贩子鬼小贩。人贩子 xuaŋ^{35}tsɿ^{0}kui^{24}　　机灵鬼 ki^{55}liŋ^{31}kui^{24}

三　数量方所指代

（一）数量

1.数词与称数法

（1）“两”

一般来说，除了“二两”不说“两两”外，与量词组合表示数量而不表示顺序的基本都用“两”，不用“二”，例如：

两个 liaŋ^{21}ko^{35}　　两边胡络腮胡子 liaŋ^{33}pieŋ^{55}xu^{31}

两点水 liaŋ^{33}tieŋ^{33}sui^{24}　　两响炮二踢脚 liaŋ^{33}xiaŋ^{33}p^{h}au^{35}

与长度、质量、面积等单位组合基本用“两”，不用“二”。例如：

两分 liaŋ^{31}xueiŋ^{21}　　两丈 liaŋ^{21}tɕiaŋ^{35}

两里 liaŋ^{21}li^{24}　　两挑两担 liaŋ^{31}t^{h}iau^{21}

而多位自然数中，末位不用“两”，用的是“二”。例如：

一万二 i^{33}uaŋ^{55}ɤ^{35}　　一百二 i^{55}pɤ^{55}ɤ^{35}

以上“两”与“二”的区别与普通话基本相同。

南平官话中“两”的用法与普通话不同的是，“两”可以直接置于亲属称谓前，中间不需要加量词，表示两者之间的亲属关系，也可以指称具有这种亲属关系的人。例如：

两公婆夫妻俩 liaŋ^{33}koŋ^{55}p^{h}o^{31}　　两姨夫连襟，姊妹丈夫之间的关系 liaŋ^{21}i^{31}xu^{21}

两母子娘儿俩 liaŋ^{33}mu^{33}tsɿ^{24}　　两父子父子俩 liaŋ^{21}xu^{55}tsɿ^{24}

两婶姆妯娌俩 liaŋ^{33}seiŋ^{33}mu^{24}　　两姆婶妯娌俩 liaŋ^{33}mu^{33}seiŋ^{24}

两兄弟兄弟俩，哥儿俩 liaŋ^{33}xioŋ^{33}ti^{35}　　两兄妹兄妹俩 liaŋ^{33}xioŋ^{33}mui^{35}

两姐妹姐妹俩，姐儿俩 liaŋ^{33}tse^{21}mui^{35}　　两姑嫂姑嫂俩 liaŋ^{33}ku^{55}sau^{24}

（2）“二”

“二”一般用来组合构成序数。连同“二”在内的序数词表达序数可以采用两种方式。

第一，“二 + 量词/名词”，表示时间或事物、关系等的顺序。例如：

二月 ɤ^{55}yeʔ^{3}　　二号 ɤ^{55}xau^{35}

二伏中伏 ɤ^{55}xu^{31}　　二婚 ɤ^{55}xueiŋ^{21}

二流ɤ^{55}liu^{31}　　二哥ɤ^{55}ko^{21}

二楼ɤ^{55}ləy^{31}　　二层ɤ^{55}ts^{h}eiŋ^{31}

第二，“表序数前缀＋二”。具体有：

表次序：第二ti^{55}ɤ^{35}

表时间顺序：初二ts^{h}u^{33}ɤ^{35}

表家中排行：老二lau^{21}ɤ^{35}

（3）表示序数的前缀“头”和“尾巴”

南平官话中表示序数的前缀与普通话相同的有“第”“初”“老”“最后”，与普通话不同的是表示最靠前一般用“头”，表示最后一般用“尾巴/最尾”。例如：

头伏初伏t^{h}əy^{31}xu^{31}　　头头一般指排队排在第一位t^{h}əy^{31}t^{h}əy^{31}

头名第一名t^{h}əy^{31}miŋ^{31}　　头一名第一名t^{h}əy^{31}i^{55}miŋ^{31}

尾巴一个最后一个ui^{31}pa^{21}i^{33}ko^{35}　　最尾一个最后一个tsui^{55}ui^{24}i^{33}ko^{35}

（4）概数词

概数词是表示大概数目的数词，概数词的构成方式主要有：

①由相邻的两个数或相邻的两个奇数词表示概数。例如：

一两（个）i^{55}liaŋ^{31}(ko^{35})　　三四（个）saŋ^{33}sɿ^{55}(ko^{35})

三五（个）saŋ^{55}u^{31}(ko^{35})

②由数词＋助词“把”组成复合概数。例如：

个把ko^{55}pa^{24}　　百把（个）一百多个pɤ^{55}pa^{21}(ko^{35})

千把（个）一千多个tɕ^{h}ieŋ^{55}pa^{21}(ko^{35})　　万把（块）一万多块uaŋ^{55}pa^{21}(k^{h}uai^{35})

刘月华等（2019：120）指出，现代汉语的概数表示法是“北方多用‘来’，南方多用‘把’”。南平官话大多用“把”，偶尔用“来”或“多”表示。例如：

十来个si^{55}lai^{21}ko^{35}　　十多天十几天si^{33}to^{55}t^{h}ieŋ^{21}

③由“整”＋数词表示概数。例如：

整十个十个左右tseiŋ^{21}si^{33}ko^{35}　　整里路一里左右的路tseiŋ^{33}li^{33}lu^{35}

④由时间名词＋“边”表示临近的时间。例如：

年夜边临近春节的一段时间lieŋ^{21}ie^{55}pieŋ^{21}　　天亮边凌晨t^{h}ieŋ^{21}liaŋ^{55}pieŋ^{21}

挨黑边傍晚ai^{33}xɤ^{55}pieŋ^{21}　　晚边傍晚，黄昏uaŋ^{31}pieŋ^{21}

⑤由数词＋上下/左右表示约数。例如：

五十上下u^{33}siʔ^{3}siaŋ^{55}xa^{35}　　三十左右saŋ^{55}siʔ^{3}tso^{21}iu^{35}

（5）数词的其他用法

南平官话与普通话一样也有一些相邻数字构成的四字格。例如：

①“三A两B”式

三番两次 saŋ^{55}xuaŋ^{21}liaŋ^{21}tsʰɿ^{35}

三言两语 saŋ^{55}ieŋ^{31}liaŋ^{21}y^{24}

三天两头 saŋ^{55}tʰieŋ^{21}liaŋ^{31}tʰɵy^{31}

三天两夜 saŋ^{55}tʰieŋ^{21}liaŋ^{21}ie^{35}

三心两意 saŋ^{55}siŋ^{21}liaŋ^{21}i^{35}

三长两短 saŋ^{55}tɕʰiaŋ^{31}liaŋ^{21}tuaŋ^{24}

②“一A二B”式

一来二去 i^{55}lai^{31}ɤ^{55}kʰɤ^{35}

一清二白 i^{55}tɕʰiŋ^{21}ɤ^{55}pɤʔ^{3}

一清二楚 i^{55}tɕʰiŋ^{21}ɤ^{55}tsʰu^{24}

一干二净 i^{55}kaŋ^{21}ɤ^{55}tɕiŋ^{35}

③“七A八B”式

七颠八倒 tɕʰi^{55}tieŋ^{21}pa^{55}tau^{24}

七倒八颠 tɕʰi^{55}tau^{24}pa^{55}tieŋ^{21}

七拼八凑 tɕʰi^{55}pʰiŋ^{21}pa^{33}tsʰɵy^{35}

七手八脚 tɕʰi^{55}siu^{24}pa^{55}kyoʔ^{3}

七嘴八舌 tɕʰi^{55}tsui^{24}pa^{55}seʔ^{3}

2. 量词

南平官话的量词在搭配上表现出一定的地域性特点。作为官话，南平官话的量词与普通话有很多相同之处；而作为被闽语包围的方言岛，南平官话的量词表现出与闽语的若干共性。这里主要介绍一些南平官话中有特色的量词。

（1）适用面较大的个体量词

①“个”[ko^{35}]

南平官话的“个”使用范围较广，普通话中论“只”“个”的，南平官话中大多用“个”。除了与普通话中“个”相同的用法之外（如：一个人｜一个地方｜一个萝卜｜一个院子｜一个客人），其他用法如下：

相当于“只”：一个手｜一个鸡｜一个狗｜一个蠓子蚊子

相当于“座”：一个桥

相当于“张”：一个嘴

②“把”[pa^{24}]

除了与普通话中“把”相同的用法之外（如：一把椅子｜一把刀｜一把锁），其他用法如下：

相当于“支”：一把笔｜一把毛笔

相当于“杆”：一把枪

相当于“面”：一把红旗

相当于“子儿”：一把香

以上“把”的用法与福州话相同的是用于计量“笔”“毛笔”“枪”。

③“条”[t^hiau^{31}]

南平官话“条”的使用范围比普通话更广，除了用来计量细长状的东西，如：一条河｜一条路｜一条手巾毛巾｜一条鱼｜一条蛇｜一条狗，还有与普通话不同的。如：

相当于“头”：一条猪｜一条牛

相当于“只”：一条鸡｜一条鸭子

④“张”[$tɕiaŋ^{21}$]

除了与普通话中“张”相同的用法之外（如：一张椅子｜一张桌子｜一张嘴），其他用法如下：

相当于“页”：一张书

相当于“幅”：一张画

⑤“头”[$t^høy^{31}$]

凡“牛”“马”“鸡”等都可以用“头”来计量。例如：一头牛｜一头马｜一头鸡。

⑥“颗”[k^ho^{21}]

普通话里，量词“颗”一般用于计量没有生命的东西，而南平官话中的“颗”除了可以计量没有生命的东西外，还可以计量小虫子之类的东西。例如：一颗米｜一颗珠子｜一颗蠓子蚊子。

⑦“架”[kia^{35}]

除了与普通话中“架”相同的用法之外（如：一架车｜一架飞机），还相当于“列”，如一架火车。后一用法同于福州话。

其他较为特殊的量词有：

“蔸棵”[$tøy^{21}$]，例如：一蔸树。《正字通》：“木根入土无枝桠者俗谓蔸。”福州话中，凡是整株的植物都用“蔸”来计量。例如：蜀蔸树｜蜀蔸瓠瓜｜蜀蔸芥菜｜蜀蔸花｜蜀蔸草。南平官话“蔸”的用法显然承自福州话，但使用范围比福州话窄得多，差不多只适用于整株树的计量。

“帕口袋”p^ha^{35}/“帕帕袋子”$p^ha^{55}p^ha^{35}$①：一帕/帕帕干粮

“样件”$iaŋ^{35}$：一样事

“抓把”$tsua^{21}$：一抓米

“挑担”t^hiau^{21}：一挑水｜一挑米

（2）量词受“大、小”修饰

南平官话可以用形容词“大、小”修饰量词，所构成的“大/小＋量词”仍是一个形

①“帕帕”有两种意思：“帕帕”$p^ha^{55}p^ha^{35}$义为“袋子”；“帕帕”$p^ha^{21}p^ha^{35}$义为“口袋”。

容词性的结构，这样的形容词有：

大根粗 ta^{55}keiŋ^{21} ：小根 siau^{31}keiŋ^{21}（多形容绳子的粗细）

大张 ta^{55}tɕiaŋ^{21} ：小张 siau^{31}tɕiaŋ^{21}（多形容叶子、纸张等面积的大小）

大条 ta^{55}t^{h}iau^{31} ：小条 siau^{31}t^{h}iau^{31}（可以形容裤子的大小，也用来形容可以用“条”来称量的动物的大小）

大双 ta^{55}suaŋ^{21} ：小双 siau^{31}suaŋ^{21}（多形容鞋子的大小）

大蔸 ta^{55}tøy^{21} ：小蔸 siau^{31}tøy^{21}（多形容树的大小）

大把 ta^{55}pa^{24} ：小把 siau^{21}pa^{24}（多形容笔的大小）

大颗 ta^{55}k^{h}o^{21} ：小颗 siau^{31}k^{h}o^{21}（多形容可以用“颗”称量的水果或蚊虫等的大小）

大碗 ta^{55}uaŋ^{24} ：小碗 siau^{21}uaŋ^{24}（多形容碗内的饭菜的多少）

由“大/小＋量词”构成的形容词可以受程度副词修饰，也可以带程度补语。例如：

这个裤子够大条了，他可以穿；那个太小条了，他穿不得这条裤子够大了，他可以穿；那条太小了，穿不下。tɕi^{35}ko^{0}k^{h}u^{35}tsɿ^{0}køy^{55}ta^{55}t^{h}iau^{31}lau^{0}, t^{h}a^{21}k^{h}o^{21}i^{24}tɕ^{h}yeŋ^{21}; la^{35}ko^{0}t^{h}ai^{55}siau^{31}t^{h}iau^{31}lau^{0}, t^{h}a^{21} tɕ^{h}yeŋ^{21}puʔ^{3}tɤʔ^{3}.

你这碗饭等我装得太大碗了，我吃不掉，替我装小碗一点你给我这碗饭盛得太满了，我吃不完，给我盛少一点。li^{33}tɕi^{55}uaŋ^{31}xuaŋ^{35}teiŋ^{21}ŋo^{24}tsuaŋ^{21}tɤ^{0}t^{h}ai^{55}ta^{55}uaŋ^{24}lau^{0}, ŋo^{24}tɕ^{h}i^{55}pu^{33}tiau^{35}, t^{h}iŋ^{55}ŋo^{24} tsuaŋ^{21}siau^{21}uaŋ^{24}i^{55}tieŋ^{24}.

这多树大蔸得紧哦这些树很大啊。tɕi^{55}to^{21}sy^{35}ta^{55}tøy^{21}tɤ^{0}kiŋ^{24}o^{0}.

（二）方所

南平官话的方位词分为单纯的和合成的两类。

1. 单纯方位词

单纯方位词有“上、下、左、右、前、后、里、外、东、南、西、北、边”等，除此之外，还有普通话中没有的“尾”。例如：

N＋上：天上 t^{h}ieŋ^{33}siaŋ^{35}　路上 lu^{55}siaŋ^{35}　桌上 tso^{33}siaŋ^{35}/桌子上 tsoʔ^{3}tsɿ^{0}siaŋ^{35}

N＋下：地下地下；地上 ti^{55}xa^{35}　床下床底下 ts^{h}uaŋ^{21}xa^{35}　楼下 løy^{21}xa^{35}

N＋前：山前 siaŋ^{55}tɕ^{h}ieŋ^{31}　面前 mieŋ^{55}tɕ^{h}ieŋ^{31}

N＋后：车后 ts^{h}e^{33}xøy^{35}　背后 pui^{55}xøy^{35}　山后 siaŋ^{33}xøy^{35}　房后 xuaŋ^{21}xøy^{35}

N＋里：手里 siu^{24}li^{0}　心里 siŋ^{21}li^{0}　城里 ts^{h}eiŋ^{31}li^{0}　乡里乡下 xiaŋ^{21}li^{0}

N＋外：野外 ie^{21}uai^{35}　门外 meiŋ^{21}uai^{35}　墙外 tɕ^{h}iaŋ^{21}uai^{35}　车外 ts^{h}e^{33}uai^{35}

N＋底：碗底 uaŋ^{21}ti^{24}　锅底 ko^{55}ti^{24}　缸底 kaŋ^{55}ti^{24}

N＋边：路边 lu^{55}pieŋ^{21}

N＋尾：车尾车后 ts^{h}e^{55}ui^{24}

除了“尾”，南平官话单纯方位词与普通话单纯方位词语素基本相同，但有时候搭配习惯有一定程度的差异。例如，普通话有“地上”和“地下”（不是地面以下的意思）两种不同的说法，虽然两者表达的方位都是“地面上”，但说话者的观察视角不太一样。而南平官话一般不说“地上”，普通话中说“地上脏死了”，南平官话一般表达为“地下齷齪死了”。普通话中的“床底下”在南平官话中通常表达为“床下”。普通话中的“乡下”在南平官话中一般表达为“乡里”，与“城里”相对。

2.合成方位词

合成方位词主要分为复合式、附加式以及重叠式三类。

（1）复合式

L＋边：上边 siaŋ^{35}pieŋ^{21}　下边 xa^{35}pieŋ^{21}　傍边旁边，附近 puaŋ^{55}pieŋ^{21}　旁边 pʰaŋ^{31}pieŋ^{21}
　　　左边 tso^{24}pieŋ^{21}　右边 iu^{35}pieŋ^{21}　东边 toŋ^{55}pieŋ^{21}　西边 si^{55}pieŋ^{21}

L＋头：上头 siaŋ^{35}tʰəy^{31}　下头 xa^{35}tʰəy^{31}　边头 pieŋ^{55}tʰəy^{31}　里头 li^{24}tʰəy^{31}　外头 uai^{55}tʰəy^{31}
　　　前头 tɕʰieŋ^{31}tʰəy^{31}　后头 xəy^{35}tʰəy^{31}

L＋底：上底上面 siaŋ^{35}ti^{24}　下底下面 xa^{35}ti^{24}　外底外面 uai^{55}ti^{24}

L＋上：边上 pieŋ^{33}siaŋ^{35}

L＋下：底下 ti^{21}xa^{35}

以上这些合成方位词与普通话相比搭配习惯上有一定程度的差异。例如：

南平官话	普通话
门外头 meiŋ^{21}uai^{55}tʰəy^{31}	门外
天宫上底 tʰieŋ^{55}koŋ^{21}siaŋ^{35}ti^{24}	天宫上
家里头 kia^{21}li^{31}tʰəy^{31}	家里
脚下底 kyo^{33}xa^{55}ti^{24}	脚下
大门外底 ta^{55}meiŋ^{31}uai^{55}ti^{24}	大门外
墙外底 tɕʰiaŋ^{21}uai^{55}ti^{24}	墙外
窗户外底 tsʰuaŋ^{33}xu^{35}uai^{55}ti^{24}	窗外/窗户外面
车外底 tsʰe^{33}uai^{55}ti^{24}	车外/车子外面
山背后 siaŋ^{33}pui^{55}xəy^{35}	山后面
房子背后 xuaŋ^{31}tsɿ^{0}pui^{55}xəy^{35}	房子后面

（2）附加式

以＋L：以东 i^{31}toŋ^{21}　以西 i^{31}si^{21}　以南 i^{31}laŋ^{31}　以北 i^{31}pɤʔ^{3}　以外 i^{21}uai^{35}　以内 i^{21}lui^{35}

之＋L：之外 tsɿ^{55}uai^{35}　之内 tsɿ^{55}lui^{35}　之间 tsɿ^{55}kaŋ^{21}　之下 tsɿ^{55}xa^{35}

附加式在南平官话中不常用，主要见于文化程度较高的人群。

（3）重叠式

尾尾末尾 ui^{21}ui^{24}　　边边边儿 pieŋ^{55}pieŋ^{21}　　角角 ko^{55}koʔ^{3}　　底底 ti^{21}ti^{24}

（4）其他类方位词

对面 tui^{55}meiŋ^{35}　　尾巴末尾 ui^{31}pa^{21}　　中间 tsoŋ^{55}kaŋ^{21} ～ tsoŋ^{55}kieŋ^{21}

中间心中间 tsoŋ^{55}kaŋ^{55}siŋ^{21}　　最中间 tsui^{55}tsoŋ^{33}kaŋ^{21}　　半中间 puaŋ^{55}tsoŋ^{33}kaŋ^{21}

半中腰 puaŋ^{55}tsoŋ^{33}iau^{21}

（三）指代

1. 人称代词

作为官话，南平官话人称代词与普通话大致相同，具体如表6-1所示：

表6-1　南平官话人称代词表

	单数	复数
第一人称	我 ŋo^{24}	我们咱们，包括听话人；我们，不包括听话人 ŋo^{24}meiŋ^{31}
	领属：我的 ŋo^{24}ti^{0}	领属：我们的 ŋo^{24}meiŋ^{31}ti^{0}
第二人称	你 li^{24}	你们 li^{24}meiŋ^{31}
	领属：你的 li^{24}ti^{0}	领属：你们的 li^{24}meiŋ^{31}ti^{0}
第三人称	他 t^{h}a^{21}	他们 t^{h}a^{21}meiŋ^{31}
	领属：他的 t^{h}a^{21}ti^{0}	领属：他们的 t^{h}a^{21}meiŋ^{31}ti^{0}
反身代词	自己 tsɿ^{55}ki^{24} ～ tsi^{55}ki^{24}	
他称代词	人家 iŋ^{31}kia^{21}　别家别人 pe^{31}ka^{21}　别人 pe^{31}iŋ^{31}	
统称代词	大家 ta^{55}kia^{21}	
遍称代词	各人 ko^{55}iŋ^{31}	

南平官话人称代词中需要说明的有：

①南平官话第二人称代词没有像普通话“您”这样的敬称形式。

②他称代词中普通话“别人”这样的词在南平官话中有两种说法：别家别人 pe^{31}ka^{21}，别人 pe^{31}iŋ^{31}。相比较而言，“别家”更常用，文化程度较低的人群更倾向于选择“别家”。例如：

她有什么比别家更好的地方？ t^{h}a^{21}iu^{24}sɿ^{33}mo^{21}pi^{24}pe^{31}ka^{21}keiŋ^{55}xau^{24}ti^{0}ti^{55}xuaŋ^{21}?

他只管自己高兴，不管别家喜欢不喜欢。t^{h}a^{21}tsɿ^{21}kuaŋ^{24}tsɿ^{55}ki^{24}kau^{33}xiŋ^{35}, pu^{55}kuaŋ^{24}pe^{31}ka^{21}xi^{31}xuaŋ^{21}pu^{55}xi^{31}xuaŋ^{21}.

2. 指示代词

南平官话的指示代词分近指和远指两套，对应的近指代词和远指代词在表达功能和句法特点上基本对称。详见表6-2：

表6-2　南平官话指示代词表

指示对象	近指	远指
指示事物	这 tɕi^{35} 这个 tɕi^{35}ko^{0} 这多这些 tɕi^{55}to^{21} 这些 tɕi^{35}se^{21}	那 la^{35} 那个 la^{35}ko^{0} 那多那些 la^{55}to^{21} 那些 la^{35}se^{21}
指示处所	这里 tɕi^{35}li^{0} 这边 tɕi^{55}pieŋ^{21}	那里 la^{35}li^{0} 那边 la^{55}pieŋ^{21}
指示时间	这一爿这会儿 tɕi^{35}i^{55}pʰaŋ^{31}	那一爿那会儿 la^{35}i^{55}pʰaŋ^{31}
指示情状、方式、程度	酱⁼tɕiaŋ^{35} 酱⁼子这样 tɕiaŋ^{35}tsɿ^{0} 这样子 tse^{21}iaŋ^{35}tsɿ^{0} 这慢⁼这么 tɕia^{55}maŋ^{35} 这么 tsɤ^{55}mɤ^{21}	亮⁼liaŋ^{35} 亮⁼子那样 liaŋ^{35}tsɿ^{0} 那样子 lɤ^{21}iaŋ^{35}tsɿ^{0} 亮⁼慢⁼那么 liaŋ^{55}maŋ^{35} 那么 lɤ^{55}mɤ^{21}

（1）指示事物的代词

指示事物的指示代词分为指示单个事物的代词和统指两个或多个事物的代词。其中统指两个或多个事物的代词，普通话一般在“这”“那”后加复数后缀“些”构成“这些”“那些”。上表显示南平官话统指两个或多个事物的代词有两个复数后缀“多”“些”，但这两个复数后缀的使用频率和口语化程度是不同的：“多”的口语化程度和使用频率远远高于“些”，使用人群也很广；而“些”一般仅见于受教育程度较高的人群。“这多”“那多”与普通话的“这些”“那些”一样可以做主语、宾语、定语，最主要的功能是做定语。例如：

这多是你的，那多是我的这些是你的、那些是我的。tɕi^{55}to^{21}si^{55}li^{24}ti^{0}, la^{55}to^{21}si^{55}ŋo^{24}ti^{0}.

你要这多，还是要那多你要这些，还是那些？ li^{24}iau^{35}tɕi^{55}to^{21}, xai^{21}si^{55}iau^{35}la^{55}to^{21}?

这多房子不如那多房子好这些房子不如那些房子好。tɕi^{55}to^{21}xuaŋ^{31}tsɿ^{0}pu^{55}lu^{31}la^{55}to^{21}xuaŋ^{31}tsɿ^{0}xau^{24}.

南平官话中的“这”“那”和普通话一样可以充当主语，不同的是普通话中的“这”“那”可以直接修饰名词，例如“这/那人”“这/那笔”，而南平官话中“这”“那”一般不直接修饰名词，需要加量词或数量短语来共同指代。例如：

这个毛笔是哪个的？拿我用一下这毛笔是谁的？借我用一下。tɕi^{35}ko^{0}mau^{31}piʔ^{3}si^{55}la^{21}ko^{35}ti^{0}? la^{21} ŋo^{24}ioŋ^{35}i^{33}xa^{35}.

*这毛笔是哪个的？拿我用一下。

这个阿仔哥很有力气哦这小伙子可有劲着呢。tɕi^{35}ko^{0}a^{55}tsai^{31}ko^{21}xeiŋ^{21}iu^{24}li^{33}k^{h}i^{35}o^{0}.

*这阿仔哥很有力气哦。

他那一天见的是老张，不是老王。t^{h}a^{21}la^{55}i^{55}t^{h}ieŋ^{21}kieŋ^{35}ti^{0}si^{55}lau^{31}tɕiaŋ^{21}, pu^{33}si^{35}lau^{31}uaŋ^{31}.

*他那天见的是老张，不是老王。

（2）指示时间的代词

南平官话中，“这”“那”加上虚化的数量词“一爿”组成“这一爿”“那一爿”。这两个短语可以指示时间，相当于普通话中的“这会儿/这时候/现在”“那会儿/那时候”。例如：

这一爿还早呢，再过一下仔去这会儿还早呢，过一会儿再去吧。tɕi^{35}i^{55}p^{h}aŋ^{31}xai^{21}tsau^{24}le^{0}, tsai^{35}ko^{55} i^{33}xa^{55}tsai^{24}k^{h}ɤ^{35}.

那一爿你还没有出生呢那时候你还没出生呢。la^{35}i^{55}p^{h}aŋ^{31}li^{24}xai^{31}mo^{55}iu^{24}tɕ^{h}y^{55}seiŋ^{21}le^{0}.

（3）指示情状、方式、程度的代词

情状、方式、程度本应该属于三个语义范畴，而南平官话中，这三个范畴从形式上不能明确区分出来，从语义来看也不是泾渭分明的，所以在这里把这三个范畴放在一块讨论。南平官话中表示情状、方式、程度的代词至少有五组，基本是在“这样/这么”“那样/那么”的基础形式上或者合音或者加后缀构成。这一类代词主要的功能是充当状语，修饰动词或者形容词。例如：

酱$^{=}$做事节$^{=}$连后生仔都没办法这样做事情连小伙子都没办法。tɕiaŋ^{35}tso^{55}sɿ^{55}tseʔ^{3}lieŋ^{31}xɵy^{55}seiŋ^{21} tsai^{24}tu^{21}mo^{31}paŋ^{55}xuaʔ^{3}.（指代方式）

䒢亮$^{=}$好不怎么样。pui^{35}liaŋ^{55}xau^{24}.（指代程度）

这样重，连我都拿不起。tse^{21}iaŋ^{35}tsoŋ^{35}, lieŋ^{31}ŋo^{24}tu^{33}la^{33}pu^{33}k^{h}i^{24}.（指代情状）

这蔸树这慢$^{=}$高啊这棵树多高啊！ tɕi^{55}tɵy^{33}sy^{35}tɕia^{55}maŋ^{35}kau^{21}a^{0}!（指代程度）

我这慢$^{=}$做不对，亮$^{=}$慢$^{=}$做也不对，那喊我怎慢$^{=}$做我这么做不对，那么做也不对，那我应该怎么做呢？ ŋo^{24}tɕia^{55}maŋ^{35}tso^{35}pu^{33}tui^{35}, liaŋ^{55}maŋ^{35}tso^{35}ie^{24}pu^{33}tui^{35}, la^{35}xaŋ^{21}ŋo^{24}tseiŋ^{31}maŋ^{35}tso^{35}?（指代方式）

太多了，不要那么多，只要这么多就可以了。t^{h}ai^{55}to^{21}lau^{0}, pu^{33}iau^{55}lɤ^{55}mɤ^{33}to^{21}, tsɿ^{21}iau^{35} tsɤ^{55}mɤ^{33}to^{21}tɕiu^{55}k^{h}o^{21}i^{24}lau^{0}.（指代情状）

3. 疑问代词

陈泽平（1998：140）指出：“疑问代词的基本作用是用在疑问句中指示疑问点，也用于非疑问句中表示任指或虚指。”南平官话的疑问代词系统如表6–3所示：

表6–3 南平官话疑问代词表

询问对象	疑问代词		
人	哪个谁；哪个 la^{21}ko^{35}	什么人 sɿ^{33}mo^{21}iŋ^{31}	哪一个 la^{21}i^{33}ko^{35}
事物	什么 sɿ^{33}mo^{21} 干什么 kaŋ^{35}sɿ^{33}mo^{21}	做什么干什么 tso^{35}sɿ^{33}mo^{21} 哪一个 la^{21}i^{33}ko^{35}	做么事干什么 tso^{55}mo^{21}sɿ^{35} 哪一种 la^{21}i^{55}tsoŋ^{24}
处所	哪些=哪里 la^{55}se^{21}	什么地方 sɿ^{21}mo^{33}ti^{55}xuaŋ^{21}	
时间	什么时候 sɿ^{21}mo^{33}si^{21}xøy^{35}	什么时间 sɿ^{21}mo^{33}si^{31}kieŋ^{21}	
方式、性状	怎慢=怎么 tɕeiŋ^{31}maŋ^{35}	怎么样怎样 tɕiŋ^{21}mo^{33}iaŋ^{35}	什么样怎样 sɿ^{21}mo^{33}iaŋ^{35}
原因	为什么 ui^{55}sɿ^{33}mo^{21}		
数量	几多多少（钱）；多（长、高、大、厚、重）ki^{31}to^{21}		

关于南平官话的疑问代词需要说明的是：

①“哪个”[la^{21}ko^{35}]

问人的疑问代词中“哪个”是最为常用的，主要提问点是单个人，但也有虚指的用法。在句中可做主语，也可做定语。例如：

哪个刚才在议论我老师谁刚才在议论我老师？ la^{21}ko^{35}kaŋ^{55}tsʰai^{31}tsai^{35}i^{55}lueiŋ^{35}ŋo^{31}lau^{31}sɿ^{21}?

桌子上的书是哪个的桌子上的书是谁的？ tsoʔ^{3}tsɿ^{0}siaŋ^{35}ti^{0}sy^{21}si^{55}la^{21}ko^{35}ti^{0}?

普通话的“哪个”可以问人也可以问物，而南平官话的“哪个”主要问人，问物一般需要说“哪一个”。

②“什么”[sɿ^{33}mo^{21}]

“什么”既可以用来问人，也可以用来问物，还可以用来问时间、处所，甚至可以问情态、方式，但只有在问物时“什么”可以单用，在问人时要说“什么人”，问时间时要说“什么时间”“什么时候”，问处所时说“什么地方”，问情态、方式时说“什么样”。例如：

你在唱什么？ li^{24}tsai^{55}tɕʰiaŋ^{55}sɿ^{33}mo^{21}?

明朝去的都有什么人明天去的都有哪些人？ miŋ^{31}tɕiau^{21}kʰɤ^{35}ti^{0}tu^{55}iu^{24}sɿ^{33}mo^{21}iŋ^{31}?

你什么时候去啊？ li^{24}sɿ^{33}mo^{21}si^{21}xøy^{35}kʰɤ^{35}a^{0}?

在什么地方学的普通话啊？ tsai^{55}sɿ^{33}mo^{21}ti^{55}xuaŋ^{21}xyoʔ^{3}ti^{0}pʰu^{31}tʰoŋ^{33}xua^{35}a^{0}?

她爱要什么样的鞋子她喜欢什么样的鞋子？ tʰa^{21}ai^{55}iau^{35}sɿ^{33}mo^{21}iaŋ^{35}ti^{0}xai^{31}tsɿ^{0}?

普通话中有对两个或两个以上的人提问的疑问代词“哪些”，南平官话没有对应的说法，一般是用“什么人”来对两个或两个以上的人进行提问。例如：

什么人的钱还没有交哪些人的钱还没有交？ sɿ^{33}mo^{21}iŋ^{31}ti^{0}tɕʰieŋ^{31}xai^{21}mu^{55}iu^{24}kiau^{21}?

当然，“什么人”并不专门用于对两个或两个以上的人进行提问，在提问点是单人还是多人未知的前提下可以用“什么人”，也可以用“哪个”。

除了以上用法，“什么”还经常放在动词“做”或者“干”后面做宾语，组成“做什么”“干什么”，或者构成“做么事”等。与普通话一样，“干什么”并不是都表示疑问，还可以表示反问。例如：

他挨呀挨的做什么他磨磨蹭蹭的做什么呢？ tʰa^{21}ai^{21}ia^{33}ai^{21}ti^{0}tso^{55}sɿ^{33}mo^{21}?

你才之出去做么事你现在出去做什么？ li^{24}tsʰai^{31}tsɿ^{21}tɕʰy^{33}kʰɤ^{35}tso^{55}mo^{21}sɿ^{35}?

③“哪些=哪里”[la^{55}se^{21}]

南平官话中，询问处所的“哪些=”与普通话的疑问代词“哪里”用法基本相同。例如：

你在哪些=住你在哪里住？ li^{24}tsai^{35}la^{55}se^{21}tɕy^{35}?

你从哪些=去你从哪里去？ li^{24}tsʰoŋ^{31}la^{55}se^{21}kʰɤ^{35}?

“哪些=”中的“些=”[se^{21}]本字不明，从读音上看近于福州话的方位词后缀“势”[sie^{213}]，例如福州话里有“东势东面”[tøyŋ^{53}nie^{213}]、“北势北面”[pøyʔ^{55}sie^{213}]。在询问理由或原因时福州话会用疑问代词“溪势”[kʰe^{53}lie^{213}]等。南平官话的“些=”[se^{21}]大概借自福州话的“势”[sie^{213}]，只不过南平官话的“些=”[se^{21}]用法单一，仅见于疑问代词“哪些=”。

④“怎慢=怎么”[tseiŋ^{31}maŋ^{35}]

询问人与事的性质与状态的“怎慢=”[tseiŋ^{31}maŋ^{35}]是在“怎么样”[tseiŋ^{21}mo^{33}iaŋ^{35}]的基础上合音而成的。询问人与事性质、状态的疑问代词在南平官话中有“怎慢=”“怎么样”“什么样”。其中做状语最常用的是“怎慢=”，它还经常放在“办”前面构成凝固性强的“怎慢=办”[tseiŋ^{21}maŋ^{55}paŋ^{35}]。询问性质、主要做定语的一般用“什么样”。例如：

这句话用南平话怎慢=讲这句话用南平话怎么说？ tɕi^{35}ky^{55}xua^{35}ioŋ^{35}naŋ^{21}pʰiŋ^{21}xua^{35}tseiŋ^{31}maŋ^{35}kiaŋ^{24}?

你讲怎慢=办啊你说怎么办啊？ li^{24}kiaŋ^{24}tseiŋ^{21}maŋ^{55}paŋ^{35}a^{0}?

看你能把我怎么样。kʰaŋ^{35}li^{21}leiŋ^{31}pa^{21}ŋo^{24}tseiŋ^{21}mo^{33}iaŋ^{35}.

她是一个什么样的人？ tʰa^{21}si^{35}i^{33}ko^{55}sɿ^{21}mo^{33}iaŋ^{35}ti^{0}iŋ^{31}?

⑤“几多”[ki^{31}to^{21}]

“几多”询问数量，大致相当于普通话的“几”“多少”“多”，在句中主要充当定语。在询问数量时，后面可以直接跟量词，例如“几多个”“几多头”“几多遍”，相当于普通话的“几”“多少”；也可以直接加名词，例如“几多人”“几多岁”“几多钱”，相当于普通话的“多少”；还可以直接加形容词，例如“几多重”“几多高”“几多远”，相当于普通话的“多”。需要注意的是，在询问年龄时不限于十以内，这与普通话的“几”用法是不一样的。

来了几多个来了多少个？ lai^{31}lɤ^{0}ki^{31}to^{33}ko^{35}?

村里头有几多人村里有多少人？ ts^{h}ueiŋ^{21}li^{31}t^{h}əy^{31}iu^{24}ki^{31}to^{55}iŋ^{31}?

今年几多岁啦今年几岁/多大年纪啦？ kiŋ^{55}lieŋ^{31}ki^{31}to^{33}sui^{35}la^{0}?

都几多点了，还［没有］吃下去都几点了，还没吃完？ tu^{21}ki^{33}to^{55}tieŋ^{24}lau^{0}, xai^{31}miu^{31}tɕ^{h}iʔ^{3}xa^{55}k^{h}ɤ^{35}?

表$^{=}$得讲几多遍了不知道说多少遍了。 piau^{33}tɤʔ^{3}kiaŋ^{24}ki^{31}to^{33}p^{h}ieŋ^{35}lau^{0}.

这个东西有几多重这个东西有多重？ tɕi^{35}ko^{0}toŋ^{55}si^{21}iu^{24}ki^{31}to^{33}tsoŋ^{35}?

这蔸树有几多高这棵树有多高？ tɕi^{55}təy^{21}sy^{35}iu^{24}ki^{31}to^{55}kau^{21}?

四 性状程度

（一）性状

南平官话的形容词分为性质形容词与状态形容词。所有的单音节形容词都表示性质，绝大多数能进行“AA”式重叠，少数双音节形容词能重叠成“AABB”式或者“ABB”式。重叠式表示状态，包含一定“量”的概念。

1.“AA”式

“AA”式是南平官话中最为常见的形容词重叠式。例如：

轻轻 k^{h}iŋ^{55}k^{h}iŋ^{21}	酸酸 suaŋ^{55}suaŋ^{21}	灰灰 xui^{55}xui^{21}
弯弯 uaŋ^{55}uaŋ^{21}	干干 kaŋ^{55}kaŋ^{21}	香香 xiaŋ^{55}xiaŋ^{21}
红红 xoŋ^{31}xoŋ^{31}	长长 tɕ^{h}iaŋ^{31}tɕ^{h}iaŋ^{31}	肥肥 xui^{31}xui^{31}
圆圆 yeŋ^{31}yeŋ^{31}	甜甜 t^{h}ieŋ^{31}t^{h}ieŋ^{31}	凉凉 liaŋ^{31}liaŋ^{31}
紧紧 kiŋ^{21}kiŋ^{24}	短短 tuaŋ^{21}tuaŋ^{24}	矮矮 ai^{21}ai^{24}
扁扁 pieŋ^{21}pieŋ^{24}	远远 yeŋ^{21}yeŋ^{24}	浅浅 tɕ^{h}ieŋ^{21}tɕ^{h}ieŋ^{24}
大大 ta^{55}ta^{35}	糯糯无精打采的样子 lo^{55}lo^{35}	瘦瘦 səy^{55}səy^{35}
厚厚 xəy^{55}xəy^{35}	重重 tsoŋ^{55}tsoŋ^{35}	亮亮 liaŋ^{55}liaŋ^{35}
鸽$^{=}$鸽$^{=}$傻傻的样子 ko^{55}koʔ^{3}	绿绿 lu^{55}luʔ^{3}	结$^{=}$结$^{=}$怒冲冲的样子 ke^{55}keʔ^{3}
直直 tɕi^{55}tɕiʔ^{3}	恶恶凶巴巴的样子 o^{55}oʔ^{3}	黑黑 xɤ^{55}xɤʔ^{3}

大多数“AA”式可以做定语、谓语，也可以做补语。一般来说，单音节形容词重叠式是黏附的单位，后面必须加上助词“的”，少数“AA”式做状语时可以直接修饰动词。例如：

矮矮飞　　轻轻讲　　慢慢走　　好好吃　　远远看见　　直直走

基式“A”都是表示性质的，是性质形容词，而重叠式“AA”则变成了状态形容词，具有了状态形容词的语法功能，语义程度也发生了变化，有时候程度加强，例如“长长”“密密”“大大”等，有时候表示程度适中，例如“酸酸”“甜甜”等。不过，这种语义程度也不是绝对的。重叠式所表示的程度是加强还是适中跟它们的句法位置有关，一般而言，在状语和补语位置上程度加强，而在定语和谓语位置上则表示程度适中。

2.“ABB”式

南平官话中“ABB”式形容词的生动形式不很丰富，大致有：

轻飘飘 kʰiŋ^{55}pʰiau^{55}pʰiau^{21}　　香喷喷 xiaŋ^{55}pʰeiŋ^{55}pʰeiŋ^{21}

肥嘟嘟胖乎乎 xui^{31}tu^{55}tu^{21}　　圆共$^{=}$共$^{=}$胖乎乎 yeŋ^{31}koŋ^{55}koŋ^{35}

矮丛丛矮矮的样子 ai^{24}tsʰoŋ^{31}tsʰoŋ^{31}　　冷冰冰 leiŋ^{31}piŋ^{55}piŋ^{21}

慢吞吞 maŋ^{55}tʰeiŋ^{21}tʰeiŋ^{21}　　慢悠悠 maŋ^{55}iu^{21}iu^{21}

黑隆隆黑乎乎 xɤ^{55}loŋ^{55}loŋ^{31}　　直共$^{=}$共$^{=}$不灵活的样子 tɕi^{55}koŋ^{55}koŋ^{35}

“ABB”式的句法功能与“AA”式基本相同，在句中大多可以充当定语、谓语和补语，少部分做状语，但与“AA”式做状语可以直接放在动词前面不同的是，“ABB”式做状语一般都必须后带助词“地”。例如：

慢吞吞地讲　　轻飘飘地走　　静悄悄地进去

跟“AA”式相比，“ABB”式描写性有所加强，语义程度也有所加强。例如“酸溜溜”就比“酸”甚至“酸酸”的程度要深；“轻飘飘”要比“轻”甚至“轻轻”的程度更深。

3.“AABB”式

“AABB”式部分是双音节形容词“AB”的重叠形式，少数由“ABB”式形容词转化而来（慢吞吞→慢慢吞吞　密麻麻→密密麻麻　孤单单→孤孤单单），部分没有独立成词的“AB”。例如：

清清白白 tɕʰiŋ^{55}tɕʰiŋ^{55}pɤ^{55}pɤʔ^{3}　　歪歪斜斜 uai^{55}uai^{55}se^{31}se^{31}

稀稀隆隆稀稀拉拉 xi^{55}xi^{55}loŋ^{55}loŋ^{31}　　舒舒服服 su^{55}su^{55}xu^{55}xuʔ^{3}

慢慢吞吞 maŋ^{55}maŋ^{55}tʰeiŋ^{21}tʰeiŋ^{21}　　孤孤单单 ku^{55}ku^{55}taŋ^{55}taŋ^{21}

安安稳稳 aŋ^{55}aŋ^{55}ueiŋ^{21}ueiŋ^{24}　　昏昏癫癫昏昏沉沉 xueiŋ^{55}xueiŋ^{55}tieŋ^{55}tieŋ^{21}

实实在在 si^{33}si^{33}tsai^{55}tsai^{35}　　干干脆脆 kaŋ^{33}kaŋ^{33}tsʰui^{55}tsʰui^{35}

快快活活高高兴兴 kʰuai^{55}kʰuai^{55}xo^{55}xoʔ^{3}　　闹闹热热 lau^{55}lau^{55}ie^{55}ieʔ^{3}

四四角角四四方方 sɿ^{55}sɿ^{55}ko^{55}koʔ^{3}　　顺顺利利 sueiŋ^{55}sueiŋ^{55}li^{55}li^{35}

扎扎实实 tsa^{55}tsa^{55}si^{55}siʔ^{3}　　立$^{=}$立$^{=}$绿$^{=}$绿$^{=}$松松垮垮 li^{55}li^{55}lu^{55}luʔ^{3}

白白肥肥 pɤ^{55}pɤ^{55}xui^{31}xui^{31}　　大大小小 ta^{55}ta^{55}siau^{21}siau^{24}

在双音节形容词“AB”基础上重叠的“AABB”式，重叠后程度有所加深。例如“干干净净”程度显然要比“干净”深。而在“ABB”式基础上重叠的“AABB”式，重叠前后程度没有明显的变化。例如“孤单单”与“孤孤单单”程度没有什么区别。

“AABB”式与“ABB”式以及“AA”式一样可以做定语、谓语、补语、状语，做定、状、补语时以带助词“的/地/得”为常。例如：

四四角角的桌子　　家里头冷冷清清　　讲得清清楚楚　　大大方方地讲出来

4.“A里AB”式

“A里AB”式中A、B均为有实义的词根语素，“里”为虚化的词缀。这样的生动形式在南平官话中很少，大致有：

糊里糊涂 xu^{31}li^{55}xu^{31}t^{h}u^{31}　　慌里慌张 xuaŋ^{55}li^{31}xuaŋ^{55}tɕiaŋ^{21}

土里土气 t^{h}u^{21}li^{55}t^{h}u^{21}k^{h}i^{35}　　洋里洋气 iaŋ^{21}li^{55}iaŋ^{21}k^{h}i^{35}

5.形容词加缀的生动形式

形容词加缀的生动形式在南平官话中主要指“A不XY”式，其中A代表有实义的词根语素，X、Y代表已经虚化的词缀。例如：

酸不拉叽 suaŋ^{33}pu^{33}la^{55}ki^{21}　　甜不拉叽 t^{h}ieŋ^{31}pu^{33}la^{55}ki^{21}

小不拉叽 siau^{21}pu^{33}la^{55}ki^{21}　　光不溜秋光秃秃的样子 kuaŋ^{33}pu^{33}liu^{55}tɕ^{h}iu^{21}

酸不溜秋 suaŋ^{33}pu^{33}liu^{55}tɕ^{h}iu^{21}　　灰不溜秋 xui^{33}pu^{33}liu^{55}tɕ^{h}iu^{21}

滑不溜秋 xua^{33}pu^{33}liu^{55}tɕ^{h}iu^{21}

从语义程度上看，“A里AB”式和“A不XY”式都带有较强的消极评价色彩，例如“甜不拉叽”就有“过甜以致超出适当程度”的含义。

综上，南平官话中，表性状的除了一些状态形容词例如“笔直”“雪白”等之外，主要是形容词的重叠式“AA”“ABB”“AABB”“A里AB”，以及加缀但不重叠的生动形式“A不XY”。这些生动形式的语法功能、组合特点等与普通话基本相同。

（二）程度

南平官话中程度主要用副词来表达，偶尔也用指示代词和补语来表达。

1.程度副词

南平官话的程度副词与普通话相同的有“很”[xeiŋ^{24}]、“真”[tseiŋ^{21}]、“太”[t^{h}ai^{35}]等，除此之外，南平官话中很常用的程度副词还有“怪”[kuai^{35}]、“蛮”[maŋ^{31}]、“实在”[si^{33}tsai^{35}]。以上这些程度副词中“实在”“太”表示程度较高，其次是“怪”“真”，程度较低的是“蛮”“很”。例如：

这毛巾很齷齪了，翁$^{=}$了它吧这毛巾很脏了，扔了它吧。tɕi^{35}mau^{31}kiŋ^{21}xeiŋ^{24}o^{55}ts^{h}oʔ^{3}lau^{0}, oŋ^{21}lɤ^{0} t^{h}a^{21}pa^{0}.

覅惊，这把椅子蛮牢固的不要怕，这椅子很牢固的。piau^{55}kiŋ^{21}, tɕi^{35}pa^{21}i^{24}tsɿ^{0}maŋ^{33}lau^{21}ku^{35}ti^{0}.

她的衣裳怪好看的。t^{h}a^{21}ti^{0}i^{55}siaŋ^{31}kuai^{55}xau^{21}k^{h}aŋ^{35}ti^{0}.

这碗菜真好吃。tɕi^{55}uaŋ^{24}ts^{h}ai^{35}tseiŋ^{55}xau^{21}tɕ^{h}iʔ^{3}.

他考上他阿爸太高兴了。t^{h}a^{21}k^{h}au^{21}siaŋ^{35}t^{h}a^{55}a^{33}pa^{35}t^{h}ai^{35}kau^{33}xiŋ^{35}lau^{0}.

这地方实在大。tɕi^{35}ti^{55}xuaŋ^{21}si^{33}tsai^{35}ta^{35}.

除了以上这些程度副词，南平官话还有一个类程度副词“臭”[tɕʰiu^{35}]，不过这个词组合面很窄，只跟几个表示味觉的形容词组合，如臭酸馊[tɕʰiu^{55}suaŋ^{21}]、臭馊馊[tɕʰiu^{55}səy^{21}]、臭腥腥[tɕʰiu^{55}siŋ^{21}]。从程度上看，与单音节形容词“馊”“臭”似乎没有太大的差别，但描写性更强。

2. 指示代词

本节提过，南平官话中指示代词也可以表示程度，而且通常伴随感叹语气。例如：

这蔸树这慢$^{=}$高啊这棵树多高啊！ tɕi^{55}təy^{33}sy^{35}tɕia^{55}maŋ^{35}kau^{21}a^{0}!

这蔸树叶子酱$^{=}$大张这棵树叶子真大！ tɕi^{55}təy^{33}sy^{35}ieʔ^{3}tsɿ^{0}tɕiaŋ^{35}ta^{55}tɕiaŋ^{21}!

这个婆娘仔酱$^{=}$漂亮好漂亮的一个姑娘！ tɕi^{35}ko^{0}pʰo^{33}liaŋ^{33}tsai^{24}tɕiaŋ^{35}pʰiau^{55}liaŋ^{35}!

3. 补语

南平官话可以用中补结构“A得死”“A死”“A得紧”“A得要死”“A死掉”等来表示一种极致的程度。补语“死”“紧”“死掉了”基本没有积极和消极语义的区别，即与这些补语组合的A可以是积极意义的形容词，也可以是消极意义的形容词。例如：

多得死 to^{21}tɤ^{0}sɿ^{24}	恶得死 oʔ^{3}tɤ^{0}sɿ^{24}	热得死 ieʔ^{3}tɤ^{0}sɿ^{24}
重得死 tsoŋ^{35}tɤ^{0}sɿ^{24}	龌龊死 o^{55}tsʰoʔ^{3}sɿ^{24}	热死 ie^{55}sɿ^{24}
恶得紧 oʔ^{3}tɤ^{0}kiŋ^{24}	好得紧 xau^{24}tɤ^{0}kiŋ^{24}	热得紧 ieʔ^{3}tɤ^{0}kiŋ^{24}
讨厌死掉 tʰau^{21}ieŋ^{35}sɿ^{21}tiau^{35}	快活死掉 kʰuai^{55}xo^{33}sɿ^{21}tiau^{35}	热死掉 ie^{55}sɿ^{21}tiau^{35}
急得要死 kiʔ^{3}tɤ^{0}iau^{55}sɿ^{24}	高兴得要死 kau^{33}xiŋ^{35}tɤ^{0}iau^{55}sɿ^{24}	热得要死 ieʔ^{3}tɤ^{0}iau^{55}sɿ^{24}

除了以上这些表示程度的补语，南平官话还有一个较为虚化的短语“都跌倒了”可以表示程度，而且表示的也是一种极致的程度，例如“快活得都跌倒了高兴得不得了”[kʰuai^{55}xoʔ^{3}tɤ^{0}tu^{21}te^{55}tau^{24}lau^{0}]。不过，“都跌倒了”不如补语“死”“紧”用得普遍。

五　介引关联

（一）介引

1. 介词系统

介词可以根据构成形式和语法意义分为不同的类别。本节主要按语法意义将介词分为5大类19小类。为了突出南平官话的特点，将对应的普通话介词也一并列出进行对照，列表归纳如下：

表6-4　南平官话介词与普通话介词对照表

介词类别		南平官话	普通话
时间处所	所在	在tsai^{35}	在
	源点	从ts^{h}oŋ^{31}、自从tsɿ^{55}ts^{h}oŋ^{31}、同t^{h}oŋ^{31}	打、从、自、自从
时间处所	方向	往uaŋ^{24}、向siaŋ^{35}、对着tui^{35}tsɿ^{0}	往、向、向着、朝、朝着、对着
	路径	往uaŋ^{24}、顺着sueiŋ^{35}tsɿ^{0}、同t^{h}oŋ^{31}	从、沿、沿着、顺、顺着、经、经过
	距离	离li^{31}	离、距、距离
	终点	到tau^{35}	到
处置被动	处置	把pa^{24}、同t^{h}oŋ^{31}、帮paŋ^{21}	把、将
	被动	等teiŋ^{24}	被、叫、让、给
关涉对象	伴随	导伙tau^{21}xo^{24}、同t^{h}oŋ^{31}、导tau^{24}	和、跟、同、与
	协同	导伙tau^{21}xo^{24}、同t^{h}oŋ^{31}、导tau^{24}	和、跟、同、与
	对象目标	拿la^{31}、对tui^{35}、同t^{h}oŋ^{31}、等teiŋ^{24}、导伙tau^{21}xo^{24}、导tau^{24}	对、给、向
	受益	替t^{h}iŋ^{35} ～ t^{h}i^{35}、帮paŋ^{21}、同t^{h}oŋ^{31}、把pa^{24}	替、帮
	受损	帮paŋ^{21}、把pa^{24}	把
	比较	同t^{h}oŋ^{31}、导伙tau^{21}xo^{24}、导tau^{24}、比pi^{24}	比
	关联	同t^{h}oŋ^{31}	和、跟、与
工具依据	方式	按aŋ^{35}、照tɕiau^{35}、凭p^{h}iŋ^{31}	按、按着、照、照着、依、依照、按照、依据、根据、凭、凭着、靠
	工具	用ioŋ^{35}、拿la^{31}	用、拿
原因目的	原因	因为iŋ^{55}ui^{31}、由于iu^{31}y^{31}	因为、由于
	目的	为ui^{35}	为、为了

2.介词用法分析

南平官话的介词系统与普通话大同小异，但部分介词用法较为特殊，其中少数介词同一个形式可以表达多种语义，而且城区与郊区存在一定程度的差异。下面列举一些方言中使用频率较高、用法较为独特的介词。

（1）“同”［t^{h}oŋ^{31}］

“同”在南平官话中还有实词用法，义为“相同”（如“同分”“同岁”），但词义范围狭窄。而作为虚词（主要是介词）其用法极为丰富，但城乡之间存在一定的差异。第一章

第三节提及，市区说官话者多为老年人。在城关，自20世纪80年代以来，原来南平官话的聚居群落被拆散，居民分迁到其他居民区与各地人杂居。市区原本说官话的人除了老街坊邻居碰面时偶尔用南平官话交流外，较少有机会在社会交际活动中使用它。市区以外，说官话人口最多且最集中的是西芹镇。西芹是南平官话集中分布的地方，言语社团内部日常交流频繁，所以内部差异相对较小。接下来就以“同”用法最为丰富的城关发音人陈某和西芹主要发音人游某口语中“同”的用法为例进行分析。

表6–5　南平城关、西芹介词“同”的功能对照表

功能 发音人	伴随	协同	对象目标	比较	关联	受益	受损	处置	路径	源点	方向
城关陈某	+	+	+	+	+	+	+	+	+	+	+
西芹游某	+	+	+	+	+	+	–	–	–	–	–

从以上表格可知，城关陈某的介词“同”涵盖十一种用法，西芹游某的介词“同”有六种用法，缺少了“受损”“处置”“路径”“源点”“方向”五种用法。下面先看西芹游某和城关陈某的介词“同”所共有的六种用法，以下例句以西芹游某的口语为准。

①引出伴随者，相当于普通话的“和、跟、同、与”。如：

我明朝同他导伙去钓鱼我明天和他一起去钓鱼。ŋo^{24}miŋ^{31}tɕiau^{21}t^{h}oŋ^{31}t^{h}a^{21}tau^{21}xo^{24}k^{h}ɤ^{35}tiau^{55}y^{31}.

我阿公同我们导伙住我爷爷跟我们一起住。ŋo^{24}a^{21}koŋ^{21}t^{h}oŋ^{31}ŋo^{24}meiŋ^{31}tau^{21}xo^{24}tɕy^{35}.

②引出共同施事，表示“协同”义，相当于普通话的“和、跟、同、与”。如：

我同他商量下我和他商量一下。ŋo^{24}t^{h}oŋ^{31}t^{h}a^{21}siaŋ^{55}liaŋ^{31}xa^{35}.

为这个事节=同邻舍吵架，划不来为这个事情跟邻居吵架，不值得。ui^{35}tɕi^{35}ko^{0}sɿ^{55}tseʔ^{3}t^{h}oŋ^{31}liŋ^{21}se^{35}tɕ^{h}iau^{21}kia^{35}, xua^{33}pu^{55}lai^{31}.

③引出对象目标，表示指涉关系。

指涉关系涉及行为动作的方向，可以从前面的主语指向介词后面的宾语，即“顺指”，如下面第一个例句；也可以从介词后面的宾语指向前面的主语，即“逆指”，如下面第二个例句。

我同他讲明朝要落雨我跟他说明天会下雨。ŋo^{24}t^{h}oŋ^{31}t^{h}a^{21}kiaŋ^{24}miŋ^{31}tɕiau^{21}iau^{55}lo^{55}y^{24}.

我同他借了一百块钱我向他借了一百块钱。ŋo^{24}t^{h}oŋ^{31}t^{h}a^{21}tse^{35}lɤ^{0}i^{33}pɤ^{33}k^{h}uai^{55}tɕ^{h}ieŋ^{31}.

④引出关联对象。如：

这个事节=同我没有关系这事情跟我没关系。tɕi^{35}ko^{0}sɿ^{55}tseʔ^{3}t^{h}oŋ^{21}ŋo^{24}mu^{55}iu^{24}kuaŋ^{33}xi^{35}.

你去不去同我有什么事节=呢你去不去跟我有什么关系呢？ li^{24}k^{h}ɤ^{35}pu^{33}k^{h}ɤ^{35}t^{h}oŋ^{21}ŋo^{24}iu^{21}sɿ^{33}mo^{21}sɿ^{55}tseʔ^{3}le^{0}?

⑤引出比较对象，可以表示“等比”义，如下面第一个例句；也可以表示“比拟”义，如下面第二个例句。

她走路同她老子一样快她走路和她爸爸一样快。t^{h}a^{21}tsəy^{21}lu^{35}t^{h}oŋ^{31}t^{h}a^{55}lau^{24}tsɿ^{0}i^{33}iaŋ^{55}k^{h}uai^{35}.

快活得同阿仔哥一样高兴得跟孩子似的。k^{h}uai^{55}xoʔ^{3}tɤ^{0}t^{h}oŋ^{31}a^{55}tsai^{31}ko^{21}i^{33}iaŋ^{35}.

⑥引出受益者。如：

我去同他开门我去给他开门。ŋo^{21}k^{h}ɤ^{35}t^{h}oŋ^{31}t^{h}a^{21}k^{h}ai^{55}meiŋ^{31}.

老张同他自己买了一件衣裳老张给他自己买了一件衣服。lau^{31}tɕiaŋ^{21}t^{h}oŋ^{31}t^{h}a^{21}tsɿ^{55}ki^{24}mai^{24}lɤ^{0}i^{33}kieŋ^{35}i^{55}siaŋ^{31}.

除了共有的六种介词用法，城关陈某的“同”还有以下几种介词功能（鉴于城关和西芹的官话语音系统有差别，为避免引起混乱，以下所记录的陈某的例句均不注音）：

⑦引出受损者。如：

那架脚踏车他同我弄坏掉那辆自行车他给我弄坏了。

我的书你不要同我弄掉掉我的书你不要给我弄丢了。

⑧引出处置对象。如：

同那个东西拿等我把那个东西递给我。

不要同杯子打破掉不要把杯子打破了。

⑨介引空间源点/时间起点。如：

你同哪些⁼来你从哪里来？

同明朝开始做事节⁼从明天开始做事情。

⑩表示位移方向（终点）。如：

同北边走朝北边走。

他同这里走过来他向这里走过来。

⑪表示路径。如：

去县城要同那个地方过去去县城要从那个地方过去。

你可以同西芹转车你可以从西芹转车。

（2）“导伙”[tau^{21}xo^{24}]/“导”[tau^{24}]

“导伙”在南平城关的官话中只是一个协同副词，义为“一起”，而在西芹除了做协同副词外，还可以用作并列连词，连接词或短语，也可以用作介词，表示“伴随”“协同”“对象目标”“比较”“关联”等。南平西芹的官话中，“导伙/导”在引出伴随者、协同对象、比较对象、对象目标等时可以与“同”互换。在发音人语速较快时，经常只听到用“导”而不用“导伙”。例如：

我明朝导伙/导他一起去钓鱼我明天和他一起去钓鱼。ŋo^{24}miŋ^{31}tɕiau^{21}tau^{21}xo^{24}/tau^{31}t^{h}a^{21}i^{55}k^{h}i^{24}

kʰɤ^{35}tiau^{55}y^{31}.

我导伙/导他商量下我和他商量一下。ŋo^{24}tau^{21}xo^{24}/tau^{31}tʰa^{21}siaŋ^{55}liaŋ^{31}xa^{35}.

她走路导伙/导她老子一样快她走路和她爸爸一样快。tʰa^{21}tsøy^{21}lu^{35}tau^{21}xo^{24}/tau^{31}tʰa^{55}lau^{24}tsɿ^{0} i^{33}iaŋ^{55}kʰuai^{35}.

我导伙/导他借了一本书我向他借了一本书。ŋo^{24}tau^{21}xo^{24}/tau^{31}tʰa^{21}tse^{35}lɤ^{0}i^{55}peiŋ^{24}sy^{21}.

（3）“等” [teiŋ^{24}]

“等” [teiŋ^{24}] 在南平西芹的官话中除了动词用法外，还有介词用法，介引施事，也可以放在“给予”义动词之后引出对象目标。例如：

老张的草帽等风吹去了老张的草帽被风吹走了。lau^{31}tɕiaŋ^{21}ti^{0}tsʰau^{21}mau^{35}teiŋ^{31}xoŋ^{21}tsʰui^{21}kʰɤ^{35} lau^{0}.

他等他阿娘骂哭了他被他妈妈骂哭了。tʰa^{21}teiŋ^{31}tʰa^{21}a^{21}liaŋ^{31}ma^{55}kʰuʔ^{3}lau^{0}.

需要注意的是，南平西芹的官话中“等”后面必须出现施事，否则就要换用“被”。

除了介引施事，“等”还可以介引对象目标。例如：

送本书等他送本书给他。soŋ^{33}peiŋ^{24}sy^{21}teiŋ^{31}tʰa^{21}.

把那个东西拿等我把那个东西拿给我。pa^{24}la^{35}ko^{0}toŋ^{55}si^{21}la^{21}teiŋ^{21}ŋo^{24}.

（4）“替” [tʰiŋ^{35}] ～ [tʰi^{35}]

“替”在南平西芹的官话中可以介引受益者，与普通话用法相同。例如：

老张喊老李替自己买件衣裳老张让老李他自己买件衣服。lau^{31}tɕiaŋ^{21}xaŋ^{21}lau^{21}li^{24}tʰi^{55}tsɿ^{55}ki^{24}mai^{21} kieŋ^{35}i^{55}siaŋ^{31}.

今朝老李替老张值班。kiŋ^{55}tɕiau^{21}lau^{21}li^{24}tʰi^{35}lau^{31}tɕiaŋ^{21}tsɿ^{55}paŋ^{21}.

除此之外，南平官话中还存在介词“替”介引“我”构成“替我” [tʰiŋ^{35}ŋo^{24}] ～ [tʰi^{35}ŋo^{24}] 虚用仅起加强语气作用的现象。这种现象大多出现在祈使句中。介词“替”（城关陈某用的是“同”）在这里表示的是“顺某人之意而为之”的“意志”义，是由受益关系中的“服务”义引申出来的。如：

嫑跑，你替我立着别跑，你给我站住。piau^{55}pʰau^{31}, li^{21}tʰiŋ^{55}ŋo^{24}/tʰi^{55}ŋo^{24}liʔ^{3}tsɿ^{0}.

你替我把这碗饭吃干净你给我把这碗饭吃干净！ li^{21}tʰiŋ^{55}ŋo^{24}/tʰi^{55}ŋo^{24}pa^{21}tɕi^{55}uaŋ^{31}xuaŋ^{35}tɕʰi^{33} kaŋ^{33}tɕiŋ^{35}!

（二）关联

句子前后之间存在一定的关联，这种关联一方面体现事件本身的关联，另一方面表现人们认识上事件的联系。这些关联在语言中会通过一些手段来表示，连词的使用便是其中一种。而在方言口语中，连词的使用并不如书面语那样活跃、丰富。南平官话也一样，一般不用或少用连词，通常借助语境或其他手段来表示句子之间的逻辑关系，只有文化程度较高的人才会倾向于使用连词来表达句子间的逻辑联系。作为官话中的一种，南平官话中使用的连词与普通话基本相同。下面仅对南平官话中不同于普通话的连词进行描写和分析。

（1）“同” [t^{h}oŋ^{31}]

前文提过，“同”在南平官话中是一个多功能的介词。除此之外，“同”还是一个表示并列关系的连词，连接类别或结构相近的并列成分，常与范围副词“都”共现，但只能连接词或短语，不能连接句子。例如：

你同我都去你和我都去。li^{21}t^{h}oŋ^{31}ŋo^{24}tu^{21}k^{h}ɤ^{35}.

他同他兄弟都是先生他和他弟弟都是老师。t^{h}a^{21}t^{h}oŋ^{31}t^{h}a^{21}xioŋ^{33}ti^{35}tu^{33}si^{55}sieŋ^{55}seiŋ^{21}.

（2）“导伙” [tau^{21}xo^{24}]/ “导” [tau^{24}]

作为表示并列关系的连词，“导伙” [tau^{21}xo^{24}]经常简省为“导” [tau^{24}]，用法与“同”相同，因此可以相互替换。例如：

瘦的导肥的都不好，不瘦不肥最好瘦的和胖的都不好，不瘦不胖最好。səy^{35}ti^{0}tau^{24}xui^{31}ti^{0}tu^{21}pu^{55}xau^{24}, pu^{33}səy^{35}pu^{55}xui^{31}tsui^{55}xau^{24}.

唱歌导跳舞我都不爱唱歌和跳舞我都不喜欢。tɕ^{h}iaŋ^{55}ko^{21}tau^{24}t^{h}iau^{55}u^{24}ŋo^{24}tu^{21}pu^{33}ai^{35}.

（3）“蛮” [maŋ^{31}]

普通话中的“越……越……”在南平官话中一般表达为“蛮……蛮……”。这里的“蛮”是借音词，本字不明，闽语中，通常写作“罔”。南平官话中的“蛮”通常连用于两个动词或形容词之前。例如：

以后会蛮变蛮好以后会越变越好。i^{21}xəy^{35}xui^{55}maŋ^{21}pieŋ^{35}maŋ^{21}xau^{24}.

他蛮走蛮快，我都追不着他他越走越快，我都追不上他。t^{h}a^{21}maŋ^{21}tsəy^{24}maŋ^{21}k^{h}uai^{35}, ŋo^{24}tu^{21}tsui^{33}pu^{55}tɕyoʔ^{3}t^{h}a^{21}.

六　体貌系统

本部分主要描写南平官话动词的体貌系统，以语法形式与语法意义相结合的原则归纳每一种体貌，并描写其形式，说明其意义，且辅以例句。南平官话“体”系统的表达手段主要是助词性质的体标记，它们多是由结果补语、趋向补语等虚化而来的，也有用包含体意义的语气词表示的。南平官话“貌”系统的表达手段有动词的重叠、数量词的虚化等。

（一）体

1.完成体

从功能来看，这里所说的“完成体”标记大致相当于普通话的“了$_{1}$”。南平官话中，跟在谓核动词后的动态助词“了”是完成体的标记，其语音形式为[lɤ^{0}]，一般出现在动词和宾语之间，或者出现在动词和补语之间。例如：

我吃了茶还是口干我喝了茶还是渴。ŋo^{24}tɕʰiʔ^{3}lɤ^{0}tsʰa^{31}xai^{21}si^{35}kʰəy^{31}kaŋ^{21}.

吃了这碗饭再讲吃了这碗饭再说。tɕʰiʔ^{3}lɤ^{0}tɕi^{55}uaŋ^{31}xuaŋ^{35}tsai^{55}kiaŋ^{24}.

他们把教室都装上了空调。tʰa^{21}meiŋ^{31}pa^{21}kiau^{55}sɿʔ^{3}tu^{21}tsuaŋ^{33}siaŋ^{55}lɤ^{0}kʰoŋ^{55}tʰiau^{31}.

他家一下仔死了三头猪他家一下死了三头猪。tʰa^{21}kia^{21}i^{33}xa^{55}tsai^{24}sɿ^{24}lɤ^{0}saŋ^{55}tʰəy^{31}tɕy^{21}.

我吃了晚饭，出去旋了一下我吃了晚饭，出去溜达了一会儿。ŋo^{24}tɕʰiʔ^{3}lɤ^{0}uaŋ^{21}xuaŋ^{35}, tɕʰy^{33}kʰɤ^{35} syeŋ^{31}lɤ^{0}i^{33}xa^{35}.

2. 已然体

已然体的标记是句末的陈述语气词“了”[lau^{0}]，表示事态已处于变化后的状态，有时候会跟时间副词“已经”等共现。南平官话句末的“了”读[lau^{0}]，从来不读[lɤ^{0}]。从分布上看，“了”[lau^{0}]和“了”[lɤ^{0}]似乎呈互补分布趋势。例如：

［没有］雨了，天晴了雨不下了，天晴了。miu^{24}y^{24}lau^{0}, tʰieŋ^{55}tɕʰiŋ^{31}lau^{0}.

他跳上尾班车走了。tʰa^{21}tʰiau^{55}siaŋ^{35}ui^{33}paŋ^{55}tsʰe^{21}tsəy^{24}lau^{0}.

就剩一点点了，吃掉算了就剩一点儿了，吃了得了。tɕiu^{35}seiŋ^{35}i^{55}tieŋ^{21}tieŋ^{24}lau^{0}, tɕʰi^{33}tiau^{35}suaŋ^{35} lau^{0}.

帽子等风吹去了帽子被风吹走了。mau^{35}tsɿ^{0}teiŋ^{31}xoŋ^{21}tsʰui^{21}kʰɤ^{35}lau^{0}.

他饭已经吃下去了，你吃了没有他吃了饭了，你吃了饭没有呢？ tʰa^{21}xuaŋ^{35}i^{55}kiŋ^{21}tɕʰi^{33}xa^{55}kʰɤ^{35} lau^{0}, li^{24}tɕʰiʔ^{3}lɤ^{0}mu^{55}iu^{24}?

3. 持续体

南平官话用紧跟在动词后的“着”[tsɿ^{0}]表示“持续”。例如：

墙上贴着一张地图。tɕʰiaŋ^{21}siaŋ^{35}tʰeʔ^{3}tsɿ^{0}i^{55}tɕiaŋ^{21}ti^{55}tʰu^{31}.

床铺上睡着一个老货床上睡着一个老人。tsʰuaŋ^{33}pʰu^{33}siaŋ^{35}sui^{35}tsɿ^{0}i^{33}ko^{35}lau^{21}xo^{35}.

她骑着脚踏车去山上了她骑着自行车上山了。tʰa^{21}kʰi^{31}tsɿ^{0}kyo^{33}ta^{33}tsʰe^{21}kʰɤ^{55}siaŋ^{33}siaŋ^{35}lau^{0}.

他整天都陪着我讲话他整天都陪着我说话。tʰa^{21}tseiŋ^{31}tʰieŋ^{21}tu^{55}pʰui^{31}tsɿ^{0}ŋo^{24}kiaŋ^{21}xua^{35}.

南平官话的“着”主要表示动作状态的持续，一般不用在动态动词后表示动作的“进行”，例如：

门口立着一帮人，在讲话门口站着一帮人，在说着什么。meiŋ^{21}kʰəy^{24}liʔ^{3}tsɿ^{0}i^{33}paŋ^{55}iŋ^{31}, tsai^{55}kiaŋ^{21} xua^{35}.

普通话中“门口站着一帮人，在说着什么”中的“站”是静态的，加“着”表示状态持续，这是南平官话与普通话相同的地方；而后一小句中的“说”是动态的，表示动作正在进行，南平官话一般不会用“V＋着”来表示，这是南平官话与普通话不同的地方。

4. 进行体

南平官话表达动作正在进行一般用的是词汇手段，即用谓核动词前的副词“在[tsai^{35}]/

正在[tseiŋ⁵⁵tsai³⁵]”表达“进行体”的语法意义。例如：

我［没有］在唱，我在放录音机我没在唱，我放着录音呢。ŋo²⁴miu²⁴tsai⁵⁵tɕʰiaŋ³⁵, ŋo²⁴tsai⁵⁵xuaŋ³⁵ lu⁵⁵iŋ³³ki²¹.

哪个刚才在议论我老师谁刚才在议论我老师？ la²¹ko³⁵kaŋ⁵⁵tsʰai³¹tsai³⁵i⁵⁵lueiŋ³⁵ŋo³¹lau³¹sɿ²¹?

她正在做作业，你一个人去耍吧她正做着作业呢，你一个人去玩吧。tʰa²¹tseiŋ⁵⁵tsai³⁵tso⁵⁵tso³³ieʔ³, li²⁴i³³ko⁵⁵iŋ³¹kʰɤ⁵⁵sua²⁴pa⁰.

除此之外，南平官话与普通话一样存在“V_1着V_1着就V_2了”格式。这是一种构式，表示在V_1的进行过程中发生了V_2的状态变化。这里进行体的语法意义不能简单地归结到单一的“着”上，应该把“V_1着V_1着就V_2了”整体作为一种语法形式看待。例如：

他在电视机前看着看着就睡着了。tʰa³³tsai³⁵tieŋ⁵⁵sɿ³⁵ki²¹tɕʰieŋ³¹kʰaŋ³⁵tsɿ⁰kʰaŋ³⁵tsɿ⁰tɕiu⁵⁵sui³⁵ tɕyoʔ³lau⁰.

讲着讲着就笑起来了。kiaŋ²⁴tsɿ⁰kiaŋ²⁴tsɿ⁰tɕiu⁵⁵siau³⁵kʰi³¹lai³¹lau⁰.

5.经历体

南平官话动态助词“过”[ko³⁵]表示“经历体”的语法意义。不过，作为体标记的“过”不读轻声，和同是体标记的“着”和“了”相比较，虚化还不够彻底。例如：

我洗过澡了，今朝不打篮球了我洗过澡了，今天不打篮球了。ŋo²⁴si²¹ko⁵⁵tsau²⁴lau⁰, kiŋ⁵⁵tɕiau²¹pu⁵⁵ ta²⁴laŋ³¹kʰiu³¹lau⁰.

以早我坐过船，但从来［没有］骑过马以前我坐过船，可从来没骑过马。i²¹tsau²⁴ŋo²⁴tso⁵⁵ko³⁵ tɕʰyeŋ³¹, taŋ⁵⁵tsʰoŋ³¹lai³¹miu²⁴kʰi²¹ko⁵⁵ma²⁴.

——你去过北京吗？ li²¹kʰɤ⁵⁵ko³⁵pɤ⁵⁵kiŋ²¹ma⁰?

——我［没有］去过。ŋo²⁴miu²⁴kʰɤ⁵⁵ko³⁵.

这个房间［没有］人家住过这间房没住过人。tɕi³⁵ko⁰xaŋ³¹kieŋ²¹miu²⁴iŋ³¹kia²¹tɕy⁵⁵ko³⁵.

6.起始体

“起始体”的语法意义是动作行为或状态变化开始并正在进行的过程中。南平官话用动词后的趋向补语“起来”[kʰi³¹lai³¹]或“［起来］”[kʰai³¹]来表达，虚化程度不如普通话的“起来”深。普通话的“起来”可以分为“起”和“来”分别插在动词和宾语后面，例如，可以说“喝起酒来”“唱起歌来”，而南平官话不能这么说，只能说“开始吃酒”“开始唱歌”。例如：

你看他急得死啊，急得脸都红［起来］了你看他急得，急得脸都红起来了。li²⁴kʰaŋ⁵⁵tʰa²¹kiʔ³tɤ⁰sɿ²⁴ a⁰, kiʔ³tɤ⁰lieŋ²⁴tu⁵⁵xoŋ³¹kʰai³¹lau⁰.

讲着讲着就笑起来了说着说着就笑起来了。kiaŋ²⁴tsɿ⁰kiaŋ²⁴tsɿ⁰tɕiu⁵⁵siau³⁵kʰi³¹lai³¹lau⁰.

他们打起来了。tʰa²¹meiŋ³¹ta²⁴kʰi³¹lai³¹lau⁰.

手背青起来了。siu²¹pui³⁵tɕʰiŋ⁵⁵kʰi³¹lai³¹lau⁰.

7.继续体

南平官话趋向动词“下去”[xa^{55}kʰɤ^{35}]附在动词、性质形容词后面表示继续。与“起来”一样，都是从一般行为动词发展成趋向动词的，在补语位置上从表空间上的趋向引申为表时间上的趋向。例如：

只写了一半，还要写下去。tsɿ^{21}se^{24}lɤ^{0}i^{33}puaŋ^{35}, xai^{21}iau^{35}se^{24}xa^{55}kʰɤ^{35}.

让他讲下去，嫑急让他说下去，不要着急。laŋ^{55}tʰa^{21}kiaŋ^{24}xa^{55}kʰɤ^{35}, piau^{55}kiʔ^{3}.

才五月就这慢⁼热，再热下去会热死人才五月就这么热，再热下去会热死人。tsʰai^{31}u^{33}yeʔ^{3}tɕiu^{35}tɕia^{55}maŋ^{35}ieʔ^{3}, tsai^{35}ie^{33}xa^{55}kʰɤ^{35}xui^{55}ie^{55}sɿ^{31}iŋ^{31}.

（二）貌

1.短时貌

南平官话主要用动词重叠（“VV”或“V一V”）等来表示动作时量短、动量小、频率低等“短时微量”意义。其中最常见的是“VV”式，这类动词重叠式通常是成双对举，成对使用的可以是同一个动词，也可以是不同的动词。例如：

东看看，西看看。toŋ^{21}kʰaŋ^{55}kʰaŋ^{35}, si^{21}kʰaŋ^{55}kʰaŋ^{35}.

这里翻翻，那里动动。tɕi^{35}li^{0}xuaŋ^{55}xuaŋ^{21}, la^{35}li^{0}toŋ^{55}toŋ^{35}.

唱唱歌，跳跳舞，跑跑步。tɕʰiaŋ^{55}tɕʰiaŋ^{55}ko^{21}, tʰiau^{55}tʰiau^{55}u^{24}, pʰau^{21}pʰau^{21}pu^{35}.

从表达功能来说，“VV”比“V”更具有情态的摹状性，表达一种随意、轻松、闲适的语义。一般来说，“VV”式中的“V”只要是及物动词，整个“VV”式都可以带宾语。如：

你尝尝他做的点心再去吧。li^{24}siaŋ^{31}siaŋ^{31}tʰa^{21}tso^{35}ti^{0}tieŋ^{31}siŋ^{21}tsai^{55}kʰɤ^{35}pa^{0}.

除了“VV”式，南平官话中还可以用“V一V”式、“ABAB”式等表达短时貌，但相较于“VV”式，“V一V”式、“ABAB”式等使用频率不高。具体用例如下：

看一看 kʰaŋ^{55}i^{33}kʰaŋ^{35}　　尝一尝 siaŋ^{21}i^{55}siaŋ^{31}　　走一走 tsøy^{21}i^{55}tsøy^{24}

量一量 liaŋ^{21}i^{55}liaŋ^{31}　　拣一拣 kieŋ^{21}i^{55}kieŋ^{24}　　想一想 siaŋ^{21}i^{55}siaŋ^{24}

商量商量 siaŋ^{55}liaŋ^{31}siaŋ^{55}liaŋ^{31}　　整理整理 tseiŋ^{21}li^{24}tseiŋ^{21}li^{24}

2.尝试貌

南平官话可以用“VV下”来表达尝试貌，这类格式是在重叠式“VV”的基础上加上一个“下”构成的。从意义上来看，“VV下”与“VV”同样具有“短时微量”的意义，但“VV下”比一般的“VV”多了“尝试”的意义。所有的“VV”式都可以构成“VV下”。例如：

你量量下这慢⁼高够不够你量量看这么高够不够。li^{24}liaŋ^{31}liaŋ^{31}xa^{35}tɕia^{55}maŋ^{35}kau^{21}køy^{55}pu^{33}køy^{35}.

我拣拣下看来得及来不及我收拾收拾看来不来得及。ŋo^{24}kieŋ^{24}kieŋ^{24}xa^{35}kʰaŋ^{35}lai^{21}tɤ^{0}kiʔ^{3}lai^{21}pu^{55}kiʔ^{3}.

让他看看下再讲让他看看再说。 laŋ^{55}t^{h}a^{21}k^{h}aŋ^{55}k^{h}aŋ^{55}xa^{35}tsai^{55}kiaŋ^{24}.

七 语气词

南平官话的语气词系统与普通话基本相同。主要的语气词及用法如下：

（一）“啊” [a^{0}]

“啊”附在句末，可以用在疑问句末，也可以出现在非疑问句末。例如：

哪个啊谁呀？ la^{21}ko^{35}a^{0}?

真的啊真的吗？ tseiŋ^{21}ti^{0}a^{0}?

你什么时候去啊？ li^{24}sɿ^{21}mo^{33}si^{21}xɵy^{35}k^{h}ɤ^{35}a^{0}?

你打不打算去啊？ li^{24}ta^{21}pu^{55}ta^{21}suaŋ^{35}k^{h}ɤ^{35}a^{0}?

反正我是要去的啊。xuaŋ^{21}tseiŋ^{35}ŋo^{21}si^{35}iau^{55}k^{h}ɤ^{35}ti^{0}a^{0}.

除此之外，“啊”还可以用作话题标记。例如：

她啊，怪厉害［的啊］。t^{h}a^{21}a^{0}, kuai^{55}li^{33}xai^{35}tia^{0}.

这个啊，我不喜欢。tɕi^{35}ko^{0}a^{0}, ŋo^{21}pu^{55}xi^{31}xuaŋ^{21}.

“啊”还可以作为选择问句的标志，加在两个选项之间。例如：

你吃饭啊还是吃馒头？ li^{24}tɕ^{h}i^{33}xuaŋ^{35}a^{0}xai^{21}si^{35}tɕ^{h}iʔ^{3}muaŋ^{31}t^{h}ɵy^{31}?

你啊还是他要去北京你还是他要去北京？ li^{24}a^{0}xai^{21}si^{35}t^{h}a^{21}iau^{55}k^{h}ɤ^{35}pɤ^{55}kiŋ^{21}?

“啊”还可以作为并列结构的标记，附在每一个罗列项后面，例如：

我会讲福州话啊、夏道话啊，不过讲得不什么好我会讲福州话啊、夏道话啊，不过讲得不怎么好。ŋo^{24}xui^{55}kiaŋ^{24}xu^{55}tɕiu^{21}xua^{35}a^{0}, xa^{55}tau^{35}xua^{35}a^{0}, pu^{33}ko^{55}kiaŋ^{24}tɤ^{0}puʔ^{3}sɿ^{21}mo^{55}xau^{24}.

去街路买个蒜啊葱啊，也方便啊。k^{h}ɤ^{55}kai^{33}lu^{35}mai^{24}kɤ^{0}suaŋ^{35}a^{0}ts^{h}oŋ^{21}a^{0}, ie^{24}xuaŋ^{33}pieŋ^{35}a^{0}.

除了单用“啊”，有时还可以在句末用“啦” [la^{0}]。“啦”是“了＋啊”的合音。例如：

他今年几多岁啦他今年几岁/多少岁了？ t^{h}a^{21}kiŋ^{55}lieŋ^{31}ki^{31}to^{33}sui^{35}la^{0}?

太迟了就不好了，我们赶快走啦！ t^{h}ai^{55}tɕ^{h}i^{31}lau^{0}tɕiu^{33}pu^{55}xau^{24}lau^{0}, ŋo^{24}meiŋ^{31}kaŋ^{21}k^{h}uai^{35}tsɵy^{24}la^{0}!

才之的日子比以早好过得多啦现在的日子比过去强多了啊。ts^{h}ai^{31}tsɿ^{21}ti^{0}iʔ^{3}tsɿ^{0}pi^{24}i^{21}tsau^{24}xau^{21}ko^{35}tɤ^{0}to^{21}la^{0}.

（二）“哦” [o^{0}]

“哦”的功能与句末的“啊”相同，起强调语气的作用。与“啊”相较，似乎较少用于疑问句末。例如：

真的哦，他是在我家吃饭的。tseiŋ^{21}ti^{0}o^{0}, t^{h}a^{21}si^{55}tsai^{55}ŋo^{31}kia^{21}tɕ^{h}i^{33}xuaŋ^{35}ti^{0}.

那我一定要去哦！ la^{55}ŋo^{24}i^{33}tiŋ^{35}iau^{55}k^{h}ɤ^{35}o^{0}!

真香哦，是不是啊好香呀，是不是？ tseiŋ^{55}xiaŋ^{21}o^{0}, si^{55}pu^{33}si^{35}a^{0}?

我拿得起哦，他拿不起哦我拿得动，他拿不动。ŋo^{24}la^{31}tɤ^{0}k^{h}i^{24}o^{0}, t^{h}a^{21}la^{31}pu^{55}k^{h}i^{24}o^{0}.

她照顾病人很细心哦。t^{h}a^{21}tɕiau^{55}ku^{35}piŋ^{55}iŋ^{31}xeiŋ^{24}si^{55}siŋ^{21}o^{0}.

从以上例句可见，“哦”有用于感叹句末的，也有不用于感叹句末的。

（三）“吗”[ma^{55}]

南平官话的“吗”表示疑问语气，一般用在是非疑问句的句末，总是高平调。例如：

你平时吃烟吗你平时抽烟吗？ li^{24}p^{h}iŋ^{31}si^{31}tɕ^{h}i^{55}ieŋ^{21}ma^{55}?

你去过北京吗？ li^{24}k^{h}ɤ^{55}ko^{35}pɤ^{55}kiŋ^{21}ma^{55}?

你这个事节$^{=}$同他讲了吗你这件事跟他说过吗？ li^{24}tɕi^{35}ko^{0}sɿ^{55}tseʔ^{3}t^{h}oŋ^{31}t^{h}a^{21}kiaŋ^{24}lɤ^{0}ma^{55}?

与普通话相比，南平官话的“吗”问句较少，调查表中多数是非疑问句发音人都转用“啊”来表达，或以反复疑问句方式发问。

（四）“呢”[le^{0}]

南平官话的“呢”可以用于疑问句末，也可用于陈述句末，这里以“呢$_{1}$”和“呢$_{2}$”来区别。“呢$_{1}$”主要用在包含不定代词的特殊疑问句末或减省式特指问句句末，表达疑问语气，偶尔也用于反问句的句末，表达反问语气。例如：

我姓王，你呢$_{1}$？ ŋo^{24}siŋ^{55}uaŋ^{31}, li^{24}le^{0}?

你还会讲点什么呢$_{1}$？ li^{24}xai^{21}xui^{35}kiaŋ^{24}tieŋ^{31}sɿ^{33}mo^{21}le^{0}?

你怎么不把人当人呢$_{1}$？ li^{21}tseiŋ^{31}mo^{21}pu^{55}pa^{24}iŋ^{31}taŋ^{55}iŋ^{31}le^{0}?

敢！那有什么不敢呢$_{1}$？ kaŋ^{24}! la^{35}iu^{24}sɿ^{33}mo^{21}pu^{55}kaŋ^{24}le^{0}?

而用于陈述句末的“呢$_{2}$”则表达一般的强调语气，例如：

这一爿还早呢$_{2}$，再过一下仔去这会儿还早呢，过一会儿再去吧。tɕi^{35}i^{55}p^{h}aŋ^{31}xai^{21}tsau^{24}le^{0}, tsai^{35}ko^{55}i^{33}xa^{55}tsai^{24}k^{h}ɤ^{35}.

那一爿你还没有出生呢$_{2}$那时候你还没出生呢。la^{35}i^{55}p^{h}aŋ^{31}li^{24}xai^{31}mo^{31}iu^{24}tɕ^{h}y^{55}seiŋ^{21}le^{0}.

（五）“吧”[pa^{0}]

“吧”表示带有商量口吻的祈使语气，例如：

你尝尝他做的点心再去吧。li^{24}siaŋ^{31}siaŋ^{31}t^{h}a^{21}tso^{35}ti^{0}tieŋ^{55}siŋ^{21}tsai^{55}k^{h}ɤ^{35}pa^{0}.

好好做吧。xau^{21}xau^{24}tso^{35}pa^{0}.

你才吃了一碗饭，再吃一碗吧。li^{24}ts^{h}ai^{31}tɕ^{h}iʔ^{3}lɤ^{0}i^{55}uaŋ^{21}xuaŋ^{35}, tsai^{35}tɕ^{h}iʔ^{3}i^{55}uaŋ^{24}pa^{0}.

你先去吧，我们一下仔再去。li^{24}sieŋ^{33}k^{h}ɤ^{35}pa^{0}, ŋo^{24}meiŋ^{31}i^{33}xa^{55}tsai^{24}tsai^{55}k^{h}ɤ^{35}.

这毛巾很龌龊了，翁$^{=}$了它吧这毛巾很脏了，扔了它吧。tɕi^{35}mau^{31}kiŋ^{21}xeiŋ^{24}o^{55}ts^{h}oʔ^{3}lau^{0}, oŋ^{21}lɤ^{0} t^{h}a^{21}pa^{0}.

“吧”表示猜度语气，用在疑问句末，表达猜度问；用在陈述句、判断句末，表示说话人对自己的陈述或判断不很确定。例如：

他［没有］来，还［没有］到吧。tʰa^{21}miu^{24}lai^{31}, xai^{21}miu^{24}tau^{35}pa^{0}.

你还会讲别的地方的话吧？ li^{24}xai^{21}xui^{55}kiaŋ^{24}peʔ^{3}ti^{0}ti^{55}xuaŋ^{21}ti^{0}xua^{35}pa^{0}?

（六）“嘛” [ma^{0}]

“嘛”的功能与“吧”相同，可以看作同一个语气词的不同语音形式。例如：

大概有五十多斤嘛怕有五十多斤吧。ta^{55}kai^{35}iu^{24}u^{33}siʔ^{3}to^{55}kiŋ^{21}ma^{0}.

先吃一杯茶再讲嘛！ sieŋ^{21}tɕʰiʔ^{3}i^{33}pui^{55}tsʰa^{31}tsai^{55}kiaŋ^{24}ma^{0}!

第二节

句法

一　处置句和被动句

（一）处置句

南平官话中，处置句的标记共有“把”“帮”“同”三个。这三个标记的使用存在一定的内部差异：市区的一部分人主要用“帮”和“同”，郊区例如西芹官话主要用“把”。下面主要讨论“把”的用法。

1.“把”[pa^{24}]

“把”的用法与普通话基本相同。例如：

不要把茶杯打碎掉。pu^{33}iau^{35}pa^{31}ts^{h}a^{31}pui^{21}ta^{21}ts^{h}ui^{55}tiau^{35}.

你赶快把这碗饭吃掉。li^{24}kaŋ^{21}k^{h}uai^{35}pa^{21}tɕi^{55}uaŋ^{31}xuaŋ^{35}tɕ^{h}i^{33}tiau^{35}.

你把碗洗一下。li^{24}pa^{21}uaŋ^{24}si^{24}i^{33}xa^{35}.

赶快把他请来。kaŋ^{21}k^{h}uai^{35}pa^{21}t^{h}a^{33}tɕ^{h}iŋ^{24}lai^{31}.

把人家的头壳都打出血了。pa^{24}iŋ^{31}kia^{21}ti^{0}t^{h}ɵy^{31}k^{h}oʔ^{3}tu^{33}ta^{33}tɕ^{h}y^{55}xeʔ^{3}lau^{0}.

他把橘子皮剥了，但是没有吃。t^{h}a^{21}pa^{21}kiʔ^{3}tsʅ^{0}p^{h}i^{31}poʔ^{3}lau^{0}, taŋ^{55}si^{35}mo^{21}iu^{24}tɕ^{h}iʔ^{3}.

一般处置句中“把”的介引成分跟动词在语义上存在直接的联系，但也有没有直接联系的。例如：

他们把教室都装上了空调。t^{h}a^{21}meiŋ^{31}pa^{21}kiau^{55}sʅʔ^{3}tu^{21}tsuaŋ^{33}siaŋ^{55}lɤ^{0}k^{h}oŋ^{55}t^{h}iau^{31}.

当处置句中的谓核动词是三价动词时，谓核动词的后面还可以用“等”来介引间接宾语。例如：

把那个东西拿等我把那个东西拿给我。pa^{24}la^{35}ko^{0}toŋ^{55}si^{21}la^{21}teiŋ^{21}ŋo^{24}.

快点把书还等他快点把书还给他。kʰuai^{55}tieŋ^{24}pa^{24}sy^{21}xuaŋ^{21}teiŋ^{31}tʰa^{21}.

普通话中“把/管……叫……”的构式在南平官话中一般表达为“喊……作……”，部分也可以表达为“……喊作……”。后一种结构中，“喊作”的前面部分相当于普通话中“把/管”所介引的处置对象，“喊作”的后面成分从语义上看类似于处置的结果。例如：

有的地方喊太阳作日头。/有的地方太阳喊作日头。iu^{24}ti^{0}ti^{55}xuaŋ^{21}xaŋ^{24}tʰai^{55}iaŋ^{31}tsoʔ^{3}i^{55}tʰøy^{31}. /iu^{24}ti^{0}ti^{55}xuaŋ^{21}tʰai^{55}iaŋ^{31}xaŋ^{33}tsoʔ^{3}i^{55}tʰøy^{31}.

她喊你作阿爸。tʰa^{21}xaŋ^{21}li^{24}tso^{55}a^{21}pa^{35}.

南平官话中的“把”除了做处置介词外，偶尔还用作受益介词，相当于普通话的“帮”。例如：

所以呢，就想把他成一个家所以想帮他成一个家。so^{21}i^{24}le^{0}, tɕiu^{55}siaŋ^{24}pa^{31}tʰa^{21}tsʰeiŋ^{31}i^{33}ko^{35}kia^{21}.

这种用法的“把”可能是“帮”字的弱读形式，因为只要追问，发音人就会改用“帮”[paŋ^{21}]。

2.“同”[tʰoŋ^{31}]

本章第一节曾描写南平官话“同”的多种用法。除了“和”类介词和连词功能，在城区官话中部分发音人的“同”还有处置介词的功能（鉴于城关和西芹的语音系统有差别，为避免引起混乱，以下城关的例句均不注音，下同）。例如：

同那个东西拿等我把那个东西递给我。

不要同杯子打破掉不要把杯子打破了。

不过，“同”表示处置的用法在南平官话中很少见，可能只是少数发音人循着“同”概念间的关联发展出的个体用法。

3.“帮”[paŋ^{21}]

与“同”一样，“帮”表示处置仅见于城区官话，上文用“同”表示处置的都可以换成“帮”。不过，比起“同”，“帮”的处置用法在城区官话中接受度稍高一些。例如：

你帮我的笔弄坏掉，你要赔我你把我的笔弄坏了，你要赔我。

你帮地下擦干净你把地上擦干净。

（二）被动句

南平官话被动句的标记有“等”[teiŋ^{24}]和“被”[pui^{35}]，其中，“等”比“被”更常用、更口语化。“等”作为被动标记应该是“给予”义动词用法的虚化，并且应该是南平官话固有的被动标记。而“被”大概来自普通话，在使用“被”时发音人经常不自觉带进普通话的音[pei^{51}]。与普通话相同的是，无论是“等”还是“被”都可以用于遭受不幸、蒙受损失等消极事件，也可用于积极事件。例如：

等他□着一个扫=午被他缠了一中午。teiŋ^{24}tʰa^{21}tɕʰieŋ^{35}tsɿ^{0}i^{33}ko^{35}sau^{21}u^{24}.

都等人家打懵掉了都让人家打懵了。tu^{21}teiŋ^{24}iŋ^{31}kia^{21}ta^{24}moŋ^{21}tiau^{35}lau^{0}.

等雨浇了全身都□湿掉了给雨淋了个浑身湿透。teiŋ^{24}y^{24}kiau^{21}lɤ^{0}tɕ^{h}yeŋ^{31}seiŋ^{33}tu^{21}tsa^{21}siʔ^{3} tiau^{35}lau^{0}.

帽子等风吹去了帽子被风吹走了。mau^{35}tsɿ^{0}teiŋ^{31}xoŋ^{21}ts^{h}ui^{21}k^{h}ɤ^{35}lau^{0}.

他等他阿娘骂哭了他被他妈妈骂哭了。t^{h}a^{21}teiŋ^{31}t^{h}a^{21}a^{21}liaŋ^{31}ma^{55}k^{h}uʔ^{3}lau^{0}.

我等村主任批评了，他等村主任表扬了我被村主任批评了，他被村主任表扬了。ŋo^{24}teiŋ^{31}ts^{h}ueiŋ^{55} tɕy^{21}iŋ^{35}p^{h}i^{55}p^{h}iŋ^{31}lau^{0}, t^{h}a^{21}teiŋ^{31}ts^{h}ueiŋ^{55}tɕy^{21}iŋ^{35}piau^{31}iaŋ^{31}lau^{0}.

但是与普通话的“被”不同的是，南平官话中的“等”只做介词，不能直接加在谓核动词前。当被动介词悬空，即施事不出现或无法出现时，不能用“等”而必须用“被”作为标记。例如：

张明等坏人抢去了一个包，人也差点被打伤哦张明被坏人抢走了一个包，人也差点被打伤。tɕiaŋ^{55} miŋ^{31}teiŋ^{24}xuai^{55}iŋ^{31}tɕ^{h}iaŋ^{21}k^{h}ɤ^{35}lɤ^{0}i^{33}ko^{55}pau^{21}, iŋ^{31}ie^{21}ts^{h}a^{55}tieŋ^{24}pui^{31}ta^{55}siaŋ^{21}o^{0}.

这个被抢去这个衣裳的仙女啊，就是织女这个被抢去衣服的仙女，就是织女。tɕi^{35}ko^{0}pui^{55}tɕ^{h}iaŋ^{24} k^{h}ɤ^{35}tɕi^{35}ko^{0}i^{55}siaŋ^{31}ti^{0}sieŋ^{55}ly^{24}a^{0}, tɕiu^{55}si^{55}tsɿ^{55}ly^{24}.

窗门都被打碎掉了窗户都被震碎了。ts^{h}uaŋ^{55}meiŋ^{31}tu^{33}pui^{55}ta^{24}ts^{h}ui^{55}tiau^{35}lau^{0}.

我们已经被录取了。ŋo^{24}meiŋ^{31}i^{55}kiŋ^{33}pui^{55}lu^{55}tɕ^{h}y^{24}lau^{0}.

二　双宾句

双宾句的动词一般是表“给出”“取进”“询问”“称说”等意义的三价动词。南平官话中最典型的双宾句是由“给予”义动词“拿”[la^{31}]构成的。例如：

老师拿你一本厚厚的书老师给你一本厚厚的书吧？ lau^{31}sɿ^{21}la^{21}li^{24}i^{55}peiŋ^{24}xøy^{35}xøy^{35}ti^{0}sy^{21}?

拿你三天时间，做得掉做不掉给你三天时间，做得了做不了？ la^{21}li^{24}saŋ^{55}t^{h}ieŋ^{21}si^{31}kieŋ^{21}, tso^{35}tɤ^{0} t^{h}iau^{35}tso^{55}pu^{33}t^{h}iau^{35}?

拿他三本书给他三本书。la^{31}t^{h}a^{21}saŋ^{55}peiŋ^{24}sy^{21}.

我拿你的书是我教中学的阿舅写的我给你的书是我教中学的舅舅写的。ŋo^{24}la^{21}li^{24}ti^{0}sy^{21}si^{35}ŋo^{24} kiau^{35}tsoŋ^{55}xyoʔ^{3}ti^{0}a^{21}kiu^{35}se^{24}ti^{0}.

南平官话中，“给予”义动词除了“拿”，还有“等”[teiŋ^{24}]。不过“等”通常作为弱动词附在其他动词后组成复合的给予动词做谓核，例如“还等还给”“送等送给”“拿等拿给”“借等借给”，也可以与“交付”类动词一起构成“V＋O直宾＋等＋O间宾”格式。例如：

送本书等他送本书给他。soŋ^{35}peiŋ^{24}sy^{21}teiŋ^{31}t^{h}a^{21}.

它就托梦等牛郎它就托梦给牛郎。t^{h}a^{21}tɕiu^{55}t^{h}o^{33}moŋ^{35}teiŋ^{24}liu^{31}laŋ^{31}.

除了典型“给予”义动词“拿”，原则上，包含“予”或“取”义素的动词都可以作为双宾句的动核。例如：

那个卖药的骗了他一千块钱去。la^{35}ko^{0}mai^{55}yoʔ^{3}ti^{0}pʰieŋ^{35}lɤ^{0}tʰa^{21}i^{55}tɕʰieŋ^{21}kʰuai^{55}tɕʰieŋ^{31}kʰɤ^{35}.

他抢了我一千块钱呢。tʰa^{21}tɕʰiaŋ^{24}lɤ^{0}ŋo^{24}i^{55}tɕʰieŋ^{21}kʰuai^{55}tɕʰieŋ^{31}le^{0}.

小张奖励了自己一架新车。siau^{31}tɕiaŋ^{21}tɕiaŋ^{33}liʔ^{3}lɤ^{0}tsɿ^{55}ki^{24}i^{33}kia^{35}siŋ^{55}tsʰe^{21}.

汽车刚开过去，□了我一身泥汽车刚开过去，溅了我一身泥。kʰi^{55}tsʰe^{21}kaŋ^{55}kʰai^{21}ko^{55}kʰɤ^{35}, tɕiaʔ^{3}lɤ^{0}ŋo^{24}i^{55}seiŋ^{21}li^{31}.

当动核是兼有“予”或“取”义素的动词时，句子会有歧义。如“拿”既可以表示“给出”，又可以表示“取进”，但一般优先理解为“给出”。例如：

拿我一本书给我一本书/拿去我一本书。la^{31}ŋo^{24}i^{55}peiŋ^{24}sy^{21}.

老张拿了老李一千块钱老张给了老李一千块钱/老张从老李那里拿了一千块钱。lau^{31}tɕiaŋ^{21}la^{31}lɤ^{0}lau^{21}li^{24}i^{55} tɕʰieŋ^{21}kʰuai^{35}tɕʰieŋ^{31}.

我上个月借了他三百块钱我上个月从他那借了三百元/我上个月借给他三百元。ŋo^{24}siaŋ^{35}ko^{55}yeʔ^{3}tse^{35}lɤ^{0} tʰa^{21}saŋ^{55}pɤʔ^{3}kʰuai^{35}tɕʰieŋ^{31}.

以上三个双宾句都是有歧义的，要消除歧义的话，可以添加介词“同”或弱动词“等”，同时调整直接宾语和间接宾语的位置。例如：

拿一本书等我给我一本书。la^{31}i^{55}peiŋ^{24}sy^{21}teiŋ^{21}ŋo^{24}.

同我拿一本书向我拿一本书。tʰoŋ^{31}ŋo^{24}la^{31}i^{55}peiŋ^{24}sy^{21}.

老张拿了一千块钱等老李老张给了老李一千块钱。lau^{31}tɕiaŋ^{21}la^{31}lɤ^{0}i^{55}tɕʰieŋ^{21}kʰuai^{35}tɕʰieŋ^{31}teiŋ^{21} lau^{21}li^{24}.

老张同老李拿了一千块钱老张从老李那里拿了一千块钱。lau^{31}tɕiaŋ^{21}tʰoŋ^{31}lau^{21}li^{24}la^{31}lɤ^{0}i^{55}tɕʰieŋ^{21} kʰuai^{35}tɕʰieŋ^{31}.

我上个月借了三百块钱等他我上个月借给他三百元。ŋo^{24}siaŋ^{35}ko^{55}yeʔ^{3}tse^{35}lɤ^{0}saŋ^{55}pɤʔ^{3}kʰuai^{35} tɕʰieŋ^{31}teiŋ^{31}tʰa^{21}.

我上个月同他借了三百块钱我上个月从他那借了三百元。ŋo^{24}siaŋ^{35}ko^{55}yeʔ^{3}tʰoŋ^{31}tʰa^{21}tse^{35}lɤ^{0}saŋ^{55} pɤʔ^{3}kʰuai^{35}tɕʰieŋ^{31}.

双宾句中除了包含含有“予”或“取”义素的动词外，还可以包含表示“称说”义的动词。例如：

有的地方喊太阳作日头。iu^{24}ti^{0}ti^{55}xuaŋ^{21}xaŋ^{24}tʰai^{55}iaŋ^{31}tsoʔ^{3}i^{55}tʰɵy^{31}.

她喊你作阿爸。tʰa^{21}xaŋ^{21}li^{24}tso^{55}a^{21}pa^{35}.

三 比较句

比较句就是含比较关系的句子。比较范畴可以分为平比、差比、递比、极比等。南平官话的比较句包括比较主体、比较基准、比较标记、比较结果四个部分。

（一）差比句

南平官话差比句的基本句式是“A＋比＋B＋X”，A是比较主体，B是比较基准，“比”[pi^{24}]是比较标记，X是比较结果。比较结果一般以性质形容词为核心。例如：

瘦的比肥的好。sɵy^{35}ti^{0}pi^{24}xui^{31}ti^{0}xau^{24}.

你比我高。li^{24}pi^{21}ŋo^{24}kau^{21}.

这种颜色比那种颜色浅得多了。tɕi^{55}tsoŋ^{24}ieŋ^{31}sɤʔ^{3}pi^{24}la^{55}tsoŋ^{24}ieŋ^{31}sɤʔ^{3}tɕ^{h}ieŋ^{24}tɤ^{0}to^{21}lau^{0}.

这个比那个小一点点。tɕi^{35}ko^{0}pi^{21}la^{35}ko^{0}siau^{24}i^{55}tieŋ^{21}tieŋ^{24}.

才之的日子比以早好过得多啦现在的日子比过去强多了。ts^{h}ai^{31}tsɿ^{21}ti^{0}iʔ^{3}tsɿ^{0}pi^{24}i^{21}tsau^{24}xau^{21}ko^{35}tɤ^{0}to^{21}la^{0}.

除此之外，比较结果“X”还可以是相当于形容词的“能愿动词＋动词”。例如：

他比我更会吃，也更会做哦。t^{h}a^{21}pi^{21}ŋo^{24}keiŋ^{55}xui^{55}tɕ^{h}iʔ^{3}, ie^{24}keiŋ^{55}xui^{55}tso^{35}o^{0}.

南平官话的“A＋比＋B＋X”格式中，比较结果“X”前常常有“还、还要、更”等副词，主要是对比较主体和比较基准在性质和程度上的差异起强调作用。例如：

以后的日子比才之更好以后的日子比现在更好。i^{21}xɵy^{35}ti^{0}iʔ^{3}tsɿ^{0}pi^{24}ts^{h}ai^{31}tsɿ^{21}keiŋ^{55}xau^{24}.

他比你还要高。t^{h}a^{21}pi^{21}li^{24}xai^{21}iau^{35}kau^{21}.

你跑得比我更快。li^{21}p^{h}au^{24}tɤ^{0}pi^{21}ŋo^{24}keiŋ^{55}k^{h}uai^{35}.

以上三个例句中，最后一个句子一般被分析为动补谓语句，“得”是补语标记，“比我更快”做状态补语。但以比较句式为着眼点，这句话也可以分析为“跑”是比较结果“X”的核心“快”的限定成分。

南平官话中，与“A＋比＋B＋X”相对应的否定形式为“A＋没有/[没有]＋B＋X”。例如：

这个东西没有那个东西好用。tɕi^{35}ko^{0}toŋ^{55}si^{21}mu^{55}iu^{24}la^{35}ko^{0}toŋ^{55}si^{21}xau^{21}ioŋ^{35}.

她走路没有她老子快她走路没有她爸爸快。t^{h}a^{21}tsɵy^{21}lu^{35}mu^{55}iu^{24}t^{h}a^{21}lau^{24}tsɿ^{0}k^{h}uai^{35}.

那个[没有]这个好，差太多了。la^{35}ko^{0}miu^{21}tɕi^{35}ko^{0}xau^{24}, ts^{h}a^{21}t^{h}ai^{55}to^{21}lau^{0}.

今朝的天气[没有]昨日好今天的天气没有昨天的好。kiŋ^{55}tɕiau^{21}ti^{0}t^{h}ieŋ^{33}k^{h}i^{35}miu^{24}tso^{55}iʔ^{3}xau^{24}.

否定的差比句除了“A＋没有＋B＋X”外，还有“A＋不如＋B＋X”。例如：

这多房子不如那多房子好这些房子不如那些房子好。tɕi^{55}to^{21}xuaŋ^{31}tsɿ^{0}pu^{55}lu^{31}la^{55}to^{21}xuaŋ^{31}tsɿ^{0}xau^{24}.

走路不如坐车快。tsɵy^{21}lu^{35}pu^{55}lu^{31}tso^{55}ts^{h}e^{21}k^{h}uai^{35}.

对“A＋比＋B＋X”这样的判断进行直接否定，南平官话中还可以表达为“A＋⿱不云＋比＋B＋X”。例如：

他嫑比你高。tʰa^{21}pui^{55}pi^{21}li^{24}kau^{21}.

这个东西嫑比那个东西贵。tɕi^{35}ko^{0}toŋ^{55}si^{21}pui^{55}pi^{21}la^{35}ko^{0}toŋ^{55}si^{21}kui^{35}.

（二）平比句

平比句又叫等比句，比较甲、乙两个事物在性状或程度上是否相等。南平官话中，平比句所使用的比较词有“同”[tʰoŋ^{31}]、“导”[tau^{24}]/“导伙”[tau^{21}xo^{24}]。这几种比较词基本可以互相替换。格式为“A＋同/导/导伙＋B＋一样＋X”。例如：

她走路同她老子一样快她走路和她爸爸一样快。tʰa^{21}tsɵy^{21}lu^{35}tʰoŋ^{31}tʰa^{55}lau^{24}tsʅ^{0}i^{33}iaŋ^{55}kʰuai^{35}.

我的头发同你的一样长。ŋo^{24}ti^{0}tʰɵy^{31}xuaʔ^{3}tʰoŋ^{31}li^{24}ti^{0}i^{33}iaŋ^{55}tɕʰiaŋ^{31}.

老王导老张一样高。lau^{31}uaŋ^{31}tau^{21}lau^{31}tɕiaŋ^{21}i^{33}iaŋ^{55}kau^{21}.

这个导伙那个一样大。tɕi^{35}ko^{0}tau^{21}xo^{24}la^{35}ko^{0}i^{33}iaŋ^{55}ta^{35}.

在平比句中，作为比较结果的形容词一般来说多是表示积极意义的词语，如上面例句中的“快”“长”“高”“大”等。

南平官话中，平比句的否定形式是“A＋同/导/导伙＋B＋不一样＋X”，或者是“A＋同/导/导伙＋B＋不一样”。后一种形式中，未出现比较结果“X”，但有比较的维度。例如：

我同他不一样大我和他不同岁。ŋo^{24}tʰoŋ^{31}tʰa^{21}pu^{55}i^{33}iaŋ^{55}ta^{35}.

这个导那个不一样长这个和那个不一样长。tɕi^{35}ko^{0}tau^{21}la^{35}ko^{0}pu^{55}i^{33}iaŋ^{55}tɕʰiaŋ^{31}.

她的衣裳导我的衣裳颜色不一样她的衣服和我的衣服颜色不一样。tʰa^{21}ti^{0}i^{55}siaŋ^{31}tau^{21}ŋo^{24}ti^{0}i^{55}siaŋ^{31}ieŋ^{31}sɤʔ^{3}pu^{55}i^{33}iaŋ^{35}.

和等比句比较相似的是比拟句，通过性质形容词揭示两者在某个维度表现出来的相似性。这种格式跟等比句很像，常见的也是“A＋同/导/导伙＋B＋一样＋X”。这里的“X”就是“A”和“B”相似的维度，有时候“X”会置于被比拟的“A”后面，构成“A＋X＋得＋同/导/导伙＋B＋一样”。例如：

今朝就导过年一样闹热今天就跟过年一样热闹。kiŋ^{55}tɕiau^{21}tɕiu^{55}tau^{24}ko^{55}lieŋ^{31}i^{33}iaŋ^{55}lau^{55}ieʔ^{3}.

他快活得同阿仔哥一样他高兴得跟孩子似的。tʰa^{21}kʰuai^{55}xoʔ^{3}tɤ^{0}tʰoŋ^{31}a^{55}tsai^{31}ko^{21}i^{33}iaŋ^{35}.

（三）递比句

“递比”表示程度逐渐递增或递减，这种句子往往表示同一事物在不同时空下性状程度逐渐加深，可以看成差比句“A＋比＋B＋X”的派生形式，只不过A和B是结构相同的“一＋动量词/时量词”。例如：

他打得一下比一下重。tʰa^{21}ta^{24}tɤ^{0}i^{33}xa^{35}pi^{24}i^{33}xa^{35}tsoŋ^{35}.

这多年的生活一年比一年好这些年的生活一年比一年好。tɕi^{55}to^{33}lieŋ^{31}ti^{0}seiŋ^{55}xoʔ^{3}i^{55}lieŋ^{31}pi^{24}i^{55}lieŋ^{31}xau^{24}.

A和B也可以是同样的“一＋个体量词”结构，表达全称判断。如下面第一个例句“一个比一个快”，其实表达的就是“个个都很快”这样的全称判断。

一个比一个快。i^{33}ko^{35}pi^{24}i^{33}ko^{35}kʰuai^{35}.

他家里的人一个比一个勤谨他家里的人一个比一个勤劳。tʰa^{21}kia^{21}li^{24}ti^{0}iŋ^{31}i^{33}ko^{35}pi^{24}i^{33}ko^{35}kʰiŋ^{21}kiŋ^{24}.

（四）极比句

极比是一种特殊的差比，指的是在一定范围内，比较主体A在某种性状上超过或不及同类的其他事物。南平官话与普通话一样，极比句的比较基准可以是不定代词，形容词前通常加一个总括副词“都”，表达“最高级”的意义。例如：

他做起事节⁼来，比哪个都快他做起事情来比谁都快。tʰa^{21}tso^{55}kʰi^{24}sɿ^{55}tseʔ^{3}lai^{31}, pi^{21}la^{21}ko^{35}tu^{33}kʰuai^{35}.

他家比哪个都有钱。tʰa^{55}kia^{21}pi^{24}la^{21}ko^{35}tu^{55}iu^{31}tɕʰieŋ^{31}.

这种极比句也可以用否定形式来表达。例如：

你们班里哪个考的分都［没有］你高。li^{24}meiŋ^{31}paŋ^{21}li^{0}la^{21}ko^{35}kʰau^{24}ti^{0}xueiŋ^{21}tu^{55}miu^{21}li^{31}kau^{21}.

没有哪个比他更听话。mu^{55}iu^{24}la^{21}ko^{35}pi^{21}tʰa^{33}keiŋ^{55}tʰiŋ^{33}xua^{35}.

四　疑问句

疑问句是按句子的语气分出来的类。疑问句表达的手段有语调、疑问代词、语气副词、语气词等。根据提问的手段和语义情况，一般将疑问句分为是非问、选择问、反复问、特指问。

（一）是非问

南平官话的是非问句从句法结构上看像陈述句，没有表示疑问的结构或代词。是非问的句末语气词有“啊”“吗”“吧”以及由“了”和“啊”合音而成的“啦”。与普通话相比，南平官话的“吗”问句较少，调查表中是非疑问句的提问手段发音人第一选择多是用语气词“啊”。“吧”表示猜度语气，用在是非疑问句末，表达猜度问。南平官话中的是非问句也可以不用任何疑问语气词，而仅通过句末上扬的语调来表示疑问。例如：

真的啊真的吗？ tseiŋ^{21}ti^{0}a^{0}?

你真的不爱吃啊你真的不喜欢吃吗？ li^{24}tseiŋ^{21}ti^{0}pu^{33}ai^{35}tɕʰiʔ^{3}a^{0}?

你平时吃烟吗你平时抽烟吗？ li^{24}pʰiŋ^{31}si^{31}tɕʰi^{55}ieŋ^{21}ma^{55}?

你这个事节⁼同他讲了吗你这件事跟他说过吗？ li^{24}tɕi^{35}ko^{0}sɿ^{55}tseʔ^{3}tʰoŋ^{31}tʰa^{21}kiaŋ^{24}lɤ^{0}ma^{55}?

他［没有］来，还［没有］到吧？ tʰa^{21}miu^{24}lai^{31}, xai^{21}miu^{24}tau^{35}pa^{0}?

你还会讲别的地方的话吧？ li^{24}xai^{21}xui^{55}kiaŋ^{24}peʔ^{3}ti^{0}ti^{55}xuaŋ^{21}ti^{0}xua^{35}pa^{0}？

你去过啦？ li^{24}k^{h}ɤ^{55}ko^{35}la^{0}？

他病真的好啦？ t^{h}a^{21}piŋ^{35}tseiŋ^{21}ti^{0}xau^{24}la^{0}？

老师拿你一本厚厚的书老师给你一本厚厚的书？ lau^{31}sɿ^{21}la^{21}li^{24}i^{55}peiŋ^{24}xɵy^{55}xɵy^{35}ti^{0}sy^{21}？

礼拜天也要去学堂星期天也要去学校？ li^{21}pai^{55}t^{h}ieŋ^{21}ie^{21}iau^{55}k^{h}ɤ^{35}xyo^{55}t^{h}aŋ^{31}？

（二）选择问

选择问句一般有两个结构相同的选项供对方选择。南平官话的选择问句中，前一个选项末了一般加语气词“啊”，后一个选项一般前加“还是”或者“是”。例如：

你吃饭啊还是吃馒头你吃饭还是吃馒头？ li^{24}tɕ^{h}i^{33}xuaŋ^{35}a^{0}xai^{21}si^{35}tɕ^{h}iʔ^{3}muaŋ^{31}t^{h}ɵy^{31}？

他是今朝去啊还是明朝去他是今天去还是明天去？ t^{h}a^{21}si^{35}kiŋ^{55}tɕiau^{21}k^{h}ɤ^{35}a^{0}xai^{21}si^{35}miŋ^{31}tɕiau^{21}k^{h}ɤ^{35}？

你是吃烟啊是吃茶？ li^{24}si^{35}tɕ^{h}i^{55}ieŋ^{21}a^{0}si^{35}tɕ^{h}i^{55}ts^{h}a^{31}？

以上几个选择问句中选项均处谓语位置。谓语位置是选择问句的选项较常出现的位置。除此之外，也有主语位置上出现选择项的。例如：

你啊还是他要去北京你还是他要去北京？ li^{24}a^{0}xai^{21}si^{35}t^{h}a^{21}iau^{55}k^{h}ɤ^{35}pɤ^{55}kiŋ^{21}？

肥的好啊还是瘦的好胖的好还是瘦的好？ xui^{31}ti^{0}xau^{24}a^{0}xai^{21}si^{35}sɵy^{35}ti^{0}xau^{24}？

坐着吃好啊，还是立着吃好坐着吃好，还是站着吃好？ tso^{35}tsɿ^{0}tɕ^{h}iʔ^{3}xau^{24}a^{0}, xai^{21}si^{35}liʔ^{3}tsɿ^{0}tɕ^{h}iʔ^{3}xau^{24}？

选择问常与反复问混合在一起用。详见下文分析。

（三）反复问

反复问由肯定形式与否定形式并列表达疑问点，由对话者选择其中一个作为答话。反复问又叫正反问。反复问的语气词通常用“啊”。南平官话反复问的格式大致可以分为以下几种：

1.“VP不VP”或者“A不A”式

你到底答应不答应他？ li^{24}tau^{55}ti^{24}ta^{33}iŋ^{35}pu^{55}ta^{33}iŋ^{35}t^{h}a^{21}？

这点钱够不够用？ tɕi^{55}tieŋ^{24}tɕ^{h}ieŋ^{31}kɵy^{55}pu^{33}kɵy^{55}ioŋ^{35}？

你打不打算去啊/你打算不打算去？ li^{24}ta^{21}pu^{55}ta^{21}suaŋ^{35}k^{h}ɤ^{35}a^{0}/li^{24}ta^{21}suaŋ^{35}pu^{55}ta^{21}suaŋ^{35}k^{h}ɤ^{35}？

你闻闻下这朵花香不香你闻闻这朵花香不香？ li^{24}ueiŋ^{31}ueiŋ^{31}xa^{35}tɕi^{55}to^{31}xua^{21}xiaŋ^{21}pu^{55}xiaŋ^{21}？

他讲得快不快？ t^{h}a^{21}kiaŋ^{24}tɤ^{0}k^{h}uai^{35}pu^{33}k^{h}uai^{35}？

以上并列的疑问点多由一个词构成，除此之外，还可以由一个短语构成，其中较为常见的是由一个动补结构构成的疑问点，结构是“（V+得+补语）+啊+（V+不+补语）”。

并列项之间偶尔用连词“还是”连接，不过以不用连词为常。例如：

你们来得了啊还是来不了？ li^{24}meiŋ^{31}lai^{31}tɤ^{0}liau^{24}a^{0}xai^{21}si^{35}lai^{31}pu^{55}liau^{24}?

这个东西很重，拿得起啊拿不起？ tɕi^{35}ko^{0}toŋ^{55}si^{21}xeiŋ^{21}tsoŋ^{35}, la^{21}tɤ^{0}k^{h}i^{24}a^{0}la^{21}pu^{55}k^{h}i^{24}?

拿你三天时间，做得掉做不掉给你三天时间，做得完做不完？ la^{31}li^{24}saŋ^{55}t^{h}ieŋ^{21}si^{31}kieŋ^{21}, tso^{55}tɤ^{0} t^{h}iau^{35}tso^{55}pu^{33}t^{h}iau^{35}?

这多字你认得着认不着/这多字你认不认得着这些字你认得不认得？ tɕi^{55}to^{21}tsɿ^{35}li^{24}iŋ^{35}tɤ^{0}tɕyoʔ^{3} iŋ^{55}pu^{55}tɕyoʔ^{3}/tɕi^{55}to^{33}tsɿ^{35}li^{24}iŋ^{55}pu^{33}iŋ^{55}tɤ^{0}tɕyoʔ^{3}?

除此之外，反复问句中的疑问点还可以由能愿动词构成。例如：

你可以不可以来你能不能来？ li^{24}k^{h}o^{21}i^{24}pu^{55}k^{h}o^{21}i^{24}lai^{31}?

我该不该来？ ŋo^{24}kai^{33}pu^{55}kai^{21}lai^{31}?

他一个人敢不敢去啊他一个人敢去吗？ t^{h}a^{21}i^{33}ko^{55}iŋ^{31}kaŋ^{33}pu^{55}kaŋ^{21}k^{h}ɤ^{35}a^{0}?

他到底愿不愿意讲/他到底愿意不愿意讲他到底愿不愿意说？ t^{h}a^{21}tau^{55}ti^{24}yeŋ^{55}pu^{33}yeŋ^{55}i^{35} kiaŋ^{24}/t^{h}a^{21}tau^{55}ti^{24}yeŋ^{55}i^{35}pu^{33}yeŋ^{55}i^{35}kiaŋ^{24}?

2.“VP-neg”式

“VP-neg”式是由“VP不VP”式反复问句删略后一个“VP”而来的变式，也要求听话人从正反两个对立项中选择。这种格式与“VP不VP”式一样是不带倾向的中性询问。南平官话中，“VP-neg”式反复问句分为“VP不”和“VP没有”两种。“VP不”比“VP没有”更常用，适用面也更广。“VP没有”一般用于已然语境，询问的是已然的动作、变化或动作的结果。这类反复问句一般不用疑问语气词。例如：

你吃红橘不你吃橘子不吃？ li^{24}tɕ^{h}i^{55}xoŋ^{31}kiʔ^{3}puʔ^{3}?

会讲普通话不会不会说普通话？ xui^{55}kiaŋ^{24}p^{h}u^{31}t^{h}oŋ^{33}xua^{35}puʔ^{3}?

这两种颜色一样不？ tɕi^{35}liaŋ^{21}tsoŋ^{24}ieŋ^{31}sɤʔ^{3}i^{33}iaŋ^{35}puʔ^{3}?

你还记得住我不你还记不记得我？ li^{24}xai^{31}ki^{55}tɤ^{0}tsɿ^{35}ŋo^{24}puʔ^{3}?

老张来了没有？ lau^{31}tɕiaŋ^{21}lai^{31}lɤ^{0}mu^{55}iu^{24}?

3.“陈述句＋是不是/好不好”

提问者对某一事实或情况提出自己的猜测和判断，为了进一步得到证实，向听话人提出疑问时经常采用这种格式。这种疑问句疑问程度较弱，显然带有提问者一定的倾向性。例如：

她已经去家了，是不是她已经回家了，是不是？ t^{h}a^{21}i^{55}kiŋ^{21}k^{h}ɤ^{55}kia^{21}lau^{0}, si^{55}pu^{33}si^{35}?

真香哦，是不是啊？ tseiŋ^{55}xiaŋ^{21}o^{0}, si^{55}pu^{33}si^{35}a^{0}?

吃了饭再去好不好？ tɕ^{h}iʔ^{3}lɤ^{0}xuaŋ^{35}tsai^{55}k^{h}ɤ^{35}xau^{33}pu^{55}xau^{24}?

或者“是不是”提至主语之后、谓语之前。例如：

老张是不是很恶老张是不是很凶？ lau³¹tɕiaŋ²¹si⁵⁵pu³³si³⁵xeiŋ³³oʔ³?

是不是老张昨日来了是不是老张昨天来了？ si⁵⁵pu³³si³⁵lau³¹tɕiaŋ²¹tso⁵⁵iʔ³lai³¹lau⁰?

从结构形式上看，反复问与选择问相近，都是提供选项供听话者做出选择。不同的是反复问并列的两项是肯定与否定形式。但南平官话中选择问句常与反复问混合在一起用，即从语义上看是反复问句，从结构形式上看是选择问句。例如：

你去啊还是不去？ li²⁴kʰɤ³⁵a⁰xai²¹si³⁵pu³³kʰɤ³⁵?

你吃啊还是不吃红橘/你吃红橘还是不吃你吃还是不吃橘子/你吃橘子还是不吃？ li²⁴tɕʰiʔ³a⁰xai²¹si³⁵pu⁵⁵tɕʰiʔ³xoŋ³¹kiʔ³/li²⁴tɕʰiʔ³xoŋ³¹kiʔ³xai²¹si³⁵pu⁵⁵tɕʰiʔ³?

（四）特指问

用疑问代词（如“哪个谁；哪个”“哪些⁼哪里”“什么”“几多多少”等）或由疑问代词组成的短语（如“什么人”“做么事干什么”“什么样怎样”“为什么”等）来表明疑问点，提问者希望对方就疑问点做出回答。具体来看：

1.询问人

南平官话中询问人多用“哪个”。例如：

这是哪个写的诗这是谁写的诗？ tɕi⁵⁵si³⁵la²¹ko³⁵se²⁴ti⁰sɿ²¹?

桌子上的书是哪个的桌子上的书是谁的？ tsoʔ³tsɿ⁰siaŋ³⁵ti⁰sy²¹si⁵⁵la²¹ko³⁵ti⁰?

你讲的是哪个你说的是谁？ li²⁴kiaŋ²⁴ti⁰si⁵⁵la²¹ko³⁵?

问人也可以用“什么人”。例如：

明朝去的都有什么人明天去的都有哪些人？ miŋ³¹tɕiau²¹kʰɤ³⁵ti⁰tu⁵⁵iu²⁴sɿ³³mo²¹iŋ³¹?

什么人的钱还没有交哪些人的钱还没有交？ sɿ³³mo²¹iŋ³¹ti⁰tɕʰieŋ³¹xai²¹mu⁵⁵iu²⁴kiau²¹?

2.询问事物

南平官话中询问事物多用“什么”，或者由“什么”组成的短语“做什么”。除此之外，还可以用短语“做么事干什么”。“什么”做宾语时也可以简省为单音节的“么”。例如：

你在唱什么？ li²⁴tsai⁵⁵tɕʰiaŋ⁵⁵sɿ³³mo²¹?

他挨呀挨的做什么他磨磨蹭蹭的，做什么呢？ tʰa²¹ai²¹ia³³ai²¹ti⁰tso⁵⁵sɿ³³mo²¹?

你才之出去做么事你现在出去做什么？ li²⁴tsʰai³¹tsɿ²¹tɕʰy³³kʰɤ³⁵tso⁵⁵mo²¹sɿ³⁵?

在家做么在家做什么？ tsai⁵⁵kia²¹tso⁵⁵mo²¹?

3.询问处所

南平官话中询问处所多用“哪些⁼哪里”，偶尔也用“什么地方”。例如：

你在哪些⁼住你在哪里住？ li²⁴tsai³⁵la⁵⁵se²¹tɕy³⁵?

你是从哪些⁼来的你从哪里来的？ li²⁴si⁵⁵tsʰoŋ³¹la⁵⁵se²¹lai³¹ti⁰?

他在哪些⁼吃饭？ tʰa²¹tsai⁵⁵la⁵⁵se²¹tɕʰi³³xuaŋ³⁵?

在什么地方学的普通话啊？ tsai^{55}sɿ^{21}mo^{33}ti^{55}xuaŋ^{21}xyoʔ^{3}ti^{0}p^{h}u^{31}t^{h}oŋ^{33}xua^{35}a^{0}?

4. 询问时间

南平官话询问时间多用“什么时候”。例如：

你什么时候去啊？ li^{24}sɿ^{21}mo^{33}si^{21}xɵy^{35}k^{h}ɤ^{35}a^{0}?

你什么时候吃的晚饭？ li^{24}sɿ^{21}mo^{33}si^{21}xɵy^{35}tɕ^{h}iʔ^{3}ti^{0}uaŋ^{21}xuaŋ^{24}?

5. 询问方式

南平官话询问方式一般用“怎慢⁼怎么”，或者“怎么样”“什么样怎样”。例如：

这句话用南平话怎慢⁼讲这句话用南平话怎么说？ tɕi^{35}ky^{55}xua^{35}ioŋ^{35}naŋ^{21}p^{h}iŋ^{21}xua^{35}tseiŋ^{21}maŋ^{35} kiaŋ^{24}?

你讲怎慢⁼办啊你说怎么办啊？ li^{24}kiaŋ^{24}tseiŋ^{21}maŋ^{55}paŋ^{35}a^{0}?

这个也不对，那个也不对，你想怎么样？ tɕi^{35}ko^{0}ie^{21}pu^{33}tui^{35}, la^{35}ko^{0}ie^{21}pu^{33}tui^{35}, li^{24}siaŋ^{24} tseiŋ^{21}mo^{33}iaŋ^{35}?

她是一个什么样的人？ t^{h}a^{21}si^{35}i^{33}ko^{55}sɿ^{21}mo^{33}iaŋ^{35}ti^{0}iŋ^{31}?

6. 询问数量

南平官话询问数量一般用“几多”，可以问年龄、重量、长度或个数等。一般的格式是“几多＋量词/名词/积极义形容词”。第六章第一节曾提及，在询问年龄时不限于十以内，这与普通话的“几”不一样。

来了几多个来了多少个？ lai^{31}lɤ^{0}ki^{31}to^{33}ko^{35}?

村里头有几多人村里有多少人？ ts^{h}ueiŋ^{55}li^{31}t^{h}ɵy^{31}iu^{24}ki^{31}to^{55}iŋ^{31}?

今年几多岁啦今年几岁/多大年纪啦？ kiŋ^{55}lieŋ^{31}ki^{31}to^{33}sui^{35}la^{0}?

都几多点了，还［没有］吃下去都几点了，还没吃完？ tu^{21}ki^{31}to^{55}tieŋ^{24}lau^{0}, xai^{31}miu^{31}tɕ^{h}iʔ^{3}xa^{55} k^{h}ɤ^{35}?

这个东西有几多重这个东西有多重？ tɕi^{35}ko^{0}toŋ^{55}si^{21}iu^{24}ki^{31}to^{33}tsoŋ^{35}?

这蔸树有几多高这棵树有多高？ tɕi^{55}tɵy^{21}sy^{35}iu^{24}ki^{31}to^{55}kau^{21}?

7. 询问原因

南平官话询问原因多用“为什么”，偶尔也用“怎么”。例如：

他为什么不去？ t^{h}a^{21}ui^{55}sɿ^{33}mo^{21}pu^{33}k^{h}ɤ^{35}?

讲好了就走的啊，怎么半天呢还不走？ kiaŋ^{21}xau^{24}lau^{0}tɕiu^{55}tsɵy^{24}ti^{0}a^{0}, tseiŋ^{21}mo^{33}puaŋ^{55} t^{h}ieŋ^{21}le^{0}xai^{31}pu^{55}tsɵy^{24}?

除此之外，南平官话中特指问句在一定的语境中还可以有减缩格式。例如：

——你姓什么哦？ li^{21}siŋ^{55}sɿ^{33}mo^{21}o^{0}?

——我姓王，你呢？ ŋo^{21}siŋ^{55}uaŋ^{31}, li^{24}le^{0}?

我爱要红色的，你呢我喜欢红色的，你呢？ ŋo^{21}ai^{55}iau^{35}xoŋ^{31}sɤʔ^{3}ti^{0}, li^{24}le^{0}?

从以上例句可以看出，南平官话特指问句可以带疑问语气词，也可以不带。

五　否定句

南平官话否定词主要有“不”[puʔ^{3}]、“没有”[mu^{55}iu^{24}]/“[没有]”[miu^{24}]、“不要”[pu^{33}iau^{35}]、“𡚸”[piau^{35}]、“不敢”[pu^{55}kaŋ^{24}]等。这些否定词不都是对立的，部分只是另一些否定词的合音形式，例如“[没有]”[miu^{24}]是“没有”[mu^{55}iu^{24}]的合音形式，“𡚸”[piau^{35}]是“不要”[pu^{33}iau^{35}]的合音形式。这些否定词的用法和普通话差别不大。具体如下：

（一）“不”[puʔ^{3}]

“不”用在判断动词、存现动词、能愿动词、性质形容词等前面，表达一般否定。例如：

他那天见的不是老王。t^{h}a^{21}la^{55}t^{h}ieŋ^{21}kieŋ^{35}ti^{0}pu^{33}si^{35}lau^{31}uaŋ^{31}.

那个东西不在那里啊，也不在这里啊。la^{35}ko^{0}toŋ^{55}si^{21}pu^{33}tsai^{55}la^{35}li^{0}a^{0}, ie^{21}pu^{33}tsai^{55}tɕi^{35}li^{0}a^{0}.

这锅饭不够十个人吃。tɕi^{55}ko^{21}xuaŋ^{35}pu^{33}kɵy^{35}si^{33}ko^{55}iŋ^{31}tɕ^{h}iʔ^{3}.

他这个人丕转弯他这个人死心眼儿。t^{h}a^{21}tɕi^{55}ko^{55}iŋ^{31}pui^{35}tɕyeŋ^{31}uaŋ^{21}.

为这个事节⁼同邻舍吵架，划不来为这个事情跟邻居吵架，不值得。ui^{33}tɕi^{35}ko^{0}sɿ^{55}tseʔ^{3}t^{h}oŋ^{31}liŋ^{21}se^{35}tɕ^{h}iau^{21}kia^{35}, xua^{31}pu^{55}lai^{31}.

“不”也可以用在行为动词前，否定行为意愿。例如：

烟也好，茶也好，我都不吃。ieŋ^{21}ie^{21}xau^{24}, ts^{h}a^{31}ie^{21}xau^{24}, ŋo^{24}tu^{21}pu^{55}tɕ^{h}iʔ^{3}.

我洗过澡了，今朝不打篮球了我洗过澡了，今天不打篮球了。ŋo^{24}si^{21}ko^{55}tsau^{24}lau^{0}, kiŋ^{55}tɕiau^{21}pu^{55}ta^{24}laŋ^{31}k^{h}iu^{31}lau^{0}.

讲好了就走的啊，怎么半天呢还不走？ kiaŋ^{21}xau^{24}lau^{0}tɕiu^{55}tsɵy^{24}ti^{0}a^{0}, tseiŋ^{21}mo^{33}puaŋ^{55}t^{h}ieŋ^{21}le^{0}xai^{31}pu^{55}tsɵy^{24}?

“不”还可以插入“动结式”“动趋式”结构中间，构成否定式可能补语。例如：

十个人吃不了这锅饭。si^{33}ko^{55}iŋ^{31}tɕ^{h}i^{55}pu^{55}liau^{24}tɕi^{55}ko^{21}xuaŋ^{35}.

你做得掉，我做不掉你做得完，我做不完。li^{24}tso^{35}tɤ^{0}t^{h}iau^{35}, ŋo^{24}tso^{55}pu^{55}t^{h}iau^{35}.

他事节⁼太多，来不了他事情太多，来不了。t^{h}a^{21}sɿ^{55}tseʔ^{3}t^{h}ai^{55}to^{21}, lai^{31}pu^{55}liau^{24}.

本节提过，南平官话可以用“VP不”构成反复问句。例如：

你吃红橘不你吃橘子不吃？ li^{24}tɕ^{h}i^{55}xoŋ^{31}kiʔ^{3}puʔ^{3}?

会讲普通话不会不会说普通话？ xui^{55}kiaŋ^{24}p^{h}u^{31}t^{h}oŋ^{33}xua^{35}puʔ^{3}?

（二）“没有”[mu^{55}iu^{24}]/“[没有]”[miu^{24}]

“没有”在南平官话中有动词和否定副词两种用法。“没有”作为谓语核心，带名词性宾语，表示“存在否定”，即否定物体的存在。“没有”[mu^{55}iu^{24}]和“[没有]”[miu^{24}]不对立，只有说快和说慢的区别，因此，以下例子只举快说时的合音形式“[没有]”[miu^{24}]。例如：

这里[没有]书，书在那边。tɕi^{35}li^{0}miu^{24}sy^{21}, sy^{21}tsai^{55}la^{35}pieŋ^{21}.

[没有]雨了，天晴了。miu^{24}y^{24}lau^{0}, t^{h}ieŋ^{55}tɕ^{h}iŋ^{31}lau^{0}.

真拿他[没有]办法，讨厌死掉了。tseiŋ^{21}la^{31}t^{h}a^{21}miu^{33}paŋ^{55}xuaʔ^{3}, t^{h}au^{21}ieŋ^{35}sɿ^{33}tiau^{35}lau^{0}.

“没有”也可以做否定副词，对动词性词语进行否定，表示动作行为尚未发生，可与动词的进行体、经历体、完成体标记配合使用。例如：

我[没有]在唱，我在放录音机。ŋo^{24}miu^{24}tsai^{55}tɕ^{h}iaŋ^{35}, ŋo^{24}tsai^{55}xuaŋ^{35}lu^{55}iŋ^{21}ki^{21}.

不会讲，[没有]学过。pu^{33}xui^{55}kiaŋ^{24}, miu^{24}xyo^{33}ko^{35}.

小张昨日钓了一条大鱼，我[没有]钓着小张昨天钓了一条大鱼，我没有钓到。siau^{31}tɕiaŋ^{21}tso^{55}iʔ^{3}tiau^{35}lɤ^{0}i^{55}t^{h}iau^{31}ta^{55}y^{31}, ŋo^{21}miu^{24}tiau^{35}tɕyoʔ^{3}.

等他□着一个扫⁼午，什么东西都[没有]做成被他缠了一中午，什么东西都没有做成。teiŋ^{24}t^{h}a^{21}tɕ^{h}ieŋ^{35}tsɿ^{0}i^{33}ko^{35}sau^{21}u^{24}, sɿ^{33}mo^{21}toŋ^{55}si^{21}tu^{21}miu^{24}tso^{55}ts^{h}eiŋ^{31}.

除此之外，“没有”也可以单独回答问题。例如：

——你平时吃烟不？ li^{24}p^{h}iŋ^{31}si^{31}tɕ^{h}i^{55}ieŋ^{21}puʔ^{3}?

——不，我不吃烟/[没有]，我[没有]吃烟。puʔ^{3}, ŋo^{21}pu^{33}tɕ^{h}i^{55}ieŋ^{21}/miu^{24}, ŋo^{21}miu^{24}tɕ^{h}i^{55}ieŋ^{21}.

——他刚才吃酒了[没有]？ t^{h}a^{21}kaŋ^{55}ts^{h}ai^{31}tɕ^{h}i^{55}tɕiu^{24}lɤ^{0}miu^{24}?

——[没有]，他[没有]吃。miu^{24}, t^{h}a^{21}miu^{24}tɕ^{h}iʔ^{3}.

（三）“不要”[pu^{33}iau^{35}]/“覅”[piau^{35}]

“不要”[pu^{33}iau^{35}]表示劝阻、告诫、禁止等动力情态意义，相当于普通话的“别”“不要”，“覅”[piau^{35}]是“[pu^{33}iau^{35}]”的合音形式，两者没有明显的区别。例如：

你不要吃酒。li^{24}pu^{33}iau^{35}tɕ^{h}i^{55}tɕiu^{24}.

想好再讲，不要抢着讲。siaŋ^{21}xau^{24}tsai^{55}kiaŋ^{24}, pu^{33}iau^{35}tɕ^{h}iaŋ^{24}tsɿ^{0}kiaŋ^{24}.

覅跑，你替我立着别跑，你给我站住。piau^{55}p^{h}au^{31}, li^{21}t^{h}iŋ^{55}ŋo^{24}liʔ^{3}tsɿ^{0}.

覅惊，这把椅子蛮牢固的不要怕，这椅子很牢固的。piau^{55}kiŋ^{21}, tɕi^{35}pa^{21}i^{24}tsɿ^{0}maŋ^{33}lau^{21}ku^{35}ti^{0}.

南平官话表示禁止、劝阻等情态意义除了用“不要”外，还可以用“不敢”[pu^{55}kaŋ^{24}]。“不敢”是能愿动词“敢”的否定形式，还可以表示委婉的劝阻和建议等情态意义。例如：

你不敢吃酒你不能喝酒。li^{24}pu^{55}kaŋ^{24}tɕ^{h}i^{55}tɕiu^{24}.

学生在上课，你们讲话不敢这慢⁼大声学生在上课，你们不能这么大声说话。xyo^{55}seiŋ^{21}tsai^{55}siaŋ^{55}k^{h}o^{35}, li^{31}meiŋ^{31}kiaŋ^{21}xua^{35}pu^{55}kaŋ^{24}tɕia^{55}maŋ^{35}ta^{55}seiŋ^{21}.

你在坐月，不敢哭你在坐月子，不能哭。li^{24}tsai^{55}tso^{55}yeʔ^{3}, pu^{55}kaŋ^{24}k^{h}uʔ^{3}.

六 可能句

“可能句”的标记是能愿动词，包括能愿动词单独做谓语或修饰谓核动词的句子以及谓核动词带可能补语的句子两大类，后者主要放在“补语句”中描述。南平官话中的能愿动词有“会”“能”“可以”“得”“敢”等，分述如下：

（一）“会”[xui^{35}]

与普通话一样，“会”主要表示具备某种能力。例如：

会讲普通话不会不会说普通话？ xui^{55}kiaŋ^{24}p^{h}u^{31}t^{h}oŋ^{33}xua^{35}puʔ^{3}?

你还会讲别的地方的话吧？ li^{24}xai^{21}xui^{55}kiaŋ^{24}peʔ^{3}ti^{0}ti^{55}xuaŋ^{21}ti^{0}xua^{35}pa^{0}?

“会”也可以表示“擅长”。例如：

他比我更会吃，也更会做哦。t^{h}a^{21}pi^{21}ŋo^{24}keiŋ^{55}xui^{55}tɕ^{h}iʔ^{3}, ie^{24}keiŋ^{55}xui^{55}tso^{35}o^{0}.

他儿子比他更会念书。t^{h}a^{21}ɤ^{31}tsɿ^{0}pi^{31}t^{h}a^{21}keiŋ^{55}xui^{55}lieŋ^{55}sy^{21}.

“会”还可以表示“可能”，其否定形式为“不会”[pu^{33}xui^{35}]/“⿱不会”[pui^{35}]。例如：

以后会蛮变蛮好以后会越变越好。i^{21}xɵy^{35}xui^{55}maŋ^{21}pieŋ^{35}maŋ^{21}xau^{24}.

——明朝王经理会来公司吗？ miŋ^{31}tɕiau^{21}uaŋ^{31}kiŋ^{55}li^{24}xui^{55}lai^{31}koŋ^{55}sɿ^{21}ma^{55}?

——我看他不会来。ŋo^{24}k^{h}aŋ^{55}t^{h}a^{21}pu^{33}xui^{55}lai^{31}.

我都骂他是个大笨蛋，他都⿱不会发火。ŋo^{24}tu^{21}ma^{55}t^{h}a^{21}si^{55}ko^{35}ta^{55}peiŋ^{55}taŋ^{35}, t^{h}a^{21}tu^{33}pui^{35} xua^{55}xo^{24}.

他⿱不会比你高。t^{h}a^{21}pui^{55}pi^{21}li^{24}kau^{21}.

南平官话中，“不会”[pu^{33}xui^{35}]/“⿱不会”[pui^{35}]还常常放在形容词前面，表示“未能”。如：

肉⿱不会烂肉不烂。iu^{31}pui^{55}laŋ^{35}.

阿仔哥刚睡醒，⿱不会新鲜孩子睡觉刚醒，不清醒。a^{55}tsai^{31}ko^{21}kaŋ^{21}sui^{55}siŋ^{24}, pui^{55}siŋ^{55}sieŋ^{21}.

（二）“能”[leiŋ^{31}]

南平官话的能愿动词“能”主要以“不能”“只能”的合成形式使用。例如：

我不能怪人家，只能怪自己。ŋo^{24}pu^{55}leiŋ^{31}kuai^{35}iŋ^{31}kia^{21}, tsɿ^{31}leiŋ^{31}kuai^{35}tsɿ^{55}ki^{24}.

医生喊你多睡下，烟导茶都不能吃医生叫你多睡一睡，抽烟喝茶都不行。i^{55}seiŋ^{21}xaŋ^{21}li^{24}to^{33}sui^{55} xa^{35}, ieŋ^{21}tau^{31}ts^{h}a^{31}tu^{33}pu^{55}leiŋ^{31}tɕ^{h}iʔ^{3}.

我只能自己慢慢地走回学校。ŋo^{24}tsɿ^{31}leiŋ^{31}tsɿ^{55}ki^{24}maŋ^{55}maŋ^{35}ti^{0}tsɵy^{24}xui^{31}xyo^{33}xiau^{35}.

南平官话中，表示“能够”除了用“能”，还可以用“可以”。例如：

写字算账啊，他什么都可以写字算账什么的，他都能行。se^{21}tsɿ^{35}suaŋ^{55}tɕiaŋ^{35}a^{0}, t^{h}a^{21}sɿ^{33}mo^{21}tu^{21} k^{h}o^{21}i^{24}.

你可以不可以来你能不能来？ li^{24}k^{h}o^{21}i^{24}pu^{55}k^{h}o^{21}i^{24}lai^{31}?

可以来就来，不能来就不来能来就来，不能来就不来。kʰo^{21}i^{24}lai^{31}tɕiu^{55}lai^{31}, pu^{55}leiŋ^{31}lai^{31}tɕiu^{55} pu^{55}lai^{31}.

（三）“用得”[ioŋ^{35}tɤʔ^{3}]/“用不得”[ioŋ^{55}puʔ^{3}tɤʔ^{3}]

南平官话用“用得/用不得”表示“容许/不容许”，也说“可以”，例如：

你来也用得，不来也用得你来也行，不来也行。li^{24}lai^{31}ie^{21}ioŋ^{35}tɤʔ^{3}, pu^{55}lai^{31}ie^{21}ioŋ^{35}tɤʔ^{3}.

反正我要他讲，不讲用不得反正我得让他说，不说不行。xuaŋ^{21}tseiŋ^{35}ŋo^{24}iau^{55}tʰa^{21}kiaŋ^{24}, pu^{55} kiaŋ^{24}ioŋ^{55}puʔ^{3}tɤʔ^{3}.

用不得，等下来不及了不行，那可就来不及了。ioŋ^{55}puʔ^{3}tɤʔ^{3}, teiŋ^{24}xia^{55}lai^{33}pu^{55}kiʔ^{3}lau^{0}.

（四）“得”[tɤʔ^{3}]

与普通话一样，南平官话“得”可以用来表示“必须”。例如：

愿意讲也得讲，不愿意讲也得讲愿意说得说，不愿意说也得说。yeŋ^{55}i^{35}kiaŋ^{24}ie^{21}tɤʔ^{3}kiaŋ^{24}, pu^{33} yeŋ^{55}i^{35}kiaŋ^{24}ie^{21}tɤʔ^{3}kiaŋ^{24}.

不管怎么忙，也得好好学习。pu^{55}kuaŋ^{24}tseiŋ^{21}mo^{33}maŋ^{31}, ie^{21}tɤʔ^{3}xau^{21}xau^{33}xyo^{55}siʔ^{3}.

除此之外还有其他能愿动词，如“该”“应该”“敢”“愿意”等，用法与普通话基本相同。例如：

我该不该来？ ŋo^{24}kai^{33}pu^{55}kai^{21}lai^{31}?

要我讲，你就不应该来。iau^{55}ŋo^{24}kiaŋ^{24}, li^{24}tɕiu^{55}pu^{55}iŋ^{55}kai^{21}lai^{31}.

他一个人敢不敢去啊？ tʰa^{21}i^{33}ko^{55}iŋ^{31}kaŋ^{21}pu^{55}kaŋ^{21}kʰɤ^{35}a^{0}?

他到底愿不愿意讲/他到底愿意不愿意讲他到底愿不愿意说？ tʰa^{21}tau^{55}ti^{24}yeŋ^{55}pu^{33}yeŋ^{55}i^{35} kiaŋ^{24}/tʰa^{21}tau^{55}ti^{24}yeŋ^{55}i^{35}pu^{33}yeŋ^{55}i^{35}kiaŋ^{24}?

七　动补句

按照补语的语义类别，动补句可以分为以下几种类型：

（一）动结式

表示动作、行为导致的结果。结果补语是动词后黏合式的补语，南平官话中作为补语的成分可以是唯补词“掉$_{1}$、掉$_{2}$、着”等，也可以是性质形容词或动词短语。其中，“掉$_{1}$”在南平官话中使用频率很高。

南平官话中的“掉$_{1}$”[tiau^{35}]作为结果补语，有“客体脱离”“客体消失”“行为的结束或状态的实现”等含义。前两个的含义与普通话一样。例如：

把鞋子脱掉吧。pa^{24}xai^{31}tsɿ^{0}tʰo^{33}tiau^{35}pa^{0}.

就剩一点点了，吃掉算了。tɕiu^{35}seiŋ^{55}i^{55}tieŋ^{21}tieŋ^{24}lau^{0}, tɕʰi^{33}tiau^{35}suaŋ^{35}lau^{0}.

相较于普通话，南平官话中结果补语“掉$_{1}$”的第三个含义更虚。例如：

这本书我看了两个月，总算把它看掉了这本书我看了两个月，总算把它看完了。tɕi^{55}peiŋ^{31}sy^{21}ŋo^{24} kʰaŋ^{35}lɤ^{0}liaŋ^{21}ko^{55}yeʔ^{3}, tsoŋ^{21}suaŋ^{35}pa^{31}tʰa^{21}kʰaŋ^{55}tiau^{35}lau^{0}.

饭都冷掉了。xuaŋ^{35}tu^{55}leiŋ^{24}tiau^{35}lau^{0}.

都等人家打懵掉了都让人家打懵了。tu^{21}teiŋ^{24}iŋ^{31}kia^{21}ta^{24}moŋ^{21}tiau^{35}lau^{0}.

等雨浇了全身都□湿掉了给雨淋了个浑身湿透。teiŋ^{24}y^{24}kiau^{21}lɤ^{0}tɕʰyeŋ^{31}seiŋ^{33}tu^{21}tsa^{21}siʔ^{3}tiau^{35} lau^{0}.

窗门都被打碎掉了窗户都被震碎了。tsʰuaŋ^{55}meiŋ^{31}tu^{33}pui^{55}ta^{24}tsʰui^{55}tiau^{35}lau^{0}.

那架脚踏车他帮我弄坏掉了那辆自行车他给我弄坏了。la^{35}kia^{35}kyo^{33}ta^{33}tsʰe^{21}tʰa^{21}paŋ^{21}ŋo^{24}loŋ^{55} xuai^{35}tiau^{35}lau^{0}.

老张这一爿快活死掉了老张这会儿高兴坏了。lau^{31}tɕiaŋ^{21}tɕi^{35}i^{55}pʰaŋ^{31}kʰuai^{55}xo^{33}sɿ^{21}tiau^{35}lau^{0}.

以上例句“这本书我看了两个月，总算把它看掉了”中的“掉”意义还比较实在，含有“完结”的意思;“饭都冷掉了”中“掉”的意义比前一例中的有所虚化，表示状态“冷”的实现。而从例句“都等人家打懵掉了”到“老张这一爿快活死掉了”，“掉”前面的“打懵”“□湿”“打碎”“弄坏”“快活死”本身就是一个动补结构，结果义已经得到了体现，去掉“掉”，句子的表义不受影响。这种情况下的“掉”不再是实义的负载者，只成为一种附属信息，表示谓语动词的行为已经完成，可以视为一个完成体标记，这是与普通话不同的地方。

除了“掉$_{1}$”[tiau^{35}]，南平官话较常用的结果补语还有“着”[tɕyoʔ^{3}]、“掉$_{2}$”[tʰiau^{35}]等。例如：

我正在这里寻，还［没有］寻着我正在这里找，还没找到。ŋo^{24}tseiŋ^{55}tsai^{35}tɕi^{35}li^{0}syŋ^{31}, xai^{31}miu^{31} syŋ^{31}tɕyoʔ^{3}.

她昨日冷着了她昨天着凉了。tʰa^{21}tso^{55}iʔ^{3}leiŋ^{24}tɕyoʔ^{3}lau^{0}.

还［没有］讲掉啊，喊他快点还没说完啊，催他快点儿！ xai^{31}miu^{31}kiaŋ^{21}tʰiau^{35}a^{0}, xaŋ^{31}tʰa^{21} kʰuai^{35}tieŋ^{24}!

其他结果补语用法与普通话基本一致。例如：

跌倒 te^{55}tau^{24}	打死 ta^{21}sɿ^{24}	吃饱 tɕʰi^{55}pau^{24}
打出血 ta^{24}tɕʰy^{55}xeʔ^{3}	听清楚 tʰiŋ^{55}tɕʰiŋ^{33}tsʰu^{24}	弄干净 loŋ^{35}kaŋ^{33}tɕiŋ^{35}

（二）可能补语句

这种动补句中的补语可以直接由“得”或“不得”充当，表示有无可能进行。可能补语句的补语也可以由动词、形容词充当，这种结构需要在中心语和补语之间插进“得/不”，表示动作的结果可不可能实现。例如：

这是熟的，吃得。那是生的，吃不得。tɕi^{35}si^{55}suʔ^{3}ti^{0}, tɕʰi^{55}tɤʔ^{3}. la^{35}si^{55}seiŋ^{21}ti^{0}, tɕʰi^{55}pu^{55}

$t\text{ɤ}ʔ^{3}$.

这个事节⁼讲得讲不得这件事说得说不得？ $tɕi^{35}ko^{0}sɿ^{55}tseʔ^{3}kiaŋ^{33}tɤʔ^{3}kiaŋ^{33}pu^{55}tɤʔ^{3}$？

你还记得住我不你还记不记得我？ $li^{24}xai^{31}ki^{35}tɤ^{0}tsɿ^{35}ŋo^{24}puʔ^{3}$？

这多字你认得着认不着/这多字你认不认得着这些字你认得不认得？ $tɕi^{55}to^{21}tsɿ^{35}li^{24}iŋ^{35}tɤ^{0}tɕyoʔ^{3}$ $iŋ^{55}pu^{55}tɕyoʔ^{3}$/$tɕi^{55}to^{33}tsɿ^{35}li^{24}iŋ^{55}pu^{33}iŋ^{55}tɤ^{0}tɕyoʔ^{3}$？

你做得掉，我做不掉你做得了，我做不了。$li^{24}tso^{35}tɤ^{0}t^{h}iau^{35}$, $ŋo^{24}tso^{55}pu^{33}t^{h}iau^{35}$.

你们来得了啊还是来不了？ $li^{24}meiŋ^{31}lai^{31}tɤ^{0}liau^{24}a^{0}xai^{21}si^{35}lai^{31}pu^{55}liau^{24}$？

南平官话可能补语句中，当补语和宾语在动词后共现时，排列的顺序可以是“动词＋补语＋宾语”，也可以是“动词＋宾语＋补语”，不过以前一种顺序为常。例如：

你讲得过他，他讲不过我/你讲得他过，他讲不我过。$li^{24}kiaŋ^{24}tɤ^{0}ko^{55}t^{h}a^{21}$, $t^{h}a^{21}kiaŋ^{24}pu^{33}ko^{55}ŋo^{24}$/ $li^{24}kiaŋ^{24}tɤ^{0}t^{h}a^{21}ko^{35}$, $t^{h}a^{21}kiaŋ^{21}pu^{55}ŋo^{24}ko^{35}$.

我讲他不过，哪个都讲不过这个家伙我说不过他，谁都说不过这个家伙。$ŋo^{24}kiaŋ^{31}t^{h}a^{21}pu^{33}ko^{35}$, $la^{21}ko^{35}tu^{21}kiaŋ^{24}pu^{33}ko^{55}tɕi^{35}ko^{0}kia^{55}xo^{24}$.

（三）情态补语句

情态补语表示的是动作、性状所呈现出来的某种情态。南平官话中情态补语的标记是“得”，状态补语一般由描写状态的形容词性成分充当。例如：

我会讲福州话啊、夏道话啊，不过讲得不什么好我会讲福州话啊、夏道话啊，不过讲得不怎么好。$ŋo^{24}xui^{55}kiaŋ^{24}xu^{55}tɕiu^{21}xua^{35}a^{0}$, $xa^{55}tau^{35}xua^{35}a^{0}$, $pu^{33}ko^{55}kiaŋ^{24}tɤ^{0}puʔ^{3}sɿ^{33}mo^{21}xau^{24}$.

王先生的刀开得很好。$uaŋ^{31}sieŋ^{55}seiŋ^{21}ti^{0}tau^{21}k^{h}ai^{21}tɤ^{0}xeiŋ^{21}xau^{24}$.

他讲得快不快？ $t^{h}a^{21}kiaŋ^{24}tɤ^{0}k^{h}uai^{35}pu^{33}k^{h}uai^{35}$？

会讲一点，但是讲得不标准。$xui^{55}kiaŋ^{24}i^{55}tieŋ^{24}$, $taŋ^{55}si^{35}kiaŋ^{24}tɤ^{0}pu^{55}piau^{21}tsueiŋ^{24}$.

他厉害哦，画得很好看。$t^{h}a^{21}li^{33}xai^{35}o^{0}$, $xua^{35}tɤ^{0}xeiŋ^{21}xau^{21}k^{h}aŋ^{35}$.

（四）程度补语句

南平官话程度补语句可以分为用标记“得”和不用标记两种情况。在前文词法部分提过，南平官话可以用中补结构“A得死”“A死”“A得紧”“A得要死”“A死掉”等表示一种极致的程度，但相比较而言，“紧”“死”不太受所补充的中心语词义积极或是消极的限制，而且补语“死”“紧”基本没有积极和消极语义的不同，即与这些补语组合的A可以是积极意义的形容词，也可以是消极意义的。但“死掉了”基本只能用于补充消极性的形容词。以上提及的补语中“紧”最为常用。例如：

你看他急得死哦，急得脸都红［起来］了你看他急得，急得脸都红了。$li^{24}k^{h}aŋ^{55}t^{h}a^{21}kiʔ^{3}tɤ^{0}sɿ^{24}o^{0}$, $kiʔ^{3}tɤ^{0}lieŋ^{24}tu^{21}xoŋ^{31}k^{h}ai^{31}lau^{0}$.

柴米油盐啊，什么都多得死柴米油盐什么的，都有的是。$ts^{h}ai^{31}mi^{21}iu^{31}ieŋ^{31}a^{0}$, $sɿ^{33}mo^{21}tu^{55}to^{21}tɤ^{0}$

sɿ24.

他事节=多得紧哦，忙得饭吃［没有］吃都表=得了他忙得很，忙得连吃过饭没有都忘了。tʰa21sɿ55 tseʔ3to21tɤ0kiŋ24o0, maŋ31tɤ0xuaŋ35tɕʰi55miu33tɕʰiʔ3tu21piau33tɤʔ3lau0.

这个老板恶得死这个老板凶得很。tɕi35ko0lau21paŋ24oʔ3tɤ0sɿ24.

昨日的天气比今朝好得多昨天的天气比今天好多了。tso55iʔ3ti0tʰieŋ33kʰi35pi24kiŋ55tɕiau21xau24tɤ0to21.

真拿他［没有］办法，讨厌死掉了。tseiŋ21la31tʰa21miu33paŋ55xuaʔ3, tʰau21ieŋ35sɿ33tiau35lau0.

快点进去，我热死掉了。kʰuai55tieŋ24tɕiŋ55kʰɤ35, ŋo24ie55sɿ21tiau35lau0.

你看他房间龌龊死你看他房间脏死了。li21kʰaŋ55tʰa21xaŋ31kieŋ21o55tsʰoʔ3sɿ24.

除了以上这些补语可以表示极致程度外，南平官话还有一个较为虚化的短语“都跌倒了”也可以表示。不过，相较而言，“都跌倒了”不如补语“死”“紧”用得普遍。例如：

阿仔哥在溪里耍，快活得都跌倒了孩子在河里玩，高兴得不得了。a55tsai31ko21tsai55kʰi21li0sua24, kʰuai55xoʔ3tɤ0tu21te55tau24lau0.

（五）动趋式

动趋式是由动词带趋向补语构成的结构。趋向补语指谓语动词后的趋向动词，如“下去、上去、回来、起来/［起来］、过来、过去”等，表示动作行为或时态发展的趋向。例如：

小心点，要是跌下去爬都爬不上来小心点儿，不然的话摔下去爬都爬不起来。siau31siŋ21tieŋ24, iau55 si35te33xa55kʰɤ35pʰa31tu21pʰa31pu33siaŋ55lai31.

他饭已经吃下去了，你吃了没有他吃了饭了，你吃了饭没有呢？ tʰa21xuaŋ35i55kiŋ21tɕʰi33xa55kʰɤ35 lau0, li24tɕʰiʔ3lɤ0mu55iu24.

一下仔［没有］反应过来。i33xa55tsai24miu24xuaŋ21iŋ35ko55lai31.

动趋式结构中，补语和宾语可以在动词后共现，排列顺序可以有这样几种：“动 + 补 + 宾”“动 + 宾 + 补”“动 + 补 + 宾 + 补”。如：

拿出来一本书。la31tɕʰy55lai31i55peiŋ24sy21.

拿一本书出来。la31i55peiŋ24sy21tɕʰy55lai31.

拿出一本书来。la31tɕʰyʔ3i55peiŋ24sy21lai31.

（六）数量补语句

数量补语句中的补语由谓语动词后的数量结构充当。数量结构可以由表示动量的数量短语充当，如“打了一下 ta24lɤ0i33xa35”“去了一回 kʰɤ35lɤ0i55xui31”“咬了一口 au24lɤ0i55 kʰɵy24”；也可以由表示时量的数量短语充当，如“看了两个月 kʰaŋ35lɤ0liaŋ21ko55yeʔ3”“等了一个多钟头 teiŋ24lɤ0i33ko35to55tsoŋ55tʰɵy31”。这里需要重点分析的是“一下”。

数量词“一下”通常是虚指，实际上是“短时貌”标记，表示动作行为持续时间短，例如：

我波=起头笑了一下我抬起头笑了一下。ŋo^{24}po^{21}kʰi^{31}tʰɵy^{31}siau^{35}lɤ^{0}i^{33}xa^{35}.

我吃了晚饭，出去旋了一下我吃了晚饭，出去溜达了一会儿。ŋo^{24}tɕʰiʔ^{3}lɤ^{0}uaŋ^{21}xuaŋ^{35}, tɕʰy^{33}kʰɤ^{35} syeŋ^{31}lɤ^{0}i^{33}xa^{35}.

虚化的“一下”词汇化为“一下仔”，相当于普通话的“一会儿”。例如：

我要走了，你们两个再多坐一下仔。ŋo^{24}iau^{55}tsɵy^{24}lau^{0}, li^{24}meiŋ^{31}liaŋ^{21}ko^{35}tsai^{35}to^{33}tso^{35}i^{33} xa^{55}tsai^{24}.

还没有，再等一下仔就吃下去了还没有呢，再有一会儿就吃完了。xai^{21}mu^{55}iu^{24}, tsai^{55}teiŋ^{24}i^{33}xa^{55} tsai^{24}tɕiu^{55}tɕʰi^{33}xa^{55}kʰɤ^{35}lau^{0}.

（七）时地补语句

时地补语一般由“在、到、往”等介词构成的介词短语充当，表示动作发生的时间和处所。例如：

他像个病倒的人一样靠在沙发上。tʰa^{21}siaŋ^{55}ko^{35}piŋ^{55}tau^{24}ti^{0}iŋ^{31}i^{33}iaŋ^{35}kʰau^{55}tsai^{35}sa^{55}xua^{21} siaŋ^{35}.

掉到地下去了，怎慢=都寻不着掉到地上了，怎么都找不着。tiau^{55}tau^{35}ti^{55}xa^{35}kʰɤ^{35}lau^{0}, tseiŋ^{21} maŋ^{35}tu^{21}syŋ^{31}pu^{55}tɕyoʔ^{3}.

票夹掉到街路上了钱包丢在街上了。pʰiau^{55}kaʔ^{3}tiau^{55}tau^{35}kai^{33}lu^{55}siaŋ^{35}lau^{0}.

第七章　语法例句

第一节

《中国语言资源调查手册·汉语方言》①

本节收录《中国语言资源调查手册·汉语方言》中的语法例句，共50条，均附视频。视频目录与《中国语言资源调查手册·汉语方言》语法例句条目一致。

01 **小张昨天钓了一条大鱼，我没有钓到鱼。**

siau^{31}tɕiaŋ^{21}tso^{55}iʔ^{3}tiau^{35}lɤ^{0}i^{55}t^{h}iau^{31}ta^{55}y^{31}, ŋo^{21}miu^{24}tiau^{35}tɕyoʔ^{3}.

小 张 昨 日钓 了一条 大鱼，我[没有]钓 着。

02 **a. 你平时抽烟吗？ b. 不，我不抽烟。**

a. li^{24}p^{h}iŋ^{31}si^{31}tɕ^{h}i^{55}ieŋ^{21}puʔ^{3}? b. puʔ^{3}, ŋo^{21}pu^{55}tɕ^{h}i^{55}ieŋ^{21}.

a. 你平 时吃 烟 不？ b. 不，我 不 吃 烟。

a. li^{24}p^{h}iŋ^{31}si^{31}tɕ^{h}i^{55}ieŋ^{21}puʔ^{3}? b. miu^{24}, ŋo^{21}miu^{24}tɕ^{h}i^{55}ieŋ^{21}.

a. 你平 时吃 烟 不？ b. [没有]，我[没有]吃 烟。

03 **a. 你告诉他这件事了吗？ b. 是，我告诉他了。**

a. li^{24}tɕi^{35}ko^{0}sɿ^{55}tseʔ^{3}t^{h}oŋ^{31}t^{h}a^{21}kiaŋ^{24}lau^{0}ma^{55}? b. si^{35}, ŋo^{21}t^{h}oŋ^{31}t^{h}a^{21}kiaŋ^{24}lau^{0}.

a. 你这 个事节 同 他 讲 了 吗？ b. 是，我 同 他 讲 了。

04 **你吃米饭还是吃馒头？**

li^{24}tɕ^{h}i^{33}xuaŋ^{35}a^{0}xai^{21}si^{35}tɕ^{h}iʔ^{3}muaŋ^{31}t^{h}ɵy^{31}?

你吃 饭 啊还 是吃 馒 头？

① 本章调查例句的句式或其中的词语（例如“果”）在南平官话里如无完全对应的说法，尽量记录意义相近的表达方式。

05 **你到底答应不答应他？**

li^{24}tau^{55}ti^{24}ta^{33}iŋ^{35}pu^{55}ta^{33}iŋ^{35}tʰa^{21}?

你到 底答应不 答应他？

06 **a. 叫小强一起去电影院看《刘三姐》。b. 这部电影他看过了。**

a. xaŋ^{21}siau^{31}kʰiaŋ^{31}kʰɤ^{35}kʰaŋ^{55}tieŋ^{55}iŋ^{24}liu^{31}saŋ^{55}tse^{24}.

a. 喊 小 强 去 看 电 影《刘三 姐》。

b. tɕi^{35}pʰieŋ^{35}tieŋ^{55}iŋ^{24}tʰa^{21}kʰaŋ^{35}ko^{35}lau^{0}.

b. 这 片 电 影他 看 过 了。

07 **你把碗洗一下。**

li^{24}pa^{21}uaŋ^{24}si^{24}i^{33}xa^{35}.

你把 碗 洗一下。

08 **他把橘子剥了皮，但是没吃。**

tʰa^{21}pa^{24}kiʔ^{3}tsɿ^{0}pʰi^{31}poʔ^{3}lau^{0}, taŋ^{55}si^{35}mo^{21}iu^{24}tɕʰiʔ^{3}.

他 把 橘 子皮 剥 了，但 是 没 有吃。

09 **他们把教室都装上了空调。**

tʰa^{21}meiŋ^{31}pa^{21}kiau^{55}sɿʔ^{3}tu^{21}tsuaŋ^{33}siaŋ^{55}lɤ^{0}kʰoŋ^{55}tʰiau^{31}.

他 们 把 教 室都装 上 了空 调。

10 **帽子被风吹走了。**

mau^{35}tsɿ^{0}teiŋ^{31}xoŋ^{21}tsʰui^{21}kʰɤ^{35}lau^{0}.

帽 子等 风 吹 去 了。

11 **张明被坏人抢走了一个包，人也差点儿被打伤。**

tɕiaŋ^{55}miŋ^{31}teiŋ^{24}xuai^{55}iŋ^{31}tɕʰiaŋ^{21}kʰɤ^{35}lɤ^{0}i^{33}ko^{55}pau^{21}, iŋ^{31}ie^{21}tsʰa^{55}tieŋ^{24}pui^{55}ta^{31}siaŋ^{21}o^{0}.

张 明 等 坏 人抢 去 了一个 包，人也差 点 被 打 伤 哦。

12 **快要下雨了，你们别出去了。**

kʰuai^{55}iau^{35}lo^{55}y^{24}lau^{0}, li^{24}meiŋ^{31}tɕiu^{55}pu^{33}iau^{35}tɕʰy^{33}kʰɤ^{35}lau^{0}.

快 要 落雨了，你们 就 不 要 出 去 了。

13 **这毛巾很脏了，扔了它吧。**

tɕi^{35}mau^{31}kiŋ^{21}xeiŋ^{24}o^{55}tsʰoʔ^{3}lau^{0}, oŋ^{21}lɤ^{0}tʰa^{21}pa^{0}.

这 毛 巾 很 龌龊 了，翁⁼了它 吧。

14 **我们是在车站买的车票。**

ŋo^{24}meiŋ^{31}si^{55}tsai^{35}tsʰe^{55}tsaŋ^{35}mai^{24}ti^{0}tsʰe^{33}pʰiau^{35}.

我 们 是在 车 站 买 的车 票。

15　**墙上贴着一张地图。**

tɕʰiaŋ^{21}siaŋ^{35}tʰeʔ^{3}tsɿ^{0}i^{55}tɕiaŋ^{21}ti^{55}tʰu^{31}.

墙　上　贴　着　一张　地图。

16　**床上躺着一个老人。**

tsʰuaŋ^{31}pʰu^{33}siaŋ^{35}sui^{35}tsɿ^{0}i^{33}ko^{35}lau^{21}xo^{35}.

床　铺　上　睡　着　一个　老　货。

17　**河里游着好多小鱼。**

kʰi^{21}li^{0}siu^{31}tsɿ^{0}xau^{31}to^{21}y^{21}tsai^{24}.

溪　里泅　着　好　多　鱼　仔。

18　**前面走来了一个胖胖的小男孩。**

tɕʰieŋ^{31}tʰɵy^{31}tsɵy^{24}lai^{31}lɤ^{0}ko^{0}xui^{31}xui^{31}ti^{0}a^{55}tsai^{31}ko^{21}.

前　头　走　来　了个　肥　肥　的阿仔　哥。

19　**他家一下子死了三头猪。**

tʰa^{21}kia^{21}i^{33}xa^{55}tsai^{24}sɿ^{24}lɤ^{0}saŋ^{55}tʰɵy^{31}tɕy^{21}.

他　家　一下　仔　死了　三　头　猪。

20　**这辆汽车要开到广州去。**

tɕi^{55}kia^{35}kʰi^{55}tsʰe^{21}iau^{35}kʰai^{33}tau^{35}kuaŋ^{31}tɕiu^{21}kʰɤ^{35}.

这　架　汽　车　要　开　到　广　州　去。

21　**学生们坐汽车坐了两整天了。**

xyo^{55}seiŋ^{21}meiŋ^{31}tso^{35}kʰi^{55}tsʰe^{21}tso^{35}lɤ^{0}liaŋ^{31}tseiŋ^{21}tʰieŋ^{21}lau^{0}.

学　生　们　坐　汽　车　坐　了两　整　天　了。

22　**你尝尝他做的点心再走吧。**

li^{24}siaŋ^{31}siaŋ^{31}tʰa^{21}tso^{35}ti^{0}tieŋ^{31}siŋ^{21}tsai^{55}kʰɤ^{35}pa^{0}.

你尝　尝　他　做　的点　心　再　去　吧。

23　**a. 你在唱什么？ b. 我没在唱，我放着录音呢。**

a. li^{24}tsai^{55}tɕʰiaŋ^{55}sɿ^{33}mo^{21}? b. ŋo^{24}miu^{24}tsai^{55}tɕʰiaŋ^{35}, ŋo^{24}tsai^{55}xuaŋ^{35}lu^{55}iŋ^{33}ki^{21}.

a.你　在　唱　什　么？ b.我 [没有]在　唱，　我　在　放　录　音　机。

24　**a. 我吃过兔子肉，你吃过没有？ b. 没有，我没吃过。**

a. ŋo^{24}tɕʰi^{33}ko^{35}tʰu^{35}tsɿ^{0}iu^{31}lau^{0}, li^{24}tɕʰi^{33}ko^{35}miu^{24}? b. mu^{55}iu^{24}, ŋo^{24}miu^{24}tɕʰi^{33}ko^{35}.

a.我　吃　过　兔　子　肉　了，你吃　过 [没有]？ b.没有，我[没有]吃　过。

25　**我洗过澡了，今天不打篮球了。**

ŋo^{24}si^{21}ko^{55}tsau^{24}lau^{0}, kiŋ^{55}tɕiau^{21}pu^{55}ta^{24}laŋ^{31}kʰiu^{31}lau^{0}.

我　洗过　澡　了，今　朝　不　打　篮　球　了。

26 **我算得太快算错了，让我重新算一遍。**

ŋo^{24}suaŋ^{35}lɤ^{0}tʰai^{55}kʰuai^{35}lau^{0}suaŋ^{55}tsʰo^{35}tiau^{0}, laŋ^{55}ŋo^{24}tsai^{55}tsʰoŋ^{31}siŋ^{21}suaŋ^{35}i^{33}pʰieŋ^{35}.

我 算 了太 快 了 算 错 掉，让 我 再 重 新 算 一遍。

27 **他一高兴就唱起歌来了。**

tʰa^{21}i^{33}kʰuai^{55}xoʔ^{3}tɕiu^{35}tɕʰiaŋ^{55}kʰi^{31}ko^{21}lai^{31}lau^{0}.

他 一 快 活 就 唱 起 歌 来 了。

28 **谁刚才议论我老师来着？**

la^{21}ko^{35}kaŋ^{55}tsʰai^{31}tsai^{35}i^{55}lueiŋ^{35}ŋo^{31}lau^{31}sɿ^{21}?

哪 个 刚 才 在 议 论 我 老 师？

29 **只写了一半，还得写下去。**

tsɿ^{21}se^{24}lɤ^{0}i^{33}puaŋ^{35}, xai^{21}iau^{35}se^{24}xa^{55}kʰɤ^{35}.

只 写 了 一 半， 还 要 写 下 去。

30 **你才吃了一碗米饭，再吃一碗吧。**

li^{24}tsʰai^{31}tɕʰiʔ^{3}lɤ^{0}i^{55}uaŋ^{21}xuaŋ^{35}, tsai^{35}tɕʰiʔ^{3}i^{55}uaŋ^{24}pa^{0}.

你才 吃 了一碗 饭， 再 吃 一碗 吧。

31 **让孩子们先走，你再把展览仔仔细细地看一遍。**

laŋ^{35}a^{55}tsai^{31}ko^{21}sieŋ^{55}tsøy^{24}, li^{24}tsai^{35}pa^{21}tsaŋ^{21}laŋ^{24}tsɿ^{21}tsɿ^{21}si^{55}si^{35}kʰaŋ^{35}i^{33}pʰieŋ^{35}.

让 阿 仔 哥 先 走， 你 再 把 展 览 仔 仔 细 细 看 一遍。

32 **他在电视机前看着看着睡着了。**

tʰa^{21}tsai^{35}tieŋ^{55}sɿ^{35}ki^{21}tɕʰieŋ^{31}kʰaŋ^{35}tsɿ^{0}kʰaŋ^{35}tsɿ^{0}tɕiu^{55}sui^{35}tɕyoʔ^{3}lau^{0}.

他 在 电 视 机 前 看 着 看 着 就 睡 着 了。

33 **你算算看，这点钱够不够花？**

li^{24}suaŋ^{55}suaŋ^{55}kʰaŋ^{35}, tɕi^{35}tieŋ^{31}tɕʰieŋ^{31}køy^{55}pu^{33}køy^{55}ioŋ^{35}?

你算 算 看， 这 点 钱 够 不 够 用？

34 **老师给了你一本很厚的书吧？**

lau^{31}sɿ^{21}la^{21}li^{24}i^{55}peiŋ^{24}xøy^{55}xøy^{35}ti^{0}sy^{21}?

老 师 拿 你 一 本 厚 厚 的书？

35 **那个卖药的骗了他一千块钱呢。**

la^{35}ko^{0}mai^{55}yoʔ^{3}ti^{0}pʰieŋ^{35}lɤ^{0}tʰa^{21}i^{55}tɕʰieŋ^{21}kʰuai^{55}tɕʰieŋ^{31}kʰɤ^{35}.

那 个 卖 药 的 骗 了 他 一 千 块 钱 去。

36 a. **我上个月借了他三百块钱。** 借入 b. **我上个月借了他三百块钱。** 借出

a. ŋo^{24}siaŋ^{35}ko^{55}yeʔ^{3}tse^{35}lɤ^{0}tʰa^{21}saŋ^{55}pɤʔ^{3}kʰuai^{35}tɕʰieŋ^{31}.

a. 我 上 个 月 借 了 他 三 百 块 钱。

b. ŋo^{24}siaŋ^{35}ko^{55}yeʔ^{3}tse^{35}lɤ^{0}t^{h}a^{21}saŋ^{55}pɤʔ^{3}k^{h}uai^{35}tɕ^{h}ieŋ^{31}.

b. 我 上 个 月 借 了 他 三 百 块 钱。

37 **a. 王先生的刀开得很好。** 王先生是医生（施事）**b. 王先生的刀开得很好。** 王先生是病人（受事）

a. uaŋ^{31}sieŋ^{55}seiŋ^{21}ti^{0}tau^{21}k^{h}ai^{21}tɤ^{0}xeiŋ^{21}xau^{24}.

a. 王 先 生 的刀 开 得很 好。

b. uaŋ^{31}sieŋ^{55}seiŋ^{21}ti^{0}tau^{21}k^{h}ai^{21}tɤ^{0}xeiŋ^{21}xau^{24}.

b. 王 先 生 的刀 开 得很 好。

38 **我不能怪人家，只能怪自己。**

ŋo^{24}pu^{55}leiŋ^{31}kuai^{35}iŋ^{31}kia^{21}, tsɿ^{31}leiŋ^{31}kuai^{35}tsi^{55}ki^{24}.

我 不 能 怪 人家，只 能 怪 自 己。

39 **a. 明天王经理会来公司吗？ b. 我看他不会来。**

a. miŋ^{31}tɕiau^{21}uaŋ^{31}kiŋ^{55}li^{24}xui^{55}lai^{31}koŋ^{55}sɿ^{21}ma^{55}? b. ŋo^{24}k^{h}aŋ^{55}t^{h}a^{21}pu^{33}xui^{55}lai^{31}.

a. 明 朝 王 经 理会 来 公 司吗？ b. 我 看 他 不 会 来。

40 **我们用什么车从南京往这里运家具呢？**

ŋo^{24}meiŋ^{31}ioŋ^{35}sɿ^{33}mo^{21}ts^{h}e^{21}pa^{24}kia^{33}ky^{35}ts^{h}oŋ^{31}laŋ^{31}kiŋ^{21}yŋ^{55}xui^{31}lai^{31}?

我 们 用 什 么 车 把 家 具 从 南 京 运 回 来？

41 **他像个病人似的靠在沙发上。**

t^{h}a^{21}siaŋ^{55}ko^{35}piŋ^{55}tau^{24}ti^{0}iŋ^{31}i^{33}iaŋ^{35}k^{h}au^{55}tsai^{35}sa^{55}xua^{21}siaŋ^{35}.

他 像 个 病 倒 的人一 样 靠 在 沙 发 上。

42 **这么干活连小伙子都会累坏的。**

tɕiaŋ^{35}tso^{35}sɿ^{55}tseʔ^{3}lieŋ^{31}xøy^{55}seiŋ^{21}tsai^{24}tu^{21}miu^{21}paŋ^{55}xuaʔ^{3}.

酱$^{=}$ 做 事 节$^{=}$ 连 后 生 仔 都[没有]办 法。

43 **他跳上末班车走了。我迟到一步，只能自己慢慢走回学校了。**

t^{h}a^{21}t^{h}iau^{55}siaŋ^{35}ui^{31}paŋ^{55}ts^{h}e^{21}tsøy^{24}lau^{0}. ŋo^{33}tɕ^{h}i^{21}tau^{35}lɤ^{0}i^{33}pu^{35}, ŋo^{24}tsɿ^{31}leiŋ^{31}tsɿ^{55}ki^{24}maŋ^{55}

他 跳 上 尾 班 车 走 了。我 迟 到 了一步，我 只 能 自 己 慢

maŋ^{35}ti^{0}tsøy^{24}xui^{31}xyo^{33}xiau^{35}.

慢 地走 回 学 校。

44 **这是谁写的诗？谁猜出来我就奖励谁十块钱。**

tɕi^{55}si^{35}la^{21}ko^{35}se^{24}ti^{0}sɿ^{21}? la^{21}ko^{35}ts^{h}ai^{21}lɤ^{0}tɕ^{h}y^{55}lai^{31}ŋo^{24}tɕiu^{55}tɕiaŋ^{21}li^{35}la^{21}ko^{35}si^{33}k^{h}uai^{55}tɕ^{h}ieŋ^{31}.

这 是哪 个 写 的诗？哪 个 猜 了出 来 我 就 奖 励哪 个 十 块 钱。

45 **我给你的书是我教中学的舅舅写的。**

ŋo^{24}la^{21}li^{24}ti^{0}sy^{21}si^{35}ŋo^{24}kiau^{35}tsoŋ^{55}xyoʔ^{3}ti^{0}a^{21}kiu^{35}se^{24}ti^{0}.

我 拿你的书是 我 教　中　学　的阿舅 写的。

46 **你比我高，他比你还要高。**

li^{24}pi^{21}ŋo^{21}kau^{21}, tʰa^{21}pi^{21}li^{24}xai^{21}iau^{35}kau^{21}.

你比 我 高， 他 比 你还 要 高。

47 **老王跟老张一样高。**

lau^{31}uaŋ^{31}tau^{21}lau^{31}tɕiaŋ^{21}i^{33}iaŋ^{55}kau^{21}.

老 王 导 老 张　一样 高。

48 **我走了，你们俩再多坐一会儿。**

ŋo^{24}iau^{55}tsəy^{24}lau^{0}, li^{24}meiŋ^{31}liaŋ^{21}ko^{35}tsai^{35}to^{55}tso^{35}i^{33}xa^{55}tsai^{24}.

我 要 走　了，你们　两　个 再　多坐　一下 仔。

49 **我说不过他，谁都说不过这个家伙。**

ŋo^{24}kiaŋ^{31}tʰa^{21}pu^{33}ko^{35}, la^{21}ko^{35}tu^{21}kiaŋ^{24}pu^{33}ko^{55}tɕi^{35}ko^{0}kia^{55}xo^{24}.

我 讲　他 不 过， 哪 个 都 讲　不 过 这 个 家　伙。

50 **上次只买了一本书，今天要多买几本。**

siaŋ^{35}tsʰɿ^{35}tsɿ^{21}mai^{24}lɤ^{0}i^{55}peiŋ^{31}sy^{21}, kiŋ^{55}tɕiau^{21}iau^{55}to^{21}mai^{21}ki^{21}peiŋ^{24}.

上　次　只　买　了一 本　书， 今　朝　要 多 买　几本。

第二节

《汉语方言语法调查例句》

本节语法例句共248句，总称为《汉语方言语法调查例句》，可以作为《中国语言资源调查手册·汉语方言》50个语法例句的补充和扩展。这些例句根据以下几个来源综合：（1）中国社会科学院语言研究所方言组《方言调查词汇表》第叁拾壹部分“语法”，参看《方言》1981：201—203；（2）丁声树《方言调查词汇手册》第18部分，参看《方言》1989：91—97；（3）中国社会科学院语言研究所“汉语方言重点调查”（1988—1992）课题组编印的“语法调查例句”（油印本）；（4）中国社会科学院A类重大研究课题“中国濒危语言方言调查研究与新编《中国语言地图集》”（2002—2007）编印的“词汇语法调查条目”（油印本）；（5）根据通行语法著作适当选取的其他一些语法例句。

001　**这句话用南平话怎么说？**

tɕi^{35}ky^{55}xua^{35}ioŋ^{35}naŋ^{21}p^{h}iŋ^{21}xua^{35}tseiŋ^{21}maŋ^{35}kiaŋ^{24}?

这 句 话 用 南 平 话 怎 慢⁼ 讲？

002　**你还会说别的地方的话吗？**

li^{24}xai^{21}xui^{55}kiaŋ^{24}peʔ^{3}ti^{0}ti^{55}xuaŋ^{21}ti^{0}xua^{35}pa^{0}?

你还 会 讲 别 的地方 的话 吧？

003　**不会了，我从小就没出过门，只会说南平话。**

pu^{33}xui^{35}lau^{0}, ŋo^{24}ts^{h}oŋ^{21}siau^{24}tɕiu^{55}miu^{24}tɕ^{h}y^{33}ko^{55}meiŋ^{31}, tsɿ^{21}xui^{55}kiaŋ^{24}laŋ^{21}p^{h}iŋ^{21}xua^{35}.

不 会 了，我 从 小 就 [没有]出 过 门， 只 会 讲 南 平 话。

004　**会，还会说福州话、夏道话，不过说得不怎么好。**

xui^{35}, ŋo^{24}xui^{55}kiaŋ^{24}xu^{55}tɕiu^{21}xua^{35}a^{0}, xa^{55}tau^{35}xua^{35}a^{0}, pu^{33}ko^{55}kiaŋ^{24}tɤ^{0}puʔ^{3}sɿ^{33}mo^{21}xau^{24}.

会，我 会 讲 福 州 话 啊、夏 道 话 啊，不 过 讲 得不 什 么 好。

005 会说普通话吗?

xui^{55}kiaŋ^{24}p^{h}u^{31}t^{h}oŋ^{33}xua^{35}puʔ^{3}?

会 讲 普 通 话 不?

006 不会说，没有学过。

pu^{33}xui^{55}kiaŋ^{24}, miu^{24}xyo^{33}ko^{35}.

不 会 讲，[没有]学 过。

007 会说一点儿，不标准就是了。

xui^{55}kiaŋ^{24}i^{55}tieŋ^{24}, taŋ^{55}si^{35}kiaŋ^{24}tɤ^{0}pu^{55}piau^{33}tsueiŋ^{24}.

会 讲 一点， 但 是讲 得不 标 准。

008 在什么地方学的普通话?

tsai^{55}sɿ^{21}mo^{33}ti^{55}xuaŋ^{21}xyoʔ^{3}ti^{0}p^{h}u^{31}t^{h}oŋ^{33}xua^{35}a^{0}?

在 什 么 地方 学 的普 通 话 啊?

009 上小学中学都学普通话。

siaŋ^{55}siau^{21}xyoʔ^{3}tsoŋ^{55}xyoʔ^{3}tu^{55}kiaŋ^{21}p^{h}u^{31}t^{h}oŋ^{33}xua^{35}.

上 小 学 中 学 都讲 普 通 话。

010 谁呀? 我是老王。

la^{21}ko^{35}a^{0}? ŋo^{24}si^{55}lau^{31}uaŋ^{31}.

哪 个 啊? 我 是 老 王。

011 您贵姓? 我姓王，您呢?

li^{21}siŋ^{55}sɿ^{33}mo^{21}o^{0}? ŋo^{24}siŋ^{55}uaŋ^{31}, li^{24}le^{0}?

你姓 什 么 哦? 我 姓 王， 你呢?

012 我也姓王，咱俩都姓王。

ŋo^{24}ie^{21}siŋ^{55}uaŋ^{31}, ŋo^{31}meiŋ^{31}liaŋ^{21}ko^{55}iŋ^{31}tu^{21}siŋ^{55}uaŋ^{31}.

我 也 姓 王， 我 们 两 个 人 都 姓 王。

013 巧了，他也姓王，本来是一家嘛。

liaŋ^{55}xau^{24}, t^{h}a^{21}ie^{24}siŋ^{55}uaŋ^{31}, peiŋ^{31}lai^{21}si^{55}i^{55}kia^{33}iŋ^{31}.

亮$^{=}$ 好， 他 也 姓 王， 本 来 是 一家 人。

014 老张来了吗? 说好他也来的!

lau^{31}tɕiaŋ^{21}lai^{31}lɤ^{0}mu^{55}iu^{24}? kiaŋ^{21}xau^{24}t^{h}a^{21}ie^{24}lai^{31}ti^{0}!

老 张 来 了没 有? 讲 好 他 也 来 的!

015 他没来，还没到吧。

t^{h}a^{21}miu^{24}lai^{31}, xai^{21}miu^{24}tau^{35}pa^{0}.

他[没有]来，还[没有]到 吧。

016 **他上哪儿了？还在家里呢。**

t^{h}a^{21}k^{h}ɤ^{55}la^{55}se^{21}la^{0}? xai^{21}tsai^{55}kia^{21}li^{0}.

他 去 哪些$^{=}$啦? 还 在 家 里。

017 **在家做什么？在家吃饭呢。**

tsai^{55}kia^{21}tso^{55}mo^{21}? tsai^{55}kia^{21}tɕ^{h}i^{33}xuaŋ^{35}.

在 家 做 么? 在 家 吃 饭。

018 **都几点了，怎么还没吃完？**

tu^{21}ki^{31}to^{55}tieŋ^{24}lau^{0}, xai^{31}miu^{31}tɕ^{h}iʔ^{3}xa^{55}k^{h}ɤ^{35}?

都 几 多点 了，还[没有]吃 下 去?

019 **还没有呢，再有一会儿就吃完了。**

xai^{21}mu^{55}iu^{24}o^{0}, tsai^{55}teiŋ^{24}xa^{55}tsai^{24}tɕiu^{55}tɕ^{h}iʔ^{3}xa^{55}k^{h}ɤ^{35}lau^{0}.

还 没 有哦，再 等 下 仔 就 吃 下 去 了。

020 **他在哪儿吃的饭？**

t^{h}a^{21}tsai^{55}la^{55}se^{21}tɕ^{h}i^{33}xuaŋ^{35}?

他 在 哪些$^{=}$吃 饭?

021 **他是在我家吃的饭。**

t^{h}a^{21}si^{55}tsai^{55}ŋo^{31}kia^{21}tɕ^{h}i^{33}xuaŋ^{35}.

他 是在 我 家 吃 饭。

022 **真的吗？真的，他是在我家吃的饭。**

tseiŋ^{21}ti^{0}a^{0}? tseiŋ^{21}ti^{0}o^{0}, t^{h}a^{21}si^{55}tsai^{55}ŋo^{31}kia^{21}tɕ^{h}i^{33}xuaŋ^{35}ti^{0}.

真 的啊?真 的哦,他 是 在 我 家 吃 饭 的。

023 **先喝一杯茶再说吧！**

sieŋ^{21}tɕ^{h}iʔ^{3}i^{55}pui^{55}ts^{h}a^{31}tsai^{55}kiaŋ^{24}ma^{0}!

先 吃 一杯 茶 再 讲 嘛!

024 **说好了就走的，怎么半天了还不走？**

kiaŋ^{21}xau^{24}lɤ^{0}tɕiu^{55}tsøy^{24}ti^{0}a^{0}, tseiŋ^{21}mo^{33}puaŋ^{55}t^{h}ieŋ^{21}xai^{31}pu^{55}tsøy^{24}?

讲 好 了就 走 的啊,怎 么 半 天 还 不 走?

025 **他磨磨蹭蹭的，做什么呢？**

t^{h}a^{21}ai^{21}ia^{33}ai^{21}ti^{0}tso^{55}sɿ^{33}mo^{21}?

他 挨 呀 挨的做 什 么?

026 **他正在那儿跟一个朋友说话呢。**

t^{h}a^{21}tsai^{55}t^{h}oŋ^{31}i^{33}ko^{35}p^{h}eiŋ^{21}iu^{24}kiaŋ^{21}xua^{35}.

他 在 同 一个 朋 友 讲 话。

027　**还没说完啊？催他快点儿！**

xai^{31}miu^{31}kiaŋ^{21}t^{h}iau^{35}a^{0}, xaŋ^{31}t^{h}a^{21}k^{h}uai^{35}tieŋ^{24}!

还[没有]讲 掉 啊，喊 他 快 点！

028　**好，好，他就来了。**

xau^{24}o^{0}, t^{h}a^{21}tɕiu^{55}lai^{31}lau^{0}.

好 哦，他 就 来 了。

029　**你上哪儿去？我上街去。**

li^{21}k^{h}ɤ^{55}la^{55}se^{21}a^{0}? ŋo^{24}k^{h}ɤ^{55}kai^{33}lu^{35}.

你去 哪 些⁼啊？我 去 街 路。

030　**你多会儿去？我马上就去。**

li^{24}sɿ^{33}mo^{21}si^{21}xɵy^{35}k^{h}ɤ^{35}a^{0}? ŋo^{24}ma^{21}siaŋ^{35}tɕiu^{55}k^{h}ɤ^{35}.

你什 么 时候 去 啊？我 马 上 就 去。

031　**做什么去呀？家里来客人了，买点儿菜去。**

k^{h}ɤ^{35}tso^{55}sɿ^{33}mo^{21}o^{0}? kia^{21}li^{0}iu^{31}iŋ^{31}k^{h}ɤʔ^{3}lai^{31}, k^{h}ɤ^{55}mai^{24}tieŋ^{21}ts^{h}ai^{35}.

去 做 什 么 哦？家 里有 人客 来，去 买 点 菜。

032　**你先去吧，我们一会儿再去。**

li^{24}sieŋ^{33}k^{h}ɤ^{35}pa^{0}, ŋo^{24}meiŋ^{31}i^{33}xa^{55}tsai^{24}tsai^{55}k^{h}ɤ^{35}.

你先 去 吧，我 们 一下 仔 再 去。

033　**好好儿走，别跑！小心摔跤了。**

xau^{21}xau^{33}tsɵy^{24}, piau^{55}p^{h}au^{31}! siau^{31}siŋ^{21}te^{55}tau^{24}.

好 好 走， 嫑 跑！ 小 心 跌倒。

034　**小心点儿，不然的话摔下去爬都爬不起来。**

siau^{31}siŋ^{21}tieŋ^{24}, iau^{55}si^{35}te^{33}xa^{55}k^{h}ɤ^{35}p^{h}a^{31}tu^{21}p^{h}a^{31}pu^{33}siaŋ^{55}lai^{31}.

小 心 点， 要 是跌下 去 爬 都爬 不上 来。

035　**不早了，快去吧！**

t^{h}ai^{55}tɕ^{h}i^{21}lau^{0}, k^{h}uai^{35}tieŋ^{21}k^{h}ɤ^{35}lau^{0}!

太 迟 了，快 点 去 了！

036　**这会儿还早呢，过一会儿再去吧。**

tɕi^{55}p^{h}aŋ^{31}xai^{21}tsau^{24}le^{0}, tsai^{55}ko^{35}i^{33}xa^{55}tsai^{24}k^{h}ɤ^{35}.

这 爿 还 早 呢，再 过一下 仔 去。

037　**吃了饭再去好不好？**

tɕ^{h}iʔ^{3}lɤ^{0}xuaŋ^{35}tsai^{55}k^{h}ɤ^{35}xau^{21}pu^{55}xau^{24}?

吃 了饭 再 去 好 不 好？

038　**不行，那可就来不及了。**

ioŋ^{55}puʔ^{3}tɤʔ^{3}, teiŋ^{24}xa^{55}lai^{33}pu^{55}kiʔ^{3}lau^{0}.

用不得，等下来不及了。

039　**不管你去不去，反正我是要去的。**

pu^{55}kuaŋ^{24}li^{24}k^{h}ɤ^{55}pu^{33}k^{h}ɤ^{35}, xuaŋ^{21}tseiŋ^{35}ŋo^{24}si^{33}iau^{55}k^{h}ɤ^{35}ti^{0}a^{0}.

不管你去不去，反正我是要去的啊。

040　**你爱去不去。你爱去就去，不爱去就不去。**

li^{24}ai^{55}k^{h}ɤ^{35}tɕiu^{55}k^{h}ɤ^{35}, pu^{33}ai^{55}k^{h}ɤ^{35}tɕiu^{55}pu^{33}k^{h}ɤ^{35}.

你爱去就去，不爱去就不去。

041　**那我非去不可！**

la^{55}ŋo^{24}i^{33}tiŋ^{35}iau^{55}k^{h}ɤ^{35}o^{0}!

那我一定要去哦!

042　**那个东西不在那儿，也不在这儿。**

la^{35}ko^{0}toŋ^{55}si^{21}pu^{33}tsai^{55}la^{35}li^{0}a^{0}, ie^{21}pu^{33}tsai^{55}tɕi^{35}li^{0}a^{0}.

那个东西不在那里啊,也不在这里啊。

043　**那到底在哪儿？**

la^{55}tau^{55}ti^{24}tsai^{55}la^{55}se^{21}a^{0}?

那到底在哪些$^{=}$啊?

044　**我也说不清楚，你问他去！**

ŋo^{24}ie^{21}piau^{33}tɤʔ^{3}, li^{24}k^{h}ɤ^{55}ueiŋ^{55}t^{h}a^{21}!

我也表$^{=}$得，你去问他!

045　**怎么办呢？不是那么办，要这么办才对。**

tseiŋ^{21}maŋ^{55}paŋ^{35}a^{0}? pu^{33}si^{35}liaŋ^{35}tsɿ^{0}tso^{35}, si^{55}iau^{35}tɕiaŋ^{35}tsɿ^{0}tso^{55}ts^{h}ai^{21}tui^{35}.

怎慢$^{=}$办啊?不是亮$^{=}$子做，是要酱$^{=}$子做才对。

046　**要多少才够呢？**

iau^{55}ki^{31}to^{21}ts^{h}ai^{21}køy^{35}?

要几多才够?

047　**太多了，要不了那么多，只要这么多就够了。**

t^{h}ai^{55}to^{21}lau^{0}, pu^{33}iau^{55}lɤ^{55}mɤ^{33}to^{21}, tsɿ^{21}iau^{35}tsɤ^{55}mɤ^{33}to^{21}tɕiu^{55}k^{h}o^{21}i^{24}lau^{0}.

太多了，不要那么多，只要这么多就可以了。

048　**不管怎么忙，也得好好儿学习。**

pu^{55}kuaŋ^{24}tseiŋ^{21}mo^{33}maŋ^{31}, ie^{21}tɤʔ^{3}xau^{21}xau^{33}xyo^{55}siʔ^{3}.

不管怎么忙，也得好好学习。

049 **你闻闻这朵花香不香?**

li^{24}ueiŋ^{31}ueiŋ^{31}xa^{35}tɕi^{55}to^{31}xua^{21}xiaŋ^{21}pu^{55}xiaŋ^{21}?

你闻 闻 下 这 朵 花 香 不 香?

050 **好香呀，是不是?**

tseiŋ^{55}xiaŋ^{21}o^{0}, si^{55}pu^{33}si^{35}a^{0}?

真 香 哦,是 不 是 啊?

051 **你是抽烟呢，还是喝茶?**

li^{24}si^{35}tɕʰi^{55}ieŋ^{21}a^{0}si^{35}tɕʰi^{55}tsʰa^{31}?

你 是 吃 烟 啊是 吃 茶?

052 **烟也好，茶也好，我都不会。**

ieŋ^{21}ie^{21}xau^{24}, tsʰa^{31}ie^{21}xau^{24}, ŋo^{24}tu^{21}pu^{55}tɕʰiʔ^{3}.

烟 也好， 茶 也好， 我 都 不 吃。

053 **医生叫你多睡一睡，抽烟喝茶都不行。**

i^{55}seiŋ^{21}xaŋ^{21}li^{24}to^{33}sui^{55}xa^{35}, ieŋ^{21}tau^{31}tsʰa^{31}tu^{33}pu^{55}leiŋ^{31}tɕʰiʔ^{3}.

医生 喊 你 多 睡 下，烟 导 茶 都不 能 吃。

054 **咱们一边走一边说。**

ŋo^{24}meiŋ^{31}i^{55}pieŋ^{33}tsøy^{24}i^{55}pieŋ^{33}kiaŋ^{24}.

我 们 一边 走 一边 讲。

055 **这个东西好是好，就是太贵了。**

tɕi^{35}ko^{0}toŋ^{55}si^{21}xau^{21}si^{55}xau^{24}, tɕiu^{55}si^{35}tʰai^{55}kui^{35}lau^{0}.

这 个 东 西 好 是 好， 就 是 太 贵 了。

056 **这个东西虽说贵了点儿，不过挺结实的。**

tɕi^{35}ko^{0}toŋ^{55}si^{21}kui^{35}si^{55}kui^{35}lɤ^{0}i^{55}tieŋ^{24}, pu^{33}ko^{35}xai^{21}si^{35}maŋ^{31}lau^{21}ku^{35}ti^{0}.

这 个 东 西 贵 是 贵 了一点， 不 过 还 是 蛮 牢 固 的。

057 **他今年多大了?**

tʰa^{21}kiŋ^{55}lieŋ^{31}ki^{31}to^{33}sui^{35}la^{0}?

他 今 年 几 多 岁 啦?

058 **也就是三十来岁吧。**

ie^{21}tɕiu^{55}si^{35}saŋ^{55}siʔ^{3}tso^{21}iu^{35}pa^{0}.

也 就 是 三 十 左 右 吧。

059 **看上去不过三十多岁的样子。**

kʰaŋ^{35}siaŋ^{55}kʰɤ^{35}pu^{33}ko^{35}saŋ^{55}si^{33}to^{33}sui^{35}ti^{0}iaŋ^{35}tsɿ^{0}.

看 上 去 不 过 三 十 多 岁 的样 子。

060 **这个东西有多重呢?**

tɕi^{35}ko^{0}toŋ^{55}si^{21}iu^{24}ki^{31}to^{33}tsoŋ^{35}?

这 个东 西有 几多 重?

061 **怕有五十多斤吧。**

ta^{55}kai^{35}iu^{24}u^{33}siʔ^{3}to^{55}kiŋ^{21}ma^{0}.

大概 有五 十 多 斤 嘛。

062 **我五点半就起来了,你怎么七点了还不起来?**

ŋo^{24}u^{21}tieŋ^{21}puaŋ^{35}tɕiu^{55}kʰi^{31}lai^{31}lau^{0}, li^{24}sɿ^{33}mo^{21}tɕʰi^{55}tieŋ^{24}xai^{21}pu^{55}kʰi^{31}lai^{31}?

我 五点 半 就 起 来 了,你什么 七 点 还 不 起 来?

063 **三四个人盖一床被。一床被盖三四个人。**

saŋ^{33}sɿ^{55}ko^{55}iŋ^{31}kai^{55}i^{55}tsʰuaŋ^{31}pi^{55}o^{21}. i^{55}tsʰuaŋ^{31}pi^{55}o^{21}kai^{55}saŋ^{33}sɿ^{55}ko^{55}iŋ^{31}.

三 四个 人盖 一床 被窝。一床 被窝盖 三 四个 人。

064 **一个大饼夹一根油条。一根油条外加一个大饼。**

i^{33}kʰuai^{35}piŋ^{24}kiaʔ^{3}i^{55}keiŋ^{21}iu^{21}tsa^{55}kui^{24}. i^{55}keiŋ^{21}iu^{21}tsa^{55}kui^{24}kia^{21}i^{33}kʰuai^{55}piŋ^{24}.

一块 饼 夹 一根 油 炸 粿。一 根 油 炸 粿 加 一块 饼。

065 **两个人坐一张凳子。一张凳子坐了两个人。**

liaŋ^{21}ko^{55}iŋ^{31}tso^{35}i^{55}tɕiaŋ^{33}teiŋ^{35}tsɿ^{0}. i^{55}tɕiaŋ^{33}teiŋ^{35}tsɿ^{0}tso^{35}lɤ^{0}liaŋ^{21}ko^{55}iŋ^{31}.

两 个 人坐 一张 凳 子。一张 凳 子坐 了两 个 人。

066 **一辆车装三千斤麦子。三千斤麦子刚好够装一辆车。**

i^{33}kia^{55}tsʰe^{21}tsɿ^{0}tsuaŋ^{21}saŋ^{55}tɕʰieŋ^{55}kiŋ^{21}mɤʔ^{3}tsɿ^{0}. saŋ^{55}tɕʰieŋ^{55}kiŋ^{21}mɤʔ^{3}tsɿ^{0}kaŋ^{55}xau^{24}tsuaŋ^{21}i^{33}

一架 车 子装 三 千 斤 麦 子。三 千 斤 麦 子刚 好 装 一

kia^{55}tsʰe^{21}.

架 车。

067 **十个人吃一锅饭。一锅饭够吃十个人。**

si^{33}ko^{55}iŋ^{31}tɕʰiʔ^{3}i^{55}ko^{33}xuaŋ^{35}. i^{55}ko^{33}xuaŋ^{35}kɵy^{55}si^{33}ko^{55}iŋ^{31}tɕʰiʔ^{3}.

十个 人吃 一锅 饭。 一锅 饭 够 十 个 人吃。

068 **十个人吃不了这锅饭。这锅饭吃不了十个人。**

si^{33}ko^{55}iŋ^{31}tɕʰi^{55}pu^{55}liau^{24}tɕi^{55}ko^{21}xuaŋ^{35}. tɕi^{55}ko^{21}xuaŋ^{35}pu^{33}kɵy^{35}si^{33}ko^{55}iŋ^{31}tɕʰiʔ^{3}.

十个 人吃 不 了 这 锅 饭。 这 锅 饭 不 够 十 个 人 吃。

069 **这个屋子住不下十个人。**

tɕi^{35}ko^{0}xuaŋ^{31}tsɿ^{0}tɕy^{55}pu^{33}xa^{55}kʰɤ^{35}si^{33}ko^{55}iŋ^{31}.

这 个房 子住 不 下 去 十 个 人。

070 小屋堆东西，大屋住人。

siau^{31}xaŋ^{31}kieŋ^{21}tui^{55}toŋ^{55}si^{21}, ta^{55}xaŋ^{31}kieŋ^{21}tɕy^{55}iŋ^{31}.

小 房 间 堆 东 西，大 房 间 住 人。

071 他们几个人正说着话呢。

t^{h}a^{21}meiŋ^{31}ki^{21}ko^{55}iŋ^{31}tseiŋ^{55}tsai^{35}kiaŋ^{21}xua^{35}.

他 们 几 个 人 正 在 讲 话。

072 桌上放着一碗水，小心别碰倒了。

tso^{33}siaŋ^{35}xuaŋ^{55}tsɿ^{0}i^{55}uaŋ^{21}sui^{24}, siau^{31}siŋ^{33}pu^{33}iau^{55}p^{h}oŋ^{55}tau^{24}lau^{0}.

桌 上 放 着 一碗 水，小 心 不 要 碰 倒 了。

073 门口站着一帮人，在说着什么。

meiŋ^{21}k^{h}ɵy^{24}liʔ^{3}tsɿ^{0}i^{33}paŋ^{55}iŋ^{31}, tsai^{55}kiaŋ^{21}xua^{35}.

门 口 立 着 一 帮 人，在 讲 话。

074 坐着吃好，还是站着吃好？

tso^{35}tsɿ^{0}tɕ^{h}iʔ^{3}xau^{24}a^{0}, xai^{21}si^{35}liʔ^{3}tsɿ^{0}tɕ^{h}iʔ^{3}xau^{24}?

坐 着 吃 好 啊，还 是 立 着 吃 好？

075 想着说，不要抢着说。

siaŋ^{21}xau^{24}tsai^{55}kiaŋ^{24}, pu^{33}iau^{35}tɕ^{h}iaŋ^{24}tsɿ^{0}kiaŋ^{24}.

想 好 再 讲，不 要 抢 着 讲。

076 说着说着就笑起来了。

kiaŋ^{24}tsɿ^{0}kiaŋ^{24}tsɿ^{0}tɕiu^{55}siau^{35}k^{h}i^{31}lai^{31}lau^{0}.

讲 着 讲 着 就 笑 起 来 了。

077 别怕！你大着胆子说吧。

piau^{55}kiŋ^{21}! li^{24}ta^{55}taŋ^{24}ti^{0}kiaŋ^{24}pa^{0}.

嫑 惊！你 大 胆 地 讲 吧。

078 这个东西重着呢，足有一百来斤。

tɕi^{35}ko^{0}toŋ^{55}si^{21}xeiŋ^{21}tsoŋ^{35}a^{0}, k^{h}i^{21}ma^{24}iu^{21}i^{55}pɤʔ^{3}to^{55}kiŋ^{21}.

这 个 东 西 很 重 啊，起 码 有 一 百 多 斤。

079 他对人可好着呢。

t^{h}a^{21}tui^{55}iŋ^{31}xui^{55}tɕ^{h}iaŋ^{31}xau^{24}.

他 对 人 非 常 好。

080 这小伙子可有劲着呢。

tɕi^{35}ko^{0}a^{55}tsai^{31}ko^{21}xeiŋ^{21}iu^{24}li^{33}k^{h}i^{35}o^{0}.

这 个 阿 仔 哥 很 有 力 气 哦。

081 **别跑，你给我站着！**

piau^{55}p^{h}au^{31}, li^{24}t^{h}iŋ^{55}ŋo^{24}liʔ^{3}tsɿ^{0}!

覅 跑， 你替 我 立着！

082 **下雨了，路上小心着！**

lo^{55}y^{24}lau^{0}, lu^{55}siaŋ^{35}siau^{21}siŋ^{33}i^{55}tieŋ^{24}.

落雨了，路上 小 心 一点。

083 **点着火了。着凉了。**

xo^{24}tieŋ^{21}tɕyoʔ^{3}lau^{0}. leiŋ^{24}tɕyoʔ^{3}lau^{0}.

火点 着 了。冷 着 了。

084 **甭着急，慢慢儿来。**

piau^{55}kiʔ^{3}, maŋ^{55}maŋ^{35}lai^{31}.

覅 急，慢 慢 来。

085 **我正在这儿找着呢，还没找着。**

ŋo^{24}tseiŋ^{55}tsai^{35}tɕi^{35}li^{0}syŋ^{31}, xai^{31}miu^{31}syŋ^{31}tɕyoʔ^{3}.

我 正 在 这 里寻，还 [没有]寻 着。

086 **她呀，可厉害着呢！**

t^{h}a^{21}a^{0}, kuai^{55}li^{33}xai^{35}tia^{0}.

她 啊，怪 厉害[的啊]。

087 **这本书好看着呢。**

tɕi^{55}peiŋ^{31}sy^{21}kuai^{55}xau^{21}k^{h}aŋ^{35}tia^{0}.

这 本 书 怪 好 看 [的啊]。

088 **饭好了，快来吃吧。**

xuaŋ^{35}xau^{24}lau^{0}, kaŋ^{21}k^{h}uai^{35}lai^{31}tɕ^{h}iʔ^{3}pa^{0}.

饭 好 了，赶 快 来 吃 吧。

089 **锅里还有饭没有？你去看一看。**

ko^{21}li^{0}xai^{31}iu^{21}miu^{24}xuaŋ^{35}a^{0}? li^{24}k^{h}ɤ^{55}k^{h}aŋ^{35}xa^{35}.

锅 里还 有[没有]饭 啊？你去 看 下。

090 **我去看了，没有饭了。**

ŋo^{24}k^{h}aŋ^{35}lau^{0}, mu^{55}iu^{24}xuaŋ^{35}lau^{0}.

我 看 了，没 有 饭 了。

091 **就剩一点儿了，吃了得了。**

tɕiu^{55}seiŋ^{55}i^{55}tieŋ^{21}tieŋ^{24}lau^{0}, tɕ^{h}i^{33}tiau^{35}suaŋ^{35}lau^{0}.

就 剩 一点 点 了，吃 掉 算 了。

092 吃了饭要慢慢儿地走，别跑，小心肚子疼。

xuaŋ35kaŋ55kaŋ21tɕʰi33xa55kʰɤ35, iau55maŋ55maŋ35tsøy24, piau55pʰau24, siau31siŋ21tu35tʰeiŋ31.

饭 刚 刚 吃 下 去，要 慢 慢 走，覅 跑，小 心 肚 疼。

093 他吃了饭了，你吃了饭没有呢？

tʰa21xuaŋ35i55kiŋ21tɕʰi33xa55kʰɤ35lau0, li24tɕʰiʔ3lɤ0mu55iu24?

他 饭 已经 吃 下 去 了，你 吃 了 没 有？

094 我喝了茶还是渴。

ŋo24tɕʰiʔ3lɤ0tsʰa31xai21si35kʰøy31kaŋ21.

我 吃 了 茶 还 是 口 干。

095 我吃了晚饭，出去溜达了一会儿，回来就睡下了，还做了个梦。

ŋo24tɕʰiʔ3lɤ0uaŋ21xuaŋ35, tɕʰy33kʰɤ35syeŋ31lɤ0i33xa35, xui31lai31tɕiu55sui55kiau35lau0, xai21tso35lɤ0 ko55moŋ35.

我 吃 了 晚 饭，出 去 旋 了 一 下，回 来 就 睡 觉 了，还 做 了 个 梦。

096 吃了这碗饭再说。

tɕʰiʔ3lɤ0tɕi55uaŋ21xuaŋ35tsai55kiaŋ24.

吃 了 这 碗 饭 再 讲。

097 我昨天照了相了。

ŋo24tso55iʔ3kʰɤ55tɕiau55siaŋ35lau0.

我 昨 日 去 照 相 了。

098 有了人，什么事都好办。

iu31iŋ31, sɿ33mo21sɿ55tseʔ3tu55xau21tso35.

有 人，什 么 事 节= 都 好 做。

099 不要把茶杯打碎了。

pu33iau35pa24tsʰa31pui21ta21tsʰui55tiau35.

不 要 把 茶 杯 打 碎 掉。

100 你快把这碗饭吃了，饭都凉了。

li24kaŋ21kʰuai35pa24tɕi55uaŋ21xuaŋ35tɕʰi33tiau35, xuaŋ35tu55leiŋ21tiau35lau0.

你 赶 快 把 这 碗 饭 吃 掉，饭 都 冷 掉 了。

101 下雨了。雨不下了，天晴开了。

lo55y24lau0. miu24y24lau0, tʰieŋ55tɕʰiŋ31lau0.

落 雨 了。[没有] 雨 了，天 晴 了。

102 打了一下。去了一趟。

ta^{24}lɤ^{0}i^{33}xa^{35}. kʰɤ^{35}lɤ^{0}i^{55}xui^{31}.

打 了一下。去 了一回。

103 晚了就不好了，咱们快点儿走吧！

tʰai^{55}tɕʰi^{31}lau^{0}tɕiu^{33}pu^{55}xau^{24}lau^{0}, ŋo^{24}meiŋ^{31}kaŋ^{21}kʰuai^{35}tsɵy^{24}la^{0}!

太 迟 了就 不 好 了，我 们 赶 快 走 啦！

104 给你三天时间做得了做不了？

la^{21}li^{24}saŋ^{55}tʰieŋ^{21}si^{31}kieŋ^{21}, tso^{35}tɤ^{0}tʰiau^{35}tso^{55}pu^{33}tʰiau^{35}?

拿 你三 天 时 间， 做 得 掉 做 不 掉？

105 你做得了，我做不了。

li^{24}tso^{35}tɤ^{0}tʰiau^{35}, ŋo^{24}tso^{55}pu^{33}tʰiau^{35}.

你 做 得 掉， 我 做 不 掉。

106 你骗不了我。

li^{24}pʰieŋ^{55}pu^{55}liau^{24}ŋo^{24}.

你 骗 不 了 我。

107 了了这桩事情再说。

loŋ^{55}tɕʰiŋ^{21}tɕiaŋ^{55}sɿ^{55}tseʔ^{3}tsai^{55}kiaŋ^{24}.

弄 清 酱⁼ 事 节⁼ 再 讲。

108 这间房没住过人。

tɕi^{35}ko^{0}xaŋ^{31}kieŋ^{21}miu^{24}iŋ^{31}kia^{21}tɕy^{55}ko^{35}.

这 个 房 间［没有］人 家 住 过。

109 这牛拉过车，没骑过人。

tɕi^{35}ko^{0}liu^{31}la^{33}ko^{55}tsʰe^{21}, miu^{24}kʰi^{31}ko^{55}iŋ^{31}.

这 个 牛 拉 过 车，［没有］骑 过 人。

110 这小马还没骑过人，你小心点儿。

tɕi^{35}ko^{0}siau^{21}ma^{24}xai^{21}miu^{31}iŋ^{31}kʰi^{21}ko^{35}, li^{24}siau^{21}siŋ^{55}tieŋ^{24}.

这 个 小 马 还［没有］人 骑 过， 你 小 心 点。

111 以前我坐过船，可从来没骑过马。

i^{21}tsau^{24}ŋo^{24}tso^{55}ko^{35}tɕʰyeŋ^{31}, taŋ^{55}tsʰoŋ^{31}lai^{31}miu^{24}kʰi^{21}ko^{55}ma^{24}.

以早 我 坐 过 船， 但 从 来［没有］骑 过 马。

112 丢在街上了。搁在桌上了。

tiau^{55}tau^{35}kai^{33}lu^{35}siaŋ^{35}lau^{0}. xuaŋ^{55}tsai^{35}tsoʔ^{3}tsɿ^{0}siaŋ^{35}lau^{0}.

掉 到 街 路 上 了。放 在 桌 子 上 了。

113 掉到地上了，怎么都没找着。

tiau^{55}tau^{35}ti^{55}xa^{55}kʰɤ^{35}lau^{0}, tseiŋ^{31}maŋ^{35}tu^{21}syŋ^{31}pu^{55}tɕyoʔ^{3}.

掉 到 地下 去 了，怎 慢$^{=}$ 都 寻 不 着。

114 今晚别走了，就在我家住下吧！

kiŋ^{55}tɕiau^{21}uaŋ^{31}kieŋ^{21}pu^{33}iau^{55}tsɵy^{24}lau^{0}, tɕiu^{55}tsai^{35}ŋo^{24}kia^{21}ko^{55}ie^{35}pa^{0}.

今 朝 晚 间 不 要 走 了，就 在 我 家 过 夜 吧。

115 这些果子吃得吃不得？

tɕi^{55}to^{21}toŋ^{55}si^{21}tɕʰi^{55}tɤʔ^{3}tɕʰi^{55}pu^{55}tɤʔ^{3}?

这 多 东 西 吃 得 吃 不 得？

116 这是熟的，吃得。那是生的，吃不得。

tɕi^{35}si^{55}suʔ^{3}ti^{0}, tɕʰi^{55}tɤʔ^{3}. la^{35}si^{55}seiŋ^{21}ti^{0}, tɕʰi^{55}pu^{55}tɤʔ^{3}.

这 是 熟 的，吃 得。那 是 生 的，吃 不 得。

117 你们来得了来不了？

li^{24}meiŋ^{31}lai^{31}tɤ^{0}liau^{24}a^{0}xai^{21}si^{35}lai^{31}pu^{55}liau^{24}?

你们 来 得 了 啊 还 是 来 不 了？

118 我没事，来得了，他太忙，来不了。

ŋo^{24}miu^{24}sɿ^{55}tseʔ^{3}, lai^{31}tɤ^{0}liau^{24}. tʰa^{21}sɿ^{55}tseʔ^{3}tʰai^{55}to^{21}, lai^{31}pu^{55}liau^{24}.

我 [没有] 事 节$^{=}$，来 得 了。他 事 节$^{=}$ 太 多，来 不 了。

119 这个东西很重，拿得动拿不动？

tɕi^{35}ko^{0}toŋ^{55}si^{21}xeiŋ^{21}tsoŋ^{35}, la^{21}tɤ^{0}kʰi^{24}a^{0}la^{31}pu^{55}kʰi^{24}?

这 个 东 西 很 重，拿 得 起 啊 拿 不 起？

120 我拿得动，他拿不动。

ŋo^{24}la^{31}tɤ^{0}kʰi^{24}, tʰa^{21}la^{31}pu^{55}kʰi^{24}o^{0}.

我 拿 得 起，他 拿 不 起 哦。

121 真不轻，重得连我都拿不动了。

tɕiaŋ^{35}tsoŋ^{35}, lieŋ^{31}ŋo^{24}tu^{55}la^{31}pu^{55}kʰi^{24}.

酱$^{=}$ 重，连 我 都 拿 不 起。

122 他手巧，画得很好看。

tʰa^{21}li^{55}xai^{35}o^{0}, xua^{35}tɤ^{0}xeiŋ^{21}xau^{21}kʰaŋ^{35}.

他 厉 害 哦，画 得 很 好 看。

123 他忙得很，忙得连吃过饭没有都忘了。

tʰa^{21}sɿ^{55}tseʔ^{3}to^{21}tɤ^{0}kiŋ^{24}o^{0}, maŋ^{31}tɤ^{0}xuaŋ^{35}tɕʰi^{55}miu^{33}tɕʰiʔ^{3}tu^{21}piau^{33}tɤʔ^{3}lau^{0}.

他 事 节$^{=}$ 多 得 紧 哦，忙 得 饭 吃 [没有] 吃 都 表$^{=}$ 得 了。

124 **你看他急得，急得脸都红了。**

li^{24}k^{h}aŋ^{55}t^{h}a^{21}kiʔ^{3}tɤ^{0}sɿ^{24}o^{0}, kiʔ^{3}tɤ^{0}lieŋ^{24}tu^{21}xoŋ^{31}k^{h}ai^{31}lau^{0}.

你看 他 急 得死哦，急 得脸 都 红 [起来]了。

125 **你说得很好，你还会说些什么呢？**

li^{24}kiaŋ^{24}tɤ^{0}xeiŋ^{21}xau^{24}, li^{24}xai^{21}xui^{35}kiaŋ^{24}tieŋ^{21}sɿ^{33}mo^{21}le^{0}?

你讲 得很 好，你还 会 讲 点 什么 呢？

126 **说得到，做得了，真棒！**

kiaŋ^{24}tɤ^{0}tau^{35}tɕiu^{55}tso^{35}tɤ^{0}tau^{35}, pu^{33}ts^{h}o^{35}!

讲 得到就 做 得到，不 错！

127 **这个事情说得说不得呀？**

tɕi^{35}ko^{0}sɿ^{55}tseʔ^{3}kiaŋ^{33}tɤʔ^{3}kiaŋ^{33}pu^{55}tɤʔ^{3}?

这 个事 节= 讲 得 讲 不 得？

128 **他说得快不快？听清楚了吗？**

t^{h}a^{21}kiaŋ^{24}tɤ^{0}k^{h}uai^{55}pu^{33}k^{h}uai^{35}? t^{h}iŋ^{55}tɕ^{h}iŋ^{33}ts^{h}u^{24}lɤ^{0}mu^{55}iu^{24}?

他 讲 得快 不 快？ 听 清 楚 了没 有？

129 **他说得快不快？只有五分钟时间了。**

t^{h}a^{21}kiaŋ^{24}tɤ^{0}k^{h}uai^{55}pu^{33}k^{h}uai^{35}? tsɿ^{21}iu^{24}u^{31}xueiŋ^{55}tsoŋ^{21}si^{31}kieŋ^{21}lau^{0}.

他 讲 得快 不 快？ 只 有五分 钟 时间 了。

130 **这是他的书。**

tɕi^{55}si^{35}t^{h}a^{21}ti^{0}sy^{21}.

这 是他 的书。

131 **那本书是他哥哥的。**

la^{55}peiŋ^{31}sy^{21}si^{35}t^{h}a^{21}a^{21}ko^{21}ti^{0}.

那本 书 是他 阿哥 的。

132 **桌子上的书是谁的？是老王的。**

tsoʔ^{3}tsɿ^{0}siaŋ^{35}ti^{0}sy^{21}si^{55}la^{21}ko^{35}ti^{0}? si^{55}lau^{31}uaŋ^{31}ti^{0}a^{0}.

桌 子上 的书 是哪 个的？是老 王 的啊。

133 **屋子里坐着很多人，看书的看书，看报的看报，写字的写字。**

xaŋ^{31}kieŋ^{21}li^{0}tso^{35}tsɿ^{0}xeiŋ^{21}to^{55}iŋ^{31}, k^{h}aŋ^{55}sy^{21}ti^{0}k^{h}aŋ^{55}sy^{21}, k^{h}aŋ^{55}pau^{35}ti^{0}k^{h}aŋ^{55}pau^{35},

房 间 里坐 着很 多 人，看 书 的看 书，看 报 的看 报，

se^{21}tsɿ^{35}ti^{0}se^{21}tsɿ^{35}.

写 字 的写 字。

134 **要说他的好话，不要说他的坏话。**

iau^{55}kiaŋ^{24}t^{h}a^{21}ti^{0}xau^{21}xua^{35}, pu^{33}iau^{55}kiaŋ^{24}t^{h}a^{21}ti^{0}xuai^{55}xua^{35}.

要 讲 他 的好 话， 不 要 讲 他 的坏 话。

135 **上次是谁请的客？是我请的。**

siaŋ^{55}xui^{31}si^{35}la^{21}ko^{35}tɕ^{h}iŋ^{33}k^{h}ɤʔ^{3}a^{0}? si^{55}ŋo^{24}tɕ^{h}iŋ^{24}ti^{0}a^{0}.

上 回 是哪个 请 客 啊？是 我 请 的啊。

136 **你是哪年来的？**

li^{24}si^{55}la^{21}i^{55}lieŋ^{31}lai^{31}ti^{0}a^{0}?

你是 哪 一 年 来 的啊？

137 **我是前年到的北京。**

ŋo^{24}si^{55}tɕ^{h}ieŋ^{31}lieŋ^{31}tau^{55}pɤ^{55}kiŋ^{21}lai^{31}ti^{0}a^{0}.

我 是 前 年 到 北 京 来 的啊。

138 **你说的是谁？**

li^{24}kiaŋ^{24}ti^{0}si^{55}la^{21}ko^{35}?

你讲 的是 哪 个？

139 **我反正不是说的你。**

ŋo^{24}xuaŋ^{21}tseiŋ^{35}pu^{33}si^{35}kiaŋ^{21}li^{24}.

我 反 正 不 是 讲 你。

140 **他那天是见的老张，不是见的老王。**

t^{h}a^{21}la^{55}i^{55}t^{h}ieŋ^{21}kieŋ^{35}ti^{0}si^{55}lau^{31}tɕiaŋ^{21}, pu^{33}si^{35}lau^{31}uaŋ^{31}.

他 那一天 见 的 是 老 张， 不 是 老 王。

141 **只要他肯来，我就没的说了。**

tsɿ^{21}iau^{35}t^{h}a^{21}k^{h}eiŋ^{31}lai^{31}, ŋo^{24}tɕiu^{55}miu^{21}xua^{55}kiaŋ^{24}lau^{0}.

只 要 他 肯 来，我 就［没有］话 讲 了。

142 **以前是有的做，没的吃。**

i^{21}tsau^{24}si^{55}tso^{35}tɤ^{0}sɿ^{24}, miu^{24}tɤ^{0}tɕ^{h}iʔ^{3}.

以早 是 做 的死，［没有］的吃。

143 **现在是有的做，也有的吃。**

ts^{h}ai^{31}tsɿ^{21}si^{55}iu^{24}tɤ^{0}tso^{35}, ie^{21}iu^{24}tɤ^{0}tɕ^{h}iʔ^{3}.

才 之 是 有 的 做，也 有 的 吃。

144 **上街买个蒜啊葱的，也方便。**

k^{h}ɤ^{55}kai^{33}lu^{35}mai^{24}kɤ^{0}suaŋ^{35}a^{0}ts^{h}oŋ^{21}a^{0}, ie^{24}xuaŋ^{33}pieŋ^{35}a^{0}.

去 街 路 买 个 蒜 啊葱 啊,也 方 便 啊。

145 **柴米油盐什么的，都有的是。**

tsʰai^{31}mi^{24}iu^{31}ieŋ^{31}a^{0}, sɿ^{33}mo^{21}tu^{55}to^{21}tɤ^{0}sɿ^{24}.

柴　米 油 盐 啊，什 么　都 多 得 死。

146 **写字算账什么的，他都能行。**

se^{21}tsɿ^{35}suaŋ^{55}tɕiaŋ^{35}a^{0}, tʰa^{21}sɿ^{33}mo^{21}tu^{21}kʰo^{21}i^{24}.

写 字 算　账　啊，他 什 么　都 可　以。

147 **把那个东西递给我。**

pa^{24}la^{35}ko^{0}toŋ^{55}si^{21}la^{21}teiŋ^{21}ŋo^{24}.

把 那 个 东　西 拿 等　我。

148 **是他把那个杯子打碎了。**

si^{55}tʰa^{21}pa^{21}la^{35}ko^{0}pui^{21}tsɿ^{0}ta^{21}tsʰui^{55}tiau^{35}lau^{0}.

是 他　把 那 个 杯　子 打 碎　掉　了。

149 **把人家脑袋都打出血了，你还笑！**

pa^{24}iŋ^{31}kia^{21}ti^{0}tʰɵy^{31}kʰoʔ^{3}tu^{55}ta^{33}tɕʰy^{55}xeʔ^{3}lau^{0}, li^{21}xai^{21}siau^{35}!

把　人 家　的 头　壳　都 打 出　血　了，你 还　笑！

150 **快去把书还给他。**

kʰuai^{55}tieŋ^{24}pa^{21}sy^{21}xuaŋ^{31}teiŋ^{31}tʰa^{21}.

快　点　把　书 还　等　他。

151 **我真后悔当时没把他留住。**

ŋo^{24}tseiŋ^{33}xɵy^{55}xui^{24}taŋ^{55}si^{31}miu^{31}pa^{21}tʰa^{55}liu^{31}tsɿ^{35}.

我 真　后　悔　当　时［没有］把他 留 住。

152 **你怎么能不把人当人呢？**

li^{24}tseiŋ^{31}mo^{21}pu^{55}pa^{24}iŋ^{31}taŋ^{55}iŋ^{31}le^{0}?

你 怎　么 不 把 人 当　人 呢？

153 **有的地方管太阳叫日头。**

iu^{24}ti^{0}ti^{55}xuaŋ^{21}xaŋ^{24}tʰai^{55}iaŋ^{31}tsoʔ^{3}i^{55}tʰɵy^{31}.

有 的 地 方　喊　太　阳　作　日 头。

iu^{24}ti^{0}ti^{55}xuaŋ^{21}tʰai^{55}iaŋ^{31}xaŋ^{33}tsoʔ^{3}i^{55}tʰɵy^{31}.

有 的 地　方　太　阳 喊　作　日 头。

154 **什么？她管你叫爸爸！**

sɿ^{33}mo^{21}? tʰa^{21}xaŋ^{21}li^{24}tso^{55}a^{21}pa^{35}!

什 么？ 她　喊　你 作　阿 爸！

155 **你拿什么都当真的，我看没必要。**

li^{24}pa^{21}sɿ^{33}mo^{21}toŋ^{55}si^{21}tu^{55}taŋ^{55}tseiŋ^{21}a^{0}, ŋo^{24}k^{h}aŋ^{35}miu^{33}pi^{33}iau^{35}.

你把 什 么 东 西 都 当 真 啊,我 看 [没有]必 要。

156 **真拿他没办法，烦死我了。**

tseiŋ^{21}la^{31}t^{h}a^{21}miu^{21}paŋ^{55}xuaʔ^{3}, t^{h}au^{21}ieŋ^{35}sɿ^{33}tiau^{35}lau^{0}.

真 拿 他[没有]办 法, 讨 厌 死 掉 了。

157 **看你现在拿什么还人家。**

k^{h}aŋ^{55}li^{24}ts^{h}ai^{31}tsɿ^{21}la^{31}sɿ^{33}mo^{21}toŋ^{55}si^{21}xuaŋ^{31}iŋ^{31}kia^{21}.

看 你才 之 拿 什 么 东 西 还 人 家。

158 **他被妈妈说哭了。**

t^{h}a^{21}teiŋ^{31}t^{h}a^{21}a^{21}liaŋ^{31}ma^{55}k^{h}uʔ^{3}lau^{0}.

他 等 他 阿 娘 骂 哭 了。

159 **所有的书信都被火烧了，一点儿剩的都没有。**

so^{21}iu^{24}ti^{0}siŋ^{35}tu^{33}pui^{55}xo^{24}siau^{33}tiau^{35}lau^{0}, i^{55}tieŋ^{24}tu^{55}miu^{24}seiŋ^{35}lau^{0}.

所 有 的信 都 被 火 烧 掉 了, 一点 都[没有]剩 了。

160 **被他缠了一下午，什么都没做成。**

teiŋ^{24}t^{h}a^{21}tɕ^{h}ieŋ^{35}tsɿ^{0}i^{33}ko^{35}sau^{21}u^{24}, sɿ^{33}mo^{21}toŋ^{55}si^{21}tu^{21}miu^{24}tso^{55}ts^{h}eiŋ^{31}.

等 他 □ 着 一个 扫$^{=}$午, 什 么 东 西 都[没有]做 成。

161 **让人给打懵了，一下子没明白过来。**

tu^{21}teiŋ^{24}iŋ^{31}kia^{21}ta^{24}moŋ^{21}tiau^{35}lau^{0}, i^{33}xa^{55}tsai^{24}miu^{24}xuaŋ^{21}iŋ^{35}ko^{55}lai^{31}.

都 等 人 家 打 懵 掉 了, 一 下仔[没有]反 应 过 来。

162 **给雨淋了个浑身湿透。**

teiŋ^{24}y^{24}kiau^{21}lɤ^{0}tɕ^{h}yeŋ^{31}seiŋ^{33}tu^{21}tsa^{21}siʔ^{3}tiau^{35}lau^{0}.

等 雨浇 了 全 身 都□ 湿 掉 了。

163 **给我一本书。给他三本书。**

la^{31}ŋo^{24}i^{55}peiŋ^{24}sy^{21}. la^{31}t^{h}a^{21}saŋ^{55}peiŋ^{24}sy^{21}.

拿 我 一本 书。拿 他 三 本 书。

164 **这里没有书，书在那里。**

tɕi^{35}li^{0}miu^{24}sy^{21}, sy^{21}tsai^{55}la^{35}pieŋ^{21}.

这 里[没有]书, 书 在 那 边。

165 **叫他快来找我。**

xaŋ^{31}t^{h}a^{21}k^{h}uai^{55}tieŋ^{24}lai^{31}syŋ^{31}ŋo^{24}.

喊 他 快 点 来 寻 我。

166 **赶快把他请来。**

kaŋ^{21}k^{h}uai^{35}pa^{21}t^{h}a^{55}tɕ^{h}iŋ^{31}lai^{31}.

赶 快 把 他 请 来。

167 **我写了条子请病假。**

ŋo^{24}se^{21}lɤ^{0}i^{55}tɕiaŋ^{21}t^{h}iau^{31}tsɿ^{0}tɕ^{h}iŋ^{21}piŋ^{55}kia^{35}.

我 写 了一张 条 子请 病 假。

168 **我上街买了份报纸看。**

ŋo^{24}k^{h}ɤ^{35}kai^{33}lu^{35}mai^{24}lɤ^{0}i^{33}xueiŋ^{35}pau^{55}tɕi^{24}k^{h}aŋ^{35}.

我 去 街 路买 了一份 报 纸 看。

169 **我笑着躲开了他。**

ŋo^{21}siau^{35}tsɿ^{0}to^{31}k^{h}ai^{55}t^{h}a^{21}.

我 笑 着躲开 他。

170 **我抬起头笑了一下。**

ŋo^{24}po^{21}k^{h}i^{31}t^{h}ɵy^{31}siau^{35}lɤ^{0}i^{33}xa^{35}.

我 波$^{=}$起 头 笑 了一下。

171 **我就是坐着不动，看你能把我怎么着。**

ŋo^{24}tɕiu^{55}si^{35}tso^{35}tsɿ^{0}pu^{33}toŋ^{35}, k^{h}aŋ^{35}li^{24}leiŋ^{31}pa^{21}ŋo^{24}tseiŋ^{21}mo^{33}iaŋ^{35}.

我 就 是坐 着不 动，看 你能 把 我 怎 么 样。

172 **她照顾病人很细心。**

t^{h}a^{21}tɕiau^{55}ku^{35}piŋ^{55}iŋ^{31}xeiŋ^{24}si^{55}siŋ^{21}o^{0}.

她 照 顾 病 人 很 细 心 哦。

173 **他接过苹果就咬了一口。**

t^{h}a^{21}tse^{33}ko^{35}p^{h}iŋ^{21}ko^{24}tɕiu^{55}au^{24}lɤ^{0}i^{55}k^{h}ɵy^{24}.

他 接 过 苹 果 就 咬 了一口。

174 **他的一番话使在场的所有人都流了眼泪。**

t^{h}a^{21}kiaŋ^{24}ti^{0}la^{55}xuaŋ^{33}xua^{35}a^{0}, laŋ^{35}tsai^{55}tɕ^{h}iaŋ^{31}ti^{0}iŋ^{31}ieŋ^{21}li^{35}tu^{33}tiau^{35}la^{0}.

他 讲 的那 番 话 啊，让 在 场 的人 眼 泪 都 掉 啦。

175 **我们请他唱了一首歌。**

ŋo^{24}meiŋ^{31}tɕ^{h}iŋ^{31}t^{h}a^{21}tɕ^{h}iaŋ^{35}lɤ^{0}i^{55}siu^{31}ko^{21}.

我 们 请 他 唱 了一首 歌。

176 **我有几个亲戚在外地做工。**

ŋo^{24}iu^{21}ki^{21}ko^{35}tɕ^{h}iŋ^{55}tɕ^{h}iʔ^{3}tu^{33}tsai^{33}uai^{55}ti^{35}ta^{31}koŋ^{21}.

我 有 几 个 亲 戚 都 在 外 地打 工。

177 **他整天都陪着我说话。**

t^{h}a^{21}tseiŋ^{31}t^{h}ieŋ^{21}tu^{55}p^{h}ui^{31}tsɿ^{0}ŋo^{24}kiaŋ^{21}xua^{35}.

他 整 天 都 陪 着 我 讲 话。

178 **我骂他是个大笨蛋，他居然不恼火。**

ŋo^{24}tu^{21}ma^{55}t^{h}a^{21}si^{55}ko^{35}ta^{55}peiŋ^{55}taŋ^{35}, t^{h}a^{21}tu^{33}pui^{35}xua^{55}xo^{24}.

我 都 骂 他 是 个 大 笨 蛋，他 都 孬 发 火。

179 **他把钱一扔，二话不说，转身就走。**

t^{h}a^{21}pa^{31}tɕ^{h}ieŋ^{31}i^{55}tiu^{21}, ɤ^{55}xua^{35}miu^{21}kiaŋ^{24}, tɕyeŋ^{31}seiŋ^{21}tɕiu^{55}tsɵy^{24}.

他 把 钱 一 丢，二 话［没有］讲，转 身 就 走。

180 **我该不该来呢？**

ŋo^{24}kai^{33}pu^{55}kai^{21}lai^{31}?

我 该 不 该 来？

181 **你来也行，不来也行。**

li^{24}lai^{31}ie^{21}ioŋ^{35}tɤʔ^{3}, pu^{55}lai^{31}ie^{21}ioŋ^{35}tɤʔ^{3}.

你 来 也 用 得，不 来 也 用 得。

182 **要我说，你就不应该来。**

iau^{55}ŋo^{24}kiaŋ^{24}, li^{24}tɕiu^{55}pu^{55}iŋ^{55}kai^{21}lai^{31}.

要 我 讲， 你 就 不 应 该 来。

183 **你能不能来？**

li^{24}k^{h}o^{21}i^{24}pu^{55}k^{h}o^{21}i^{24}lai^{31}?

你 可 以 不 可 以 来？

184 **看看吧，现在说不准。**

k^{h}aŋ^{55}i^{33}xa^{35}pa^{0}, ts^{h}ai^{31}tsɿ^{21}ie^{21}piau^{33}tɤʔ^{3}.

看 一下 吧，才 之 也 表$^{=}$ 得。

185 **能来就来，不能来就不来。**

k^{h}o^{21}i^{24}lai^{31}tɕiu^{55}lai^{31}, pu^{55}leiŋ^{31}lai^{31}tɕiu^{55}pu^{55}lai^{31}.

可 以 来 就 来，不 能 来 就 不 来。

186 **你打算不打算去？**

li^{24}ta^{21}pu^{55}ta^{21}suaŋ^{35}k^{h}ɤ^{35}a^{0}?

你 打 不 打 算 去 啊？

li^{24}ta^{21}suaŋ^{35}pu^{55}ta^{21}suaŋ^{35}k^{h}ɤ^{35}?

你 打 算 不 打 算 去？

187　**去呀！谁说我不打算去？**

k^{h}ɤ^{35}a^{0}! la^{21}ko^{35}kiaŋ^{24}ŋo^{24}pu^{55}ta^{21}suaŋ^{35}k^{h}ɤ^{35}a^{0}?

去 啊！哪个 讲　我 不 打算　去　啊？

188　**他一个人敢去吗？**

t^{h}a^{21}i^{33}ko^{55}iŋ^{31}kaŋ^{33}pu^{55}kaŋ^{21}k^{h}ɤ^{35}a^{0}?

他 一个人敢　不 敢　去　啊？

189　**敢！那有什么不敢的？**

kaŋ^{24}! la^{35}iu^{24}sɿ^{33}mo^{21}pu^{55}kaŋ^{24}le^{0}?

敢！ 那有 什 么　不 敢　呢？

190　**他到底愿不愿意说？**

t^{h}a^{21}tau^{55}ti^{24}yeŋ^{55}pu^{33}yeŋ^{55}i^{35}kiaŋ^{24}?

他 到 底愿　不 愿　意讲？

t^{h}a^{21}tau^{55}ti^{24}yeŋ^{55}i^{35}pu^{33}yeŋ^{55}i^{35}kiaŋ^{24}?

他 到 底愿 意不 愿　意讲？

191　**谁知道他愿意不愿意说？**

la^{21}ko^{35}xiau^{33}tɤʔ^{3}t^{h}a^{21}yeŋ^{55}pu^{33}yeŋ^{55}i^{35}kiaŋ^{24}?

哪个 晓　得 他 愿 不 愿　意讲？

la^{21}ko^{35}xiau^{33}tɤʔ^{3}t^{h}a^{21}yeŋ^{55}i^{35}pu^{33}yeŋ^{55}i^{35}kiaŋ^{24}?

哪个 晓　得 他 愿 意不 愿　意讲？

192　**愿意说得说，不愿意说也得说。**

yeŋ^{55}i^{35}kiaŋ^{24}ie^{21}tɤʔ^{3}kiaŋ^{24}, pu^{33}yeŋ^{55}i^{35}kiaŋ^{24}ie^{21}tɤʔ^{3}kiaŋ^{24}.

愿　意讲　也得 讲，　不 愿 意讲　也得 讲。

193　**反正我得让他说，不说不行。**

xuaŋ^{21}tseiŋ^{35}ŋo^{24}iau^{55}t^{h}a^{21}kiaŋ^{24}, pu^{55}kiaŋ^{24}ioŋ^{55}puʔ^{3}tɤʔ^{3}.

反　正　我 要 他 讲，　不 讲　用 不 得。

194　**还有没有饭吃？**

xai^{31}iu^{21}miu^{24}xuaŋ^{35}tɕ^{h}iʔ^{3}a^{0}?

还　有[没有]饭 吃　啊？

195　**有，刚吃呢。**

iu^{24}o^{0}, kaŋ^{55}kaŋ^{21}tɕ^{h}iʔ^{3}a^{0}.

有哦，刚 刚　吃　啊。

196 **没有了，谁叫你不早来！**

miu^{24}lau^{0}, xaŋ^{21}li^{24}la^{21}ko^{35}pu^{55}tsau^{21}tieŋ^{24}lai^{31}!

[没有]了，喊 你哪个 不 早 点 来！

197 **你去过北京吗？我没去过。**

li^{24}k^{h}ɤ^{55}ko^{35}pɤ^{55}kiŋ^{21}ma^{55}? ŋo^{24}miu^{24}k^{h}ɤ^{55}ko^{35}.

你去 过 北 京 吗？ 我[没有]去 过。

198 **我十几年前去过，可没怎么玩，都没印象了。**

ŋo^{24}si^{55}to^{55}lieŋ^{31}tɕ^{h}ieŋ^{31}k^{h}ɤ^{55}ko^{35}, taŋ^{55}si^{35}miu^{24}sɿ^{21}mo^{33}k^{h}ɤ^{55}sua^{24}, tu^{55}miu^{24}iŋ^{35}siaŋ^{35}lau^{0}.

我 十 多 年 前 去 过，但 是[没有]什 么 去 耍，都[没有]印 象 了。

199 **这件事他知道不知道？**

tɕi^{35}ko^{0}sɿ^{55}tseʔ^{3}t^{h}a^{21}xiau^{33}tɤʔ^{3}piau^{33}tɤʔ^{3}?

这 个 事 节$^{=}$ 他 晓 得 表$^{=}$ 得？

200 **这件事他肯定知道。**

tɕi^{35}ko^{0}sɿ^{55}tseʔ^{3}t^{h}a^{21}k^{h}eiŋ^{21}tiŋ^{35}xiau^{33}tɤʔ^{3}.

这 个 事 节$^{=}$ 他 肯 定 晓 得。

201 **据我了解，他好像不知道。**

ky^{55}ŋo^{21}liau^{21}kai^{24}, xau^{21}siaŋ^{35}t^{h}a^{21}piau^{33}tɤʔ^{3}.

据 我 了 解，好 像 他 表$^{=}$ 得。

202 **这些字你认得不认得？**

tɕi^{55}to^{33}tsɿ^{35}li^{24}iŋ^{35}tɤ^{0}tɕyoʔ^{3}iŋ^{55}pu^{55}tɕyoʔ^{3}?

这 多 字 你 认 得着 认 不 着？

tɕi^{55}to^{33}tsɿ^{35}li^{24}iŋ^{55}pu^{33}iŋ^{55}tɤ^{0}tɕyoʔ^{3}?

这 多 字 你 认 不 认 得 着？

203 **我一个大字也不认得。**

ŋo^{24}i^{33}ko^{35}ta^{55}tsɿ^{35}tu^{33}iŋ^{55}pu^{33}tɕyoʔ^{3}.

我 一 个 大 字 都 认 不 着。

204 **只有这个字我不认得，其他字都认得。**

tsɿ^{21}iu^{24}tɕi^{35}ko^{0}tsɿ^{35}ŋo^{24}iŋ^{55}pu^{55}tɕyoʔ^{3}, k^{h}i^{31}t^{h}a^{21}tsɿ^{35}tu^{33}iŋ^{55}tɤ^{0}tɕyoʔ^{3}.

只 有 这 个 字 我 认 不 着， 其 他 字 都 认 得 着。

205 **你还记得不记得我了？**

li^{24}xai^{31}ki^{55}tɤ^{0}ki^{55}pu^{33}tsɿ^{35}ŋo^{24}?

你还 记 得记 不 住 我？

li^{24}xai^{31}ki^{35}tɤ^{0}tsɿ^{35}ŋo^{24}puʔ^{3}?

你还 记得住 我 不?

206 **记得，怎么能不记得！**

ki^{55}tɤʔ^{3}, tseiŋ^{31}maŋ^{35}ki^{55}pu^{33}tsɿ^{35}!

记得，怎 慢$^{=}$ 记不 住！

ki^{55}tɤʔ^{3}, ki^{35}tɤ^{0}tsɿ^{35}o^{0}!

记得，记得住 哦！

207 **我忘了，一点都不记得了。**

ŋo^{24}uaŋ^{55}ki^{35}tiau^{35}lau^{0}, i^{55}tieŋ^{24}tu^{33}ki^{55}pu^{33}tsɿ^{35}lau^{0}.

我 忘 记掉 了，一点 都记不 住 了。

208 **你在前边走，我在后边走。**

li^{24}tsai^{55}tɕ^{h}ieŋ^{31}t^{h}øy^{31}tsøy^{24}, ŋo^{24}tsai^{55}pui^{55}xøy^{35}tsøy^{24}.

你在 前 头 走，我 在 背 后 走。

209 **我告诉他了，你不用再说了。**

ŋo^{24}t^{h}oŋ^{31}t^{h}a^{21}kiaŋ^{24}lau^{0}, li^{24}piau^{55}tsai^{55}kiaŋ^{24}lau^{0}.

我 同 他 讲 了，你 嫑 再 讲 了。

210 **这个大，那个小，你看哪个好？**

tɕi^{35}ko^{0}ta^{35}, la^{35}ko^{0}siau^{24}, li^{24}k^{h}aŋ^{55}la^{21}ko^{35}xau^{24}?

这 个 大，那 个 小，你 看 哪 个 好？

211 **这个比那个好。**

tɕi^{35}ko^{0}pi^{24}la^{35}ko^{0}xau^{24}.

这 个 比 那 个 好。

212 **那个没有这个好，差多了。**

la^{35}ko^{0}miu^{24}tɕi^{35}ko^{0}xau^{24}, ts^{h}a^{33}t^{h}ai^{55}to^{21}lau^{0}.

那个[没有]这个好，差 太 多了。

213 **要我说这两个都好。**

iau^{55}ŋo^{24}kiaŋ^{24}tɕi^{55}liaŋ^{21}ko^{35}tu^{55}xau^{24}.

要 我 讲 这 两 个 都好。

214 **其实这个比那个好多了。**

si^{33}ki^{55}siaŋ^{35}tɕi^{35}ko^{0}pi^{24}la^{35}ko^{0}xau^{24}tɤ^{0}to^{21}.

实际上 这 个比那个好 得多。

215 **今天的天气没有昨天好。**

kiŋ^{55}tɕiau^{21}ti^{0}tʰieŋ^{33}kʰi^{35}miu^{24}tso^{55}iʔ^{3}xau^{24}.

今 朝 的天 气[没有]昨日 好。

216 **昨天的天气比今天好多了。**

tso^{55}iʔ^{3}ti^{0}tʰieŋ^{33}kʰi^{35}pi^{24}kiŋ^{55}tɕiau^{21}xau^{24}tɤ^{0}to^{21}.

昨 日的天 气 比 今 朝 好 得多。

217 **明天的天气肯定比今天好。**

miŋ^{31}tɕiau^{21}ti^{0}tʰieŋ^{33}kʰi^{35}kʰeiŋ^{21}tiŋ^{35}pi^{24}kiŋ^{55}tɕiau^{21}keiŋ^{55}xau^{24}.

明 朝 的天 气 肯 定 比 今 朝 更 好。

218 **那个房子没有这个房子好。**

la^{35}ko^{0}xuaŋ^{31}tsɿ^{0}miu^{24}tɕi^{35}ko^{0}xuaŋ^{31}tsɿ^{0}xau^{24}.

那 个 房 子[没有]这 个 房 子 好。

219 **这些房子不如那些房子好。**

tɕi^{55}to^{21}xuaŋ^{31}tsɿ^{0}pu^{55}lu^{31}la^{55}to^{21}xuaŋ^{31}tsɿ^{0}xau^{24}.

这 多房 子不 如那 多房 子 好。

220 **这个有那个大没有?**

tɕi^{35}ko^{0}iu^{24}la^{35}ko^{0}ta^{35}mu^{55}iu^{24}o^{0}?

这 个有 那 个 大 没 有 哦?

221 **这个跟那个一般大。**

tɕi^{35}ko^{0}tʰoŋ^{31}la^{35}ko^{0}i^{33}iaŋ^{55}ta^{35}.

这 个 同 那个 一样 大。

tɕi^{35}ko^{0}tau^{21}la^{35}ko^{0}i^{33}iaŋ^{55}ta^{35}.

这 个 导 那 个一样 大。

222 **这个比那个小了一点点儿，不怎么看得出来。**

tɕi^{35}ko^{0}pi^{21}la^{35}ko^{0}siau^{24}i^{55}tieŋ^{21}tieŋ^{24}, kʰaŋ^{55}ie^{21}tsʰa^{33}pu^{55}to^{21}.

这 个 比 那 个 小 一点 点， 看 也 差 不 多。

223 **这个大，那个小，两个不一般大。**

tɕi^{35}ko^{0}ta^{35}, la^{35}ko^{0}siau^{24}, liaŋ^{21}ko^{35}pu^{55}i^{33}iaŋ^{55}ta^{35}.

这 个 大, 那 个 小， 两 个 不 一样 大。

224 **这个跟那个大小一样，分不出来。**

tɕi^{35}ko^{0}tʰoŋ^{31}la^{35}ko^{0}i^{33}iaŋ^{55}ta^{35}, kʰaŋ^{55}pu^{55}tɕʰy^{33}lai^{31}.

这 个 同 那个 一样 大，看 不 出 来。

tɕi^{35}ko^{0}tau^{21}la^{35}ko^{0}i^{33}iaŋ^{55}ta^{35}, k^{h}aŋ^{55}pu^{55}tɕ^{h}y^{33}lai^{31}.

这 个导 那个一样 大，看 不出 来。

225 **这个人比那个人高。**

tɕi^{35}ko^{55}iŋ^{31}pi^{21}la^{35}ko^{55}iŋ^{31}kau^{21}.

这 个 人 比 那 个 人 高。

226 **是高一点儿，可是没有那个人胖。**

kau^{33}si^{55}kau^{55}i^{33}tieŋ^{24}, taŋ^{55}si^{35}miu^{24}la^{35}ko^{55}iŋ^{31}xui^{31}.

高 是高 一点， 但 是[没有]那个 人 肥。

227 **他们一般高，我看不出谁高谁矮。**

t^{h}a^{21}meiŋ^{31}i^{33}iaŋ^{55}kau^{21}, ŋo^{24}k^{h}aŋ^{55}pu^{55}tɕ^{h}y^{55}lai^{31}t^{h}a^{21}meiŋ^{31}la^{21}ko^{35}keiŋ^{55}kau^{21}la^{21}ko^{35}keiŋ^{55}ai^{24}.

他 们 一样 高，我 看 不 出 来 他 们 哪 个 更 高 哪 个 更 矮。

228 **胖的好还是瘦的好？**

xui^{31}ti^{0}xau^{24}a^{0}xai^{21}si^{35}səy^{35}ti^{0}xau^{24}?

肥 的好 啊还 是瘦 的 好？

229 **瘦的比胖的好。**

səy^{35}ti^{0}pi^{24}xui^{31}ti^{0}xau^{24}.

瘦 的比 肥 的 好。

230 **瘦的胖的都不好，不瘦不胖最好。**

səy^{35}ti^{0}tau^{24}xui^{31}ti^{0}tu^{21}pu^{55}xau^{24}, pu^{33}səy^{35}pu^{55}xui^{31}tsui^{55}xau^{24}.

瘦 的导 肥 的都不 好， 不 瘦 不 肥 最 好。

231 **这个东西没有那个东西好用。**

tɕi^{35}ko^{0}toŋ^{55}si^{21}mu^{55}iu^{24}la^{35}ko^{0}toŋ^{55}si^{21}xau^{21}ioŋ^{35}.

这 个东 西没 有那个东 西好 用。

232 **这两种颜色一样吗？**

tɕi^{35}liaŋ^{21}tsoŋ^{24}ieŋ^{31}sɤʔ^{3}i^{33}iaŋ^{35}puʔ^{3}?

这 两 种 颜 色 一样 不？

233 **不一样，一种色淡，一种色浓。**

pu^{55}i^{33}iaŋ^{35}, i^{55}tsoŋ^{21}ieŋ^{31}sɤʔ^{3}keiŋ^{55}tɕ^{h}ieŋ^{24}, i^{55}tsoŋ^{21}ieŋ^{31}sɤʔ^{3}keiŋ^{55}ioŋ^{31}.

不一样，一种 颜 色 更 浅， 一 种 颜 色 更 浓。

234 **这种颜色比那种颜色淡多了，你都看不出来？**

tɕi^{55}tsoŋ^{24}ieŋ^{31}sɤʔ^{3}pi^{21}la^{55}tsoŋ^{24}ieŋ^{31}sɤʔ^{3}tɕ^{h}ieŋ^{24}tɤ^{0}to^{21}lau^{0}, li^{21}tu^{33}k^{h}aŋ^{55}pu^{55}tɕ^{h}y^{55}lai^{31}?

这 种 颜 色 比那种 颜 色 浅 得多了，你都 看 不 出 来？

235 **你看看现在，现在的日子比过去强多了。**

li24kʰaŋ55kʰaŋ35tsʰai31tsɿ21, tsʰai31tsɿ21ti0iʔ3tsɿ0pi24i21tsau24xau21ko35tɤ0to21la0.

你看　看　才　之，才　之的日子比以早　好　过得多啦。

236 **以后的日子比现在更好。**

i21xɵy35ti0iʔ3tsɿ0pi24tsʰai31tsɿ21keiŋ55xau24.

以后　的日子比才　之更　好。

237 **好好干吧，这日子一天比一天好。**

xau21xau24tso35pa0, tɕi35ko0iʔ3tsɿ0i55tʰieŋ21pi24i55tʰieŋ21keiŋ55xau24.

好　好　做　吧，这　个日子一天　比一天　更　好。

238 **这些年的生活一年比一年好，越来越好。**

tɕi35to55lieŋ31ti0seiŋ55xoʔ3i55lieŋ31pi24i55lieŋ31xau24, i21xɵy35xui55maŋ21pieŋ35maŋ21xau24.

这　多年　的生　活一年　比一年　好，以后　会　蛮　变　蛮　好。

239 **咱兄弟俩比一比谁跑得快。**

ŋo24meiŋ31liaŋ31xioŋ33ti35pi21pi21kʰaŋ35la21ko35pʰau31tɤ0kʰuai35.

我　们　两　兄　弟比比看　哪个　跑　得快。

240 **我比不上你，你跑得比我快。**

ŋo24pi21pu33siaŋ35li24o0, li24pʰau24tɤ0pi21ŋo24keiŋ55kʰuai35.

我　比　不　上　你哦，你跑　得比我　更　快。

241 **他跑得比我还快，一个比一个跑得快。**

tʰa21pʰau31tɤ0pi21ŋo24keiŋ55kʰuai35, i33ko35pi24i33ko35kʰuai35.

他　跑　得比　我　更　快，　一个　比一个　快。

242 **他比我吃得多，干得也多。**

tʰa21pi21ŋo24keiŋ55xui55tɕʰiʔ3, ie24keiŋ55xui55tso35o0.

他　比我　更　会　吃，　也更　会　做　哦。

243 **他干起活来，比谁都快。**

tʰa21tso55kʰi24sɿ55tseʔ3lai31, pi21la21ko35tu33kʰuai35.

他　做　起　事　节⁼来，比　哪　个　都　快。

244 **说了一遍，又说一遍，不知说了多少遍。**

kiaŋ24lɤ0i33pʰieŋ35, iu35kiaŋ24lɤ0i33pʰieŋ35, piau33tɤʔ3kiaŋ24ki31to33pʰieŋ35lau0.

讲　了一遍，　又　讲　了一遍，　表⁼　得　讲　几　多　遍　了。

245 **我嘴笨，可是怎么也说不过他。**

ŋo24tsui21peiŋ35, tseiŋ21maŋ35kiaŋ24ie21kiaŋ21pu33ko35tʰa21.

我　嘴　笨，　怎　慢⁼　讲　也讲　不　过　他。

246　**他走得越来越快，我都跟不上了。**

t^{h}a^{21}maŋ^{21}tsøy^{24}maŋ^{21}k^{h}uai^{35}, ŋo^{24}tu^{21}tsui^{33}pu^{55}tɕyoʔ^{3}.

他 蛮 走 蛮 快， 我 都 追 不 着。

247　**越走越快，越说越快。**

maŋ^{21}tsøy^{24}maŋ^{21}k^{h}uai^{35}, maŋ^{21}kiaŋ^{24}maŋ^{21}k^{h}uai^{35}.

蛮 走 蛮 快， 蛮 讲 蛮 快。

248　**慢慢说，一句一句地说。**

maŋ^{55}maŋ^{35}kiaŋ^{24}, i^{33}ky^{35}i^{33}ky^{35}ti^{0}kiaŋ^{24}.

慢 慢 讲， 一句一句 地 讲。

第八章 话语材料

第一节

俗语谚语①

01. ta^{55}tɕ^{h}y^{24}siau^{21}tɕ^{h}y^{24}, i^{21}tɕy^{21}ie^{35}tɕy^{24}.

大暑 小 暑，日煮 夜煮。

02. tui^{55}u^{24}tɕ^{h}iŋ^{31}, liaŋ^{31}t^{h}əy^{31}liŋ^{31}.

对午晴， 两 头 淋。

ts^{h}ueiŋ^{55}t^{h}ieŋ^{21}k^{h}i^{21}u^{35}, u^{55}liŋ^{31}liŋ^{31}.

春 天 起雾，雾淋 淋。

xa^{55}t^{h}ieŋ^{21}k^{h}i^{21}u^{35}, sai^{55}sɿ^{31}iŋ^{31}.

夏天 起雾，晒死人。

toŋ^{55}t^{h}ieŋ^{21}k^{h}i^{21}u^{35}, u^{55}tɕ^{h}iŋ^{31}tɕ^{h}iŋ^{31}.

冬天 起雾，雾晴 晴。

03. lu^{55}ye^{55}luʔ^{3}, ki^{33}taŋ^{35}sai^{55}ts^{h}eiŋ^{31}a^{33}taŋ^{35}suʔ^{3}.

六月六，鸡蛋 晒 成 鸭蛋 熟。

04. moŋ^{31}xua^{55}pɤʔ^{3}, tsai^{55}xo^{31}iau^{55}puʔ^{3}tɤʔ^{3}.

蒙$^{=}$ 花白，载 禾 要 不 得。

05. maŋ^{31}tsoŋ^{55}t^{h}ieŋ^{31}, k^{h}i^{35}tɤ^{0}xui^{55}xua^{55}tieŋ^{21}.

芒 种 天， 气 得会 发 癫。

06. miu^{21}tɕ^{h}i^{55}u^{33}ye^{33}tsoŋ^{35}, xaŋ^{31}i^{21}pu^{55}kaŋ^{21}soŋ^{35}.

[没有]吃五月粽， 寒 衣不 敢 送。

---

① 本章收录调查点当地的俗语谚语、歌谣、故事等口头文化内容，均附视频。视频目录与小节标题一致。

07. tɕ^{h}iŋ^{55}miŋ^{31}tuaŋ^{55}syeʔ^{3}, ku^{21}y^{24}tuaŋ^{55}suaŋ^{21}.

清　明　断　雪，谷雨断　霜。

08. tɕ^{h}iŋ^{55}miŋ^{31}ku^{55}y^{24}, toŋ^{55}sɿ^{21}lau^{21}tɕ^{h}y^{24}.

清　明　谷雨，冻　死老　鼠。

09. y^{24}ta^{21}t^{h}ieŋ^{55}kuaŋ^{55}t^{h}øy^{31}, lo^{55}y^{24}pu^{55}iau^{35}ts^{h}øy^{31}.

雨打天　光　头，　落雨不要　愁。

10. tsau^{21}k^{h}i^{24}ts^{h}ai^{31}xia^{31}, ta^{55}y^{24}liu^{31}ts^{h}ai^{31}.

早　起彩　霞，大雨流　柴。

第二节

歌谣曲艺

一 歌谣

01. kuaŋ^{55}tau^{55}tsai^{24}, ts^{h}e^{55}moŋ^{31}kua^{21}.

关 刀 仔，切 蒙$^{=}$ 瓜。

moŋ^{31}kua^{21}kueiŋ^{21}xa^{55}ti^{35}, i^{33}tui^{55}moŋ^{31}loŋ^{31}xua^{21}.

蒙$^{=}$ 瓜 滚 下 地，一对 朦 胧 花。

xua^{33}tui^{55}xua^{21}, lui^{21}tui^{55}lui^{24}.

花 对 花，蕾 对 蕾。

pieŋ^{21}taŋ^{35}tui^{55}ts^{h}a^{21}k^{h}øy^{24}, sau^{21}tɕiu^{24}tui^{55}xueiŋ^{55}tøy^{24}.

扁 担 对 茶 口， 扫 帚 对 粪 斗。

02. xu^{33}t^{h}e^{55}t^{h}eʔ^{3}, ai^{21}ai^{31}xui^{21}.

蝴 蝶 蝶，挨 挨 飞。

xui^{55}lai^{31}xui^{33}k^{h}ɤ^{35}tso^{55}i^{33}tui^{21}.

飞 来 飞 去 做 一堆。

ko^{55}ko^{21}k^{h}aŋ^{55}kieŋ^{35}mui^{55}mui^{35}lai^{31},

哥 哥 看 见 妹 妹 来，

xoŋ^{31}k^{h}i^{31}ts^{h}a^{31}p^{h}uaŋ^{31}tau^{55}ts^{h}a^{31}lai^{31};

红 漆 茶 盘 倒 茶 来；

sau^{21}sau^{24}k^{h}aŋ^{55}kieŋ^{35}ku^{55}ku^{21}lai^{31},

嫂 嫂 看 见 姑 姑 来，

tsoʔ^{3}tsɿ^{0}uaŋ^{21}kʰuai^{35}ta^{31}kʰi^{31}lai^{31}.

桌子碗筷打起来。

sau^{21}sau^{24}, liaŋ^{31}tsai^{35}tʰieŋ^{55}tʰieŋ^{21}lai^{31},

嫂嫂，娘在天天来，

liaŋ^{31}pu^{33}tsai^{35}, tsai^{55}pu^{33}lai^{31}.

娘不在，再不来。

03. mo^{55}li^{55}kuaŋ^{21}, tieŋ^{31}tieŋ^{31}xoŋ^{31}.

□利光①，点点红。

kʰi^{31}lu^{55}ma^{24}, ko^{55}uaŋ^{31}loŋ^{31}.

骑绿马，过黄龙。

uaŋ^{31}loŋ^{31}sui^{31}pʰiau^{33}pʰiau^{33}, tui^{55}mi^{24}tui^{55}saŋ^{33}kʰiu^{33}.

黄龙水漂漂，碓米碓三臼。

ki^{55}pʰo^{31}kieŋ^{31}mi^{31}tʰɵy^{31}, ki^{55}tsai^{24}kieŋ^{31}mi^{21}sui^{35};

鸡婆捡米头，鸡仔捡米碎；

kieŋ^{31}tɕyoʔ^{3}saŋ^{55}kʰo^{55}tɕy^{21}, soŋ^{55}ŋo^{24}mui^{55}mui^{35}uaŋ^{31}tʰai^{31}kʰɤ^{55}tu^{55}sy^{21}.

捡着三颗珠，送我妹妹王台去读书。

04. tɕieŋ^{31}tʰɵy^{31}tsai^{24}, tɕieŋ^{31}tʰɵy^{31}laŋ^{31}.

枕头仔，枕头郎。

si^{55}tɕʰi^{33}sui^{35}ti^{0}ly^{24}tsɿ^{0}kia^{55}ko^{55}tɕʰi^{33}sui^{55}laŋ^{31}.

十七岁的女子嫁个七岁郎。

tso^{21}siu^{24}tʰi^{21}ko^{55}tʰi^{55}tʰɵy^{21}teiŋ^{35},

左手提个剃头凳，

iu^{35}siu^{21}kʰieŋ^{33}ko^{55}tɕʰi^{33}sui^{55}laŋ^{31}.

右手牵个七岁郎。

i^{33}ie^{35}o^{21}lɤ^{0}tɕʰi^{55}tui^{33}liau^{35},

一夜屙了七堆尿，

yeŋ^{21}kiu^{35}sui^{35}ko^{55}liŋ^{21}liau^{35}tsʰuaŋ^{31}.

原旧睡个淋尿床。

tsʰuaŋ^{21}siaŋ^{35}si^{55}ko^{55}xua^{31}koŋ^{33}iaŋ^{35},

床上是个华公样，

① □利光mo^{55}li^{55}kuaŋ^{21}月亮，较早的说法。

ts^{h}uaŋ^{21}xa^{35}si^{55}ko^{55}lieŋ^{31}y^{31}t^{h}aŋ^{31}.

床下是个鲢鱼塘。

i^{55}kieŋ^{21}t^{h}iŋ^{33}kieŋ^{35}tse^{55}ku^{33}kiau^{35},

日间听见鹧鸪叫，

ie^{55}kieŋ^{21}t^{h}iŋ^{33}kieŋ^{55}siaŋ^{55}sui^{24}liu^{31}.

夜间听见山水流。

siaŋ^{31}keiŋ^{33}siaŋ^{55}sui^{24}k^{h}ɤ^{35}, k^{h}oŋ^{21}p^{h}a^{55}siaŋ^{55}sui^{24}pu^{55}xui^{31}t^{h}ɵy^{31}.

想跟山水去，恐怕山水不回头。

05. ki^{55}koŋ^{55}tsai^{24}, ui^{31}pa^{21}tɕ^{h}iaŋ^{31}, k^{h}aŋ^{21}tiau^{35}ui^{31}pa^{21}tso^{55}siŋ^{55}liaŋ^{31}.

鸡公仔，尾巴长，砍掉尾巴做新娘。

siŋ^{55}liaŋ^{31}ai^{24}, ko^{55}p^{h}aŋ^{21}xai^{24}.

新娘矮，过螃蟹。

p^{h}aŋ^{21}xai^{24}pa^{33}ko^{55}kyoʔ^{3}, kia^{55}teiŋ^{24}p^{h}aŋ^{21}k^{h}oʔ^{3}.

螃蟹八个角，嫁等螃壳。

p^{h}aŋ^{21}k^{h}oʔ^{3}o^{21}to^{24}loŋ^{31}, kia^{55}teiŋ^{24}ts^{h}ai^{31}xoŋ^{31}.

螃壳耳朵聋，嫁等裁缝。

ts^{h}ai^{31}xoŋ^{31}si^{33}kyoʔ^{3}maŋ^{35}, kia^{55}teiŋ^{24}aŋ^{35}.

裁缝洗脚慢，嫁等岸。

aŋ^{35}xui^{55}tsɵy^{24}, kia^{55}teiŋ^{24}kɵy^{24}.

岸会走，嫁等狗。

kɵy^{24}xuaŋ^{55}p^{h}i^{35}, kia^{55}teiŋ^{24}miau^{21}tɕi^{35}.

狗放屁，嫁等猫仔。

miau^{21}tɕi^{35}t^{h}iau^{55}siaŋ^{35}liaŋ^{31}, au^{24}ko^{55}lau^{21}tɕ^{h}y^{24}liaŋ^{21}.

猫仔跳上梁，咬个老鼠娘。

miau^{21}tɕi^{35}t^{h}iau^{55}ko^{55}k^{h}i^{21}, au^{21}kieŋ^{35}p^{h}o^{55}tsoŋ^{55}i^{21}.

猫仔跳过溪，咬件破棕衣。

06. ki^{21}ts^{h}u^{55}ts^{h}u^{55}, ki^{21}t^{h}o^{31}t^{h}o^{31}, iŋ^{31}ka^{33}siau^{55}ŋo^{24}mu^{55}iu^{24}lau^{31}p^{h}o^{31}.

鸡楚$^{=}$楚$^{=}$，鸡坨坨，人家笑我没有老婆。

saŋ^{55}tɕ^{h}ieŋ^{31}iŋ^{31}tsɿ^{0}t^{h}au^{24}i^{33}ko^{35}, ke^{33}ke^{33}pa^{33}pa^{33}liaŋ^{33}koŋ^{55}p^{h}o^{31}.

三钱银子讨一个，结结巴巴两公婆。

07. ti^{21}ti^{35}o^{33}o^{33}, lau^{21}tɕ^{h}y^{24}tɕ^{h}iaŋ^{55}ko^{21}.

弟弟喔喔，老鼠唱歌。

miau^{21}tɕi^{35}si^{21}lieŋ^{24}, lau^{21}tɕʰy^{24}si^{21}ko^{21}.

猫仔洗脸，老鼠洗锅。

i^{33}tsʰu^{55}ieŋ^{31}, i^{33}tsʰu^{55}mi^{24}, i^{33}tsʰu^{55}lau^{21}tɕʰy^{21}si^{24}.

一撮盐，一撮米，一撮老鼠屎。

tɕy^{21}teiŋ^{24}la^{21}ko^{35}tɕʰiʔ^{3}, tɕy^{21}teiŋ^{24}pau^{21}pau^{24}ku^{55}tu^{55}tɕʰiʔ^{3}.

煮等哪个吃，煮等宝宝咕嘟吃。

08. ma^{21}i^{31}koŋ^{33}, ma^{21}i^{31}pʰo^{31}.

蚂蚁公，蚂蚁婆。

tʰai^{31}kʰaŋ^{55}kʰui^{33}, lieŋ^{55}mi^{31}tʰo^{31}.

抬□□①，念弥陀。

mi^{31}tʰo^{31}lieŋ^{55}tɕiŋ^{55}tsʰu^{55}, kioŋ^{55}tsʰai^{31}kioŋ^{55}si^{33}xu^{55}.

弥陀念尽处，供财供媳妇。

09. ŋo^{24}ti^{0}mui^{55}mui^{55}pu^{33}si^{35}kieŋ^{31}lai^{31}li^{0}, pu^{33}si^{35}pau^{55}lai^{31}li^{0}.

我的妹妹不是捡来哩,不是抱来哩。

meiŋ^{21}kʰøy^{24}xua^{33}xua^{33}kiau^{35}tʰai^{31}lai^{31}li^{0}, tɕʰi^{33}tui^{35}iŋ^{31}tsɿ^{0}tɕʰi^{33}tui^{35}kiŋ^{21}tsɿ^{0}.

门口花花轿抬来哩,七对银子七对金子。

pa^{33}ko^{35}pʰeiŋ^{21}iu^{24}lai^{31}tɕie^{55}tɕʰiŋ^{21}.

八个朋友来接亲。

sau^{21}sau^{24}soŋ^{55}ŋo^{24}siaŋ^{55}kiau^{35}, ko^{55}ko^{21}soŋ^{55}ŋo^{24}kʰi^{31}uaŋ^{21}miau^{35}.

嫂嫂送我上轿，哥哥送我起王庙。

ta^{55}ko^{21}tʰo^{31}ta^{55}kʰi^{31}, ɤ^{55}ko^{21}xuaŋ^{55}ta^{55}pʰau^{35}.

大哥驮大旗，二哥放大炮。

saŋ^{55}ko^{21}kʰi^{31}pʰoŋ^{31}loŋ^{31}, sɿ^{55}ko^{21}a^{21}tsai^{24}kʰau^{35}.

三哥起篷笼，四哥阿仔靠。

10. siŋ^{21}soŋ^{24}siŋ^{55}soŋ^{24}, loŋ^{21}mi^{24}saŋ^{33}koŋ^{33}.

醒$^{=}$扨醒$^{=}$扨，砻米三工。

tsʰeiŋ^{55}tɕʰyeŋ^{31}tsai^{24}, lau^{21}xa^{33}koŋ^{33}.

撑船仔，捞虾公。

xa^{33}koŋ^{33}lau^{21}pu^{55}tɕyoʔ^{3}, lau^{33}ko^{35}moŋ^{21}toŋ^{21}tsai^{24}.

虾公捞不着，捞个懵懂仔。

① □□kʰaŋ^{55}kʰui^{21}蜻蜓。

11. iau^{31}, iau^{31}, iau^{21}tau^{55}uai^{55}p^{h}o^{31}k^{h}iau^{31}.

摇， 摇， 摇 到 外 婆 桥。

uai^{55}p^{h}o^{31}kiaŋ^{21}ŋo^{24}si^{55}xau^{21}pau^{21}pau^{24}.

外 婆 讲 我 是 好 宝 宝。

ŋo^{24}kiaŋ^{21}uai^{55}p^{h}o^{31}xau^{24}.

我 讲 外 婆 好。

12. xoŋ^{31}ki^{55}xua^{33}, ki^{55}t^{h}o^{31}lo^{31}.

红 橘 花， 鸡 陀 螺。

xi^{33}xi^{33}siau^{55}ŋo^{24}miu^{24}lau^{31}p^{h}o^{31}, ki^{33}ki^{33}ku^{33}ku^{33}liaŋ^{31}koŋ^{55}p^{h}o^{31}.

嘻 嘻 笑 我[没有]老 婆， 叽 叽 咕 咕 两 公 婆。

xai^{21}si^{55}lau^{31}p^{h}o^{31}xau^{24}, xa^{55}liaŋ^{31}lu^{55}pieŋ^{33}ts^{h}au^{24}.

还 是 老 婆 好， 瞎 娘 路 边 草。

13. siŋ^{21}soŋ^{24}siŋ^{55}saʔ^{3}, a^{21}ma^{33}mo^{33}tɵy^{55}xu^{35}, a^{21}koŋ^{33}k^{h}i^{21}tɵy^{55}ia^{31}.

醒$^{=}$ 拟 醒$^{=}$ 杀$^{=}$，阿 妈 磨 豆 腐， 阿 公 起 豆 芽。

a^{21}koŋ^{33}t^{h}iau^{33}k^{h}ɤ^{55}mai^{35}, a^{21}ma^{33}xieŋ^{31}miu^{24}ts^{h}ai^{35}.

阿 公 挑 去 卖， 阿 妈 嫌 [没有]菜。

a^{21}koŋ^{33}t^{h}iau^{55}xui^{31}t^{h}ɵy^{31}, a^{21}ma^{33}iu^{21}tɤ^{55}ts^{h}ɵy^{31}.

阿 公 挑 回 头， 阿 妈 有 得 愁。

14. tsuʔ^{3}tsɿ^{0}xua^{21}, lu^{55}p^{h}i^{31}ieʔ^{3}.

竹 子 花， 绿 皮 叶。

siŋ^{55}liaŋ^{31}tai^{55}ŋo^{24}lu^{33}ko^{55}yeʔ^{3}.

新 娘 带 我 六 个 月。

xoŋ^{31}k^{h}iu^{31}xai^{31}, pɤ^{33}li^{55}tsɿ^{21}.

红 球 鞋， 白 荔 枝。

pi^{33}pu^{55}tɤʔ^{3}liaŋ^{31}kia^{21}tso^{55}ly^{24}tsɿ^{0}.

比 不 得 娘 家 做 女 子。

liaŋ^{31}kia^{21}sui^{55}tau^{35}tsau^{21}xuaŋ^{35}suʔ^{3}, p^{h}o^{31}kia^{21}teiŋ^{21}pu^{55}tɤʔ^{3}k^{h}ai^{55}tɕ^{h}ieŋ^{31}meiŋ^{31}.

娘 家 睡 到 早 饭 熟， 婆 家 等 不 得 开 前 门。

ta^{31}k^{h}ai^{21}tɕ^{h}ieŋ^{31}meiŋ^{31}k^{h}aŋ^{55}sui^{21}sui^{24}, ta^{31}k^{h}ai^{21}xɵy^{55}meiŋ^{31}k^{h}aŋ^{55}si^{55}liu^{31}.

打 开 前 门 看 水 水， 打 开 后 门 看 石 榴。

si^{55}liu^{31}sy^{55}siaŋ^{35}tse^{55}ku^{21}kiau^{35}, siaŋ^{21}tau^{35}liaŋ^{31}kia^{21}ieŋ^{21}lui^{35}liu^{31}.

石 榴 树 上 鹧 鸪 叫， 想 到 娘 家 眼 泪 流。

二　斗会①唱词

祝寿赞

tɕ^{h}ie^{55}i^{24}, siu^{55}taŋ^{35}p^{h}u^{31}ueiŋ^{31}t^{h}ieŋ^{33}xa^{35}, siu^{55}siŋ^{21}kau^{33}tɕiau^{55}iŋ^{31}tɕieŋ^{21}, siu^{55}siaŋ^{21}ke^{55}tɕyeŋ^{35},
窃以，寿诞普闻天下，寿星高照人间，寿香结篆，
siu^{55}tsu^{55}t^{h}eiŋ^{31}xui^{21}, siu^{55}t^{h}au^{31}k^{h}ai^{55}pu^{33}se^{55}tsɿ^{55}xua^{21}, siu^{55}tɕia^{55}tsiŋ^{55}tɕ^{h}iaŋ^{31}seiŋ^{21}tsɿ^{55}kiu^{24}. kioŋ^{55}ui^{31}
寿烛腾辉，寿桃开不谢之花，寿□晋长生之酒。恭维
ts^{h}ɿ^{55}iŋ^{33}xui^{35}li^{55}xu^{55}xu^{24}sieŋ^{31}sɿ^{21}, siu^{33}piŋ^{55}tɕ^{h}ieŋ^{31}kueiŋ^{21}, li^{55}tɕ^{h}ieŋ^{55}ku^{24}ɤ^{31}pu^{33}i^{35}; siu^{55}t^{h}oŋ^{31}i^{55}yeʔ^{3},
慈荫惠利伏虎禅师，寿并乾坤，历千古而不易；寿同日月，
tsɿ^{55}uaŋ^{55}tsai^{21}ɤ^{31}tɕ^{h}iaŋ^{31}siŋ^{21}. tsɿ^{55}teiŋ^{21}u^{31}tɕiaŋ^{21}, iu^{55}xo^{31}tai^{55}tsuʔ^{3}? tsoŋ^{55}teiŋ^{21}mu^{55}sɿ^{55}sɿ^{31}tsɿ^{33}xu^{55}iu^{35},
跻万载而常新。既等无疆，又何待祝？众等沐四时之护佑，
ke^{55}i^{33}lieŋ^{35}tsɿ^{55}k^{h}ieŋ^{31}ts^{h}iŋ^{31}, tuaŋ^{21}i^{55}ts^{h}ui^{31}ts^{h}ɿ^{31}, ai^{55}tɕ^{h}iu^{31}tɕieŋ^{55}la^{35}. pi^{55}tsoŋ^{55}teiŋ^{24}siu^{55}tɕ^{h}iu^{31}t^{h}ieŋ^{55}
竭一念之虔诚，端冀垂慈，哀求鉴纳。俾众等寿筹添
xai^{21}u^{55}, siu^{55}kuo^{24}tseiŋ^{55}iau^{31}ts^{h}ɿ^{31}. siu^{55}t^{h}oŋ^{31}pɤ^{55}xai^{21}uaŋ^{55}lieŋ^{31}kui^{21}, siu^{55}pi^{24}laŋ^{31}siaŋ^{21}tɕ^{h}ieŋ^{33}sui^{55}
海屋，寿果证瑶池。寿同北海万年龟，寿比南山千岁
xo^{35}. iaŋ^{31}lau^{31}ta^{55}tsoŋ^{35}, tseiŋ^{21}su^{55}ioŋ^{21}i^{35}, kiŋ^{21}ueiŋ^{55}i^{55}siŋ^{21}, p^{h}u^{31}siŋ^{31}kioŋ^{55}xueiŋ^{35}. iu^{55}ts^{h}iŋ^{31}
鹤。仰劳大众，整素容仪，谨运一心，普神供奉。玉辰
kioŋ^{21}, sui^{55}k^{h}i^{35}lau^{55}mi^{31}, lai^{31}tɕ^{h}ieŋ^{31}tsu^{55}taŋ^{55}kiŋ^{55}uaŋ^{21}ti^{35}uaŋ^{55}uaŋ^{55}sui^{35}, iau^{31}xoŋ^{33}sueiŋ^{55}y^{24}xai^{31}
宫，瑞气绕弥，来虔祝当今皇帝万万岁，尧风舜雨海
po^{55}liŋ^{31}, toŋ^{55}kioŋ^{21}a^{0}toŋ^{55}kioŋ^{21}tieŋ^{55}xia^{35}tieŋ^{55}xia^{35}xiaŋ^{55}xia^{31}liŋ^{31}. ueiŋ^{21}u^{55}tɕy^{31}koŋ^{55}ts^{h}iŋ^{21}, ŋo^{21}teiŋ^{24}
波宁，东宫啊东宫殿下殿下享遐龄。文武诸公卿，我
tseiŋ^{55}xu^{33}xui^{35}, lu^{33}ui^{55}i^{55}kau^{55}siŋ^{21}. uaŋ^{55}kia^{21}ieŋ^{21}k^{h}iŋ^{35}, xo^{33}xui^{55}siŋ^{55}siaŋ^{35}tseiŋ^{55}ts^{h}ueiŋ^{21}, uaŋ^{55}
等增福慧，禄位日高升。皇家衍庆，合会信善增春，万
paŋ^{21}uaŋ^{55}paŋ^{21}kioŋ^{21}ku^{35}, sɿ^{55}kiʔ^{3}lo^{55}siŋ^{55}p^{h}iŋ^{31}, kui^{33}miŋ^{55}syeŋ^{31}tu^{21}uaŋ^{55}siu^{35}ta^{55}t^{h}ieŋ^{55}tseiŋ^{21}, kui^{33}
邦万邦巩固，十极乐升平，皈命玄都万寿大天尊，皈
miŋ^{55}syeŋ^{31}tu^{21}uaŋ^{55}siu^{35}ta^{55}t^{h}ieŋ^{55}tseiŋ^{21}, kui^{33}miŋ^{55}syeŋ^{31}tu^{21}syeŋ^{31}tu^{21}uaŋ^{55}siu^{35}a^{0}ta^{55}t^{h}ieŋ^{55}tseiŋ^{21}.
命玄都万寿大天尊，皈命玄都玄都万寿啊大天尊。

① 斗会是流行于延平地区的用南平官话演唱的一种佛教修士音乐（唱词比较文，与本书记录的口语音系略有差异），是南平市第一批非物质文化遗产。其核心是发源于南平当地的斗会文化。

三　南词说唱

1. 铁膝海瑞①

（唱）

çieŋ55çy33tsɿ21ui55tsʰaŋ33seiŋ55ki35,

上疏只为苍生计，

tsoŋ53sɿ242pa55kuõ33kaŋ55taŋ242pʰi33;

纵使罢官肝胆披；

tʰie55kuʔ3tseiŋ55tseiŋ33uaŋ53miŋ21ieŋ242,

铁骨铮铮万民仰，

tɕʰiŋ55kuõ33tieŋ53faŋ35sɿ55kieŋ33kʰi21.

清官典范世间奇。

（白）

xai53lui35çieŋ55çy33, kʰuai53tsɿ35iŋ21kʰɵy242; xai53lui35pa55kuõ33, pɤ55lieŋ21tɕʰyeŋ31ieŋ21. kiŋ55
海瑞上疏，脍炙人口；海瑞罢官，百年传扬。今
tɕiau33kieŋ24ti0sɿ55xai53lui35tsai55laŋ31pʰiŋ21çieŋ55çyoʔ3iŋ35kiau53y35sɿ21ti0i55tuõ35kʰi31ueiŋ21i53sɿ35.
朝讲的是海瑞在南平县学任教谕时的一段奇闻轶事。

iu53i55tʰieŋ33, çyŋ21aŋ35y55sɿ242lai31laŋ31pʰiŋ21, tau53çieŋ55çyoʔ3sɿ55tsʰaʔ3. laŋ31pʰiŋ21tsɿ55ko55çiau21
有一天，巡按御史来南平，到县学视察。南平这个小
ti53xuaŋ33a0, sɿ55xeiŋ53laŋ31tɤʔ3kieŋ53tau35tɕie35mo33ta55ti0kuõ33o55. tsɿ55xu242, çieŋ53liŋ35, ta55çiau21
地方啊，是很难得见到这么大的官哦。知府、县令、大小
kuõ55yeŋ21tɕʰyeŋ21pu35kui53ti35pai55ieʔ3, ui31tuʔ3xai53lui35a0tsɿ31tso35lɤ0ko35tɕʰieŋ31iʔ3, pu55kʰeiŋ242kui53
官员全部跪地拜谒，唯独海瑞啊只作了个长揖，不肯跪
xa35. çyŋ21aŋ35y55sɿ242i55kʰaŋ35, la35ko0lieŋ53sɤʔ3xa0, i33xa55tsai242a0tɕiu55iŋ55tsʰeiŋ21lɤ0xa55lai21. kuõ55yeŋ21
下。巡按御史一看，那个脸色哈，一下仔啊就阴沉了下来。官员
meiŋ21kʰaŋ53kieŋ35lau0, iu242ti0a0tʰi35xai53lui35a0leʔ3lɤ0i55pa21xaŋ35. e35iu242ti0a0tɕʰyeʔ3aŋ53tsɿ35siŋ55tsai21lo53
们看见了，有的啊替海瑞啊捏了一把汗。也有的啊却暗自幸灾乐

① 南平南词是流行于南平的一种曲艺形式，主要以市区的官话口音为主，有说有唱。因为市区官话个体差异明显，所以南平南词并没有形成很固定的唱腔。本书所收录的这个南词曲目，是由国家一级演员、南平市区的卢丽萍女士演唱的。她的唱腔与西芹官话相比最大的不同在于尖音非常少，有鼻化韵，很多西芹读为iaŋ的韵母卢老师的唱腔中对应的是ieŋ韵。本节所记录的是卢老师的口音。

xo^{35}. yeŋ^{31}lai^{21}a^{0}, xai^{53}lui^{35}a^{0}iu^{53}i^{55}ko^{35} "pi^{53}kia^{35}po^{55}sɿ^{35}" ti^{0}pe^{55}miŋ^{21}. tɕ^{h}ieŋ^{21}pu^{55}kiu^{242}a^{0}, laŋ^{31}p^{h}iŋ^{21}
祸。原 来啊,海 瑞 啊有 一个 "笔 架 博 士" 的别 名。 前 不 久 啊,南 平
tsɿ^{55}xu^{242}a^{0}, tai^{35}tsɿ^{0}i^{33}ta^{55}paŋ^{33}ti^{0}kuõ^{55}yeŋ^{21}tau^{53}ɕieŋ^{55}ɕyoʔ^{3}sɿ^{55}ts^{h}aʔ^{3}. ɕieŋ^{55}ɕyoʔ^{3}ti^{0}iŋ^{21}a^{0}, tɕ^{h}yeŋ^{21}pu^{35}
知 府 啊,带 着 一大 班 的官 员 到 县 学 视 察, 县 学 的人啊,全 部
kui^{53}ti^{35}iŋ^{31}tseʔ^{3}, ui^{31}tuʔ^{3}xai^{53}lui^{35}a^{0}tsɿ^{31}tso^{35}lɤ^{0}ko^{35}iʔ^{3}, pu^{55}k^{h}eiŋ^{242}kui^{53}xa^{35}. i^{55}se^{33}kuõ^{55}yeŋ^{21}a^{0}, ɕiŋ^{33}
跪 地迎 接, 唯 独 海 瑞 啊只 作 了个 揖,不 肯 跪 下。一些 官 员 啊,心
li^{0}a^{0}, xeiŋ^{55}pu^{55}kau^{55}xiŋ^{35}o^{0}.
里啊,很 不 高 兴 哦。

(唱)

xo^{31}lai^{21}pi^{53}kia^{35}li^{55}ts^{h}ɿ^{242}ti^{35}?
何 来 笔 架 立 此 地?

"ɕieŋ^{55}" tsɿ^{35}i^{53}ɕy^{35}kuai^{53}ɕi^{55}ɕi^{33}!
"山" 字 一 竖 怪 兮 兮!

(白)

tsɿ^{55}sɿ^{55}kiaŋ^{242}xai^{53}lui^{35}seiŋ^{55}pieŋ^{33}ti^{0}lieŋ^{53}ko^{35}ɕyŋ^{53}tau^{242}tu^{33}kui^{35}xa^{35}lau^{0}. tsɿ^{31}iu^{242}xai^{53}lui^{35}a^{0}, kau^{55}
这 是 讲 海 瑞 身 边 的两 个 训 导 都 跪 下 了。只 有 海 瑞 啊,高
kau^{33}ti^{0}li^{53}tsai^{35}tsoŋ^{55}kieŋ^{33}, ɕieŋ^{35} "ɕieŋ^{33}" tsɿ^{53}tsoŋ^{55}kieŋ^{33}ti^{0}i^{53}ɕy^{35}a^{0}, t^{h}ɤ^{55}peʔ^{3}ti^{0}t^{h}u^{55}tɕ^{h}yʔ^{3}. tɕiu^{55}tɕiaŋ^{35}
高 地立在 中 间, 像 "山" 字 中 间 的一竖 啊,特 别 地突 出。 就 酱$^{=}$
tsɿ^{0}a^{0}, xai^{53}lui^{35}tɕiu^{55}tɤ^{55}tau^{35}lɤ^{0}i^{55}ko^{35} "pi^{55}kia^{35}po^{55}sɿ^{35}" ti^{0}pe^{55}miŋ^{21}.
子啊,海 瑞 就 得 到 了一个 "笔 架 博 士" 的别 名。

kiŋ^{55}tɕiau^{33}, ɕyŋ^{21}aŋ^{35}y^{55}sɿ^{242}kieŋ^{35}xai^{53}lui^{35}pu^{55}kui^{35}a^{0}, xuaŋ^{35}xa^{55}lieŋ^{242}lai^{21}: "m^{0}!"
今 朝, 巡 按御史 见 海 瑞 不 跪 啊,放 下 脸 来:"嗯!"

(唱)

ts^{h}aŋ^{55}kieŋ^{35}peiŋ^{53}kuõ^{33}xo^{31}pu^{55}xa^{53}kui^{35}?
参 见 本 官 何 不 下 跪?

ts^{h}au^{31}t^{h}iŋ^{21}ly^{55}liʔ^{3}k^{h}i^{21}ɤ^{21}xi^{35}!
朝 廷 律 例 岂 儿 戏!

(白)

la^{35}ko^{0}laŋ^{31}p^{h}iŋ^{21}ɕieŋ^{53}liŋ^{35}a^{0}, kieŋ^{35}xai^{53}lui^{35}pu^{55}kui^{35}a^{0}, kye^{55}t^{h}ɤʔ^{3}a^{0}kuai^{55}te^{55}ku^{242}ti^{0}a^{0}, kaŋ^{53}
那个 南 平 县 令 啊,见 海 瑞 不 跪 啊,觉 得 啊怪 跌 鼓 的啊,赶
kiŋ^{53}xaŋ^{242}: "e^{55}, kui^{35}! kui^{35}! kui^{35}!"
紧 喊:"欸,跪! 跪! 跪!"

xai^{53}lui^{35}a^{0}, xai^{53}sɿ^{35}t^{h}iŋ^{53}liʔ^{3}pu^{55}kui^{35}. xai^{53}lui^{35}sɿ^{35}i^{55}ko^{35}kaŋ^{55}tseiŋ^{35}pu^{55}ɤ^{33}ti^{0}iŋ^{21}. xai^{53}lui^{35}tsɿ^{55}lɤ^{0}
海瑞啊，还是挺立不跪。海瑞是一个刚正不阿的人。海瑞指了
tsɿ^{55}tɕ^{h}ieŋ^{21}saŋ^{35}ti^{0}p^{h}ai^{31}pieŋ^{242} "ɕyo^{55}t^{h}aŋ^{21}" tsɿ^{35}liaŋ^{53}ko^{55}tsɿ^{35}, pu^{55}xuaŋ^{33}pu^{55}maŋ^{21}ti^{0}xui^{31}taʔ^{3}: "lu^{31}ko^{242}
指墙上的牌匾"学堂"这两个字，不慌不忙地回答："如果
sɿ^{55}tsai^{35}ia^{31}meiŋ^{21}, li^{53}taŋ^{33}aŋ^{35}xa^{55}su^{33}li^{242}kui^{53}pai^{35}. k^{h}o^{53}sɿ^{35}, tsɿ^{35}se^{33}sɿ^{55}ɕyo^{55}t^{h}aŋ^{21}, tsɿ^{21}kui^{53}pai^{35}
是在衙门，理当按下属礼跪拜。可是，这些$^{=}$是学堂，只跪拜
k^{h}oŋ^{53}lau^{242}xu^{33}tsɿ^{242}, k^{h}i^{31}y^{21}tɕye^{31}pu^{55}xiŋ^{21}tɕ^{h}y^{55}tɕ^{h}iʔ^{3}."
孔老夫子，其余绝不行屈膝。"

e^{35}, aŋ^{53}li^{31}kieŋ^{242}, xai^{53}lui^{35}kieŋ^{242}ti^{0}tsɿ^{55}sɿ^{35}iu^{53}li^{242}iu^{53}ky^{35}a^{0}. miŋ^{21}tai^{35}iu^{53}kui^{55}tiŋ^{35}a^{0}, ɕyo^{55}t^{h}aŋ^{21}
欸，按理讲，海瑞讲的这是有理有据啊。明代有规定啊，学堂
tsɿ^{21}kui^{53}pai^{35}k^{h}oŋ^{53}lau^{242}xu^{33}tsɿ^{242}, pu^{55}kui^{53}pai^{35}tɕieŋ^{53}kuõ^{33}. k^{h}o^{53}sɿ^{35}, tsɿ^{55}ko^{35}kui^{55}tiŋ^{35}a^{0}, tsau^{53}tɕiu^{55}
只跪拜孔老夫子，不跪拜长官。可是，这个规定啊，早就
pui^{35}ta^{55}ɕiau^{242}kuõ^{55}yeŋ^{21}meiŋ^{21}ta^{53}p^{h}o^{35}lau^{0}, kui^{53}pai^{35}tɕieŋ^{53}kuõ^{33}i^{53}ts^{h}eiŋ^{31}ui^{21}lɤ^{0}tɕ^{h}ieŋ^{31}kui^{55}tsɤʔ^{3}.
被大小官员们打破了，跪拜长官已成为了潜规则。

kiŋ^{55}tɕiau^{33}, ɕyŋ^{21}aŋ^{35}y^{55}sɿ^{242}kieŋ^{35}ieŋ^{53}tɕ^{h}ieŋ^{21}sɿ^{55}ko^{35}ɤ^{35}siʔ^{3}to^{33}sui^{35}ti^{0}ɕiau^{53}ɕyo^{55}kuõ^{33}, tɕiŋ^{55}
今朝，巡按御史见眼前是个二十多岁的小学官，竟
kaŋ^{242}ta^{53}p^{h}o^{35}tɕ^{h}ieŋ^{31}kui^{55}tsɤʔ^{3}, kieŋ^{53}tsɿʔ^{3}a^{0}lu^{55}xuaʔ^{3}ts^{h}oŋ^{33}kuõ^{35}a^{0}, "tu^{55}! ta^{53}taŋ^{242}ti^{0}k^{h}uaŋ^{31}seiŋ^{33},
敢打破潜规则，简直啊怒发冲冠啊，"嘟！大胆的狂生，
li^{242}sɿ^{55}sɿ^{55}mo^{55}iŋ^{21}a^{0}?"
你是什么人啊？"

xai^{53}lui^{35}a^{0}pu^{55}pui^{33}pu^{55}k^{h}aŋ^{35}ti^{0}xui^{31}taʔ^{3}: "tsai^{53}xa^{35}laŋ^{31}p^{h}iŋ^{21}ɕieŋ^{55}ɕyo^{55}kiau^{53}y^{35}xai^{53}lui^{35}, iŋ^{31}
海瑞啊不卑不亢地回答："在下南平县学教谕海瑞，人
ts^{h}eiŋ^{33}pi^{55}kia^{35}po^{55}sɿ^{35}."
称笔架博士。"

"sɿ^{55}mo^{55}? pi^{55}kia^{35}po^{55}sɿ^{35}?"
"什么？笔架博士？"

la^{35}ko^{0}laŋ^{31}p^{h}iŋ^{21}ɕieŋ^{53}liŋ^{35}a^{0}, kaŋ^{53}kiŋ^{242}tɕ^{h}y^{55}lai^{21}a^{0}, tieŋ^{53}t^{h}øy^{31}xa^{55}iau^{33}ti^{0}kieŋ^{31}tɕ^{h}yʔ^{3} "pi^{55}kia^{35}
那个南平县令啊，赶紧出来啊，点头哈腰地讲出"笔架
po^{55}sɿ^{35}" ti^{0}lai^{21}li^{35}.
博士"的来历。

ɕyŋ^{21}aŋ^{35}y^{55}sɿ^{242}i^{55}t^{h}iŋ^{33}, ɕiŋ^{55}ɕieŋ^{242}: e^{35}! kiŋ^{55}tɕiau^{33}p^{h}oŋ^{55}ɕieŋ^{35}tsɿ^{55}ko^{0}eiŋ^{35}koʔ^{3}koʔ^{3}ti^{0}pi^{53}kia^{35},
巡按御史一听，心想：欸！今朝碰上这个硬角角的笔架，

xai^{55}! iu^{55}keʔ^{3}, iu^{55}lu^{35}, iu^{55}mo^{31}lai^{55}xo^{21}, t^{h}ɵy^{33}k^{h}oʔ^{3}tu^{33}ta^{35}lau^{0}, tu^{55}tsɿ^{0}tsui^{242}: "pi^{55}kia^{35}po^{55}sɿ^{35},
嗨！又急，又怒，又莫奈何，头壳都大了，嘟着嘴："笔架博士，
pi^{55}kia^{35}po^{55}sɿ^{35}, pi^{55}kia^{35}po^{55}sɿ^{35}! e^{35}! pa^{35}lau^{0}! pa^{35}lau^{0}!"
笔架博士，笔架博士！欸！罢了！罢了！"

e^{35}? la^{35}ko^{0}laŋ^{31}p^{h}iŋ^{21}ɕieŋ^{53}liŋ^{35}a^{0}, t^{h}iŋ^{33}kieŋ^{35}y^{55}sɿ^{242}kieŋ^{242} "pa^{35}lau^{0}, pa^{35}lau^{0}", kaŋ^{53}kiŋ^{242}t^{h}iau^{55}
欸？那个南平县令啊，听见御史讲"罢了，罢了"，赶紧跳
tɕ^{h}y^{55}lai^{31}ta^{55}xaŋ^{242}i^{55}ɕiŋ^{33}: "lai^{31}iŋ^{21}, tɕieŋ^{33}tsɿ^{35}ko^{0}pu^{55}xiau^{53}tɤʔ^{3}kui^{55}ky^{242}ti^{0}xai^{53}po^{55}sɿ^{35}ti^{0}kuõ^{33}mau^{35}
出来大喊一声："来人，将这个不晓得规矩的海博士的官帽
t^{h}o^{55}tiau^{35}!" t^{h}a^{33}i^{53}ui^{31}, y^{55}sɿ^{242}kieŋ^{242}pa^{35}lau^{0}pa^{35}lau^{0}tɕiu^{55}sɿ^{35}iau^{55}pa^{242}xai^{53}lui^{35}ti^{0}kuõ^{33}pa^{35}lau^{0}.
脱掉！"他以为，御史讲罢了罢了就是要把海瑞的官罢了。

y^{55}sɿ^{242}i^{55}k^{h}aŋ^{35}, "m^{55}? tso^{55}mo^{33}?"
御史一看，"嗯？做么？"

"ta^{55}iŋ^{21}, li^{242}pu^{55}sɿ^{35}kieŋ^{21}tɕiaŋ^{33}t^{h}a^{33}pa^{35}lau^{0}mo^{55}?"
"大人，你不是讲将他罢了吗？"

ɕyŋ^{21}aŋ^{35}y^{55}sɿ^{242}i^{55}t^{h}iŋ^{33}, xai^{31}! iu^{55}xau^{31}k^{h}i^{35}a^{0}iu^{55}xau^{31}ɕiau^{35}: "m^{55}? laŋ^{21}moŋ^{35}, ɤ^{55}pɤ^{55}u^{242}!
巡按御史一听，嗨！又好气啊又好笑："嗯？南$^{=}$梦$^{=}$，二百五！
ŋo^{33}sɿ^{55}kieŋ^{242}suõ^{35}lau^{0}."
我是讲算了。"

xai^{53}lui^{35}liŋ^{31}liŋ^{21}tɕiŋ^{53}k^{h}i^{35}, y^{55}sɿ^{242}e^{242}tsɿ^{53}xau^{242}suõ^{35}lau^{0}.
海瑞凛凛正气，御史也只好算了。

tsɿ^{35}tɕiŋ^{53}sɿ^{35}—
这正是——

（唱）

ki^{55}lieŋ^{21}lu^{31}ɕieŋ^{33}iŋ^{21}lu^{21}y^{35},
脊梁如山人如玉，
pi^{53}kia^{35}po^{55}sɿ^{35}miŋ^{21}tɕiau^{55}tɕieŋ^{33}.
笔架博士名昭彰。
k^{h}eiŋ^{55}tɕ^{h}iaŋ^{33}au^{35}kuʔ^{3}tɕ^{h}i^{55}ts^{h}ɿʔ^{3}k^{h}y^{33},
铿锵傲骨七尺躯，
t^{h}e^{55}tɕ^{h}iʔ^{3}xai^{53}lui^{35}mui^{53}miŋ^{21}ieŋ^{21}.
铁膝海瑞美名扬。

2. 应老汉修桥①

（唱）

kʰiau55kʰi242paŋ53ku242ɕieŋ53toŋ33toŋ33,

敲 起 板 鼓 响 咚 咚，

tɕʰieŋ55i55kʰyʔ3laŋ31pʰiŋ21laŋ31tsʰɿ21ia0yŋ21u55kʰioŋ21,

唱 一曲 南 平 南 词 呀韵 无穷，

tɕʰieŋ35ti0sɿ35iŋ55lau53xaŋ35ɕiu55kʰiau21sɿ35i55tsuaŋ33,

唱 的是应老 汉 修 桥 事一桩，

maŋ21taŋ35ɕieŋ55xia35iŋ21tsaŋ53soŋ35,

茫 荡 山 下 人赞 颂，

maŋ21taŋ35ɕieŋ55xia35iŋ21tsaŋ53soŋ35.

茫 荡 山 下 人赞 颂。

（白）

tsai35miŋ53pɤʔ3ti0ta55ɕieŋ33li0iu242i55ko35ɕiau53tsʰueiŋ33, tsʰueiŋ55tʰeu21iu53tʰiau21ɕiau53kʰi33, mui53

在 闽 北 的大山 里有 一个 小 村， 村 头 有条 小 溪，每

tau35lo55y242ti0ki55tseʔ3tɕiu55iau35tɕieŋ53ta55sui242, tɕiaŋ55kʰi33ɕieŋ35ti0ɕiau53kʰiau21tsʰoŋ55xuai35lau0. ɕieŋ55

到 落雨的季节 就 要 涨 大水， 将 溪 上 的小 桥 冲 坏 了。先

tɕʰieŋ21, iu53iŋ21tʰi21tsʰu55tsʰeu55tɕʰieŋ21ɕiu55kʰiau21, ta55kia33tu33i55lueiŋ35xueiŋ55xueiŋ33.

前， 有人提出 凑 钱 修桥， 大家 都议论 纷 纷。

tsʰueiŋ55tʰeu21ti0pʰaŋ55a21seiŋ242kieŋ242: “tsʰeu55tɕʰieŋ21ɕiu55kʰiau21? iau53xua55xau53to55tɕʰieŋ21

村 头 的胖 阿婶 讲：“凑 钱 修桥？ 要 花 好 多钱

ma0! tsu53tsu242pui53pui35tu33tɕiaŋ55ko35, a55iu0suõ35lɤ0pa0!”

嘛！祖祖 辈 辈 都酱= 过，哎呦算 了吧！”

tsʰueiŋ55ui242ti0ɕiau53suõ55pʰuõ21kieŋ242: “xua55tɕʰieŋ21xai21iau35tau55tʰeʔ3koŋ33! laŋ21moŋ35o0.

村 尾 的小 算 盘 讲：“花 钱 还 要 倒 贴 工！ 南=梦= 哦。

ŋo242kʰo55pu55ɕieŋ242taŋ33ɤ55pɤ55u242!”

我 可 不想 当 二百 五！”

（唱）

tɕi21tsɿ33ɕiu55kʰiau21ta35sɿ55tseʔ3,

集 资 修 桥 大事节=，

---

① 本书所收录的这个南词曲目，由南平市文化艺术馆林歆洁演唱。林歆洁的唱腔承自卢丽萍老师，用的是城关的南平官话，与本书记录的口语音系略有差异。

li^{53}ieŋ^{21}ŋo^{53}y^{242}kʰi^{53}xueiŋ^{55}tseiŋ^{33},
你言 我语起纷 争，
toŋ^{55}kia^{33}suõ^{55}pʰuõ^{21}sɿ^{55}kia^{33}kiŋ^{33},
东 家 算 盘 西家 经，
tsʰueiŋ^{55}ɕiau^{242}iŋ^{21}sau^{242}sɿ^{53}laŋ^{31}tsʰeiŋ^{21}.
村 小 人少 事难 成。

（白）

tsʰueiŋ^{33}li^{0}iu^{53}ko^{35}lau^{53}a^{55}koŋ^{33}kye^{55}tiŋ^{35}tsɿ^{55}ki^{242}tsʰu^{55}tɕʰieŋ^{21}, ɕiu^{55}tso^{35}mu^{55}kʰiau^{21}pa^{53}lu^{35}tʰoŋ^{33}.
村 里有 个 老 阿公 决 定 自 己 出 钱， 修 座 木 桥 把 路 通。
iŋ^{55}kia^{33}a^{55}pʰo^{21}a^{0}sɿ^{53}kʰi^{35}tɤ^{0}tsɿ^{55}teiŋ^{55}kyoʔ^{3}. a^{35}iu^{53}iu^{53}! ŋo^{242}ti^{0}lau^{53}xo^{55}tʰeu^{21}iu^{53}! li^{242}pu^{33}iau^{35}la^{53}
应 家 阿婆 啊是气 得 直 蹬 脚。 哎呦 呦！我 的老 货 头 呦！你 不 要 拉⁼
pui^{33}ma^{0}! ŋo^{242}kʰæ̃^{35}li^{242}a^{0}sɿ^{53}tɕʰiʔ^{3}tɤ^{0}tʰai^{55}pau^{242}lau^{0}. iŋ^{55}kia^{33}a^{55}koŋ^{33}sɿ^{35}kiu^{53}tʰeu^{31}liu^{21}ie^{53}la^{53}pu^{55}xui^{31}
杯 嘛！我 看 你啊是吃 得太 饱 了。应 家 阿公 是九 头 牛 也拉不 回
lai^{31}ti^{0}kye^{55}pʰi^{21}kʰi^{35}, pa^{242}kia^{33}li^{0}ti^{0}tsʰeiŋ^{31}tɕʰieŋ^{21}ioŋ^{55}kuaŋ^{33}la^{0}, tu^{33}tʰau^{33}kʰoŋ^{55}la^{0}. tʰa^{33}miau^{21}tʰu^{21}
来 的倔 脾 气，把 家 里的存 钱 用 光 啦，都 掏 空 啦。他 描 图
tsɿ^{242}, tɕʰiŋ^{242}mu^{55}koŋ^{33}, ɕieŋ^{53}tso^{35}tɕiu^{55}tso^{35}tʰa^{33}ma^{53}ɕieŋ^{242}tso^{35}. ioŋ^{55}pu^{53}tɤʔ^{3}xau^{53}kiu^{242}i^{55}tso^{35}ɕiau^{53}
纸，请 木 工，想 做 就 做 他 马 上 做。用 不 得 好 久 一座 小
mu^{55}kʰiau^{21}tɕiu^{35}ɕiu^{55}xau^{242}lau^{0}! tsʰueiŋ^{55}miŋ^{21}meiŋ^{21}peiŋ^{55}tseu^{242}ɕieŋ^{55}kau^{35}: "iu^{53}kʰiau^{21}lo^{0}! iu^{53}kʰiau^{21}
木 桥 就 修 好 了！村 民 们 奔 走 相 告："有桥 咯！有桥
lo^{0}!"
咯！"

（唱）

sa^{55}mu^{35}ɕiau^{53}kʰiau^{21}sai^{55}tsʰai^{53}xoŋ^{21},
杉 木 小 桥 赛 彩 虹，
tsoŋ^{55}iŋ^{21}kʰi^{31}seiŋ^{33}kʰua^{55}a^{55}koŋ^{33},
众 人 齐 声 夸 阿公，
a^{55}koŋ^{33}ti^{53}tʰeu^{21}tʰa^{33}pu^{53}ieŋ^{21}y^{242},
阿公 低头 他 不 言 语，
paŋ^{53}teiŋ^{35}i^{55}pa^{242}laŋ^{21}kʰiau^{21}tsoŋ^{33}.
板 凳 一把 拦 桥 中。

（白）

pu^{33}iau^{35}kiʔ^{3}, pu^{33}iau^{35}kiʔ^{3}. tsɿ^{35}ko^{55}kʰiau^{21}ma^{0}, sɿ^{55}iau^{35}ɕiu^{55}tɕʰieŋ^{21}ti^{0}!
不 要 急，不 要 急。这 过 桥 嘛，是要 收 钱 的！

a^{35}, xai^{21}iau^{35}ɕiu^{55}tɕ^{h}ieŋ^{21}?

啊，还要 收 钱？

m^{0}, tɕ^{h}i^{55}sɿʔ^{3}sui^{35}i^{53}ɕieŋ^{35}tɕ^{h}i^{55}sui^{35}i^{53}xa^{35}pu^{55}iau^{35}tɕ^{h}ieŋ^{21}, k^{h}i^{31}t^{h}a^{33}iŋ^{21}ko^{55}k^{h}iau^{21}ma^{0}, i^{55} k^{h}uai^{35}! mo^{55}iu^{242}tɕ^{h}ieŋ^{21}? mo^{55}iu^{242}tɕ^{h}ieŋ^{21}li^{53}tɕiu^{35}pu^{55}iau^{35}t^{h}oŋ^{21}ŋo^{242}lo^{55}so^{33}!

嗯，七十岁以上 七岁以下不要钱， 其他人过桥 嘛，一块！ 没有钱？ 没有钱 你就 不要同我啰嗦！

（唱）

iŋ^{55}lau^{53}xaŋ^{35}ɕiu^{55}k^{h}iau^{21}ɕiu^{55}tɕ^{h}ieŋ^{21}laŋ^{21}lu^{35}tsoŋ^{33},

应老汉 修桥 收钱 拦路中，

tsoŋ^{55}ɕieŋ^{55}tɕ^{h}iŋ^{33}i^{55}lueiŋ^{35}xueiŋ^{55}xueiŋ^{33}lau^{35}tɤ^{0}ɕioŋ^{33}.

众乡亲 议论 纷 纷 闹 得凶。

tsɿ^{55}ko^{0}kieŋ^{242}, tuaŋ^{53}miŋ^{35}ti^{0},

这个讲， 短 命 的，

ɕiu^{55}tɕ^{h}ieŋ^{21}la^{21}tsɤ^{0}k^{h}y^{35}k^{h}aŋ^{55}piŋ^{35},

收钱 拿着去看 病，

la^{35}ko^{0}ma^{35}, k^{h}ye^{55}tɤ^{55}kui^{242},

那个骂，缺 德鬼，

u^{55}leu^{35}xoŋ^{21}y^{242}xai^{21}tsau^{55}xoŋ^{33}.

屋漏 逢 雨还 招 风。

（白）

tsɿ^{55}ko^{0}iŋ^{55}kia^{33}a^{55}koŋ^{33}a^{0}, k^{h}o^{242}pu^{55}kuaŋ^{242}pe^{55}kia^{33}tseiŋ^{53}maŋ^{35}kieŋ^{242}, tsɿ^{53}kuaŋ^{242}t^{h}o^{33}i^{55}pa^{242} tɕ^{h}ieŋ^{21}teiŋ^{35}ts^{h}eiŋ^{33}i^{55}pa^{53}saŋ^{242}, ueiŋ^{53}ueiŋ^{242}taŋ^{55}taŋ^{33}tso^{55}k^{h}iau^{31}t^{h}eu^{21}!

这个应家 阿公 啊，可 不管 别家怎 慢⁼讲， 只管 拖一把长 凳撑 一把伞， 稳 稳 当当坐桥 头！

（唱）

pɤ^{55}xuaʔ^{3}ts^{h}aŋ^{55}ts^{h}aŋ^{33}i^{53}lau^{53}loŋ^{21},

白发 苍 苍 一老农，

t^{h}e^{55}mieŋ^{35}u^{31}sɿ^{33}xɤ^{55}pau^{55}koŋ^{33},

铁面 无私黑包 公，

ko^{55}k^{h}iau^{21}liu^{21}xa^{35}mai^{53}lu^{35}tɕ^{h}ieŋ^{21},

过桥 留下买 路钱，

kuaŋ^{53}li^{242}sɿ^{55}uaŋ^{31}ts^{h}au^{21}, ma^{53}xaŋ^{35}, tsau^{55}xu^{242}xo^{21}tɕieŋ^{55}loŋ^{21}.

管 你是王朝、 马汉、赵 虎 和张 龙。

（白）

pu^{55}kyeʔ^{3}tɤ^{0}lieŋ^{53}lieŋ^{21}ko^{55}kʰɤ^{35}lau^{0}, e^{0}, tʰiŋ^{55}kieŋ^{242}a^{0}iŋ^{55}kia^{33}a^{55}koŋ^{33}iu^{55}iau^{35}ɕiu^{55}sui^{53}li^{31}
不觉 得两 年 过去 了，诶，听 讲 啊应家 阿公 又要 修 水 泥
kʰiau^{21}lau^{0}! xai^{0}, tsɿ^{55}sui^{53}li^{31}kʰiau^{21}i^{53}ɕiu^{33}ɕieŋ^{35}la^{0}, tsɿ^{55}ko^{55}kʰiau^{21}ti^{0}tɕʰieŋ^{21}la^{0}kʰeiŋ^{53}tiŋ^{35}sɿ^{55}iau^{35}
桥 了！嗨，这 水 泥桥 一修 上 啦，这 过 桥 的钱 啦肯 定 是要
kia^{33}lau^{0}. tsɿ^{55}kʰiau^{21}a^{0}xai^{21}tseiŋ^{55}tsʰeiŋ^{21}lɤ^{0}iŋ^{55}kia^{33}a^{55}koŋ^{33}tʰa^{55}kia^{33}ti^{0}iŋ^{31}xaŋ^{21}lau^{0}!
加 了。这 桥 啊还 真 成 了应 家 阿公 他 家 的银 行 了！

kʰaŋ^{35}kui^{55}kʰaŋ^{35}, kieŋ^{242}kui^{55}kieŋ^{242}, puõ^{55}lieŋ^{21}ti^{0}sɿ^{31}tɕieŋ^{31}pu^{55}tau^{35}, sui^{53}li^{31}kʰiau^{21}ɕiu^{55}xau^{242}
看 归 看，讲 归 讲，半 年 的时间 不 到，水 泥桥 修 好
lau^{0}!
了！

（唱）

ɕiau^{53}kʰiau^{21}ɕie^{21}kʰua^{35}tsai^{55}ɕieŋ^{55}tsʰoŋ^{33},
小 桥 斜 跨 在 山 冲，
sui^{53}ti^{242}yeŋ^{53}ɕieŋ^{33}iŋ^{35}tsʰai^{53}xoŋ^{21},
水 底 远 山 映 彩 虹，
kʰiau^{31}pieŋ^{33}pʰiŋ^{21}aŋ^{35}tsʰau^{53}lu^{31}ieŋ^{33},
桥 边 平 岸 草 如 烟，
tʰau^{31}xoŋ^{21}liu^{53}luʔ^{3}ɕieŋ^{55}kiŋ^{35}tsoŋ^{33}.
桃 红 柳 绿 仙 境 中。

（白）

kʰiau^{21}ɕiu^{55}xau^{242}ti^{0}la^{55}tʰieŋ^{33}, ta^{55}kia^{33}tu^{33}pʰau^{21}kʰɤ^{35}kʰaŋ^{35}lau^{55}ieʔ^{3}.
桥 修 好 的那天，大 家 都 跑 去 看 闹 热。

iŋ^{55}kia^{33}a^{55}koŋ^{33}, li^{242}ɕiŋ^{55}kʰu^{242}lau^{0}! tsɿ^{55}sui^{53}li^{31}kʰiau^{21}ɕiu^{33}ti^{0}sɿ^{35} "kuai^{55}pa^{35}ti^{0}o^{0}", tsɿ^{55}ko^{55}
应 家 阿公，你 辛 苦 了！这 水 泥 桥 修 得是“怪 霸 的哦”，这 过
kʰiau^{21}ti^{0}tɕʰieŋ^{21}a^{0}, sɿ^{55}pu^{33}sɿ^{35}iu^{55}iau^{35}tɕieŋ^{53}kia^{35}lau^{55}?
桥 的钱 啊，是不 是 又 要 涨 价 了？

（唱）

iŋ^{55}lau^{53}xaŋ^{35}, tʰiŋ^{53}tsɿʔ^{3}seiŋ^{33},
应 老 汉，挺 直 身，
me^{21}kʰai^{33}ieŋ^{53}mi^{33}ɕiau^{35}iŋ^{21}iŋ^{21},
眉 开 眼 眯 笑 盈 盈，

tsuaŋ^{53}seiŋ^{33}tʰau^{55}tsʰu^{55}tsɿ^{242}i^{55}tɕieŋ^{33},

转身掏出纸一张,

tʰie^{55}tsai^{35}tɕʰieŋ^{21}ɕieŋ^{35}xoŋ^{31}tʰoŋ^{21}tʰoŋ^{21}.

贴在墙上红彤彤。

(白)

"ko^{55}ui^{35}ɕieŋ^{55}tɕʰiŋ^{33}, tsɿ^{55}sɿ^{35}i^{55}tɕieŋ^{33}kieŋ^{55}kʰiau^{21}tɕieŋ^{55}muʔ^{3}miŋ^{21}sɿ^{35}piau^{242}. tsɿ^{55}to^{33}lieŋ^{21}, ɕiu^{55}

"各位乡亲,这是一张建桥账目明细表。这多年,收

ti^{0}tɕʰieŋ^{21}tu^{55}sɿ^{35}kieŋ^{35}tsɿ^{55}tso^{35}sui^{53}li^{31}kʰiau^{21}. ɕiu^{55}kʰiau^{21}ti^{0}tɕʰieŋ^{21}xai^{21}tsʰa^{33}pa^{55}pɤʔ^{3}kʰuai^{35}, tsɿ^{55}ko^{35}

的钱都是建这座水泥桥。修桥的钱还差八百块,这个

tɕʰieŋ^{21}ŋo^{242}tɕʰyʔ^{3}. kʰiau^{21}sɿ^{35}ta^{55}kia^{33}tsʰeu^{55}tɕʰieŋ^{21}ɕiu^{55}ti^{0}, ŋo^{242}lau^{53}xo^{35}ie^{53}kai^{33}xa^{55}kaŋ^{242}xui^{31}kia^{55}

钱我出。桥是大家凑钱修的,我老货也该下岗回家

kʰɤ^{35}!"

去!"

tʰiŋ^{33}lɤ^{0}iŋ^{55}kia^{33}a^{55}koŋ^{33}ti^{0}xua^{35}a^{0}, ta^{55}kia^{33}iu^{35}tsʰaŋ^{21}kʰui^{35}iu^{35}kaŋ^{53}toŋ^{35}.

听了应家阿公的话啊,大家又惭愧又感动。

"xe^{55}xa^{0}! ŋo^{242}tsau^{53}tɕiu^{55}kieŋ^{53}ko^{35}lau^{0}ma^{0}, iŋ^{55}kia^{33}a^{55}koŋ^{33}pu^{55}sɿ^{35}la^{55}iaŋ^{35}ti^{0}iŋ^{21}o^{0}. tsɿ^{55}to^{33}

"嘿哈!我早就讲过了嘛,应家阿公不是那样的人哦。这多

lieŋ^{21}tʰa^{55}ɕiu^{53}kʰiau^{21}ɕiu^{55}kʰiau^{21}pu^{55}ioŋ^{21}i^{35}. tsɿ^{35}pa^{55}pɤʔ^{3}kʰuai^{35}tɕʰieŋ^{21}xai^{21}sɿ^{35}ŋo^{53}meiŋ^{21}ta^{55}kia^{33}tɕʰyʔ^{3}

年他守桥修桥不容易。这八百块钱还是我们大家出

lɤ^{0}pa^{0}!"

了吧!"

"sɿ^{35}o^{0}sɿ^{35}o^{0}, iŋ^{55}kia^{33}a^{55}koŋ^{33}, ŋo^{53}meiŋ^{21}tsʰo^{55}kuai^{35}li^{242}lau^{0}!"

"是哦是哦,应家阿公,我们错怪你了!"

"ɕiaŋ^{55}tɕʰiŋ^{33}meiŋ^{21}, ko^{55}kʰiau^{21}lau^{0}!"

"乡亲们,过桥了!"

(唱)

xuaŋ^{21}loʔ^{3}lo^{21}ku^{242}ɕieŋ^{55}tiŋ^{55}toŋ^{33},

欢乐锣鼓响叮咚,

tsoŋ^{55}iŋ^{21}ko^{55}kʰiau^{21}xiŋ^{55}tsʰoŋ^{33}tsʰoŋ^{33},

众人过桥兴冲冲,

li^{242}i^{55}kʰuai^{35}ia^{0}, ŋo^{242}u^{53}koʔ^{3},

你一块呀,我五角,

lai^{31}lai^{21}uaŋ^{53}uaŋ^{242}lo^{55}loŋ^{21}loŋ^{21}a^{0}, loʔ^{3}ia^{0}lo^{55}loŋ^{21}loŋ^{21}.

来 来 往 往 乐 融 融 啊,乐 呀乐 融 融。

（白）

pu^{55}i^{33}xa^{55}tsɿ^{0}, iŋ^{55}kia^{33}a^{55}koŋ^{33}ɕiu^{242}li^{0}tɕiu^{55}sɤ^{55}muaŋ^{31}lɤ^{0}xua^{55}xua^{33}lu^{55}luʔ^{3}ta^{55}ta^{35}ɕiau^{53}ɕiau^{242}pu^{55}

不 一下 子,应 家 阿公 手 里就 塞 满 了花 花 绿绿 大大 小 小 不

to^{33}pu^{55}ɕiau^{242}pa^{55}pɤʔ^{3}k^{h}uai^{35}.

多 不 少 八 百 块。

tsɿ^{35}tɕiŋ^{33}sɿ^{35}—

这 真 是——

（唱）

ɕiu^{55}tso^{35}ɕiau^{53}k^{h}iau^{21}pu^{55}tɕ^{h}iŋ^{55}soŋ^{33},

修 座 小 桥 不 轻 松,

ki^{31}tsɿ^{33}miau^{55}tsau^{33}iŋ^{21}tsaŋ^{53}soŋ^{35},

集 资 妙 招 人 赞 颂,

tsoŋ^{55}iŋ^{21}sɿ^{31}ts^{h}ai^{21}xo^{53}ieŋ^{35}kau^{33}ua^{0},

众 人 拾 柴 火 焰 高 哇,

xo^{31}ɕie^{21}ɕiaŋ^{55}ts^{h}ueiŋ^{33}mu^{35}ts^{h}ueiŋ^{55}xoŋ^{33}a^{0}, mu^{35}ts^{h}ueiŋ^{55}xoŋ^{33}!

和 谐 乡 村 沐 春 风 啊,沐 春 风!

第三节

故事

1. 牛郎和织女

ku^{21}lau^{24}li^{21}si^{21}xɵy^{35}, iu^{33}i^{33}ko^{35}xɵy^{55}seiŋ^{21}tsai^{24}. a^{21}liaŋ^{55}lau^{24}tsɿ^{0}le^{0}, tu^{21}ko^{55}sɿ^{35}lau^{0}, ku^{55}taŋ^{55}
古老哩时候，有一个后生仔。阿娘老子呢，都过世了，孤单
taŋ^{21}li^{0}. kia^{21}li^{0}tɕiu^{55}t^{h}a^{21}i^{33}ko^{35}iŋ^{31}, xai^{31}i^{55}t^{h}ɵy^{31}lau^{31}liu^{31}. ta^{55}kia^{21}le^{0}, tɕiu^{55}xaŋ^{31}t^{h}a^{21}tsoʔ^{3}liu^{31}laŋ^{31}.
单哩。家里就他一个人，还一头老牛。大家呢，就喊他作牛郎。
liu^{31}laŋ^{31}a^{0}, k^{h}au^{55}tsɿ^{35}ko^{0}lau^{31}liu^{31}keiŋ^{33}ti^{35}ui^{31}seiŋ^{21}. y^{21}tɕi^{35}ko^{0}lau^{31}liu^{31}le^{0}, siaŋ^{55}i^{21}ui^{31}miŋ^{35}. lau^{31}
牛郎啊，靠这个老牛耕地为生。与这个老牛呢，相依为命。老
liu^{31}le^{0}, k^{h}i^{31}si^{33}si^{35}t^{h}ieŋ^{33}siaŋ^{35}ti^{0}kiŋ^{55}liu^{31}siŋ^{21}. t^{h}a^{21}le^{0}, xi^{31}xuaŋ^{21}liu^{31}laŋ^{31}k^{h}iŋ^{21}kiŋ^{24}, saŋ^{55}liaŋ^{31}.
牛呢，其实是天上的金牛星。他呢，喜欢牛郎勤谨、善良。
so^{21}i^{24}le^{0}, tɕiu^{55}siaŋ^{31}pa^{31}t^{h}a^{21}ts^{h}eiŋ^{31}i^{33}ko^{35}kia^{21}.
所以呢，就想把他成一个家。

iu^{24}i^{33}t^{h}ieŋ^{55}, kiŋ^{55}liu^{31}siŋ^{21}a^{0}, xiau^{24}tɤʔ^{3}t^{h}ieŋ^{33}siaŋ^{35}ti^{0}sieŋ^{55}ly^{24}a^{0}, iau^{55}tau^{35}ts^{h}ueiŋ^{21}toŋ^{55}pieŋ^{21}
有一天，金牛星啊，晓得天上的仙女啊，要到村东边
ti^{0}siaŋ^{55}kyo^{33}xa^{55}ti^{0}i^{33}ko^{35}k^{h}i^{55}pieŋ^{21}lai^{31}si^{21}tsau^{24}. t^{h}a^{21}tɕiu^{55}t^{h}o^{33}moŋ^{35}teiŋ^{31}liu^{31}laŋ^{31}, iau^{55}t^{h}a^{21}ti^{55}ɤ^{35}
的山脚下的一个溪边来洗澡。他就托梦等牛郎，要他第二
t^{h}ieŋ^{21}tsau^{21}k^{h}i^{24}le^{0}, tau^{55}k^{h}i^{55}pieŋ^{21}li^{21}k^{h}ɤ^{35}. ts^{h}eiŋ^{55}tɕi^{55}ko^{55}sieŋ^{55}ly^{24}a^{0}, si^{21}tsau^{24}ti^{21}si^{21}xɵy^{35}, tɕiu^{55}
天早起呢，到溪边里去。趁这个仙女啊，洗澡的时候，就
pa^{31}t^{h}a^{21}kua^{55}tsai^{35}sy^{55}siaŋ^{35}ti^{0}tɕi^{35}ko^{0}i^{55}siaŋ^{31}la^{21}k^{h}ɤ^{35}. laŋ^{21}xɵy^{35}le^{0}, t^{h}ɵy^{31}ie^{31}pu^{55}xui^{31}ti^{0}tɕiu^{55}p^{h}au^{31}
把她挂在树上的这个衣裳拿去。然后呢，头也不回地就跑

kia^{21}k^{h}ɤ^{35}. tɕi^{21}iaŋ^{35}tsɿ^{0}le^{0}, t^{h}a^{21}tɕiu^{55}k^{h}o^{21}i^{24}tɤ^{33}tau^{35}i^{33}ui^{35}p^{h}iau^{55}liaŋ^{35}ti^{0}sieŋ^{55}ly^{24}tsoʔ^{3}lau^{31}p^{h}o^{31}.
家 去。这 样 子呢,他 就 可 以得 到 一位 漂 亮 的仙 女做 老 婆。

tɕi^{35}i^{55}t^{h}ieŋ^{21}tsau^{21}k^{h}i^{24}, tɕi^{35}ko^{0}liu^{31}laŋ^{31}a^{0}, puaŋ^{55}siŋ^{55}puaŋ^{55}i^{31}ti^{0}, t^{h}a^{21}tɕiu^{55}lai^{31}tau^{35}siaŋ^{55}kyo^{33}
这 一天 早 起, 这 个牛 郎 啊,半 信 半 疑地,他 就 来 到 山 脚
xa^{35}, moŋ^{31}moŋ^{31}loŋ^{31}loŋ^{31}ti^{0}, t^{h}a^{21}tɕiu^{55}k^{h}aŋ^{55}kieŋ^{35}tɕ^{h}i^{33}ko^{35}ti^{0}sieŋ^{55}ly^{24}tsai^{55}xu^{31}pieŋ^{21}sua^{21}sui^{24}. t^{h}a^{21}
下, 朦 朦 胧 胧 的,他 就 看 见 七 个 的仙 女在 湖 边 耍 水。他
le^{0}, ma^{21}siaŋ^{35}la^{31}k^{h}i^{24}sy^{55}siaŋ^{35}ti^{0}i^{33}kieŋ^{35}xueiŋ^{31}xoŋ^{31}sɤʔ^{3}ti^{21}i^{55}siaŋ^{31}, tɕiu^{55}k^{h}uai^{55}k^{h}uai^{35}ti^{0}p^{h}au^{31}kia^{21}
呢,马 上 拿起 树 上 的一件 粉 红 色 的衣裳, 就 快 快 地跑 家
k^{h}ɤ^{33}lau^{0}. tɕi^{35}ko^{0}pui^{55}tɕ^{h}iaŋ^{21}k^{h}ɤ^{35}tɕi^{35}ko^{0}i^{55}siaŋ^{31}ti^{0}sieŋ^{55}ly^{24}a^{0}, tɕiu^{55}si^{55}tsɿ^{55}ly^{24}. la^{35}t^{h}ieŋ^{21}uaŋ^{24}kieŋ^{21}
去 了。这 个被 抢 去 这 个衣裳 的仙 女 啊,就 是织 女。那天 晚 间
le^{0}, t^{h}a^{21}tɕiu^{55}k^{h}iŋ^{55}k^{h}iŋ^{21}ti^{0}ta^{21}kai^{21}lɤ^{0}tɕi^{35}ko^{0}liu^{31}laŋ^{31}kia^{21}ti^{0}meiŋ^{31}. liaŋ^{21}ko^{55}iŋ^{31}a^{0}, tɕiu^{55}tsoʔ^{3}lɤ^{0}
呢,她 就 轻 轻 地打 开 了这 个牛 郎 家 的门。 两 个 人 啊,就 做 了
eiŋ^{33}ai^{35}ti^{0}xu^{55}k^{h}i^{21}.
恩 爱的夫 妻。

i^{55}tsuaŋ^{21}ieŋ^{24}, saŋ^{55}lieŋ^{21}tɕiu^{55}ko^{55}k^{h}ɤ^{35}lau^{0}. liu^{31}laŋ^{31}le^{0}, xo^{31}tsɿ^{55}ly^{24}a^{0}, seiŋ^{21}lɤ^{0}i^{55}laŋ^{31}i^{55}ly^{24}
一转 眼, 三 年 就 过 去 了。牛 郎 呢,和 织 女啊,生 了一男 一女
liaŋ^{21}ko^{35}a^{55}tsai^{31}ko^{21}. i^{55}kia^{21}iŋ^{31}le^{0}, ko^{35}tɤ^{0}xeiŋ^{21}k^{h}uai^{55}xo^{31}. taŋ^{55}si^{35}a^{0}, tsɿ^{55}ly^{24}a^{0}, t^{h}a^{21}sɿ^{33}tsɿ^{35}tau^{35}
两 个 阿仔 哥。一家 人 呢,过 得很 快 活。但 是啊,织 女 啊,她 私自 到
xuaŋ^{31}kieŋ^{21}lai^{31}ti^{0}tɕi^{35}ko^{0}sɿ^{55}tseʔ^{3}a^{0}, pui^{35}y^{55}xuaŋ^{31}ta^{55}ti^{35}xiau^{33}tɤʔ^{3}lau^{0}. iu^{24}iʔ^{3}t^{h}ieŋ^{55}, t^{h}ieŋ^{33}siaŋ^{35}
凡 间 来 的这 个事 节=啊,被 玉皇 大 帝晓 得 了。有 一天, 天 上
saŋ^{21}tieŋ^{35}, ta^{31}lui^{31}, kua^{55}k^{h}i^{24}lɤ^{0}ta^{55}xoŋ^{21}, lo^{55}k^{h}i^{24}lɤ^{0}ta^{55}y^{24}. tsɿ^{55}ly^{24}t^{h}u^{55}laŋ^{31}kieŋ^{21}miu^{24}tiau^{35}lau^{0},
闪 电, 打 雷, 刮 起 了大 风, 落 起 了大雨。织 女 突 然 间[没有]掉 了,
liaŋ^{21}ko^{35}a^{55}tsai^{31}ko^{21}tɕiu^{55}xaŋ^{24}tsɿ^{0}k^{h}uʔ^{3}tsɿ^{0}iau^{55}a^{21}liaŋ^{31}. liu^{31}laŋ^{31}le^{0}, kiʔ^{3}tɤ^{0}piau^{55}tseiŋ^{31}mɤ^{21}xau^{24}.
两 个 阿仔 哥 就 喊 着哭 着 要 阿娘。 牛 郎 呢,急 得 覅 怎 么 好。
tɕi^{35}ko^{0}si^{21}xɵy^{35}a^{0}, la^{55}t^{h}ɵy^{31}lau^{31}liu^{31}a^{0}, tɕiu^{55}t^{h}u^{55}laŋ^{31}k^{h}ai^{55}k^{h}ɵy^{24}kiaŋ^{21}xua^{35}lau^{0}. t^{h}a^{21}kiaŋ^{24}: "liu^{31}
这 个时候 啊,那头 老 牛 啊,就 突 然 开 口 讲 话 了。它 讲: "牛
laŋ^{31}, li^{24}pu^{33}iau^{35}laŋ^{21}ko^{35}, li^{24}pa^{21}ŋo^{24}ti^{0}koʔ^{3}la^{21}xa^{55}lai^{31}, pieŋ^{55}tɕ^{h}iŋ^{31}liaŋ^{21}ko^{35}lo^{31}k^{h}uaŋ^{21}. tsuaŋ^{33}
郎, 你不 要 难 过,你把 我 的角 拿下 来, 变 成 两 个 箩 筐。 装
siaŋ^{35}liaŋ^{21}ko^{35}a^{55}tsai^{31}ko^{21}, li^{24}tɕiu^{55}k^{h}o^{21}i^{24}tau^{35}t^{h}ieŋ^{55}koŋ^{21}siaŋ^{55}ti^{24}k^{h}ɤ^{35}syŋ^{31}tsɿ^{55}ly^{24}lau^{0}." liu^{31}laŋ^{31}le^{0},
上 两 个 阿仔 哥,你就 可 以到 天 宫 上 底去 寻 织 女了。"牛 郎 呢,
tseiŋ^{55}kyoʔ^{3}tɤ^{0}k^{h}i^{21}kuai^{35}, liu^{31}koʔ^{3}tɕiu^{55}tiau^{55}tau^{35}lɤ^{0}ti^{55}xa^{35}lau^{0}, tɕiŋ^{21}ti^{0}pieŋ^{55}tɕ^{h}iŋ^{31}liaŋ^{21}ko^{35}lo^{31}
正 觉 得奇 怪, 牛 角 就 掉 到 了地下 了,真 的变 成 两 个 箩

kʰuaŋ21. liu31laŋ31tɕiu55pa24liaŋ21ko35a55tsai31ko21, xuaŋ35tau55lo31kʰuaŋ21kʰɤ35, ioŋ55pieŋ21taŋ35tʰiau21
筐。牛郎就把两个阿仔哥，放到箩筐去，用扁担挑
kʰai31. i33tseiŋ35xoŋ21tsʰui55lai31, lo31kʰuaŋ21a0, siaŋ35seiŋ21lɤ0tɕʰi55paŋ24i33iaŋ35, tʰu55laŋ31kieŋ33tɕiu55
[起来]。一阵风吹来，箩筐啊，像生了翅膀一样，突然间就
xui33kʰi31lai31lau0, siaŋ35tʰieŋ55koŋ21xui33kʰɤ35. xui55ia31xui21, xui55ia31xui21, ieŋ21kʰaŋ35tɕiu55iau31tsui21
飞起来了，向天宫飞去。飞呀飞，飞呀飞，眼看就要追
siaŋ35tɕi35ko0tsɿ55ly24lau0. tɕi35ko0si21xɵy35, pui35uaŋ31mu24liaŋ31liaŋ31kʰaŋ55kieŋ35lau0. uaŋ31mu24liaŋ31
上这个织女了。这个时候，被王母娘娘看见了。王母娘
liaŋ31tɕiu55tʰoŋ31tʰɵy21siaŋ35pa33xa35i55keiŋ21kiŋ55tsʰa21, tsai35liu31laŋ31xo33tsɿ55ly24ti0tsoŋ55kaŋ21xua31lɤ0i33
娘就同头上拔下一根金钗，在牛郎和织女的中间划了一
xa35. ma21siaŋ35tɕiu55tɕʰy55kieŋ35lɤ0i55tʰiau31tʰieŋ55kʰi21, kʰo55kʰoʔ3li0, kʰoʔ3tɤ0tu33uaŋ55pu33tau35aŋ35.
下。马上就出见了一条天溪，阔阔哩，阔得都望不到岸。
tʰa21tɕiu55pa21tɕi35liaŋ31ko35xu55kʰi21a0, kɤ31kʰai21lau0.
她就把这两个夫妻啊，隔开了。

xi33kʰyoʔ3le0, tɕiu55xui55tsʰaŋ31tʰoŋ31tɕʰiŋ31, ko31lieŋ31tɕi35ko0liu31laŋ31xo31tsɿ55ly24. mui31lieŋ31a0,
喜鹊呢，就非常同情，可怜这个牛郎和织女。每年啊，
loŋ31liʔ3tɕʰi55ye55tɕʰiʔ3ti0si21xɵy35a0, tsʰeiŋ31tɕʰieŋ33siaŋ55uaŋ35ti0tɕi35ko0xi33tɕʰyoʔ3le0, tɕiu55xui21tau35
农历七月七的时候啊，成千上万的这个喜鹊呢，就飞到
tʰieŋ55kʰi21siaŋ55ti24. i55tsɿʔ3ti0tɕi35ko0xi33tɕʰyoʔ3a0, tɕiu55xaŋ31tsɿ0liŋ35i55tsɿʔ3ti0tɕi35ko0xi33tɕʰyoʔ3ti0ui31
天溪上底。一只的这个喜鹊啊，就衔着另一只的这个喜鹊的尾
pa21, tɕiu55ta55kʰi21lɤ0i33tso35tɕʰiaŋ31tɕʰiaŋ31ti0tɕʰyo55kʰiau31, laŋ35liu31laŋ31le0, xo31tsɿ55ly24tʰuaŋ21ky35.
巴，就搭起了一座长长的鹊桥，让牛郎呢，和织女团聚。

（游荣凤讲述，2016年）

2. 土地公丘

tsʰuaŋ31soʔ3, tsai35si55kʰiŋ31uaŋ31teiŋ55kʰiau31siaŋ55ti24, iu21i33kʰiu55tʰieŋ31, xaŋ33tsoʔ3tʰu21ti55
传说，在西芹黄墩桥上底，有一丘田，喊作土地
koŋ55kʰiu21. i55kiu24u21pa31lieŋ31, tso55tʰe33lu35ti0si21xɵy35pui55tseiŋ21yoŋ55tiau35lau0. tɕi35kʰiu55tʰieŋ31le0,
公丘。一九五八年，做铁路的时候被征用掉了。这丘田呢，

tsui55tsau24si35i33ko55xaŋ33tsoʔ3li31siau31saŋ21ti0iŋ31keiŋ21ti0. tɕi35ko0li31siau31saŋ21le0, iu24i55tʰieŋ21sau21
最 早 是一个 喊 作 李小 三 的人耕 的。这 个李小 三 呢,有一天 扫=

u24, tsai55sui55u21kiau35ti0si21xəy35, moŋ31loŋ31tsoŋ33tso55i33ko55moŋ35. moŋ55tsoŋ21tsi55ki24tsai35li31
午,在 睡 午觉 的时候, 朦 胧 中 做 一个 梦。 梦 中 自己在 犁

tʰieŋ31ti0si21xəy35le0, li31tɕyoʔ3i55xu35kuaŋ55tsʰai31, kuaŋ55tsʰai31li31tʰəy31tsuaŋ55muaŋ24iŋ31tsɿ0, pʰaŋ31
田 的时候 呢,犁着 一副棺 材, 棺 材 里头 装 满 银子,旁

pieŋ21le0xai31iu24ko55lau21xo35, pɤ55tʰəy31xuaʔ3, pɤ55xu31tsɿ0ti0lau21xo35, tʰoŋ31tʰa21kiaŋ24: "li31siau31
边 呢还 有个 老 货,白 头 发、 白 胡 子的老 货,同 他 讲:"李小

saŋ21, li31siau31saŋ21, li24miŋ31tɕiau21lu21ko21tsai35keiŋ55tʰieŋ31ti0si21xəy35, keiŋ33tɕyoʔ3i55xu35kuaŋ55
三, 李小 三, 你明 朝 如果在 耕 田 的时候, 耕 着 一副棺

tsʰai31xa0, tsai35lu55siaŋ35xui55tsəy31lai31saŋ33ko55iŋ31. ti55i33ko35le0, si35tieŋ55laŋ31tsɿ0ti0, tieŋ55laŋ31tsɿ0iŋ31
材 哈,在 路上 会 走 来三 个 人。第一个 呢,是掂 篮 子的,掂 篮 子人

ko55lai31a0, li24iau55pa24iŋ31tsɿ0xa0, tsuaŋ21i55laŋ31tsɿ0ti0iŋ31tsɿ0laŋ55tʰa21tsəy24tsɿ0kʰɤ35, laŋ55tʰa21kʰɤ35;
过来 啊,你要 把银子哈,装 一篮 子的银子让 他 走 着去, 让 他 去;

ti55ɤ35ko55iŋ31le0, si55tʰo31i55pa21tsʰeiŋ35ti0, li21iau35ioŋ55tsʰeiŋ35tsʰeiŋ21i33tsʰeiŋ35muaŋ21muaŋ24ti0teiŋ31
第二个 人 呢,是驮 一把 秤 的,你要 用 秤 称 一秤 满 满 的等

tʰa21tsəy24; ti55saŋ21ko35iŋ31le0, ko55kʰɤ35ti0si21xəy35, si55tʰiau21tsɿ0i55tʰiau21lo31kʰuaŋ21, la35li24tɕiu55iau35
他 走; 第三 个 人呢,过 去 的时候, 是挑 着一挑 箩 筐, 那你就 要

xaŋ31tʰa21ko55lai31, iŋ31tsɿ0tsuaŋ55muaŋ24lo31kʰuaŋ21xaŋ31tʰa21tʰiau21tsɿ0kʰɤ35. seiŋ35xa55lai31ti0iŋ31tsɿ0
喊 他 过来, 银子装 满 箩 筐 喊 他 挑 着去。 剩 下 来 的银子

lau0, tɕiu55si35li24ti0." tɕi35ko0si21xəy35, tʰa21tɕiu55siŋ21kʰai31lau0, li31siau31saŋ21tɕiu55siŋ55sieŋ21lau0.
啰, 就 是你的。" 这 个时 候, 他 就 醒[起来]了,李小 三 就 新 鲜 了。

kʰaŋ55xa35, ai55ia55, tɕiu55siaŋ24kʰi31tso55ko55moŋ35, tɕiu55tʰoŋ31tʰa21lau31pʰo31kiaŋ24: "lau31pʰo31, lau31
看 下,哎呀,就 想 起 做 个 梦, 就 同 他 老 婆 讲: "老 婆, 老

pʰo31, ŋo24tɕi55pʰaŋ31tso55ko55moŋ35a0, tɕi35ko0moŋ55tsoŋ21le0, ŋo31meiŋ31tʰieŋ31li0, ŋo24ioŋ55liu31ioŋ55
婆, 我 这 爿 做 个 梦 啊,这 个梦 中 呢,我 们 田 里,我 用= 牛 用=

tau35i55kuaŋ55tsʰai31ti0iŋ31tsɿ0, ɤ31tɕʰie21tɕi35li31tʰəy31xai31iu24i33ko55lau21xo35, tʰoŋ31ŋo24kiaŋ24lɤ0tɕia55
到 一棺 材 的银子,而且 这 里头 还 有一个 老 货, 同 我 讲 了这

maŋ35to21sɿ55tseʔ3." tʰa21pa21la35ko0sɿ55tseʔ3tʰoŋ31lau31pʰo31kiaŋ24lau0. lau31pʰo31kiaŋ24: "iu21tɕie55iaŋ35
慢= 多事节=。"他 把那个事节= 同 老 婆 讲 了。老 婆 讲: "有这 样

sɿ55tseʔ3a0, la35li24miŋ31tɕiau21kʰɤ55ioŋ55liu31xa0tɕiu55iau35tsu55i35tieŋ24lau0, kʰaŋ55i33xa35."
事节=啊,那你 明 朝 去 用= 牛 哈就 要 注 意点 了,看 一下。"

ti^{55}ɤ^{55}tʰieŋ^{21}, tʰa^{21}tseiŋ^{21}ti^{0}kʰɤ^{55}ioŋ^{55}liu^{31}lau^{0}. ioŋ^{55}liu^{31}ti^{0}si^{21}xøy^{35}le^{0}, la^{55}tʰieŋ^{21}i^{55}tʰøy^{31}xui^{55}
第二天，他真的去用$^{=}$牛了。用$^{=}$牛的时候呢，那天日头非
tsʰaŋ^{31}ta^{35}, ioŋ^{55}tau^{35}tui^{55}sau^{21}u^{24}ti^{0}si^{21}xøy^{35}lau^{0}, tɕi^{35}ko^{0}si^{21}xøy^{35}tɕiu^{55}kaŋ^{55}kaŋ^{55}xau^{24}ioŋ^{55}tɕyoʔ^{3}tɕi^{55}
常大，用$^{=}$到对扫$^{=}$午的时候了，这个时候就刚刚好用$^{=}$着这
xu^{35}kuaŋ^{55}tsʰai^{31}. tɕiu^{55} "pʰɤ^{33}loŋ^{31}", tɕiu^{55}pa^{21}kuaŋ^{55}tsʰai^{31}ko^{55}tʰøy^{31}tɕiu^{55}ta^{31}kʰai^{21}lɤ^{0}i^{55}tieŋ^{24}lau^{0}, la^{55}
副棺材。就“噗隆”，就把棺材角头就打开了一点了，那
iŋ^{31}tsɿ^{0}tɕiu^{55}tiau^{35}lɤ^{0}liaŋ^{21}ko^{35}tɕʰy^{55}lai^{31}, ua^{31}, la^{35}saŋ^{21}saŋ^{24}xua^{55}kuaŋ^{21}, tui^{55}sau^{21}u^{24}. ua^{33}ia^{31}, li^{31}
银子就掉了两个出来，哇，那闪闪发光，对扫$^{=}$午。哇呀，李
siau^{31}saŋ^{21}kau^{33}xiŋ^{35}tɤ^{0}kiŋ^{24}. tseiŋ^{21}ti^{0}iu^{31}iŋ^{31}tsɿ^{0}a^{0}! tɕi^{35}pʰaŋ^{31}tʰa^{21}siaŋ^{24}a^{0}ŋo^{24}tɕi^{35}pʰaŋ^{31}i^{33}ko^{55}iŋ^{31}la^{31}
小三高兴得紧。真的有银子啊！这爿他想啊我这爿一个人拿
ie^{31}la^{31}pu^{33}kʰɤ^{35}, tɕia^{55}maŋ^{35}to^{21}. tʰa^{21}tɕiu^{55}ioŋ^{55}tɕʰy^{21}tʰøy^{31}pa^{24}li^{21}pʰa^{31}lɤ^{0}kɤ^{0}tui^{21}tsɿ^{0}, ioŋ^{55}la^{35}ko^{0}tsu^{55}
也拿不去，这慢$^{=}$多。他就用锄头把泥耙了个堆着，用那个竹
sɿ^{21}, tɕiu^{55}kaŋ^{31}liu^{31}ti^{0}tsu^{55}sɿ^{21}, tsʰaʔ^{3}tsai^{35}la^{35}tso^{55}ko^{55}ki^{55}xau^{35}. la^{35}i^{21}xøy^{35}tɕiu^{55}xui^{31}kia^{21}lau^{0}, tɕiu^{55}
丝，就赶牛的竹丝，插在那做个记号。那以后就回家了，就
tɕʰi^{33}xuaŋ^{35}lau^{0}. xui^{31}kia^{21}tɕʰi^{33}xuaŋ^{35}le^{0}tɕiu^{55}tʰoŋ^{31}lau^{31}pʰo^{31}kiaŋ^{24}: "lau^{31}pʰo^{31}, lau^{31}pʰo^{31}, ŋo^{24}tseiŋ^{21}
吃饭了。回家吃饭呢就同老婆讲：“老婆，老婆，我真
ti^{0}ioŋ^{55}liu^{31}a^{0}ioŋ^{55}tɕyoʔ^{3}i^{55}xu^{35}kuaŋ^{55}tsʰai^{31}a^{0}, li^{24}tʰøy^{31}tɕʰyeŋ^{21}pu^{35}si^{55}iŋ^{31}tsɿ^{0}." tʰa^{21}lau^{31}pʰo^{31}kiaŋ^{24}:
的用$^{=}$牛啊用$^{=}$着一副棺材啊，里头全部是银子。”他老婆讲：
"iu^{21}tɕie^{55}iaŋ^{35}sɿ^{55}tseʔ^{3}a^{0}, la^{55}ŋo^{24}meiŋ^{31}kan^{21}kʰuai^{35}pa^{21}xuaŋ^{35}tɕʰiʔ^{3}lau^{0}. sau^{21}u^{24}xuaŋ^{35}tɕʰiʔ^{3}lau^{0}ŋo^{24}
“有这样事节$^{=}$啊，那我们赶快把饭吃了。扫$^{=}$午饭吃了我
meiŋ^{31}koŋ^{33}ky^{35}tai^{35}tsɿ^{0}kʰɤ^{35}, kaŋ^{21}kiŋ^{24}kʰɤ^{55}la^{21}." liaŋ^{21}ko^{55}iŋ^{31}le^{0}, taŋ^{55}sɿ^{31}liaŋ^{21}ko^{55}iŋ^{31}le^{0}xai^{21}miu^{21}
们工具带着去，赶紧去拉。”两个人呢，当时两个人呢还[没有]
kʰɤ^{55}la^{21}. taŋ^{55}sɿ^{31}xai^{21}miu^{21}xui^{31}kia^{21}ti^{0}si^{21}xøy^{35}, kʰyo^{55}siʔ^{3}iu^{21}ko^{35}tieŋ^{55}laŋ^{31}tsɿ^{0}ti^{0}ko^{35}tɕi^{35}li^{0}, tɕi^{35}ko^{0}
去拉。当时还[没有]回家的时候，确实有个掂篮子的过这里，这个
tieŋ^{55}laŋ^{31}tsɿ^{0}ti^{0}le^{0}ko^{35}tɕi^{35}li^{0}, li^{31}siau^{31}saŋ^{21}pu^{33}tso^{55}seiŋ^{21}, tʰa^{21}siaŋ^{24}a^{0}: "tɕi^{35}ko^{0}iŋ^{31}tsɿ^{0}si^{55}ŋo^{24}ioŋ^{55}
掂篮子的呢过这里，李小三不作声，他想啊：“这个银子是我用$^{=}$
liu^{31}ioŋ^{55}tɕyoʔ^{3}ti^{0}, ŋo^{24}kaŋ^{55}ma^{35}iau^{55}ke^{31}tʰa^{21}tieŋ^{21}i^{55}laŋ^{31}tsɿ^{0}." tɕiu^{55}pu^{33}tso^{55}seiŋ^{21}, tɕi^{55}ko^{35}tieŋ^{55}laŋ^{31}
牛用$^{=}$着的，我干嘛要给他掂一篮子。”就不作声，这个掂篮
tsɿ^{0}ti^{0}tɕiu^{55}tsøy^{21}ko^{35}lau^{0}. ti^{55}ɤ^{35}ko^{35}iŋ^{31}le^{0}, tɕiu^{55}tʰo^{31}i^{55}pa^{21}tsʰeiŋ^{35}ti^{0}, ie^{21}tsøy^{21}ko^{35}kaŋ^{55}kaŋ^{55}xau^{24}ie^{21}
子的就走过了。第二个人呢，就驮一把秤的，也走过刚刚好也
tsʰoŋ^{31}tøy^{24}ko^{55}lai^{31}, tʰa^{21}ie^{21}pu^{55}xaŋ^{33}tʰa^{21}, iu^{55}ko^{55}pʰaŋ^{31}pieŋ^{21}iu^{55}tsøy^{24}ko^{55}kʰɤ^{35}lau^{0}. tʰa^{21}tseiŋ^{31}maŋ^{35}
从兜过来，他也不喊他，又过旁边又走过去了。他怎慢$^{=}$

siaŋ24ti0le0, tha21siaŋ24: "ŋo24ti55i33ko35iŋ31laŋ31tsʅ0i55laŋ31tsʅ0tu21miu24teiŋ24iŋ31kia21la31khɤ55lau0, la55i33
想的呢,他想:"我第一个人篮子一篮子都[没有]等人家拿去了,那一
tsheiŋ35pu33si35pi24i55laŋ31tsʅ0xai31keiŋ55to21a0!" tha21tɕiu55se33pu55tɤʔ3, tɕiu55xeiŋ24siau21khi35. teiŋ24ti55
秤不是比一篮子还更多啊!"他就舍不得,就很小气。等第
saŋ21ko35iŋ31ko55lai31, si55thiau21i55thiau21lo31khuaŋ21ti0. tha21i55siaŋ24: "ua21, i55tsheiŋ35tu21miu24teiŋ24iŋ31
三个人过来,是挑一挑箩筐的。他一想:"哇,一秤都[没有]等人
kia21la31khɤ55lau0, tɕi35i55thiau21lo31khuaŋ21iau35tsuaŋ21ki31to21iŋ31tsʅ0kha0!" tha21siŋ21li0tɕiu55se33pu55tɤʔ3.
家拿去了,这一挑箩筐要装几多银子[去啊]!"他心里就舍不得。
se33pu55tɤʔ3le0, ti55saŋ21ko35iŋ31ie21ko55khɤ35lau0, ie21pu33tso55seiŋ21, tha21tɕiu55tsøy21ko55khɤ35lau0.
舍不得呢,第三个人也过去了,也不作声,他就走过去了。

la55li31siau31saŋ21khaŋ55kieŋ35saŋ33ko55iŋ31tsøy21ko55khɤ35lau0, tha21tsʅ55ki24iŋ31tsʅ0la31pu55xui31lai31.
那李小三看见三个人走过去了,他自己银子拿不回来。
so21i24kiaŋ24, tɕiu55tso35lɤ0ko55ki55xau35, liu31pieŋ21tshaʔ3la35li0, pa24li31pa21la31ko55tui21tsʅ0, ie21tɕiu55xui31
所以讲,就做了个记号,牛鞭插那里,把泥巴拿个堆着,也就回
lai31tui55lau31pho31kiaŋ24. tui55sau21u24ti0si21xøy35, lau31pho31kiaŋ24: "ŋo31meiŋ31xuaŋ35tɕhiʔ3lau0kaŋ21
来对老婆讲。对扫=午的时候,老婆讲:"我们饭吃了赶
kiŋ24khɤ55la21." xuaŋ35tɕhi55uaŋ31, liaŋ21ko55iŋ31tɕiu55thiau21tsʅ0lo31khuaŋ21, tho21tsʅ0paŋ31tshe21, khɤ55
紧去拉。"饭吃完,两个人就挑着箩筐,拖着板车,去
la21. miu21siaŋ21tau35i33tau55thieŋ31li0i33khaŋ35, i55khiu55thieŋ31li0tɕhyeŋ21pu35tu55si35tsu55sʅ21, tu55si35tha21
拉。[没有]想到一到田里一看,一丘田里全部都是竹丝,都是他
tshaʔ3la35ko0liu31pieŋ21tsʅ0tsu55sʅ21. tha21tau55tɕhy35ua21, tɕi35li0ua21, la35li0ua21, ua21pu55tɕyoʔ3, la35tɕi35
插那个牛鞭子竹丝。他到处挖,这里挖,那里挖,挖不着,那这
ko0iŋ31tsʅ0phau31la31se21khɤ35tiau35lau0? tha21tau55tshai31tsʅ21ie21piau33tɤʔ3phau31la31se21khɤ35. tɕi55iaŋ35
个银子跑哪些=去掉了?他到才之也表=得跑哪些=去。这样
tsʅ0le0, tɕi35ko0sʅ55tseʔ3le0, tɕiu55tshuaŋ31tɤ0xeiŋ31khai21. tɕiu55kiaŋ24li31siau31saŋ21tɕi35ko0iŋ31tsʅ0a0si35
子呢,这个事节=呢,就传得很开。就讲李小三这个银子啊是
thu21ti55koŋ21soŋ55tha21, taŋ55si35li31siau31saŋ21tɕi35ko0iŋ31thai55siau21khi35lau0, tɕiu55tɤʔ3pu33tau35tɕi35ko0
土地公送他,但是李小三这个人太小气了,就得不到这个
iŋ31tsʅ0. so21i24, la55khiu55thieŋ31le0, tɕiu55tsheiŋ55ui31thu21ti55koŋ55khiu21, tɕi35si35i21xøy35ti0tshuaŋ31soʔ3.
银子。所以,那丘田呢,就称为土地公丘,这是以后的传说。

tɕi35ko0kiaŋ31uaŋ31tɕi35thøy31tɕhieŋ31le0, taŋ55si55tɕi35ko0iŋ31tsʅ0i31xøy35tau55la31se21khɤ35le0? tsui55
这个讲完这头钱呢,但是这个银子以后到哪些=去呢?最

xɵy35tɕi35ko0iŋ31tsɿ0phau21tau35sa33xieŋ35khɤ35. tshuaŋ31soʔ3sa33xieŋ35iu21ko55ta55xu35iŋ31kia21, ta55lieŋ21
后这个银子跑到沙县去。传说沙县有个大户人家，大年
tshu55iʔ3, ta21khai33ta55meiŋ31, kaŋ55kaŋ55siaŋ21xuaŋ55phau55tɕiaŋ35, kau33kau33xiŋ55xiŋ35siaŋ21xuaŋ55
初一，打开大门，刚刚想放炮仗，高高兴兴想放
phau55tɕiaŋ35, khai33ta55meiŋ31, meiŋ31khɵy24tɕiu55lai31lɤ0i33tui35tai55pɤ33mau35, tɕhyeŋ21pɤ55i55siaŋ31,
炮仗，开大门，门口就来了一队戴白帽、穿白衣裳、
thai31tsɿ0i55xu35kuaŋ55tshai31, i55paŋ33iŋ31. tsai55tha55meiŋ31khɵy24li0, thoŋ31tɕi35ko0tshai31tsu24kiaŋ24:
抬着一副棺材，一班人。在他门口里，同这个财主讲：
"tshai31tsu24, tshai31tsu24, ŋo24meiŋ31tɕi35ko0kuaŋ55tshai31a0, tshai31tsɿ21miu21paŋ55xuaʔ3mai31, iau55ki55
"财主，财主，我们这个棺材啊，才之[没有]办法埋，要寄
tau35li24kia21li0, xiŋ31pu55xiŋ31?" tɕi35ko0tshai31tsu24le0, siŋ21xeiŋ31xau24. tha21khaŋ55tau35tɕi35se21thai31
到你家里，行不行？"这个财主呢，心很好。他看到这些抬
kuaŋ55tshai31ti0iŋ31tɕie21iaŋ35tsɿ0kiaŋ24lau0, siaŋ24xa0ta55lieŋ31tshu55iʔ3a0, tha21tɕiu55kiaŋ24: "ai55ia21,
棺材的人这样子讲了，想下大年初一啊，他就讲："哎呀，
miu21kuaŋ33xi35, miu21kuaŋ33xi35, ai55ia21, iu31kuaŋ21iu55iu31tshai31, siŋ55lieŋ31iu31kuaŋ21iu55iu31tshai31,
[没有]关系，[没有]关系，哎呀，有官又有财，新年有官又有财，
tɕiŋ55lai31, tɕiŋ55lai31, tɕiŋ55lai31." tɕiu55pa21la35se21thai31kuaŋ55tshai31ti0tɕhyeŋ21pu35iŋ31xui31tsi55ki24kia21,
进来，进来，进来。"就把那些抬棺材的全部迎回自己家，
xaŋ21tau55tsi55ki24kia21le0, tɕiu55pa21tha33la55kuaŋ55tshai31thai21tau35xɵy55thiŋ21xuaŋ35tsɿ0, xuaŋ35tsɿ0
喊到自己家呢，就把他那棺材抬到后厅放着，放着
xai31tɕhiŋ24tha55meiŋ31tɕhi33xuaŋ35. xuaŋ35tɕhi55uaŋ31ti0si21xɵy35, iu24ko55lau21xo35, pɤ55xu31tsɿ0lau21xo35
还请他们吃饭。饭吃完的时候，有个老货，白胡子老货
tɕiu55thoŋ31tɕi35ko0tshai31tɕy24kiaŋ24: "ai55ia21, tshai31tɕy24, ŋo24meiŋ31iau55saŋ55thieŋ21i21xɵy35lai31thai31
就同这个财主讲："哎呀，财主，我们要三天以后来抬
kuaŋ55tshai31a0, sieŋ21ki35li24tɕi35li0, li21khaŋ35xiŋ31pu33xiŋ31?" la35ko0tshai31tɕy24le0siŋ21pi21kiau55xau24,
棺材啊，先寄你这里，你看行不行？"那个财主呢心比较好，
tha21tɕiu55kiaŋ24: "kho21i24. miu21kuaŋ33xi35, miu21kuaŋ33xi35, tɕie21iaŋ35ti0miu21kuaŋ33xi35, li31meiŋ31
他就讲："可以。[没有]关系，[没有]关系，这样的[没有]关系，你们
maŋ21khɤ35, saŋ55thieŋ21i21xɵy35tsai55lai31thai31." la55i21xɵy35le0, tɕi35se21iŋ31le0, xuaŋ35tɕhi33lɤ0i21xɵy35
蛮去，三天以后再来抬。"那以后呢，这些人呢，饭吃了以后
le0, tshai31tɕy24tɕiu55soŋ35tha55meiŋ31tau55meiŋ31khɵy24, tɕiu55soŋ35tɕhy33khɤ35lau0, tha33meiŋ31tɕiu55
呢，财主就送他们到门口，就送出去了，他们就

tsøy^{24}lau^{0}.
走了。

tsøy^{24}lau^{0}, i^{55}kiŋ^{21}iu^{55}ko^{35}lɤ^{0}saŋ^{55}t^{h}ieŋ^{21}i^{21}xøy^{35}, tɕi^{35}se^{21}iŋ^{31}iu^{35}lai^{31}lau^{0}, lai^{31}lau^{0}, iu^{35}k^{h}u^{55}k^{h}u^{55}
走了，已经又过了三天以后，这些人又来了，来了，又哭哭

t^{h}i^{31}t^{h}i^{31}ti^{0}lai^{31}lau^{0}, pɤ^{33}i^{55}siaŋ^{31}, pɤ^{33}mau^{35}tsɿ^{0}tɕ^{h}yeŋ^{21}tsɿ^{0}lai^{21}tau^{35}ts^{h}ai^{31}tɕy^{24}meiŋ^{31}k^{h}øy^{24}. ts^{h}ai^{31}tɕy^{24}
啼啼地来了，白衣裳、白帽子穿着来到财主门口。财主

kiaŋ^{24}: "li^{24}meiŋ^{31}kiŋ^{55}tɕiau^{21}lai^{31}t^{h}ai^{31}kuaŋ^{55}ts^{h}ai^{31}ti^{0}sa^{35}?" la^{55}liŋ^{55}uai^{35}i^{33}ko^{55}iŋ^{31}kiaŋ^{24}: "pu^{33}si^{35}a^{0},
讲："你们今朝来抬棺材的[是啊]?"那另外一个人讲："不是啊，

ŋo^{24}meiŋ^{31}ts^{h}ai^{31}tsɿ^{21}miu^{33}iʔ^{3}tsɿ^{0}a^{0}, pu^{55}xau^{21}syeŋ^{24}, iau^{55}tɕ^{h}i^{55}t^{h}ieŋ^{21}i^{21}xøy^{35}lai^{31}t^{h}ai^{31}." la^{35}ko^{0}ts^{h}ai^{31}
我们才之[没有]日子啊，不好选，要七天以后来抬。"那个财

tɕy^{24}siaŋ^{24}: "iau^{55}tɕ^{h}i^{55}t^{h}ieŋ^{21}." "a^{55}, k^{h}o^{21}i^{24}, k^{h}o^{21}i^{24}, k^{h}o^{21}i^{24}, tɕ^{h}i^{55}t^{h}ieŋ^{21}tɕiu^{55}tɕ^{h}i^{55}t^{h}ieŋ^{21}pa^{0}, miu^{21}
主想："要七天。""啊，可以，可以，可以，七天就七天吧，[没有]

kuaŋ^{33}xi^{35}ti^{0}", t^{h}a^{21}kiaŋ^{24}, "la^{55}li^{24}meiŋ^{31}maŋ^{21}tsai^{55}xuaŋ^{35}tɕ^{h}i^{55}t^{h}ieŋ^{21}, tɕ^{h}i^{55}t^{h}ieŋ^{21}i^{21}xøy^{35}tsai^{55}lai^{31},
关系的"，他讲，"那你们蛮再放七天，七天以后再来，

tɕ^{h}i^{55}t^{h}ieŋ^{21}i^{21}xøy^{35}". taŋ^{55}si^{55}kiaŋ^{24}tɕi^{35}li^{0}iu^{24}ko^{55}iŋ^{31}tsøy^{24}tɕ^{h}y^{55}lai^{31}kiaŋ^{24}, xai^{31}t^{h}oŋ^{31}ts^{h}ai^{31}tɕy^{24}iu^{35}
七天以后"。但是讲这里有个人走出来讲，还同财主又

kia^{21}lɤ^{0}i^{33}ky^{55}xua^{35}, t^{h}a^{21}kiaŋ^{24}: "ts^{h}ai^{31}tɕy^{24}, la^{35}ŋo^{24}meiŋ^{31}tɕ^{h}i^{55}t^{h}ieŋ^{21}miu^{24}lai^{31}t^{h}ai^{31}, tɕi^{55}xu^{35}kuaŋ^{55}
加了一句话，他讲："财主，那我们七天[没有]来抬，这副棺

ts^{h}ai^{31}tɕiu^{55}su^{31}y^{21}li^{24}lau^{0}." tɕi^{35}ko^{0}ts^{h}ai^{31}tɕy^{24}iu^{21}tieŋ^{24}k^{h}i^{21}kuai^{35}: "tseiŋ^{21}mo^{31}kuaŋ^{55}ts^{h}ai^{31}tɕiu^{55}su^{31}y^{21}
材就属于你了。"这个财主有点奇怪："怎么棺材就属于

ŋo^{24}le^{0}?" t^{h}a^{21}siaŋ^{21}siaŋ^{24}: "tɕi^{35}se^{21}iŋ^{31}si^{55}pu^{33}si^{35}kiaŋ^{24}miu^{21}tɕ^{h}ieŋ^{31}k^{h}ɤ^{35}mai^{31}tɕi^{35}ko^{0}kuaŋ^{55}ts^{h}ai^{31}?"
我呢?"他想想："这些人是不是讲[没有]钱去埋这个棺材？"

teiŋ^{24}tɕi^{35}se^{55}iŋ^{31}, i^{55}paŋ^{55}iŋ^{31}tsøy^{24}lau^{0}, t^{h}ai^{31}kuaŋ^{55}ts^{h}ai^{31}ti^{0}iŋ^{31}tsøy^{24}lau^{0}, t^{h}a^{21}tɕiu^{55}t^{h}oŋ^{31}kia^{21}li^{0}kia^{55}
等这些人，一班人走了，抬棺材的人走了，他就同家里家

lu^{31}kiaŋ^{24}: "ai^{55}ia^{21}, suaŋ^{35}lau^{0}, suaŋ^{35}lau^{0}, ŋo^{24}meiŋ^{31}pa^{24}tɕi^{55}xu^{35}kuaŋ^{55}ts^{h}ai^{31}t^{h}ai^{21}k^{h}ɤ^{35}mai^{31}tiau^{35}pa^{0}."
奴讲："哎呀，算了，算了，我们把这副棺材抬去埋掉吧。"

pui^{55}xøy^{35}le^{0}, tɕiu^{55}xaŋ^{24}lɤ^{0}sɿ^{55}ko^{55}iŋ^{31}, xaŋ^{24}lɤ^{0}sɿ^{55}ko^{55}lu^{31}ts^{h}ai^{31}, tɕiu^{55}k^{h}ɤ^{35}t^{h}ai^{31}kuaŋ^{55}ts^{h}ai^{31}, t^{h}ai^{21}
背后呢，就喊了四个人，喊了四个奴才，就去抬棺材，抬

k^{h}ɤ^{35}mai^{31}lau^{0}. sɿ^{55}ko^{55}iŋ^{31}i^{55}t^{h}ai^{31}t^{h}ai^{31}pu^{55}k^{h}i^{24}. sɿ^{55}ko^{55}iŋ^{31}t^{h}ai^{31}pu^{55}k^{h}i^{24}? ts^{h}ai^{31}tɕy^{24}tɕiu^{55}kiaŋ^{24}: "sɿ^{55}
去埋了。四个人一抬抬不起。四个人抬不起？财主就讲："四

ko^{55}iŋ^{31}t^{h}ai^{31}pu^{55}k^{h}i^{24}, la^{55}tɕiu^{55}pa^{33}ko^{35}iŋ^{31}k^{h}ɤ^{35}t^{h}ai^{31}pa^{0}." xaŋ^{24}pa^{33}ko^{35}iŋ^{31}k^{h}ɤ^{35}t^{h}ai^{31}, iu^{55}t^{h}ai^{31}pu^{55}
个人抬不起，那就八个人去抬吧。"喊八个人去抬，又抬不

kʰi^{24}. tsʰai^{31}tɕy^{24}tɕiu^{55}kʰi^{21}kuai^{35}lau^{0}, tseiŋ^{31}mo^{21}tɕi^{55}xu^{35}kuaŋ^{55}tsʰai^{31}pa^{33}ko^{35}iŋ^{31}tu^{55}tʰai^{31}pu^{55}kʰi^{24}a^{0}?
起。财主就奇怪了，怎么这副棺材八个人都抬不起啊?
tʰa^{21}kʰiau^{55}kʰai^{21}kʰaŋ^{35}xa^{35}. tɕiu^{55}pa^{21}kuaŋ^{55}tsʰai^{31}i^{55}kʰiau^{55}kʰai^{21}, ua^{31}! li^{24}tʰøy^{31}tɕʰyeŋ^{21}pu^{35}tsuaŋ^{55}
他撬开看下。就把棺材一撬开，哇！里头全部装
muaŋ^{24}lɤ^{0}muaŋ^{21}muaŋ^{24}li^{0}i^{55}kuaŋ^{55}tsʰai^{31}iŋ^{31}tsɿ^{0}. ua^{31}, tɕi^{35}pʰaŋ^{31}tsʰai^{31}tɕy^{24}siaŋ^{21}lau^{0}, ua^{31}, tɕi^{35}ko^{0}si^{55}
满了满满哩一棺材银子。哇，这爿财主想了，哇，这个是
seiŋ^{31}sieŋ^{21}soŋ^{35}tʰa^{21}ti^{0}, si^{55}tʰa^{21}siŋ^{21}xau^{24}lau^{0}tsʰai^{31}tɤ^{33}tau^{35}tɕi^{35}i^{55}xu^{35}kuaŋ^{55}tsʰai^{31}ti^{0}iŋ^{31}tsɿ^{0}. tsui^{55}xøy^{35}
神仙送他的，是他心好了才得到这一副棺材的银子。最后
tɕi^{35}ko^{0}tsʰai^{31}tɕy^{24}a^{0}, xeiŋ^{24}sɿ^{55}se^{24}iŋ^{31}kia^{21}, kau^{55}xua^{35}tau^{55}meiŋ^{31}kʰøy^{24}, ie^{21}la^{31}iŋ^{31}kia^{21}tɕʰiʔ^{3}, ie^{21}kʰo^{21}
这个财主啊，很施舍人家，告化到门口，也拿人家吃，也可
i^{24}xaŋ^{24}iŋ^{31}kia^{21}tɕy^{35}tɕi^{35}li^{0}, miu^{31}tɕʰieŋ^{31}ti^{0}iŋ^{31}, xeiŋ^{31}kʰioŋ^{31}ti^{0}iŋ^{31}, siaŋ^{55}tʰa^{21}iau^{55}tɕʰieŋ^{31}, tse^{35}tɕʰieŋ^{31},
以喊人家住这里，[没有]钱的人，很穷的人，向他要钱、借钱、
tʰau^{21}tɕʰi^{24}, tʰa^{21}tu^{21}sɿ^{55}se^{24}iŋ^{31}kia^{21}. tɕi^{55}xu^{35}tsʰai^{31}tɕy^{24}le^{0}, i^{21}xøy^{35}tɕiu^{55}ye^{33}pieŋ^{35}ye^{33}xu^{35}. so^{21}i^{24}
讨乞，他都施舍人家。这户财主呢，以后就越变越富。所以
kiaŋ^{24}, tɕi^{35}ko^{0}kuaŋ^{55}tsʰai^{31}ti^{0}iŋ^{31}tsɿ^{0}, tsai^{35}si^{55}kʰiŋ^{31}, taŋ^{55}si^{31}tɕi^{35}ko^{0}li^{31}siau^{31}saŋ^{21}miu^{21}tɤ^{33}tau^{35}, tɕiu^{55}
讲，这个棺材的银子，在西芹，当时这个李小三[没有]得到，就
uaŋ^{24}sa^{33}xieŋ^{35}siaŋ^{35}ti^{24}tsøy^{24}lau^{0}, tɕiu^{55}pʰau^{21}tau^{35}sa^{33}xieŋ^{35}siaŋ^{35}ti^{24}kʰɤ^{35}lau^{0}.
往沙县上底走了，就跑到沙县上底去了。

tɕi^{35}ko^{0}ku^{55}si^{35}le^{0}, tɕiu^{55}tɕie^{55}iaŋ^{35}tsɿ^{0}tsʰuaŋ^{31}soʔ^{3}xa^{55}lai^{31}lau^{0}. ie^{21}tɕiu^{55}si^{35}kiaŋ^{24}, tɕi^{55}ko^{0}si^{35}tʰu^{21}
这个故事呢，就这样子传说下来了。也就是讲，这个是土
ti^{55}koŋ^{55}kʰiu^{21}ti^{0}tsʰuaŋ^{31}soʔ^{3}.
地公丘的传说。

（游木津讲述，2016年）

参考文献

北京大学中国语言文学系语言学教研室编 2003《汉语方音字汇》(第2版重排本),北京:语文出版社。

北京大学中国语言文学系语言学教研室编 1995《汉语方言词汇》(第2版),北京:语文出版社。

曹志耘 2001 关于濒危汉语方言问题,《语言教学与研究》第1期。

曹志耘 2005 论方言岛的形成和消亡——以吴徽语区为例,《语言研究》第4期。

曹志耘主编 2008《汉语方言地图集》,北京:商务印书馆。

曹志耘 2014 方言濒危、文化碎片和方言学者的使命,《中国语言学报》(第十六期),北京:商务印书馆。

陈保亚 2006 从接触看濒危方言、濒危特征和濒危机制,《长江学术》第1期。

[明]陈 能等 1982《天一阁藏明代方志选刊·嘉靖延平府志(福建省)(29)》,上海:上海古籍书店。

陈 瑶 2019 福建南平官话的多功能词"同",《汉语学报》第2期。

陈 瑶 2020 从福建濒危方言岛语情看语言资源保护,《语言文字报》7月8日第2版。

陈 瑶、陈婷婷 2020 福建南平官话方言岛的接触性音变,《语言研究》第3期。

陈云龙 2005 从"旧时正话"看明代官话,《语文研究》第1期。

陈泽平 1998《福州方言研究》,福州:福建人民出版社。

陈泽平 2005《闽音正读表》的官话音系,《福建师范大学学报》(哲学社会科学版)第5期。

陈泽平 2010《19世纪以来的福州方言传教士福州土白文献之语言学研究》,福州:福建人民出版社。

陈泽平、林　勤编撰 2021《福州方言大词典》，福州：福建人民出版社。

陈泽平、秋谷裕幸 2004 福州方言的塞擦音演变考察，载中国社会科学院语言研究所《中国语文》编辑部编《庆祝〈中国语文〉创刊50周年学术论文集》，北京：商务印书馆。

陈章太、李如龙 1991《闽语研究》，北京：语文出版社。

丁邦新主编 2007《历史层次与方言研究》，上海：上海教育出版社。

董绍克等 2013《汉语方言词汇比较研究》，北京：商务印书馆。

福建省地方志编纂委员会编 1998《福建省志·方言志》，北京：方志出版社。

福建省汉语方言调查指导组、福建省汉语方言概况编写组编 1962《福建省汉语方言概况（讨论稿）》。

福建省南平市志编纂委员会编 1985《南平县志（上）》，内部出版。

葛本仪 2014《现代汉语词汇学》（第3版），北京：商务印书馆。

［明］何乔远编撰、厦门大学古籍整理研究所、历史系古籍整理研究室《闽书》校点组校点 1994《闽书·第三册》，福州：福建人民出版社。

河北省昌黎县县志编纂委员会、中国社会科学院语言研究所合编 1984《昌黎方言志》，上海：上海教育出版社。

黄伯荣等编著 2001《汉语方言语法调查手册》，广州：广东人民出版社。

黄伯荣、廖序东主编 2011《现代汉语》（增订5版），北京：高等教育出版社。

建瓯县地方志编纂委员会编 1994《建瓯县志》，北京：中华书局。

教育部语言文字信息管理司、中国语言资源保护研究中心 2015《中国语言资源调查手册·汉语方言》，北京：商务印书馆。

李　蓝 2003 现代汉语方言差比句的语序类型，《方言》第3期。

李荣主编 2002《现代汉语方言大词典》，南京：江苏教育出版社。

李如龙 1991 南平市北方方言岛，载陈章太、李如龙《闽语研究》，北京：语文出版社。

李如龙 2001《汉语方言的比较研究》，北京：商务印书馆。

李如龙、梁玉璋、邹光椿、陈泽平编 1994《福州方言词典》，福州：福建人民出版社。

李如龙、潘渭水编纂 1998《建瓯方言词典》，南京：江苏教育出版社。

李如龙、庄初升、严修鸿 1995《福建双方言研究》，香港：汉学出版社。

联合国教科文组织濒危语言问题特别专家组 2006 语言活力与语言濒危，范俊军、宫齐、胡鸿雁译，《民族语文》第3期。

刘祥柏 2007 江淮官话的分区（稿），《方言》第4期。

刘月华、潘文娱、故韡 2019《实用现代汉语语法》（第3版），北京：商务印书馆。

鲁国尧 1985 明代官话及其基础方言问题——读《利玛窦中国札记》，《南京大学学报》（哲学社会科学）第4期。

吕叔湘 1979《汉语语法分析问题》，北京：商务印书馆。

麦 耘、朱晓农 2012 南京方言不是明代官话的基础，《语言科学》第4期。

南平市志编纂委员会编 1994《南平市志》，北京：中华书局。

潘渭水编撰 2007《闽北方言研究》，福州：福建教育出版社。

平山久雄 2005 江淮方言祖调值构拟和北方方言祖调值初案，载《平山久雄语言学论文集》，北京：商务印书馆。

钱曾怡主编 2010《汉语官话方言研究》，济南：齐鲁书社。

上海书店出版社编 2000 民国南平县志，载《中国地方志集成·福建府县志辑（9）》，上海：上海书店出版社。

沈 明、周建芳 2017 湖南道县（梅花）土话音系，《方言》第2期。

沈 明、周建芳 2019《湖南道县梅花土话》，北京：商务印书馆。

苏 华 1994 福建南平方言同音字汇，《方言》第1期。

谭其骧主编 1982《中国历史地图集·元明时期（第7册）》，北京：中国地图出版社。

陶燠民 1956《闽音研究》，北京：科学出版社。

王洪君 2014《历史语言学方法论与汉语方言音韵史个案研究》，北京：商务印书馆。

吴伟军 2019《贵州晴隆长流喇叭苗人话》，北京：商务印书馆。

邢向东 2020《神木方言研究》（增订本），北京：中华书局。

徐 荣 2012 汉语方言深度接触研究，复旦大学博士学位论文。

徐晓望 2006《福建通史·明清（第四卷）》，福州：福建人民出版社。

杨耐思 1981《中原音韵音系》，北京：中国社会科学出版社。

叶宝奎 2001《明清官话音系》，厦门：厦门大学出版社。

游汝杰 1990 汉语方言岛及其文化背景，《中国文化》第1期。

曾晓渝 2013 明代南直隶辖区官话方言考察分析，《古汉语研究》第4期。

曾晓渝 2016 明代南京官话性质考释，《语言科学》第2期。

曾晓渝、陈　希 2017 云南官话的来源及历史层次，《中国语文》第2期。

张惠英 2001《汉语方言代词研究》，北京：语文出版社。

［清］张廷玉等 1974《明史》，北京：中华书局。

张卫东 1998 试论近代南方官话的形成及其地位，《深圳大学学报》（人文社会科学版）第3期。

张玉来 2000 近代汉语共同语的构成特点及其发展，《古汉语研究》第2期。

张振兴 1992《漳平方言研究》，北京：中国社会科学出版社。

中国社会科学院语言研究所 1981《方言调查字表》（修订本），北京：商务印书馆。

中国社会科学院语言研究所方言研究室资料室 2003 汉语方言词语调查条目表，《方言》第1期。

中国社会科学院语言研究所、中国社会科学院民族学与人类学研究所、香港城市大学语言资讯科学研究中心编 2012《中国语言地图集》（第2版），北京：商务印书馆。

（中研院）历史语言研究所 1962《明太祖实录・卷六十三》，（中研院）历史语言研究所校印本。

周振鹤、游汝杰 2019《方言与中国文化》（第2版），上海：上海人民出版社。

朱德熙 1982《语法讲义》，北京：商务印书馆。

朱维干 1986《福建史稿（下）》，福州：福建教育出版社。

庄初升 1996 试论汉语方言岛，《学术研究》第3期。

庄初升 2017 濒危汉语方言与中国非物质文化遗产保护，《方言》第2期。

庄初升 2020 客家方言名词后缀“子”“崽”的类型及其演变，《中国语文》第1期。

Chen, Chung-yu1981　Towards an Affiliation of the Nanping Mandarin Dialect of Fujian, *Journal of Chinese Linguistics*, Vol. 9, No. 2.

Jerry N. 1978　A Preliminary Report on the Dialects of Mintung, *Monumenta Serica*, Vol. 33.

调查手记

本项目立项前夕，也即2015年12月，在庄初升老师（闽、粤、琼三地濒危方言项目管理者）的建议下，我们对南平官话点的语言生活概貌做了初步调查。这个过程要特别感谢现在在南昌大学任教的郑君龙博士（南平市延平区夏道镇人），当时他还是青海师范大学的硕士研究生。他不辞辛劳地遍访街道办事处、村庄，逐一调查南平官话的分布和使用情况，最终确认西芹镇是南平官话分布最为集中且使用人口最多的地方。

2016年4月，陈泽平老师、陈瑶、郑君龙三人两次前往西芹镇物色发音人，均未找到完全符合要求又愿意配合调查的发音人。2016年5月初，项目正式立项后，在南平市延平区教育局的引荐下，我们结识了西芹小学的游荣凤老师。游老师不仅自己积极充当发音人，还为我们热心奔走，努力寻访其他发音人，并凭着高效的工作作风、热情的工作态度很快为我们找到了几位发音候选人。同年6月陈泽平老师、陈瑶、黄涛博士、钟昆儿博士再次去西芹寻访、面见发音人。在对几位发音人进行摸底调查和对比筛选后，最终选定游木津

陈泽平老师带领团队成员调查南平官话使用状况　延平市政府 /2016.6.16/ 叶建强 摄

先生作为福建南平官话濒危项目的“老男”。在正式调查中，我们首先用《方言调查字表》前三页的声韵调例字对南平官话音系进行初查。记到入声字时，我们发现南平官话的入声系统不清晰，入声调值不稳定，与阳平调很接近。在进行最小比对后，我们立即开展了二字组连读变调的调查，很快发现，单字调中与阳平调很接近的入声字在连读字组中，表现出与古浊平字不一样的变调规律。此次调查历时11天，除了依托字表前三页调查，初步确定了南平官话的声韵调系统外，我们还调查了《中国语言资源调查手册·汉语方言》中“语音”“词汇”“语法”部分。

2016年7月初，钟昆儿博士前往西芹，对南平官话的语音、词汇展开扩大调查，包括在游木津先生的配合下对《方言调查字表》《汉语方言词语调查条目表》中的单字、词条等展开为期五天的深入调查。随后又前往兴华村，向张金路先生调查农事方面的用词情况，并拍回了部分农具的图片。

2016年8月初，在完成《中国语言资源调查手册》纸笔调查，将语料录入电脑后，陈瑶、黄涛、钟昆儿、郑君龙、吴春亮前往南平市延平区实验小学进行摄录。单人摄录工作基本顺利，但四人对话的多轨音频中有一轨有杂音，我们决定重新摄录。令人欣慰的是，重录得到了所有发音人的大力支持。重录当天，为了确保万无一失，我们准备了两套发音设备，并做足了试录准备。在各个环节的精密安排和各个人员的通力协作下，前期摄录工作终于在2016年8月10日顺利完成。2016年12月，项目组完成了《中国语言资源调查手册·汉语方言》的全部调查、记录、摄录、剪辑、归档等工作，并向语保中心提交了纸笔记录、音视频材料及其他相关电子文本以供专家检阅。

陈瑶核对调查的南平官话语法例句　延平市西芹镇环宇大酒店 /2019.7.1/ 叶建强 摄

2017年5月，在前期调查基础上整理出南平官话的同音字汇后，陈瑶前往西芹进行同音字汇的核查工作。与此同时，利用《汉语方言语法调查例句》（248句）和刘丹青先生等主编的《汉语方言语法调查问卷》对南平官话语法展开扩大调查，还针对介词、助词进行了专题调查。除了西芹，还特别调查了市区多功能词“同”的用法，对比了市区和西芹官话中“和”类词的使用情况，概括了“同”的语法功能。这为以后写作《福建南平官话的多功能词“同”》（发表于2019年第2期的《汉语学报》）奠定了坚实的基础。

2018年的3月，陈瑶前往西芹开展词表的核查工作，包括根据前期整理调查语料时发现的问题，有针对性地进行了词汇、语法方面的补充调查，重点进行了三字组连读变调规律的调查。

最后一次调查是在2019年的7月，陈瑶前往西芹核对语法例句，重点调查核对了重叠式、形容词程度补语等使用情况，且补充调查了部分词语和话语语料。

至2019年7月31日，南平官话濒危方言志书稿的初稿基本完成。陈泽平老师主要承担书稿撰写过程中的指导工作；陈瑶主要承担书稿第一章导论的部分内容、第二章语音、第四章词汇特点、第六章语法、第七章语法例句和第八章话语材料等部分的撰写和整理工作；钟昆儿博士主要承担第一章导论的部分内容和第三章同音字汇、第五章分类词表约10万余字的撰写工作并负责书稿格式的调整。

这个项目的调查大多只能在课题组成员的工作间隙进行，临时起意是常态。在这样的情况下，项目和书稿能顺利完成，首先要感谢各位发音人的鼎力支持和耐心配合，特别是游木津先生。每次联系游先生，他总是欣然应允，排除万难，以配合我们的工作时间为第一要务。无论是纸笔调查，还是摄录抑或是微信、电话询问，游先生总是精神饱满，耐心且迅速地做出回应，特别是摄录期间对我们近乎过分的要求，从来都没有表现出丝毫的不快。游先生不但热心配合调查，还应我们的要求为我们寻访、联系其他发音人，借阅一些地方资料，还让他的儿子游巍斌老师提供航拍的西芹全貌照片给我们。在此，谨向热心支持我们工作的游木津先生、游荣凤老师等诸位发音人致以深深的谢意和敬意！

这个项目和书稿能顺利完成，当然也离不开我们课题组各位成员的辛苦付出和通力合作。既是作者之一又是导师的陈泽平老师，治学严谨，眼光独到，学问精深。在整个项目研究的过程中，他一步步指引着我们有序前进，不时地向我们展示各种颇有学术价值的研究空间。钟昆儿博士在纸笔调查和摄录过程中凭着青年学子不怕吃苦、不惧困难、勇于探索的劲头，顺利、出色地完成了部分任务。黄涛博士作为课题组的重要成员，完美地诠释了“技术担当”的角色，摄录和文档处理过程中的任何问题到他那里都根本不是“事儿”。郑君龙博士从开始的语言生活摸底调查，到后面的纸笔调查，以及摄录工作始终都在，极好地发挥了本地人的优势和作用。吴春亮博士在摄录工作中尽职尽责，是我们课题组不可或缺的一员。

走过田野，我们爱上了南平旖旎的风光。美在山水间，情在人文里。他日我们一定会故地重游，去探寻南平官话绵绵不尽的宝藏，也为亲自将这本小书奉给这片热土上的诸位发音人。

后　记

从2016年“濒危汉语方言调查·福建南平土官话”项目立项到2023年《福建南平官话》书稿即将交付出版，一晃七年过去了。期间有欢乐、有收获，也有艰辛，个中滋味如人饮水。但底色是快乐的，主旋律是美好的。

“濒危汉语方言调查·福建南平土官话”项目的负责人是我的导师陈泽平先生，在调查完成之后，老师考虑到我评职称的需要决定将撰写书稿的任务交给我。想当初，我接到这项任务时是战战兢兢、如履薄冰。一来是因为在调查时就发现貌似简单的南平官话中处处藏有玄机，我担心自己的学养不足以支撑我完成这项任务；二来是我从未写过外方言的文章，更别说专著了。我的这些顾虑在老师“没问题的”鼓励后烟消云散。本书初稿是我在台湾访学期间完成的，多少个日日夜夜，我坐在淡江大学那间小小的研究室里奋笔疾书。虽独处一室，但并不孤单，因为在整个写作过程中，老师的邮件始终伴随着我，不时为我指点迷津。每每写完一章发给老师，他总是第一时间回复，那简短有力的“很好”之类的“陈氏夸奖用词”总能让人浑身充满力量。令我悲痛万分的是，还没等到本书出版，陈泽平老师就于2022年3月14日因病离世，直到写后记这一刻，我的悲伤之感还是那么浓烈而清晰。斯人已逝，风范长存！师恩浩荡，无以为报，待小书出版后我定手捧凝聚老师心血的《福建南平官话》去文林山长安堂祭拜他。

书稿第一章导论的部分内容依托的是钟昆儿的博士论文。钟昆儿是我和陈泽平老师合带的硕士，他是我的第一个硕士，后来他又读了老师的博士。我和钟昆儿是师生，也是同门，共事多年，也就成了朋友。在书稿写作过程中，钟昆儿承担了很多任务。他踏实肯干，勤奋好学，也得以产出了几项与书稿相关的科研成果。未来科研之路上，本书稿还会为他积蓄更多前进的力量。

书稿承蒙邢向东先生多次审阅、匡谬与点拨，每一次意见反馈回来，我都深感邢老师治学之严谨和学识之渊博。感谢曹志耘先生和王莉宁老师对书稿提出细致的审查意见！感谢商务印书馆的编辑老师对本书孜孜不倦地校对和审阅！还有很多匿名审稿专家，都对本书的修改提出了中肯的建议和意见，在此一并表示深深谢意！

我还要感谢我的师弟黄涛博士，无论是在项目调查期间还是我书稿写作过程中，黄涛博士都很好地发挥了理科出身的优势，为我提供技术上的大力支持。尤其是我在日本京都大学访学期间，他费心帮我安排补录以及对其他音视频进行检查和整理。我们既是同门，又是同事，多年以来我们分享研究心得，相互帮助，日后我们也一定会共同进步的。

书稿是完成了，但研究的路还很长很长。陈泽平老师的学术思想留存于包括本书在内的众多著作中，我们一定会传承和发扬他的学术思想，沿着他指引的方向继续奋力前行！

陈　瑶

2023年12月19日